Maier/Stadler

AKB 2008 und VVG-Reform
– Auswirkungen auf die Kraftfahrtversicherung –

AKB 2008 und VVG-Reform

– Auswirkungen auf die Kraftfahrtversicherung –

von

Prof. Dr. Karl Maier
Professor an der Fachhochschule Köln

und

Martin Stadler
Justitiar Kraftfahrtversicherung, Allianz München

Verlag C.H. Beck München 2008

Verlag C. H. Beck im Internet:
beck.de

ISBN 978 3 406 57470 2

© 2008 Verlag C. H. Beck oHG
Wilhelmstraße 9, 80801 München
Druck: Nomos Verlagsgesellschaft
In den Lissen 12, 76547 Sinzheim

Satz: jürgen ullrich typosatz, 86720 Nördlingen

Gedruckt auf säurefreiem, alterungsbeständigem Papier
(hergestellt aus chlorfrei gebleichtem Zellstoff)

Vorwort

Obwohl die Kraftfahrtversicherung durch die VVG-Reform keine eigenständige Regelung erfahren hat, zählt sie zu den von der Novelle am meisten betroffenen Versicherungssparten. Das Auslaufen des Alles-oder-Nichts-Prinzips zugunsten einer bloßen Leistungskürzung wird die Regulierungspraxis ebenso vor völlig neue Herausforderungen stellen wie die Einführung des Kausalitätserfordernisses bei vorsätzlicher Obliegenheitsverletzung. Auch die Vertragsbearbeitung der Versicherer wird sich aufgrund des Wegfalls des Policenmodells, der Neuregelung des Widerrufsrechts und der Abschaffung des Grundsatzes der Unteilbarkeit der Prämie grundlegend verändern. Hinzu kommt, dass der Gesamtverband der deutschen Versicherungswirtschaft (GDV) die VVG-Reform zum Anlass genommen hat, neue Allgemeine Bedingungen für die Kfz-Versicherung (AKB 2008) zu entwickeln.

Für den Anwender bedeutet dies, dass er – selbst da wo die Regelung inhaltlich unverändert geblieben ist – sowohl in VVG als auch in AKB kaum mehr eine Regelung an gewohnter Stelle findet. Bei der Behandlung der jeweiligen Themen haben wir daher die wichtigsten neuen Bestimmungen aus VVG und AKB im Wortlaut aufgenommen.

Ziel dieses Buches ist es, all denen, die mit den Neuregelungen in VVG und AKB in ihrer praktischen Arbeit befasst sind, namentlich den Sachbearbeitern in den Versicherungsunternehmen, aber auch den mit der Kraftfahrtversicherung befassten Rechtsanwälten, eine aktuelle Arbeitshilfe für die Lösung neu auftretender und besonders praxisrelevanter Fallkonstellationen an die Hand zu geben. Wir haben daher auf eine vertiefte wissenschaftliche Diskussion aller angesprochenen Fragen verzichtet und Rechtsprechung und Literatur nur dort zitiert, wo dies für das Verständnis unverzichtbar erschien.

Vermutlich wird es Jahre dauern, bis die Rechtsprechung klare Leitlinien zur Auslegung und damit zur Anwendung des grundlegend reformierten VVG entwickelt haben wird. Die in diesem Buch vertretenen Ansichten entsprechen dem derzeitigen Meinungsstand in der Literatur und geben – an zahlreichen Stellen – auch die persönliche Meinung der Verfasser wieder. Für Hinweise und Anregungen sind wir den Lesern daher verbunden.

Köln und München im Januar 2008   Prof. Dr. Karl Maier
                                                    Martin Stadler

Inhaltsübersicht

	Seite
Inhaltsverzeichnis	IX
Literaturverzeichnis	XIII
Abkürzungsverzeichnis	XV
A. Einführung	1
I. Das neue VVG	1
II. Die neuen AKB 2008	3
B. Inkrafttreten des neuen VVG	7
I. Neuverträge	7
II. Bestandsverträge	7
III. Umstellungsverfahren für Bestands-AKB	8
C. Abschluss des Kfz-Versicherungsvertrags	11
I. Abschaffung des Policenmodells	11
II. Die Informationspflichten des Versicherers bei Vertragsschluss	11
III. Vorläufige Deckung	16
IV. Widerrufsrecht	23
V. Billigungsklausel	27
D. Beratung und Dokumentation	29
I. Beratungspflicht von Versicherer und Vermittler	29
II. Anlass für Beratung	30
III. Verzicht auf Beratung	30
IV. Befreiung bei Großrisiken und Fernabsatzverträgen	31
V. Beratungspflicht bei vorläufiger Deckung	31
VI. Bisherige Rechtsprechung	31
E. Prämienzahlung	33
I. Fälligkeit der Erstprämie	33
II. Verschuldenserfordernis	34
III. Wegfall der Rücktrittsfiktion	35
IV. Abschaffung des Grundsatzes der Unteilbarkeit der Prämie	35
V. Auswirkung auf Abrechnung nach Kurztarif	36
F. Umfang des Versicherungsschutzes	39
I. Umfang der Kfz-Haftpflichtversicherung	39
II. Ausschlüsse in der Kfz-Haftpflichtversicherung	41
III. Umfang der Kaskoversicherung	44
IV. Ausschlüsse in der Kaskoversicherung	64
G. Das neue System der Quotelung	67
I. Kriterien für die Quotelung	68
II. Quoten für die wichtigsten Pflichtverletzungen	72
III. Quotelung bei gleichzeitiger Verletzung mehrerer Pflichten	78
IV. Quotelung und begrenzte Leistungsfreiheit in der Kfz-Haftpflichtversicherung	79

Inhaltsübersicht

	Seite
H. Vertragliche Obliegenheiten	83
I. Überblick	83
II. Obliegenheitsverletzungen vor Eintritt des Versicherungsfalls	86
III. Obliegenheitsverletzungen nach Eintritt des Versicherungsfalls	98
IV. Die Folgen einer Obliegenheitsverletzung	112
I. Gefahrerhöhung	117
J. Schadenminderungspflicht und Rettungskosten	125
I. Schadenminderungspflicht	125
II. Rettungskosten	126
K. Veräußerung des versicherten Fahrzeugs	129
L. Forderungsübergang	131
M. Pflicht zur Verzinsung der Entschädigung	135
N. Wegfall des Anerkenntnis-, Befriedigungs- und Abtretungsverbots	137
I. Anerkenntnis- und Befriedigungsverbot	137
II. Abtretungsverbot	137
O. Verjährung und Wegfall der Ausschlussfrist	139
P. Gerichtsstand	141
Q. Beitragsteil	143
I. Das Schadenfreiheitsrabattsystem	144
II. Tarifmerkmale	145
III. Vertragsstrafen bei Falschangaben zu Tarifmerkmalen	147
IV. Beitragsänderung während der Laufzeit des Vertrags	148
Anhang:	151
I. Text-Synopse AKB 2008/AKB 2007	151
II. Paragraphen- bzw. Nummern-Synopse AKB 2007/AKB 2008	261
Sachregister	267

Inhaltsverzeichnis

	Rdn.	Seite
Literaturverzeichnis		XIII
Abkürzungsverzeichnis		XV
A. Einführung	1	1
I. Das neue VVG	2	1
II. Die neuen AKB 2008	5	3
B. Inkrafttreten des neuen VVG	9	7
I. Neuverträge	10	7
II. Bestandsverträge	11	7
III. Umstellungsverfahren für Bestands-AKB	12	8
C. Abschluss des Kfz-Versicherungsvertrags	15	11
I. Abschaffung des Policenmodells	16	11
II. Die Informationspflichten des Versicherers bei Vertragsschluss	17	11
1. Versicherungsinformationen	19	12
2. Produktinformationsblatt	20	12
3. Aushändigung in Textform	23	14
4. Rechtzeitigkeit der Aushändigung	24	14
5. Informationspflicht nicht mehr auf Verbraucher beschränkt	25	14
6. Verzicht auf frühzeitige Aushändigung der Informationen	26	15
7. Einbeziehung der AKB	28	16
III. Vorläufige Deckung	29	16
1. Beratungs- und Dokumentationspflichten	30	17
2. Informationspflichten und die Einbeziehung der AKB	33	18
3. Beendigung der vorläufigen Deckung	37	19
a) Beginn des Versicherungsschutzes im Hauptvertrag	38	20
b) Abschluss eines Vertrags bei einem anderen Versicherer	39	20
c) Widerruf des Hauptvertrags	40	20
d) Kündigung	41	20
e) Der rückwirkende Wegfall	42	21
4. Prämie für die vorläufige Deckung	46	23
IV. Widerrufsrecht	47	23
1. Ausübung des Widerrufsrechts	48	23
2. Ewiges Widerrufsrecht	51	24
3. Rechtsfolgen des Widerrufs	52	24
a) Ordnungsgemäße Belehrung und Aushändigung aller Unterlagen	53	24
b) Fehlende Belehrung	55	25
c) Fehlende Aushändigung von Unterlagen	57	26
V. Billigungsklausel	59	27
D. Beratung und Dokumentation	62	29
I. Beratungspflicht von Versicherer und Vermittler	63	29
II. Anlass für Beratung	65	30
III. Verzicht auf Beratung	66	30

Inhaltsverzeichnis

	Rdn.	Seite
IV. Befreiung bei Großrisiken und Fernabsatzverträgen	67	31
V. Beratungspflicht bei vorläufiger Deckung	68	31
VI. Bisherige Rechtsprechung	69	31
E. Prämienzahlung	70	33
I. Fälligkeit der Erstprämie	71	33
II. Verschuldenserfordernis	73	34
III. Wegfall der Rücktrittsfiktion	75	35
IV. Abschaffung des Grundsatzes der Unteilbarkeit der Prämie	76	35
V. Auswirkung auf Abrechnung nach Kurztarif	80	37
F. Umfang des Versicherungsschutzes	81	39
I. Umfang der Kfz-Haftpflichtversicherung	82	39
1. Gebrauch des Fahrzeugs	83	40
2. Schadenersatz in Geld	84	40
3. Regulierungsvollmacht	85	40
4. Mitversicherung von Anhängern	86	41
II. Ausschlüsse in der Kfz-Haftpflichtversicherung	87	41
1. Vorsatz	88	42
2. Vertragliche Risikoausschlüsse	89	43
a) Rennen	90	43
b) Beförderte Sachen	91	44
III. Umfang der Kaskoversicherung	92	44
1. Neue Teileliste	93	45
a) Mitversicherte Fahrzeugteile	94	46
b) Beitragsfrei mitversichertes Fahrzeugzubehör	95	46
c) Abhängig vom Gesamtneuwert mitversicherte Teile	96	47
d) Nicht versicherbare Gegenstände	97	48
2. Teilkaskoversicherung	98	49
a) Brand	99	50
b) Diebstahl und Raub	102	51
c) Unterschlagung	106	55
d) Unbefugter Gebrauch	108	57
3. Vollkaskoversicherung	110	58
a) Unfall	111	59
b) Brems- oder Betriebsvorgänge und reine Bruchschäden	112	59
c) Gespannschäden	116	61
4. Ersatzleistung	117	61
a) Reparaturfall	118	62
b) Totalschaden	119	63
IV. Ausschlüsse in der Kaskoversicherung	120	64
G. Das neue System der Quotelung	121	67
I. Kriterien für die Quotelung	123	68
1. Objektives Gewicht der verletzten Sorgfaltspflicht als Ausgangspunkt	124	68
a) Unterschiedliches objektives Gewicht von Pflichtverletzungen	125	68
b) Gefährdung anderer	126	69
c) Zeitraum der Pflichtverletzung	127	69
d) Höhe des Schadens	128	70
2. Subjektive Beweggründe – Feinjustierung innerhalb des vorgegeben Rahmens	129	70
3. Beispielsfall Rotlichtverstoß	130	71

Inhaltsverzeichnis

	Rdn.	Seite
II. Quoten für die wichtigsten Pflichtverletzungen	131	72
1. Grob fahrlässige Herbeiführung des Versicherungsfalls	132	72
a) Alkoholfahrt	133	72
b) Rotlichtverstoß	134	73
c) Unbeaufsichtigter Kfz-Schlüssel	135	73
d) Ablenkung durch Bedienung eines Autoradios oder Handys	136	74
e) Suche nach heruntergefallenen Gegenständen	137	74
f) Geschwindigkeitsüberschreitung	138	75
2. Obliegenheitsverletzungen	139	75
a) Verletzung der Alkoholklausel	140	76
b) Führerscheinklausel	141	77
c) Verletzung der Aufklärungspflicht/Unfallflucht	142	77
III. Quotelung bei gleichzeitiger Verletzung mehrerer Pflichten	143	78
IV. Quotelung und begrenzte Leistungsfreiheit in der Kfz-Haftpflichtversicherung	148	80
H. Vertragliche Obliegenheiten	**150**	**83**
I. Überblick	151	83
1. Vereinheitlichung	152	83
2. Mindestens grobe Fahrlässigkeit erforderlich	153	84
3. Kausalität auch bei Vorsatz erforderlich	154	85
4. Hinweis bei Auskunft- oder Aufklärungsobliegenheiten	155	85
5. Beweislast	156	86
II. Obliegenheitsverletzungen vor Eintritt des Versicherungsfalls	157	86
1. Die Pflichten bei Gebrauch des Fahrzeugs	158	86
2. Der angesprochene Personenkreis	159	87
3. Voraussetzungen der Leistungsfreiheit nach neuem Recht	160	88
4. Die Obliegenheiten vor dem Versicherungsfall im Einzelnen	165	90
a) Die Trunkenheitsklausel	166	90
b) Die Führerscheinklausel	168	93
c) Die Verwendungsklausel	170	94
d) Die Schwarzfahrerklausel	172	97
III. Obliegenheitsverletzungen nach Eintritt des Versicherungsfalls	174	98
1. Die Pflichten des VN im Versicherungsfall	175	98
2. Der angesprochene Personenkreis	176	100
3. Voraussetzungen der Leistungsfreiheit nach neuem Recht	177	100
4. Die Obliegenheiten im Versicherungsfall im Einzelnen	183	103
a) Die Anzeigeobliegenheit	184	103
b) Sonderregelung für Kleinschäden	186	106
c) Pflicht, dem Versicherer die Führung des Rechtsstreits zu überlassen	187	106
d) Besondere Anzeigeobliegenheiten in der Kaskoversicherung	188	106
e) Aufklärungsobliegenheit – Unfallflucht	190	108
f) Aufklärungsobliegenheit – Falsche Angaben	192	110
IV. Die Folgen einer Obliegenheitsverletzung	195	112
1. Allgemeine Folgen	196	112
2. Begrenzung der Leistungsfreiheit in der Kfz-Haftpflichtversicherung	197	112
3. Leistungspflicht gegenüber dem Geschädigten Dritten in der Kfz-Haftpflichtversicherung	200	114
4. Leistungsfreiheit gegenüber einem geschädigten VN	201	114

Inhaltsverzeichnis

	Rdn.	Seite
I. Gefahrerhöhung	203	117
1. Pflichten des VN	204	117
2. Rechtsfolgen von Verstößen	206	118
3. Voraussetzungen der Leistungsfreiheit nach neuem Recht	207	119
J. Schadenminderungspflicht und Rettungskosten	216	125
I. Schadenminderungspflicht	217	125
II. Rettungskosten	218	126
K. Veräußerung des versicherten Fahrzeugs	220	129
L. Forderungsübergang	224	131
M. Pflicht zur Verzinsung der Entschädigung	230	135
N. Wegfall des Anerkenntnis-, Befriedigungs- und Abtretungsverbots	231	137
I. Anerkenntnis- und Befriedigungsverbot	232	137
II. Abtretungsverbot	233	137
O. Verjährung und Wegfall der Ausschlussfrist	234	139
P. Gerichtsstand	235	141
Q. Beitragsteil	236	143
I. Das Schadenfreiheitsrabatt-System	238	144
II. Tarifmerkmale	239	145
III. Vertragsstrafen bei Falschangaben zu Tarifmerkmalen	242	147
IV. Beitragsänderung während der Laufzeit des Vertrags	245	148
Anhang		151
I. Text-Synopse AKB 2008/AKB 2007		151
II. Paragraphen- bzw. Nummern-Synopse AKB 2007/AKB 2008		261
Sachregister		267

Literaturverzeichnis

Armbrüster, Abstufung der Leistungsfreiheit bei grob fahrlässigem Verhalten des VN, VersR 2003, 675 ff.
Bauer, Die Kraftfahrtversicherung, 5. Auflage, München 2003
Burmann/Heß/Höke/Stahl, Das neue VVG im Straßenverkehrsrecht, München 2008
Felsch, Neuerungen von Obliegenheiten und Gefahrerhöhung, r+s 2007, 485
Feyock/Jacobsen/Lemor, Kraftfahrtversicherung, 2. Auflage, München 2002
Langheid, Auf dem Weg zu einem neuen Versicherungsvertragsrecht, NJW 2006, 3317 ff.
Maier, Die Leistungsfreiheit bei Obliegenheitsverletzungen nach dem Regierungsentwurf zur VVG-Reform, r+s 2007, 89 ff.
Maier, Die vorläufige Deckung nach dem Regierungsentwurf zur VVG-Reform, in: r+s 2006, 485 ff.
Maier/Biela, Die Kraftfahrt-Haftpflichtversicherung, München 2001
Maier/Biela, Die Kaskoversicherung, München 1998
Marlow/Spuhl, Das neue VVG kompakt, Ein Handbuch für die Rechtspraxis zum Stand des Regierungsentwurfs, 2. Auflage, Karlsruhe 2007
Meixner/Steinbeck, Das neue Versicherungsvertragsrecht, München 2008
Mergner, Auswirkungen der VVG-Reform auf die Kraftfahrtversicherung, in: NZV 2007, 385 ff.
Niederleithinger, Auf dem Weg zu einer VVG-Reform – Zum Referentenentwurf eines Gesetzes zur Reform des Versicherungsvertragsrechts, VersR 2006, 437 ff.
Nugel, Quotenbildung bei Leistungskürzung wegen grober Fahrlässigkeit, Sonderbeilage zu MDR Heft 22/2007, S. 23 ff.
Palandt, Bürgerliches Gesetzbuch, 66. Auflage, München 2007
Präve, Das neue Versicherungsvertragsgesetz, VersR 2007, 1046 ff.
Prölss/Martin, Versicherungsvertragsgesetz, Kommentar, 27. Auflage, München 2004
Rixecker, VVG 2008 – Eine Einführung, zfs 2007, 15 f., 73 f., 136 f., 191 f., 255 f.; 314 f., 369 ff., 430 f., 495 f.
Römer, Zu ausgewählten Problemen der VVG-Reform nach dem Referentenentwurf vom 13. März 2006, VersR 2006, 740 ff. und VersR 2006, 865 ff.
Römer/Langheid, Versicherungsvertragsgesetz, 2. Auflage München 2002
Schimikowski, Versicherungsvertragsrecht, 3. Auflage, München 2004
Schimikowski, Abschluss des Versicherungsvertrags nach neuem Recht, r+s 2006, 441 ff.
Schirmer, Die Haftpflichtversicherung nach der VVG-Reform, ZVersWiss 2006, 425 ff.
Schwintowski, Neuerungen im Versicherungsvertragsrecht, ZRP 2006, 139 ff.

Abkürzungsverzeichnis

a. A.	anderer Ansicht
a. E.	am Ende
a. a. O.	am angegebenen Ort
ABl. EG	Amtsblatt der Europäischen Gemeinschaft
ABl. EWG	Amtsblatt der Europäischen Wirtschaftsgemeinschaft
Abs.	Absatz
ABV	Allgemeine Bedingungen der Vertrauensschadenversicherung
AcP	Archiv für die civilistische Praxis
AG	Aktiengesellschaft; Amtsgericht
	Die Aktiengesellschaft (Zeitschrift)
AktG	Aktiengesetz
Anh.	Anhang
Anm.	Anmerkung
Art.	Artikel
AuR	Arbeit und Recht, Zeitschrift für die Arbeitspraxis
BAG	Gesetz über die Errichtung eines Bundesaufsichtsamtes für das Versicherungswesen
BAV, BAA	Bundesaufsichtsamt für Versicherungs- (bis 1973: und Bauspar-)wesen
BB	Betriebs-Berater
BetrVG	Betriebsverfassungsgesetz
BFH	Bundesfinanzhof
BFHE	Sammlung der Entscheidungen des BFH
BGB	Bürgerliches Gesetzbuch
BGBl.	Bundesgesetzblatt
BGH	Bundesgerichtshof
BGHZ	Entscheidungen des BGH in Zivilsachen
BHdR	Bonner Handbuch für Rechnungslegung
BlStSozArbR	Blätter für Steuerrecht, Sozialversicherung und Arbeitsrecht
BMF	Bundesministerium für Finanzen
BStBl.	Bundessteuerblatt
BT	Bundestag
BVerwG	Bundesverwaltungsgericht
bzw.	beziehungsweise
ca.	circa
d. h.	das heißt
DB	Der Betrieb
dens.	denselben
ders.	derselbe
DJT	Deutscher Juristentag
DJZ	Deutsche Juristenzeitung

Abkürzungen

DStR	Deutsches Steuerrecht
DWW	Deutsche Wohnungswirtschaft
DZWiR	Deutsche Zeitschrift für Wirtschaftsrecht
EG	Europäische Gemeinschaft
EGHGB	Einführungsgesetz zum Handelsgesetzbuch
etc.	et cetera
EuGH	Europäischer Gerichtshof
EuR	Europarecht
EuZW	Europäische Zeitschrift für Wirtschaftsrecht
EWG	Europäische Wirtschaftsgemeinschaft
f., ff.	folgend(e)
GB, GB BAV	Geschäftsbericht des BAV (BAA)
GbR	Gesellschaft bürgerlichen Rechts
GDV	Gesamtverband der Deutschen Versicherungswirtschaft
GenG	Gesetz betreffend die Erwerbs- und Wirtschaftsgenossenschaften
GK-MitbestG	Gemeinschaftskommentar zum Mitbestimmungsgesetz
GmbH	Gesellschaft mit beschränkter Haftung
GmbHG	Gesetz betreffend die Gesellschaften mit beschränkter Haftung
GmbHR	GmbH-Rundschau
h. M.	herrschende Meinung
HGB	Handelsgesetzbuch
Hrsg.	Herausgeber(in)
HRZ	Haushaltsrechtliche Bestimmungen für die Justizverwaltung
Hs.	Halbsatz
i. d. F.	in der Fassung
i. S. d.	im Sinne des/der
i. V. m.	in Verbindung mit
IDW	Institut der Wirtschaftsprüfer in Deutschland e. V.
IPR	Internationales Privatrecht
IPRax	Praxis des Internationalen Privat- und Verfahrensrechts
Jura	Juristische Ausbildung
JW	Juristische Wochenschrift
JZ	Juristenzeitung
KG	Kammergericht; Kommanditgesellschaft
KGaA	Kommanditgesellschaft auf Aktien
KPMG	KPMG Deutsche Treuhandgesellschaft AG
LG	Landgericht
lit.	littera (Buchstabe)
Lit.-Verz.	Literaturverzeichnis
LZ	Leipziger Zeitschrift für deutsches Recht
m. w. N.	mit weiteren Nachweisen
MitbestG	Mitbestimmungsgesetz

Abkürzungen

NJW	Neue Juristische Wochenschrift
Nr.	Nummer
oHG	offene Handelsgesellschaft
OLG	Oberlandesgericht
RabelsZ	Zeitschrift für ausländisches und internationales Privatrecht
RechVersV	Verordnung über die Rechnungslegung von Versicherungsunternehmen
RG	Reichsgericht
RGZ	Entscheidungen des Reichsgerichts in Zivilsachen
ROHG	Reichsoberhandelsgericht
Rs.	Rechtssache
Rdn.	Randnummer(n)
S.	Satz; Seite
Slg.	Sammlung
sog.	sogenannt(e)
SVZ	Schweizerische Versicherungszeitschrift
u. a.	und andere; unter anderem
UmwG	Umwandlungsgesetz
Urt.	Urteil
usw.	und so weiter
v.	von/m
VA, VerAfP	Veröffentlichungen des Reichsaufsichtsamtes für Privatversicherung; ab 1947: ... des Zonenamtes des Reichsaufsichtsamtes für das Versicherungswesen; ab 1952: ... des Bundesaufsichtsamtes für das Versicherungs- und Bausparwesen
VAG	Versicherungsaufsichtsgesetz
VerBAV	Veröffentlichungen des Bundsaufsichtsamtes für das Versicherungswesen
VersArch	Versicherungsarchiv
VersBiRiLi	Versicherungsbilanzrichtlinie
VersR	Versicherungsrecht
VersRiLiG	Versicherungsbilanzrichtlinie-Gesetz
VersRundsch	Versicherungsrundschau (Österreich)
VerStG	Versicherungssteuergesetz
VFA	Versicherungsfachausschuss des IDV
vgl.	vergleiche
VN	Versicherungsnehmer
VVaG	Versicherungsverein auf Gegenseitigkeit
VVG	Gesetz über den Versicherungsvertrag
VW	Versicherungswirtschaft
WM	Wertpapiermitteilungen
WPg	Die Wirtschaftsprüfung
z. B.	zum Beispiel
ZfV	Zeitschrift für Versicherungswesen

Abkürzungen

ZGesKredW, ZfK	Zeitschrift für das gesamte Kreditwesen
ZGR	Zeitschrift für Unternehmens- und Gesellschaftsrecht
ZHR	Zeitschrift für das gesamte Handels- und Wirtschaftsrecht
ZIP	Zeitschrift für Wirtschaftsrecht
ZVW, ZVersWiss	Zeitschrift für die gesamte Versicherungswissenschaft

A. Einführung

Die Kraftfahrtversicherung steht aufgrund der zum 1. 1. 2008 in Kraft getretenen VVG-Reform und der völlig neu gestalteten Allgemeinen Bedingungen für die Kfz-Versicherung (AKB 2008) vor einschneidenden Veränderungen. 1

Das Ende des Alles-oder-Nichts-Prinzips und das Erfordernis einer der Schwere des Verschuldens entsprechenden Quotenbildung führen zu völlig veränderten Anforderungen an die Schadenregulierung. Das gilt nicht nur bei einer grob fahrlässigen Herbeiführung des Versicherungsfalls, sondern auch im Obliegenheitenrecht und bei der Gefahrerhöhung.

Aber auch auf die Betriebsabteilungen der Kraftfahrtversicherer kommen zahlreiche Neuerungen zu. Durch die Abschaffung des Policenmodells werden die umfangreichen Informationspflichten auf den Zeitpunkt der Antragstellung vorverlagert – erhebliche logistische Probleme gerade in der Massensparte Kraftfahrtversicherung sind die zwangsläufige Folge. Auswirken werden sich auch die Veränderungen bei der Zahlung der Erstprämie, das neue Widerrufsrecht, die Abschaffung des Grundsatzes der Unteilbarkeit der Prämie und die gesetzliche Regelung der vorläufigen Deckung.

Darüber hinaus hat der Gesamtverbandes der Deutschen Versicherungswirtschaft e. V. (GDV) die VVG-Reform zum Anlass genommen, völlig neue AKB zu entwickeln. Da die meisten Versicherer die AKB 2008 ihrem Neugeschäft zugrunde legen werden, kommen auch hier erhebliche Veränderungen auf die Kraftfahrtversicherer zu.

In dem vorliegenden Werk werden die zentralen und praxisrelevanten Veränderungen sowohl der VVG-Reform als auch bei den AKB 2008 dargestellt und mit zahlreichen Fallbeispielen und Schaubilder erläutert.

Die Ausführungen zu den AKB basieren auf den unverbindlichen Musterbedingungen des GDV in der Fassung der Bekanntgabe vom 3. 7. 2007 (AKB 2008). Die Verwendung dieser Bedingungen ist für die Versicherer freiwillig.

I. Das neue VVG

Das bis zum Jahr 2008 geltende VVG stammt aus dem Jahr 1908 und beruht auf dem damaligen Denken und Rechtsgefühl. Der Gesetzgeber sah sich deswegen zu einer grundlegenden Reform des VVG veranlasst, weil es den heutigen Bedürfnissen eines modernen Verbraucherschutzes nicht gerecht werde. Zur Vorbereitung der Reform hatte das Justizministerium im Jahr 2000 eine Kommission eingesetzt, deren Abschlussbericht aus dem Jahr 2004 weitgehend zunächst in den Regierungsentwurf vom Februar 2006 und dann in die endgültige Fassung einfloss. 2

A. Einführung

Das neue VVG wurde am 29. 11. 2007 im Bundesgesetzblatt verkündet und trat am 1. 1. 2008 in Kraft. Zentrale und für die Kraftfahrtversicherung besonders relevante Punkte des neuen Gesetzes sind:
- Abschaffung des Policenmodells (§ 7 VVG)
- Gesetzliche Regelung von Beratungs- und Dokumentationspflichten (§ 6 VVG)
- Abschaffung des „Alles-oder-nichts-Prinzips" bei Gefahrerhöhung (§ 26 VVG), bei vertraglichen Obliegenheiten (§ 28 VVG) und bei grob fahrlässiger Herbeiführung des Versicherungsfalls (§ 81 VVG)
- Einführung eines Kausalitätserfordernisses auch bei vorsätzlicher Obliegenheitsverletzung
- Gesetzliche Regelung der vorläufigen Deckung (§§ 49 ff. VVG)
- Milderung des Einlösungsprinzips bei der Erstprämienzahlung durch Verschuldens- und Belehrungserfordernisse (§ 37 VVG)
- Abschaffung des Grundsatzes der Unteilbarkeit der Prämie (§ 39 VVG)
- Erstreckung des Familienprivilegs auf Haushaltsangehörige (§ 86 VVG)
- Änderung der Rechtsfolgen bei unterbliebener Veräußerungsanzeige (§ 97 Abs. 2 VVG)
- Abschaffung des Abtretungs-, Befriedigungs- und Anerkenntnisverbots in der Kfz-Haftpflichtversicherung (§§ 105 ff. VVG)

Das reformierte VVG ist nunmehr so aufgebaut, dass zunächst in einem Allgemeinen Teil (Teil 1) die für alle Versicherungssparten gleichermaßen geltenden Regelungen vorangestellt sind (Kapitel 1) und dann die Regelungen für die Schadenversicherung und Sachversicherung folgen (Kapitel 2). Daran anschließend sind in Teil 2 des neuen VVG die einzelnen Versicherungssparten (z. B. Haftpflichtversicherung, Lebensversicherung, Krankenversicherung) geregelt. Eine spezielle Regelung zur Kfz-Versicherung findet sich im VVG nicht.

3 Dennoch sind zahlreiche Regelungen des VVG für die Kfz-Versicherung von Bedeutung. Relevant für die Kaskoversicherung sind zunächst in den Vorschriften des Allgemeinen Teils die alle Versicherungszweige betreffenden Regelungen der §§ 1–73 VVG, sodann aber insbesondere die Vorschriften über die Schadenversicherung in §§ 74–87 VVG und die Regelungen zur Sachversicherung in §§ 88–99 VVG.

In der Kfz-Haftpflichtversicherung finden aus dem VVG zunächst ebenfalls die Bestimmungen des Allgemeinen Teils des VVG Anwendung, insbesondere aber die Regelungen zur Haftpflichtversicherung in §§ 100 bis 123 VVG. In diese wiederum wurde in den §§ 114 ff. VVG beinahe unverändert der bisherige § 3 PflVG eingearbeitet.

II. Die neuen AKB 2008

Regelungen für die Kfz-Versicherung		
Für alle Zweige der Kfz-Versicherung	Teil 1 Kapitel 1 Abschn. 1	Allgemeiner Teil Alle Versicherungszweige §§ 1 bis 73 VVG
Für Kasko und Kfz-Haftpflicht	Teil 1 Kapitel 2 Abschn. 1	Schadenversicherung §§ 74 bis 87 VVG
Für Kasko	Teil 1 Kapitel 2 Abschn. 2	Sachversicherung §§ 88 bis 99 VVG
Für Kfz-Haftpflicht	Teil 2 Kapitel 1	Haftpflichtversicherung §§ 100 bis 124 VVG

Im Übrigen ist für die Kfz-Haftpflichtversicherung auch das Pflichtversicherungsgesetz (PflVG) zu beachten, das – trotz Übernahme einiger wichtiger Regelungen in das VVG – weiterhin Regelungen zur Kfz-Haftpflichtversicherung enthält (zu nennen ist etwa der in § 5 PflVG geregelte Kontrahierungszwang). In Kraft bleibt auch die Kfz-Pflichtversicherungsverordnung (KfzPflVV), in der nach wie vor festgelegt ist, welche Inhalte die Kfz-Haftpflichtversicherer ihren AKB geben dürfen und müssen.

II. Die neuen AKB 2008

Gleichzeitig mit dem Inkrafttreten der VVG-Reform zum 1. 1. 2008 hat der Gesamtverband der Deutschen Versicherungswirtschaft (GDV) ein vollständig reformiertes Bedingungswerk unverbindlich empfohlen. Die Allgemeinen Bedingungen für die Kfz-Versicherung (AKB 2008) wurden hinsichtlich Aufbau, Gliederung und Sprache vollkommen neu gestaltet. Ziel der Neufassung war dabei nicht, den Umfang des Versicherungsschutzes zu verändern oder gar zu reduzieren. Vielmehr ging es primär darum, die Verständlichkeit und Lesbarkeit des Bedingungswerks zu verbessern und somit die Kundenfreundlichkeit des Bedingungswerks zu erhöhen. Nach dem in § 307 Abs. 1 Satz 2 BGB verankerten Transparenzgebot kann sich eine unangemessene Benachteiligung des VN – die nach Satz 1 zur Unwirksamkeit der Klausel führt – auch daraus ergeben, dass Bestimmungen in Versicherungsbedingungen nicht „klar und verständlich" formuliert sind. Maßstab für die Verständlichkeit der Versicherungsbedingungen ist nach ständiger Rechtsprechung des BGH (etwa VersR 1992, 349, ausführlich hierzu Römer/Langheid, vor § 1 Rdn. 16) das Verständnis des durchschnittlichen VN. Versicherungsbedingungen sind also so auszulegen, wie ein verständiger Durchschnittskunde ohne Versicherungskenntnisse sie verstehen darf.

An vielen Stellen der neuen AKB wurden deshalb antiquierte und schwer verständliche Begriffe ausgetauscht (z. B. Einlösung des Versicherungsscheins) und – soweit möglich – an den Sprachgebrauch des VN angepasst.

A. Einführung

Die Kaskoversicherung heißt deshalb in den AKB 2008 auch „Kaskoversicherung" und nicht mehr – wie in den alten AKB – „Fahrzeugversicherung".

6 Obwohl der Schwerpunkt der Neugestaltung in der sprachlichen und stilistischen Überarbeitung lag, weisen die neuen AKB auch inhaltliche Änderungen auf. Eingeflossen sind dabei insbesondere die ebenfalls zum 1. 1. 2008 in Kraft tretenden Änderungen im neuen Versicherungsvertragsgesetz (VVG), die Änderungen des Pflichtversicherungsgesetzes (PflVG) sowie die neue Fahrzeugzulassungsverordnung (FZV).

7 Neu ist auch, dass die bisherige Aufteilung in AKB und Tarifbestimmungen im Interesse eines einheitlichen Bedingungswerks aufgegeben wurde. Die beitragsrelevanten Regelungen der früheren Tarifbestimmungen wurden nun direkt in die AKB 2008 integriert.

8 Die Gliederung der AKB 2008 orientiert sich an typischen Kundensituationen und ermöglicht dem VN hierdurch ein selektives Lesen – schließlich werden die AKB von einem VN normalerweise nur dann zu Rate gezogen, wenn er eine konkrete Fragestellung hat.

Inhaltsverzeichnis

A Welche Leistungen umfasst Ihre Kfz-Versicherung?
B Beginn des Vertrags und vorläufiger Versicherungsschutz
C Beitragszahlung
D Welche Pflichten haben Sie beim Gebrauch des Fahrzeugs?
E Welche Pflichten haben Sie im Schadenfall?
F Rechte und Pflichten der mitversicherten Personen
G Laufzeit und Kündigung des Vertrags, Veräußerung des Fahrzeugs
H Außerbetriebsetzung, Saisonkennzeichen, Fahrten mit ungestempelten Kennzeichen
I Schadenfreiheitsrabatt-System
J Beitragsänderung aufgrund tariflicher Maßnahmen
K Beitragsänderung aufgrund eines bei Ihnen eingetretenen Umstands
L Meinungsverschiedenheiten und Gerichtsstände
M Zahlungsweise
N Bedingungsänderung

Anhang 1: Tabellen zum Schadenfreiheitsrabatt-System
Anhang 2: Merkmale zur Beitragsberechnung
Anhang 3: Tabellen zu den Typklassen
Anhang 4: Tabellen zu den Regionalklassen
Anhang 5: Berufsgruppen (Tarifgruppen)
Anhang 6: Art und Verwendung von Fahrzeugen

Verzichtet wurde in den AKB 2008 auf einen vorangestellten allgemeinen Teil. Damit sind gleichlautende Regeln (z. B. Obliegenheiten) nicht mehr „vor die Klammer" gezogen. Zwar hat sich der Umfang der AKB hierdurch leicht erhöht, doch ist der VN auf der anderen Seite nun nicht mehr gezwungen, sich zur Beantwortung einer Frage die Regelungen aus dem allgemeinem Teil der AKB, dem besonderem Teil der AKB und dem Gesetz zusammenzusuchen. So waren beispielsweise die Ausschlüsse in der Kfz-Haftpflichtversicherung in den bisherigen AKB auf § 2b AKB und § 11 AKB und § 152 VVG verteilt. Der gesetzliche Ausschluss der vorsätzlichen Herbeiführung des Versicherungsfalls nach § 152 VVG war in den AKB überhaupt nicht enthalten. Dies hatte für den VN den Nachteil, dass er auftretende Probleme im Regelfall nicht allein mit einer Lektüre der AKB lösen konnte. Unter dem

II. Die neuen AKB 2008

Aspekt der Benutzerfreundlichkeit ist es daher ein deutlicher Fortschritt, dass die Gliederung nach allgemeinem und besonderem Teil aufgegeben und die wichtigsten gesetzlichen Regelungen des VVG in die AKB 2008 integriert wurden.

B. Inkrafttreten des neuen VVG

Für das Neugeschäft (Neu- und Ersatzverträge) tritt das neue Versicherungsvertragsgesetz zum 1. 1. 2008 in Kraft (Artikel 1 Abs. 1 EGVVG). Für Bestandsverträge (Altverträge) hat der Gesetzgeber eine Übergangsfrist von einem Jahr vorgesehen. Für Bestandsverträge, die vor dem 1. 1. 2008 geschlossen wurden, gilt das neue VVG deshalb erst zum 1. 1. 2009, also ein Jahr später. Ohne diese Übergangsfrist, also bereits zum 1. 1. 2008, treten nach Artikel 2 EGVVG die Regelungen über die Vertretungsmacht des Vermittlers (§§ 69 bis 73 VVG) in Kraft.

9

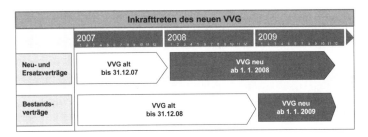

I. Neuverträge

Entscheidendes Abgrenzungsdatum für die Geltung des neuen VVG ab dem 1. 1. 2008 ist nach Artikel 1 Abs. 1 EGVVG der Zeitpunkt des Vertragsschlusses (sog. formeller Versicherungsbeginn). Keine Rolle für den Wechsel vom alten zum neuen Recht spielt hingegen der Beginn des Versicherungsschutzes. Versicherungsverträge kommen (wie andere Verträge auch) durch Angebot (bzw. Antrag) und Annahme zustande. Die Annahmeerklärung des Versicherers liegt regelmäßig in der Zusendung der Police. Da Willenserklärungen erst mit Zugang beim Empfänger wirksam werden, ist der entscheidende Zeitpunkt für die Frage des Vertragsschlusses der Einwurf der Police in den Briefkasten des VN. Somit gilt das neue VVG für alle Neuverträge, deren Police oder Annahmeerklärung dem VN ab dem 1. 1. 2008 zugehen.

10

II. Bestandsverträge

Für Bestandsverträge, die vor dem 1. 1. 2008 angeschlossen wurden, gilt das neue VVG ab dem 1. 1. 2009.
Grundsätzlich ist es möglich, die für den VN meist günstigeren Regelungen des neuen VVG bereits zum 1. 1. 2008 auch auf Bestandsverträge anzuwenden (Vorziehen der Anwendung des neuen VVG). Doch muss bei Beleh-

11

rungstexten sowie bei Form- und Kündigungserfordernissen darauf geachtet werden, dass diese im Übergangszeitraum noch dem alten VVG entsprechen, denn nach Art. 1 Abs. 1 EGGVG gilt im Übergangszeitraum (2008) für die Bestandsverträge altes VVG. Diese gesetzliche Entscheidung kann vom Versicherer nicht einseitig abbedungen werden. Dies bedeutet, dass der Versicherer nur die günstigeren Regelungen einseitig vorziehen kann und zum Beispiel im Fall einer Obliegenheitsverletzung vor dem Versicherungsfall weiterhin das Kündigungserfordernis des § 6 Abs. 1 VVG (alt) beachtet werden muss.

Eine vollständige vorgezogene Geltung aller Regelungen des neuen VVG für den Bestand zum 1. 1. 2008 lässt sich nicht einseitig erreichen, sie wäre nur mittels einer vertraglicher Vereinbarung mit dem VN möglich.

III. Umstellungsverfahren für Bestands-AKB

12   Wenn das neue VVG für die Bestandsverträge zum 1. 1. 2009 in Kraft tritt, trifft es auf die alten, grundsätzlich weiterhin gültigen AKB der Bestandsverträge, die mit dem VN noch unter Geltung des alten VVG geschlossen wurden. Diesen Regelungen in den alten AKB, die nicht mehr mit den geänderten Bestimmungen im neuen VVG übereinstimmen, droht nach dem Ablauf der Übergangsfrist (also ab 1. 1. 2009) die Unwirksamkeit. Diese kann sich entweder aus einem Verstoß gegen halbzwingende Vorschriften des neuen VVG (z. B. §§ 18, 32, 42 und 67) oder aus einer Unvereinbarkeit mit den wesentlichen Grundgedanken der neuen gesetzlichen Regelungen des VVG (§ 307 Abs. 2 Nr. 1 BGB) ergeben.

Vor diesem Hintergrund hat der Gesetzgeber den Versicherern die Möglichkeit eingeräumt, AVB für Altverträge – soweit diese von den neuen Vorschriften des VVG abweichen – zum 1. 1. 2009 einseitig ohne Zustimmung des VN an das neue VVG anzupassen.

Voraussetzung für die Umstellung der AVB ist, dass der Versicherer dem VN die geänderten Versicherungsbedingungen unter Kenntlichmachung der Unterschiede spätestens einen Monat vor dem 1. 1. 2009 mitteilt (Artikel 1 Abs. 2 EGVVG).

13   Eine Pflicht zur Umstellung besteht nach dem eindeutigen Wortlaut des Artikel 1 Abs. 2 EGVVG („kann umstellen") jedoch nicht. Unterlässt der Versicherer die Umstellung, ist dies unseres Erachtens auch nicht als ein „Missbrauch" anzusehen, der etwa die BaFin zu einem Einschreiten veranlassen könnte. Eine unterlassene Umstellung benachteiligt den VN nämlich nicht – die fraglichen Klauseln werden ja entweder an das neue VVG angepasst (das ergibt sich aus § 306 Abs. 2 BGB, wonach sich der Inhalt des Vertrags im Falle der Unwirksamkeit nach den gesetzlichen Vorschriften richtet) oder mangels gesetzlicher Regelung unwirksam.

14   Was unter Kenntlichmachung der Unterschiede zu verstehen ist, wird im Gesetz nicht näher erläutert. Auf jeden Fall muss für den VN erkennbar werden:
– welche Klauseln ersetzt werden und
– welche Änderungen in der Klausel vorgenommen wurden.

In Betracht kommt also insbesondere eine synoptische Darstellung. Nicht ausreichend dürfte es hingegen sein, dem VN – ohne Erläuterung der Unter-

III. Umstellungsverfahren für Bestands-AKB

schiede – ein neues Bedingungswerk zuzusenden. Ob die gewählte Darstellungsvariante geeignet ist, die Unterschiede ausreichend deutlich kenntlich zu machen, hängt davon ab, ob ein durchschnittlicher VN ohne versicherungsfachliche Vorkenntnisse in der Lage ist zu erkennen, welche Klauseln sich geändert haben. Da alle Klauseln in Versicherungsbedingungen nach § 307 Abs. 1 Satz 2 BGB ohnehin so verständlich formuliert sein müssen, dass ein durchschnittlicher VN diese verstehen kann, ist es nicht erforderlich, dass dem VN die Unterschiede in einem Begleittext zusätzlich erläutert werden.

C. Abschluss des Kfz-Versicherungsvertrags

Der für den Versicherer wichtigste Geschäftsprozess, nämlich der Prozess des Vertragsschlusses, wird sich im neuen Recht erheblich verändern. Zwar enthalten die AKB 2008 – wie die bisherigen AKB – hinsichtlich des Vertragsschlusses keine Regelungen, doch ergeben sich aus der VVG-Reform einschneidende Änderungen.

15

I. Abschaffung des Policenmodells

Unter der Überschrift „Information des Versicherungsnehmers" wird in § 7 VVG das in der Praxis eigentlich bewährte Policenmodell abgeschafft. Nach § 5a VVG a.F. war es ausreichend, wenn dem VN die Versicherungsbedingungen und die Verbraucherinformationen erst mit der Police ausgehändigt wurden. Dagegen sieht § 7 Abs. 1 Satz 1 VVG nunmehr vor, dass Versicherungsinformationen, Produktinformationen und Versicherungsbedingungen dem VN zukünftig rechtzeitig vor Abgabe von dessen Vertragserklärung auszuhändigen sind.

16

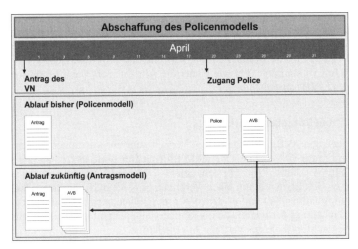

Dies bedeutet, dass dem VN alle Informationsunterlagen bereits bei Antragstellung vorliegen müssen.

II. Die Informationspflichten des Versicherers bei Vertragsschluss

Die in § 7 Abs. 1 VVG enthaltene Pflicht zur Aushändigung der Informationsunterlagen bereits bei Antragstellung wird den Vertriebsprozess deutlich verändern. Lediglich in dem Fall, dass der VN auf die frühzeitige Aushändi-

17

C. Abschluss des Kfz-Versicherungsvertrags

gung der Unterlagen verzichten sollte (diese Möglichkeit ist durch § 7 Abs. 1 Satz 3 VVG eröffnet), ist der Versicherer auch zukünftig berechtigt, die Unterlagen erst mit der Police zu versenden.

18 Der Inhalt der umfangreichen Versicherungsinformationen, die vom Versicherer bei Antragstellung auszuhändigen sind, bestimmt sich aus § 7 VVG, vor allem aber aus der die Details regelnden VVG-Informationspflichtenverordnung (VVG-InfoV). Zu den Versicherungsinformationen gemäß § 7 VVG gehören hiernach zukünftig folgende Unterlagen:

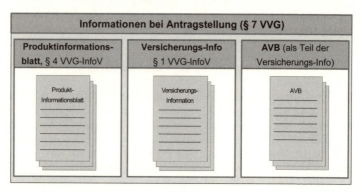

1. Versicherungsinformationen

19 Die nach § 1 VVG-InfoV erforderlichen **allgemeinen Versicherungsinformationen** ersetzen die bisherigen Verbraucherinformationen nach Anlage D zu § 10a VAG. Als Bestandteil der Versicherungsinformationen (§ 1 Nr. 6a VVG-InfoV) sind dem VN wie bisher die Allgemeinen Versicherungsbedingungen (AVB) auszuhändigen.

2. Produktinformationsblatt

20 Neben den AVB und allgemeinen Versicherungsinformationen ist dem VN zukünftig ein so genanntes **Produktinformationsblatt** auszuhändigen (§ 4 VVG-InfoV). Diese Pflicht besteht gemäß § 4 Abs. 1 VVG-InfoV jedoch nur, wenn es sich beim VN um einen Verbraucher (§ 13 BGB) handelt. Das Produktinformationsblatt soll es dem VN ermöglichen, sich anhand einer knappen Darstellung der wichtigsten Informationen einen Überblick über die wesentlichen Merkmale des Vertrags zu verschaffen.

Folgende Anforderungen sind an das Produktinformationsblatt zu stellen:
– Das Produktinformationsblatt ist als solches zu bezeichnen.
– Es ist den anderen zu erteilenden Informationen voranzustellen.
– Die Informationen müssen in übersichtlicher und verständlicher Form knapp dargestellt werden.
– Der VN ist darauf hinzuweisen, dass die Informationen nicht abschließend sind.
– Auf die jeweils maßgebliche Bestimmung des Vertrages oder der dem Vertrag zugrunde liegenden Allgemeinen Versicherungsbedingungen ist hinzuweisen.

II. Die Informationspflichten des Versicherers bei Vertragsschluss

– Die Informationen sind in der durch die Verordnung vorgegebenen Reihenfolge zu geben.
– Neben diesen allgemeinen Vorgaben bestimmt § 4 VVG-InfoV aber auch, welche konkreten Inhalte das Produktinformationsblatt enthalten muss. Angaben sind insbesondere erforderlich über das durch den Vertrag versicherte Risiko, die Höhe und Fälligkeit der Prämie, über Risikoausschlüsse, Obliegenheiten und die Rechtsfolgen von deren Nichtbeachtung, über die Vertragslaufzeit sowie die Möglichkeiten einer Beendigung des Vertrages.

Bei der Abfassung eines Produktinformationsblatts stellen sich schwierige Fragen. Da es den Rahmen eines Produktinformationsblatts sprengen und dessen Zweck zudem konterkarieren würde, können keinesfalls alle Leistungen, Risikoausschlüsse oder Obliegenheiten aufgezählt werden. Der Versicherer muss sich deshalb aufgrund seiner bisherigen Erfahrung fragen, welche Leistungen, Risikoausschlüsse oder Obliegenheiten für den VN von besonderer Relevanz sind und welche Informationen zu einer eindeutigen Beschreibung des Umfangs der Versicherungsleistung unerlässlich sind.

Hinsichtlich des Versicherungsumfangs wird zum Beispiel darauf hinzuweisen sein, dass das versicherte Fahrzeug selbst nicht vom Schutz der Kfz-Haftpflichtversicherung umfasst ist. Daneben sollte auch der in der Praxis der Kaskoversicherung wichtige Risikoausschluss der groben Fahrlässigkeit Erwähnung finden.

Bei den vor Eintritt des Versicherungsfalls zu erfüllenden Obliegenheiten müssten die Führerschein- und die Trunkenheitsklausel erwähnt werden. Bei den nach Eintritt des Versicherungsfalls zu erfüllenden Obliegenheiten müssten die Pflichten zur rechtzeitigen Anzeige des Versicherungsfalls und zu wahrheitsgemäßen Angaben bei Fragen des Versicherers ebenso erwähnt werden wie die Tatsache, dass auch eine Unfallflucht eine Obliegenheitsverletzung darstellt.

Stets ist aber darauf zu achten, dass klar zum Ausdruck gebracht wird, dass es sich – etwa bei den angeführten Obliegenheiten – nicht um eine abschließende Aufzählung handelt. Der Versicherer darf und muss darauf hinweisen, wo sich in den AKB der vollständige Kanon der zu beachtenden Obliegenheiten befindet – andernfalls könnte der VN argumentieren, er habe die angeführten Obliegenheiten als abschließend angesehen.

Nicht einfach zu beantworten ist auch die Frage, welchen Umfang die Belehrung über die Rechtsfolgen einer Nichtbeachtung von Obliegenheiten haben muss. Reicht hier ein genereller Hinweis auf den denkbaren Verlust des Versicherungsschutzes aus oder muss über die möglicherweise unterschiedlichen Folgen vorsätzlichen und grob fahrlässigen Verhaltens informiert werden? Für einen knappen Hinweis spricht, dass andernfalls das Produktinformationsblatt zwangsläufig aus einer ganzen Menge Blätter bestehen müsste und so der Zweck, eine kurze, verständliche Information zu gewährleisten, von vornherein verfehlt würde.

Ob es sich beim Inhalt des Produktinformationsblatts um AVB handelt ist zweifelhaft, schließlich soll das Blatt ja gerade neben den AKB für eine zusätzliche und vereinfachte Information Sorge tragen. Ganz unverbindlich dürfte der Inhalt allerdings nicht sein. So lässt sich vorstellen, dass bei Auslegungszweifeln über eine bestimmte Bestimmung der AKB das Produktinformationsblatt ergänzend herangezogen wird. Ist das Produktinformations-

C. Abschluss des Kfz-Versicherungsvertrags

blatt fehlerhaft, etwas weil nicht darauf hingewiesen worden ist, dass es sich bei den erwähnten Ausschlüssen nicht um eine abschließende Aufzählung aller Risikoausschlüsse handelt, wird der VN einen Vertrauenstatbestand auf die Richtigkeit der Informationen geltend machen können.

3. Aushändigung in Textform

23   Die Aushändigung der Unterlagen hat in Textform zu erfolgen. Der Begriff Textform ist in § 126b BGB erläutert. Hiernach kommen sowohl die Aushändigung einer schriftlichen Informationsbroschüre, der Ausdruck vor Ort, als auch die Übergabe in elektronischer Form (z.B. E-Mail oder CD-Rom) in Betracht. Entscheidend ist bei elektronischen Medien, dass sich diese zur dauerhaften Wiedergabe eignen. Deshalb genügt ein Link auf eine Internetseite nicht (*Palandt* § 126b Rdn. 3).

Bei Information mittels elektronischer Medien ist zudem erforderlich, dass dem Empfänger die Kenntnisnahme in elektronischer Form zumutbar und möglich ist. Hat der VN zum Beispiel keinen Computer, kann der Versicherer seine Informationsverschaffungspflicht nicht durch Aushändigung einer CD erfüllen.

4. Rechtzeitigkeit der Aushändigung

24   Fraglich ist, wann die Unterlagen ausgehändigt werden müssen, um das Erfordernis der „rechtzeitigen" Aushändigung vor Antragstellung im Sinne von § 7 Abs. 1 VVG zu erfüllen. Aufgrund der Unbestimmtheit des Begriffs „rechtzeitig" ist problematisch, ob eine Aushändigung der Unterlagen in dem Beratungsgespräch, in dem auch der Antrag des VN entgegengenommen wird, noch „rechtzeitig" im Sinne des Gesetzes ist. Man könnte „rechtzeitig" auch so verstehen, dass zwischen der Aushändigung der Informationsunterlagen und der Antragstellung eine bestimmte Mindestfrist – etwa von drei Tagen – liegen muss, damit der VN ausreichend Gelegenheit hat, die Unterlagen vor Abgabe seiner Willenserklärung zur Kenntnis zu nehmen. Dem Zweck der Regelung entsprechend ist jedenfalls in der Kraftfahrtversicherung davon auszugehen, dass eine Aushändigung bei Antragstellung den gesetzlichen Anforderungen genügt, da der VN es in der Hand hat, ob er sich nach Aushändigung der Informationsunterlagen zunächst Zeit nimmt, diese in Ruhe zu lesen, oder nicht (so wohl auch *Römer* VersR 2006, 740ff.; *Schimikowski* r+s 2007, 133ff., zweifelnd *Marlow/Spuhl* S. 12).

5. Informationspflicht nicht mehr auf Verbraucher beschränkt

25   Anders als bisher ist die Informationspflicht nicht mehr auf Verbraucher beschränkt. Eine Ausnahme hiervon gilt gemäß § 4 Abs. 1 VVG-InfoV lediglich für das Produktinformationsblatt, das nur einem Verbraucher (§ 13 BGB) ausgehändigt werden muss. Ansonsten sind lediglich Verträge über Großrisiken nach § 7 Abs. 5 VVG von den strengen Informationspflichten befreit. Eine Beschränkung der Informationspflichten auf Verbraucher erschien dem Gesetzgeber nicht gerechtfertigt, da auch kleine Unternehmer und Freiberufler schutzbedürftig seien. Zudem findet im neuen VVG auch keine Differen-

II. Die Informationspflichten des Versicherers bei Vertragsschluss

zierung zwischen natürlichen und juristischen Personen statt, so dass die Informationen beispielsweise auch gegenüber einer GmbH zu erteilen sind. Entsprechend dem erweiterten Adressatenkreis wird die Information in Zukunft nicht mehr als „Verbraucherinformation" bezeichnet, sondern stattdessen als „Versicherungsinformation" oder „Versichererinformation".

6. Verzicht auf frühzeitige Aushändigung der Informationen

Das neue Recht sieht vor, dass der VN auf die Aushändigung der umfangreichen Informationsunterlagen verzichten kann (§ 7 Abs. 1 Satz 3 VVG). Verzichtet der VN auf die Aushändigung der Informationen bei Antragstellung, müssen diese dem VN unverzüglich nach Abschluss des Vertrags (im Regelfall mit der Police) nachgereicht werden. 26

Erforderlich für den Verzicht ist jedoch eine gesonderte schriftliche Erklärung des VN. Das gesetzliche Formerfordernis der gesondert zu unterschreibenden Erklärung verhindert, dass dem VN Verzichtserklärungen im Kleingedruckten „untergejubelt" werden. Soweit in der Literatur derzeit vor einer standardisierten Verwendung der Verzichtserklärung gewarnt wird (Römer, VersR 2006, 742) und teilweise sogar eine Individualvereinbarung gefordert wird (*Meixner/Steinbeck*, Das neue Versicherungsvertragsrecht, Rdn. 70f.) ist zu beachten, dass sich – über das Formerfordernis der gesonderten schriftlichen Erklärung hinaus – weder dem Gesetzeswortlaut noch der Gesetzesbegründung weitere Wirksamkeitsvoraussetzungen an die Vereinbarung eines Verzichts entnehmen lassen. Im Gegenteil: Der Gesetzesbegründung (BT-Drs. 16/3945, S. 60) lässt sich entnehmen, dass der Gesetzgeber allein aufgrund der gesonderten schriftlichen Erklärung den Schutz des VN gewährleistet sieht: *"(um) ... zu vermeiden, dass ein Verzicht des Versicherungsnehmers formularmäßig vereinbart wird, bedarf er zu seiner Wirksamkeit einer ausdrücklichen Erklärung in einem gesonderten vom Versicherungsnehmer unterschriebenen Schriftstück."* 27

Zu berücksichtigen ist auch, dass ein Verzicht auf die frühzeitige Aushändigung der Informationsunterlagen für den VN in bestimmten Situationen erforderlich sein kann. So sind insbesondere in der Kfz-Versicherung viele Vermittler nur berechtigt, die vom VN für die Zulassung des Fahrzeugs benötigte vorläufige Deckung zu erteilen, wenn vom VN auch ein Antrag auf Abschluss des Hauptvertrags gestellt wird. Dies wiederum ist nur möglich, wenn dem VN vorab alle Informationsunterlagen ausgehändigt wurden. Ist eine Aushändigung der Unterlagen dem Vermittler in der konkreten Situation jedoch nicht möglich (z.B. weil er die Unterlagen nicht dabei hat oder das Beratungsgespräch beim VN in der Wohnung stattfindet und der Vermittler keine Möglichkeit zum Ausdruck der Unterlagen hat), würde die Erteilung der vom VN benötigten vorläufigen Deckung an der fehlenden Möglichkeit zur Aushändigung der Informationsunterlagen scheitern. Ein solches Ergebnis entspräche jedoch nicht der Intention der gesetzlichen Regelung, die dem VN zwar im Grundsatz eine frühzeitige Information ermöglichen will, jedoch in § 49 Abs. 1 VVG auch eine klare Entscheidung dahingehend getroffen hat, dass das Interesse des VN am unbürokratischen Erhalt des (sofortigen) vorläufigen Versicherungsschutzes grundsätzlich vorrangig ist.

7. Einbeziehung der AKB

28 Die Frage der Einbeziehung der AKB nach § 305 Abs. 2 BGB ist von der Informationspflicht des Versicherers nach § 7 VVG zu unterscheiden, auch wenn der Zweck der Regelungen sich teilweise überschneidet.

Nach § 305 Abs. 2 BGB werden AGB und damit auch Versicherungsbedingungen nur dann Vertragsbestandteil, wenn der Vertragspartner bei Abgabe seiner Vertragserklärung die Möglichkeit hat, in zumutbarer Weise von ihrem Inhalt Kenntnis zu nehmen. Von diesem strengen Einbeziehungserfordernis für AGB waren Versicherungsbedingungen bisher durch § 5a VVG befreit. Die Übersendung der Versicherungsbedingungen mit der Police war für eine Einbeziehung ausreichend. Im neuen VVG fehlt nicht nur eine entsprechende ausdrückliche Ausnahmeregelung, vielmehr stellt § 7 VVG klar, dass zukünftig auch im Versicherungsrecht eine Aushändigung der AGB vor Abgabe der Vertragserklärung zu erfolgen hat. Dies bedeutet, dass § 305 Abs. 2 BGB nun auch auf Versicherungsverträge uneingeschränkt Anwendung findet. Versicherungsbedingungen, die dem VN nicht bereits bei Antragstellung ausgehändigt wurden, werden grundsätzlich nicht mehr Vertragsbestandteil. Dies hat nach § 306 Abs. 2 BGB zur Folge, dass ein Vertrag ohne Geltung der AVB zustande kommt (näher zu den Folgen einer unterbliebenen Einbeziehung von AVB nach neuen Recht: *Schimikowski* r+s 2007, 309 ff.).

Eine Ausnahme von den strengen AGB-rechtlichen Einbeziehungsvoraussetzungen besteht lediglich in den gesetzlich geregelten Ausnahmefällen des ausdrücklichen Verzichts nach § 7 Abs. 1 Satz 3 VVG und bei Vereinbarung der späteren Übersendung im Rahmen der vorläufigen Deckung nach § 49 Abs. 1 VVG.

III. Vorläufige Deckung

29 Durch die §§ 49 ff. VVG erfährt die in der Praxis der Kfz-Versicherung sehr wichtige vorläufige Deckung erstmals eine gesetzliche Ausgestaltung. Dabei handelt es sich im Wesentlichen um eine Festschreibung der bisher durch die Rechtsprechung entwickelten Grundsätze, so dass die bisherige Regelung der vorläufigen Deckung in den AKB weitgehend beibehalten wurde. Die AKB 2008 enthalten zur vorläufigen Deckung, die dem Sprachgebrauch des VN entsprechend als vorläufiger Versicherungsschutz bezeichnet wird, folgende Regelung:

B.1 Wann beginnt der Versicherungsschutz?
Der Versicherungsschutz beginnt erst, wenn Sie den in Ihrem Versicherungsschein genannten fälligen Beitrag gezahlt haben, jedoch nicht vor dem vereinbarten Zeitpunkt. Zahlen Sie den ersten oder einmaligen Beitrag nicht rechtzeitig, richten sich die Folgen nach C.1.2 und C.1.3.

B.2 Vorläufiger Versicherungsschutz
Bevor der Beitrag gezahlt ist, haben Sie nach folgenden Bestimmungen vorläufigen Versicherungsschutz:

Kfz-Haftpflichtversicherung und Autoschutzbrief
B.2.1   Händigen wir Ihnen die Versicherungsbestätigung aus oder nennen wir Ihnen bei elektronischer Versicherungsbestätigung die Versicherungs-

III. Vorläufige Deckung

> bestätigungs-Nummer, haben Sie in der Kfz-Haftpflichtversicherung und beim Autoschutzbrief vorläufigen Versicherungsschutz zu dem vereinbarten Zeitpunkt, spätestens ab dem Tag, an dem das Fahrzeug unter Verwendung der Versicherungsbestätigung zugelassen wird. Ist das Fahrzeug bereits auf Sie zugelassen, beginnt der vorläufige Versicherungsschutz ab dem vereinbarten Zeitpunkt.
>
> *Kasko- und Kfz-Unfallversicherung*
> B.2.2 In der Kasko- und der Kfz-Unfallversicherung haben Sie vorläufigen Versicherungsschutz nur, wenn wir dies ausdrücklich zugesagt haben. Der Versicherungsschutz beginnt zum vereinbarten Zeitpunkt.

Deutlicher als bisher wird in den AKB 2008 klargestellt, dass mit der Aushändigung der Versicherungsbestätigung lediglich vorläufiger Versicherungsschutz in der Kfz-Haftpflichtversicherung (nicht in der Kaskoversicherung) zugesagt wird.

Wie bisher handelt es sich bei der Gewährung einer vorläufigen Deckung um einen eigenständigen Versicherungsvertrag, der von dem in aller Regel sich anschließenden Hauptvertrag zu unterscheiden ist. Wesentliches Merkmal des Vertrags ist, dass der Versicherer das Risiko des VN für einen vorübergehenden Zeitraum bis zum endgültigen Versicherungsschutz absichert. Näher zur vorläufigen Deckung nach der VVG-Reform: *Maier* r+s 2006, 485.

1. Beratungs- und Dokumentationspflichten

In den §§ 6 bzw. 61 und 62 VVG sieht das neue Recht weitreichende Beratungs- und Dokumentationspflichten des Versicherers bzw. Vermittlers vor (ausführlich hierzu Rdn. 62 ff.). Da es sich bei der vorläufigen Deckung um einen selbständigen Versicherungsvertrag handelt, finden die Beratungs- und Dokumentationspflichten grundsätzlich auch für den Vertrag der vorläufigen Deckung Anwendung. Allerdings dürfen die Informationen bei der vorläufigen Deckung auch mündlich übermittelt werden. In diesem Fall müssen die Informationen dem VN unmittelbar nach Vertragsschluss zukommen – das wiederum ist bei Verträgen über vorläufigen Versicherungsschutz bei Pflichtversicherungen entbehrlich – nicht aber im Rahmen der Kaskoversicherung. Hier müssen die Beratungsinformationen dem VN „unmittelbar nach Vertragsschluss" zur Verfügung gestellt werden (§ 6 Abs. 2 VVG).

Stellt der VN, was in der Praxis die Regel ist, gleichzeitig einen Antrag auf Abschluss einer vorläufige Deckung und eines Hauptvertrags, kann der Vermittler die Beratung für beide Verträge zusammenfassen und dem VN die Beratungsdokumentation an Ort und Stelle übergeben.

Wünscht der VN hingegen zunächst nur vorläufigen Versicherungsschutz und möchte er sich den Abschluss eines Hauptvertrags noch überlegen oder einfach nur später regeln (was in der Praxis nicht alle Versicherer akzeptieren), stellt sich die Frage, ob für den Vertrag der vorläufigen Deckung eine gesonderte Beratung und Beratungsdokumentation erforderlich ist. Auch wenn der Wortlaut der gesetzlichen Regelung hier nicht eindeutig ist, dürfte grundsätzlich eine Beratung und eine entsprechende Beratungsdokumentation ausreichen. In dem aus Sicht des VN zusammengehörenden Sachverhalt des Abschlusses einer Kfz-Versicherung und der Aushändigung der für die Zulassung erforderlichen Versicherungsbestätigung würden zwei Beratungsdokumentationen den VN eher verwirren, als aufklärend wirken. Eine gesonderte Beratungs- und Dokumentationspflicht für den rechtlich selbständigen Vertrag der vorläufigen Deckung besteht jedoch dann, wenn hierfür ein besonderer Anlass besteht. Ein solcher Anlass liegt beispielsweise vor, wenn der Umfang des Versicherungsschutzes der vorläufigen Deckung von den mutmaßlichen Erwartungen des VN abweicht, also zum Beispiel dann, wenn der Versicherer gegenüber einem VN, der für sein Neufahrzeug erkennbar auch vorläufigen Versicherungsschutz in der Kaskoversicherung erwartet, die vorläufige Deckung auf die Kfz-Haftpflichtversicherung beschränkt.

2. Informationspflichten und die Einbeziehung der AKB

33 Erheblich vereinfach worden ist durch das neue VVG in § 49 die Einbeziehung der AVB. Eigentlich ist der Versicherer gemäß § 7 Abs. 1 VVG verpflichtet, dem VN bereits vor Antragstellung die AVB und die sonstigen Versicherungsinformationen auszuhändigen (s. oben Rdn. 17 ff.). Für den rechtlich selbständigen Vertrag der vorläufigen Deckung – nicht jedoch für den Hauptvertrag – ist der Versicherer von dieser strengen Verpflichtung teilweise befreit. Für die vorläufige Deckung kann vereinbart werden, dass dem VN die AVB und die Versicherungsinformationen nur auf Anforderung und spätestens mit dem Versicherungsschein vom Versicherer zu übermitteln sind (§ 49 Abs. 1 VVG).

34 Diese Befreiung von den strengen Informationspflichten gilt jedoch nur für den isolierten Vertrag der vorläufigen Deckung. Beantragt der VN gleichzeitig – was in der Praxis die Regel ist – auch den Abschluss des Hauptvertrags, sind für den Hauptvertrag die Informationspflichten nach § 7 VVG vollständig bei Antragstellung zu erfüllen. Überhaupt nicht anwendbar ist die Befreiung von den strengen Informationspflichten bei Verträgen über vorläufige Deckung, die im Fernabsatz nach § 312 BGB geschlossen werden. Deshalb sind zum Beispiel bei einer im Internet abgeschlossenen vorläufigen Deckung die Informationsunterlagen dem VN bereits vor Antragstellung zum Download anzubieten.

35 Macht der Versicherer von seinem Recht Gebrauch, die AVB bei Vereinbarung der vorläufigen Deckung erst nach Antragstellung auszuhändigen, stellt sich die Frage, welche AVB in diesem Fall Vertragsgrundlage werden. Eine Einbeziehung der AVB nach allgemeinem AGB-Recht (§ 305 Abs. 2 BGB) setzt voraus, dass die AGB dem Vertragspartner bei Abgabe seiner Vertragserklärung zur Kenntnisnahme vorliegen. Bei Vereinbarung der vorläufigen Deckung fehlt es an dieser Voraussetzung, wenn der Versicherer die Vertragsbestimmungen gemäß § 49 Abs. 1 VVG erst mit der Police aushändigt. Der Gesetzgeber hat die Einbeziehung der AVB deshalb in § 49 Abs. 2 VVG wie folgt gelöst: Liegt eine wirksame AGB-rechtliche Einbeziehung nicht vor, werden grundsätzlich die vom Versicherer zu diesem Zeitpunkt für den vorläufigen Versicherungsschutz üblicherweise verwendeten Bedingungen Vertragsbestandteil. Bestehen Zweifel darüber, welche Bedingungen dies sind, werden die zum Zeitpunkt des Vertragsschlusses vom Versicherer verwendeten Bedingungen Vertragsbestandteil, die für den VN am günstigsten sind.

III. Vorläufige Deckung

Fallbeispiel:

Herr A hat für seinen PKW eine vorläufige Deckung (Kasko und Kfz-Haftpflicht) 36
erhalten, die AKB wurden ihm nicht übergeben. Kurz nachdem er das Fahrzeug zugelassen hat, verschuldet A durch das Überfahren einer roten Ampel einen Verkehrsunfall.

Lösung:

Die entscheidende Vorschrift zur Lösung des Falles ist § 49 Abs. 2 VVG: Werden die AKB dem VN bei Vertragsschluss nicht (rechtzeitig) übermittelt, so werden die vom Versicherer zu diesem Zeitpunkt üblicherweise verwendeten Bedingungen – ohne dass eine diesbezügliche Vereinbarung oder ein weiteren Hinweis hierauf erforderlich ist – Vertragsbestandteil. Verfügt ein Versicherer über mehrere Bedingungswerke und bestehen daher Zweifel, welche Bedingungen gelten sollen, werden die für den VN günstigsten Bedingungen Vertragsbestandteil (§ 49 Abs. 2 Satz 2 VVG). Sofern der Versicherer mehrere Ausführungen einer Kaskoversicherung anbietet und in einer Version auf den Einwand grober Fahrlässigkeit verzichtet, kann sich der VN auf diese – ihm günstige – Regelung berufen.

3. Beendigung der vorläufigen Deckung

Auch hinsichtlich der Beendigung der vorläufigen Deckung ergeben sich 37
keine wesentlichen Neuerungen. Ursprüngliche Pläne des Gesetzgebers, den rückwirkenden Wegfall des vorläufigen Versicherungsschutzes bei Nichtzahlung der Erstprämie zu verbieten, wurden wieder aufgegeben. Beachten Sie, dass der rückwirkende Wegfall der vorläufigen Deckung im VVG nicht ausdrücklich geregelt ist. Die Zulässigkeit ergibt sich jedoch aus § 52 Abs. 1 Satz 2 VVG, wonach bei Nichtzahlung oder verspäteter Zahlung der Prämie die vorläufige Deckung „*spätestens*" zu dem Zeitpunkt endet, zu dem der Versicherungsnehmer mit der Prämienzahlung in Verzug ist. Aus dem Wort „*spätestens*" ergibt sich, dass eine frühere Beendigung des vorläufigen Versicherungsschutzes zulässig ist. Allerdings bedarf es zum rückwirkenden Wegfall einer ausdrücklichen vertraglichen Vereinbarung. Die AKB 2008 regeln daher (wie schon die bisherigen AKB) den rückwirkenden Wegfall der vorläufigen Deckung (B.2.4 AKB 2008) sowie weitere Beendigungsgründe der vorläufigen Deckung, die ebenfalls den gesetzlichen Beendigungsgründen nach § 52 VVG entsprechen.

Übergang des vorläufigen in den endgültigen Versicherungsschutz

B.2.3   Sobald Sie den ersten oder einmaligen Beitrag nach C.1 gezahlt haben, geht der vorläufige in den endgültigen Versicherungsschutz über.

Rückwirkender Wegfall des vorläufigen Versicherungsschutzes

B.2.4   Der vorläufige Versicherungsschutz entfällt rückwirkend, wenn wir Ihren Antrag unverändert angenommen haben und Sie den im Versicherungsschein genannten ersten oder einmaligen Beitrag nicht unverzüglich (d.h. spätestens innerhalb von 14 Tagen) nach Ablauf von zwei Wochen nach Zugang des Versicherungsscheins bezahlt haben. Sie haben dann von Anfang an keinen Versicherungsschutz; dies gilt nur, wenn Sie die nicht rechtzeitige Zahlung zu vertreten haben.

Kündigung des vorläufigen Versicherungsschutzes

B.2.5   Sie und wir sind berechtigt, den vorläufigen Versicherungsschutz jederzeit zu kündigen. Unsere Kündigung wird erst nach Ablauf von zwei Wochen ab Zugang der Kündigung bei Ihnen wirksam.

C. Abschluss des Kfz-Versicherungsvertrags

Beendigung des vorläufigen Versicherungsschutzes durch Widerruf

B.2.6 Widerrufen Sie den Versicherungsvertrag nach § 8 Versicherungsvertragsgesetz, endet der vorläufige Versicherungsschutz mit dem Zugang Ihrer Widerrufserklärung bei uns.

38 **a) Beginn des Versicherungsschutzes im Hauptvertrag.** Der gesonderte Vertrag der vorläufigen Deckung endet im Normalfall mit Beginn des Versicherungsschutzes aus dem Hauptvertrag (§ 52 Abs. 1 VVG und B.2.3 AKB 2008). Die vorläufige Deckung ist dann nicht mehr erforderlich, ihr Zweck besteht ja gerade in der Überbrückung des Zeitraums zwischen Antragstellung und dem Beginn des Versicherungsschutzes im Hauptvertrag.

39 **b) Abschluss eines Vertrags bei einem anderen Versicherer.** Nach § 52 Abs. 2 VVG endet der Vertrag über die vorläufige Deckung auch dann, wenn der VN den Hauptvertrag oder einen weiteren Vertrag über eine vorläufige Deckung bei einem anderen Versicherer schließt und damit ein gleichartiger Versicherungsschutz beginnt. § 52 Abs. 2 VVG ist nicht in die AKB transformiert worden – als gesetzliche Regelung aber dennoch zu beachten. Mit dieser gesetzlichen Regelung wird die Rechtsprechung des BGH (r+s 1995, 124) aufgenommen, die im Zweck der vorläufigen Deckung, die Lücke im Versicherungsschutz bis zur Einlösung des Versicherungsscheins zu schließen, ihre Grundlage hatte. Eine derartige Lücke besteht dann nicht mehr, wenn etwa in der Kfz-Haftpflichtversicherung für das Fahrzeug ein weiteres Haftpflichtverhältnis begründet wird, aus dem der VN Versicherungsschutz erlangen kann. Dem Halter, der für sein Fahrzeug einen Haftpflichtvertrag mit einem anderen Versicherer geschossen hat, fehlt regelmäßig ein Interesse daran, dass ihm zusätzlich aus einem Vertrag über vorläufige Deckung Versicherungsschutz gewährt wird, wodurch er doppelt auf Beitragszahlung in Anspruch genommen würde.

Der VN ist gem. § 52 Abs. 2 VVG verpflichtet, dem bisherigen Versicherer den Vertragsschluss mit einem anderen Versicherer unverzüglich mitzuteilen. Verletzt der VN diese Verpflichtung, ist ein Schadenersatzanspruch des Versicherers rechtlich möglich, praktisch aber kaum vorstellbar.

Unter Umständen kann problematisch sein, wann der VN „gleichartigen Versicherungsschutz" bei einem anderen Versicherer erhalten hat. Hier ist zu beachten, dass gleichartig nicht unbedingt gleichwertig bedeutet, so dass der neue Vertrag unter Umständen für den VN schlechtere Konditionen vorsehen kann als der bisherige. War beispielsweise die vorläufige Deckung in der Kfz-Haftpflichtversicherung unbegrenzt und wird nun ein neuer Vertrag nur mit den Mindestversicherungssummen geschlossen, so handelt es sich dabei doch um gleichwertigen Versicherungsschutz im Sinne von § 52 Abs. 2 VVG.

40 **c) Widerruf des Hauptvertrags.** § 52 Abs. 3 VVG und ihm folgend B.2.6 AKB 2008 stellen klar, dass ein Widerruf des Hauptvertrags gem. § 8 VVG auch ein Ende der vorläufigen Deckung nach sich zieht.

41 **d) Kündigung.** Grundsätzlich ist die vorläufige Deckung auch nach der neuen gesetzlichen Regelung zeitlich unbefristet. In § 52 Abs. 4 VVG (eben-

III. Vorläufige Deckung

so B.2.4 AKB 2008) wird jedem Vertragspartner deshalb ein Recht zur Kündigung der vorläufigen Deckung eingeräumt. Die Kündigung des VN wird sofort, die des Versicherers erst zwei Wochen nach Zugang wirksam, damit der VN Zeit erhält, sich anderweitigen Versicherungsschutz zu besorgen. Von diesem Kündigungsrecht muss der Versicherer etwa dann Gebrauch machen, wenn er den Antrag des VN auf Abschluss des Hauptvertrags nicht annehmen möchte.

e) Der rückwirkende Wegfall. Besonders gefährlich ist für den VN, wenn 42 sein bereits bestehender Versicherungsschutz wieder wegfällt. Gemäß § 52 Abs. 1 VVG endet die vorläufige Deckung spätestens dann, wenn der VN mit der Prämienzahlung für den Hauptvertrag in Verzug ist und er über diese Rechtsfolge durch einen auffälligen Hinweis etwa auf dem Versicherungsschein belehrt worden ist.

Die vertragliche Vereinbarung eines rückwirkenden Wegfalls des Versicherungsschutzes bei Verzug mit der Zahlung der Erstprämie ist auch unter Geltung des neuen VVG zulässig. § 52 Abs. 1 VVG regelt lediglich, dass der Versicherungsschutz „spätestens" endet, wenn der VN mit der Zahlung der Erstprämie in Verzug ist. Die vertragliche Vereinbarung eines rückwirkenden Wegfalls ist also weiterhin möglich.

Die neuen AKB bestimmen deshalb – wie bisher – in B.2.4 AKB 2008, dass der Versicherungsschutz rückwirkend, also von Anfang an wegfällt, wenn der VN nach Erhalt des Versicherungsscheins die Erstprämie nicht rechtzeitig gem. C.1.1 AKB 2008 bezahlt. Hat der VN zwischen zeitlich einen (hohen) Schaden verursacht, kann diese Situation für ihn sogar existenzgefährdend sein. Der VN muss auf den drohenden Verlust des Versicherungsschutzes deshalb durch gesonderte Mitteilung oder auffälligen Vermerk im Versicherungsschein hingewiesen werden.

Problematisch ist allerdings, ab wann der VN mit der Zahlung der Erst- 43 prämie in Verzug ist. Nach § 286 BGB ist für den Verzugseintritt grundsätzlich eine Mahnung erforderlich. Da in den AKB (C.1.1) bestimmt ist, dass der VN den Beitrag zwei Wochen nach Zugang des Versicherungsscheins und dann innerhalb weiterer 14 Tagen zu zahlen hat, greift jedoch § 286 Abs. 2 Nr. 2 BGB ein – die Leistung (Zahlung) des VN kann nach einem vorausgehenden Ereignis (Zugang des Versicherungsscheins) berechnet werden. Daher ist eine Mahnung für den Verzugseintritt nicht erforderlich.

Aufgrund der schwerwiegenden Folgen für den VN machen § 9 Satz 2 44 KfzPflVV und darauf fußend B.2.4 AKB 2008 den rückwirkenden Wegfall der vorläufigen Deckung von folgenden Voraussetzungen abhängig, die kumulativ vorliegen müssen:
– Der Antrag auf Abschluss des Versicherungsvertrags seitens des VN ist vom Versicherer unverändert angenommen worden.
– Die Erstprämie ist nicht innerhalb der Frist von B.2.4 AKB 2008 bezahlt worden.
– Der VN muss die verspätete Zahlung zu vertreten haben.
– Der VN muss über die oben genannten Voraussetzungen und deren Folgen (auf der Prämienrechnung) belehrt werden.
– Die vom Versicherer verlangte Prämie muss korrekt berechnet und bezeichnet sein.

C. Abschluss des Kfz-Versicherungsvertrags

Fallbeispiel:

45 Der VN hat sein Fahrzeug mittels einer vorläufigen Deckungszusage im Juli zugelassen. Die Prämienrechnung geht ihm am Mittwoch, den 11. 8. zu. Nunmehr verschuldet er am 10. 9. einen Verkehrsunfall, aus dem er zu Schadenersatzleistungen von insgesamt 85.000 Euro verpflichtet ist. Die Prämie war an diesem Tag noch nicht auf dem Konto des Versicherers gutgeschrieben.

Lösung:

Rückwirkender Wegfall des vorläufigen Versicherungsschutzes: Der vorläufige Versicherungsschutz entfällt rückwirkend, falls der VN die geschuldete Prämie nicht rechtzeitig bezahlt hat (§ 52 Abs. 1 VVG und B.2.4 AKB 2008). Nach § 33 VVG hat der VN die erste Prämie „unverzüglich nach Ablauf von zwei Wochen" zu bezahlen. In B.2.4 AKB 2008 wird unverzüglich mit 14 Tagen definiert, so dass der VN nach B.2.4. AKB 2008 zwei Wochen und dann weitere 14 Tage Zeit hat, seinen Beitrag zu bezahlen.

Hier ist die Prämienrechnung dem VN am Mittwoch, den 11. 8. zugegangen. Die Zweiwochenfrist endete am Mittwoch, den 25. 8. Das ist der Tag (Mittwoch) der letzten Woche, welcher durch seine Benennung dem Tag entspricht, in den das Ereignis (Zugang der Beitragsrechnung) fällt, durch welches der Fristbeginn erfolgt (§ 187 Abs. 1 und § 188 Abs. 2 BGB). Ab dem 26. 8. beginnt die weitere Frist von 14 Tagen, diese endet am 8. 9.

Zu betonen ist, dass der geschuldete Beitrag nicht unbedingt am 8. 9. beim Versicherer eingegangen sein muss. Da es sich bei Geldschulden im Regelfall um Schickschulden handelt (§ 270 BGB) ist für die Rechtzeitigkeit der Zahlung entscheidend, ob der Schuldner für die Übermittlung des Geldes das seinerseits Erforderliche getan hat (§ 270 BGB, § 36 VVG). Dabei kommt es auf die Leistungshandlung (Versenden eines Schecks, Einreichen eines Überweisungsauftrags) an. Mit der Einreichung des Überweisungsauftrags hat der VN das seinerseits Erforderliche getan, wenn sein Konto Deckung aufweist (*Römer/Langheid* § 35 Rdn. 8; *Schimikowski*, Versicherungsvertragsrecht, Rdn. 157; offen gelassen von BGH VersR 1964, 129).

Im obigen Beispielsfall hätte der VN daher fristgerecht bezahlt, wenn er noch am 8. 9. den Überweisungsauftrag bei seiner Bank abgegeben oder einen Scheck in den Briefkasten eingeworfen hätte.

Wäre die Überweisung zu einem späteren Zeitpunkt erfolgt, könnte sich der Versicherer auf den rückwirkenden Wegfall der vorläufigen Deckung berufen.

Die Eintrittspflicht gegenüber dem Dritten in der Kfz-Haftpflichtversicherung bleibt bestehen: Trotz des rückwirkenden Wegfalls des vorläufigen Versicherungsschutzes ist der Kfz-Haftpflichtversicherer gem. §§ 115 Abs. 1 und 117 Abs. 1 VVG (früher § 3 Nr. 1 und Nr. 4 PflVG) dem geschädigten Dritten gegenüber zur Leistung verpflichtet. Die Leistungspflicht des Versicherers ist jedoch auf die gesetzlichen Mindestdeckungssummen begrenzt und der Versicherer ist leistungsfrei, soweit der geschädigte Dritte Ersatz seines Schadens von einem anderen Schadenversicherer (z.B. eigener Kaskoversicherer) oder von einem Sozialversicherungsträger (z.B. gesetzliche Krankenkasse) verlangen kann (§ 117 Abs. 3 VVG).

Unbegrenzter Regress gegen den VN: Jedoch kann der Versicherer im Innenverhältnis den geleisteten Betrag vom VN gem. § 116 Abs. 1 und B.2.4 AKB 2008 in voller Höhe (hier 85.000 Euro) zurückverlangen. Eine Limitierung des Regresses ist – anders als bei Obliegenheitsverletzungen – nicht vorgeschrieben. An diesem Beispiel lässt sich gut erkennen, welche schwerwiegende Folgen an die Nichteinhaltung der in B.2.4. AKB 2008 genannten Zahlungsfrist geknüpft sind.

IV. Widerrufsrecht

4. Prämie für die vorläufige Deckung

Kommt ein endgültiger Versicherungsvertrag zustande, wird die Prämie für die Zeit der vorläufigen Deckung in die Prämie des endgültigen Vertrags mit eingerechnet. Die erstmals zu entrichtende Prämie für den endgültigen Versicherungsvertrag ist Erstprämie, auch wenn in ihr die Prämie für die vorläufige Deckung enthalten ist. 46

Kommt ein endgültiger Versicherungsvertrag nicht zustande weil der Versicherer von seinem Kündigungsrecht Gebrauch macht, ist der Prämienanspruch nach § 50 VVG anteilig (pro rata temporis) zu berechnen. Diese Regelung ist in B.2.7. AKB 2008 übernommen worden.

IV. Widerrufsrecht

Mit der Neufassung des VVG wurde das komplizierte System aus verschiedenen Widerrufs- und Widerspruchsrechten vereinheitlicht. Unabhängig von der Laufzeit des Vertrags und unabhängig davon, ob es sich um einen Fernabsatzvertrag (z. B. Internet) handelt oder nicht, hat der VN zukünftig ein einheitliches Widerrufsrecht. Bisher galt für im Policenmodell geschlossene Versicherungsverträge ein 14-tägiges Widerspruchsrecht (§ 5a VVG a.F.) und für im Fernabsatz geschlossene Verträge ein zweiwöchiges Widerrufsrecht (§ 48c VVG a.F.). Das bisherige Widerrufsrecht nach § 8 Abs. 4 VVG a.F. fand auf die Kfz-Versicherung keine Anwendung, da dieses eine Vertragslaufzeit von mehr als einem Jahr voraussetzte. 47

1. Ausübung des Widerrufsrechts

Der VN kann seine Vertragserklärung nach neuem VVG innerhalb von zwei Wochen nach Zugang des Versicherungsscheins widerrufen (§ 8 Abs. 1 VVG). Für die Fristwahrung kommt es auf die rechtzeitige Absendung der Widerrufserklärung an. Es spielt also keine Rolle, wann der Widerruf dem Versicherer zugeht. 48

Voraussetzung für den Beginn der Frist ist gemäß § 8 Abs. 2 VVG, dass dem VN folgende Unterlagen ausgehändigt wurden:
- Versicherungsschein
- Vertragsbestimmungen (AVB und Sonderbedingungen)
- Informationen im Sinne von § 7 Abs. 1 und 2 VVG (Versicherungsinformationen und Produktinformationsblatt)
- Belehrung über das Widerrufsrecht.

Der Widerruf kann in Textform erklärt werden (§ 8 Abs. 1 Satz 2 VVG). Was unter Textform zu verstehen ist, bestimmt sich nach § 126b BGB. Hiernach erfüllen neben schriftlichen Erklärungen auch Erklärungen mittels elektronischer Medien die Formanforderungen, wenn diese zur dauerhaften Wiedergabe geeignet sind (z. B. E-Mail). 49

Überhaupt kein Widerrufsrecht hat der VN nach § 8 Abs. 3 VVG bei Verträgen von weniger als einem Monat Laufzeit (z. B. kurzfristige Urlaubskaskoversicherung) bei Großrisiken und bei der vorläufigen Deckung. Im Falle der vorläufigen Deckung bezieht sich der Ausschluss des Widerrufsrechts nur 50

C. Abschluss des Kfz-Versicherungsvertrags

auf den rechtlich selbständigen Vertrag der vorläufigen Deckung, nicht jedoch auf das Widerrufsrecht für den Hauptvertrag. Bei Fernabsatzverträgen im Sinne von § 312b BGB (z.B. Abschluss per Telefon oder Internet) bleibt das Widerrufsrecht auch für die vorläufige Deckung bestehen.

2. Ewiges Widerrufsrecht

51 Unterlaufen dem Versicherer bei der vorgeschriebenen Belehrung Fehler oder kann er die ordnungsgemäße Aushändigung der Informationsunterlagen nach § 7 VVG nicht nachweisen, kann dies zukünftig weitreichende Folgen haben. Während das bisherige Widerspruchsrecht nach § 5a Abs. 2 VVG a.F. – auch bei einer fehlerhaften Belehrung des Versicherers – spätestens nach einem Jahr erlosch, gilt im neuen Recht ein unbegrenztes („ewiges") Widerrufsrecht. Nach dem Gesetzeswortlaut kann der VN seinen Versicherungsvertrag noch viele Jahre nach Vertragsschluss widerrufen – sofern er die erforderlichen Unterlagen nicht erhalten hat oder dies vom Versicherer nicht bewiesen werden kann. Inwieweit die Rechtsprechung diesem ewigen Widerrufsrecht nach dem allgemein rechtlichen Gebot von Treu und Glauben (§ 242 BGB) nach Ablauf von mehreren Jahren eine Grenze setzen wird, muss abgewartet werden. Die Bedeutung einer nachweisbaren Aushändigung der erforderlichen Unterlagen inklusive einer rechtswirksamen Widerrufsbelehrung hat jedenfalls deutlich zugenommen.

3. Rechtsfolgen des Widerrufs

52 Die Regelung der Rechtsfolgen des Widerrufs ist in § 9 VVG unvollständig und auch nicht ganz eindeutig formuliert. Hinsichtlich der Rechtsfolgen eines Widerrufs sind folgende Grundkonstellationen zu unterscheiden:

53 **a) Ordnungsgemäße Belehrung und Aushändigung aller Unterlagen.**
Für den Normalfall des Widerrufs, in dem der VN alle vorgeschriebenen Unterlagen erhalten hat und die Belehrung ordnungsgemäß erfolgt ist, sind die Rechtsfolgen in § 9 Satz 1 VVG ausdrücklich geregelt. Der Prämienanspruch des Versicherers hängt in dieser Fallkonstellation davon ab, ob der VN dem Beginn des Versicherungsschutzes vor Ablauf der Widerrufsfrist zugestimmt hat.

Ist dies der Fall, hat der Versicherer einen Anspruch auf die Prämie bis zum Zugang des Widerrufs (§ 9 Satz 1 VVG). Grundsätzlich soll der VN sich zwar innerhalb der Überlegungsfrist ohne finanziellen Schaden von dem Vertrag wieder lösen können. In den Fällen, in denen der VN sich dafür entscheidet, dass sein Versicherungsschutz schon innerhalb der Überlegungsfrist beginnt, ist es aber sachlich gerechtfertigt, dass dem Versicherer ein Anspruch auf Prämie zusteht.

IV. Widerrufsrecht

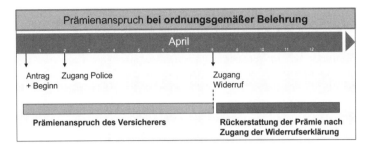

Fehlt eine Zustimmung des VN zum Beginn des Versicherungsschutzes während der Widerrufsfrist hat der Versicherer alle Beiträge zurückzuerstatten, der VN kann sich also ohne finanziellen Schaden wieder vom Vertrag lösen.

Fallbeispiel: 54
Der VN hat bei Antragstellung am 3. 2. alle erforderlichen Informationsunterlagen erhalten. Auf Wunsch des VN soll der Versicherungsschutz bereits am 4. 2. beginnen. Am 20. 2. erhält der VN die Police mit Versicherungsbeginn 4. 2. Eine ordnungsgemäße Belehrung über das 2-wöchige Widerrufsrecht ist erfolgt. Am 27. 2. erklärt der VN per E-Mail den Widerruf und möchte alle bereits gezahlten Beiträge zurückerstattet haben.

Lösung:
Widerrufsrecht: Der Widerruf des VN wurde fristgerecht innerhalb der Widerrufsfrist nach § 8 Abs. 1 VVG erklärt. Ein Widerruf per E-Mail war möglich, da gemäß § 8 Abs. 1 VVG die Textform für den Widerruf ausreichend ist.
Widerrufsfolgen: Welche Rechtsfolgen der Widerruf hat, bestimmt sich nach § 9 VVG. Liegen die Voraussetzungen des § 9 VVG nicht vor, gelten die allgemeinen Widerrufsfolgen des BGB (§§ 357, 346 BGB). Gemäß § 9 Satz 1 VVG hat der Versicherer einen Anspruch auf die Prämie bis zum Zugang des Widerrufs, wenn der VN ordnungsgemäß auf die Folgen eines Widerrufs hingewiesen wurde und der VN zugestimmt hat, dass sein Versicherungsschutz bereits vor Ablauf der Widerrufsfrist beginnt. Der VN hat deshalb nur Anspruch auf Rückerstattung der Beiträge für den Zeitraum nach Zugang des Widerrufs. Dass der Versicherer die Beiträge bis zum Widerruf behalten darf ist angemessen, auch wenn diese Regelung von dem allgemeinen Grundprinzip abweicht, wonach sich ein Verbraucher ohne finanzielle Nachteile während der Überlegungsfrist wieder von seiner Vertragserklärung lösen können soll.
Anmerkung: In der Kfz-Versicherung stellt sich das Problem der Zustimmung in der Regel nicht, da dem Hauptvertrag hier grundsätzlich der rechtlich selbständige Vertrag der vorläufigen Deckung vorangestellt ist. Hinsichtlich des Vertrags der vorläufigen Deckung hat der Versicherer ohnehin kein Widerrufsrecht (§ 8 Abs. 3 Nr. 2 VVG), es sei denn der Vertrag über die vorläufige Deckung wurde im Fernabsatz geschlossen. Widerruft der VN den Hauptvertrag, endet die vorläufige Deckung automatisch (§ 52 Abs. 3 VVG), der Versicherer hat dann einen Prämienanspruch für den Zeitraum der vorläufigen Deckung.

b) Fehlende Belehrung. Fehlt eine ordnungsgemäße Belehrung über das 55 Widerrufsrecht, hat der Versicherer nach der Spezialregelung des § 9 Satz 2 VVG nur einen sehr eingeschränkten Prämienanspruch. Trotz des gewährten Versicherungsschutzes muss der Versicherer die Prämie für das erste Jahr des

Versicherungsschutzes zurückerstatten. Dies gilt lediglich dann nicht, wenn der VN Leistungen aus dem Versicherungsvertrag in Anspruch genommen hat. Macht der VN von seinem „ewigen Widerrufsrecht" nach mehreren Jahren Gebrauch, hat der Versicherer Anspruch auf alle gezahlten Versicherungsbeiträge bis zum Widerruf – mit Ausnahme der Prämie für das erste Versicherungsjahr.

56 Fallbeispiel:
Der VN wurde bei Vertragsschluss mit Versicherungsbeginn am 1. 2. 2008 nicht über sein Widerrufsrecht belehrt. Am 14. 5. 2010 geht dem Versicherer der Widerruf des VN zu, der alle gezahlten Beiträge zurückfordert.

Lösung:
Widerrufsrecht: Der Widerruf des VN wurde ordnungsgemäß nach § 8 Abs. 1 VVG erklärt. Die Widerrufsfrist hat gemäß § 8 Abs. 2 Nr. 2 VVG noch nicht zu laufen begonnen, da es an der Voraussetzung der ordnungsgemäßen Belehrung fehlt.

Widerrufsfolgen: Der Versicherer hat dem VN nach § 9 Satz 2 VVG zunächst die Prämien für das volle erste Versicherungsjahr, also für den Zeitraum vom 1. 2. 2008 bis 1. 2. 2009 zurückzuerstatten. Darüber hinaus hat der VN auch einen Rückerstattungsanspruch für die Beiträge nach Zugang des Widerrufs, also die für den Zeitraum nach dem 14. 5. bereits gezahlten Beiträge.

57   c) Fehlende Aushändigung von Unterlagen. Hat der Versicherer dem VN den Versicherungsschein, die AVB oder sonstige Informationsunterlagen nach § 7 Abs. 1 und 2 VVG nicht ausgehändigt, den VN aber ansonsten ordnungsgemäß über sein Widerrufsrecht belehrt, beginnt die Widerrufsfrist wie im Falle der fehlenden Belehrung nicht zu laufen; der VN hat ein ewiges Widerrufsrecht (§ 8 Abs. 2 Nr. 1 VVG).

Der Prämienanspruch des Versicherers bestimmt sich in dieser Fallgruppe nach § 9 Satz 1 VVG. Der Versicherer behält seinen Prämienanspruch bis zum Zugang des Widerrufs.

58 Fallbeispiel:
Der VN hat weder bei Antragstellung am 12. 1. 2008 noch bei Zugang des Versicherungsscheins am 20. 1. 2008 die AVB erhalten. Eine ordnungsgemäße Belehrung über das Widerrufsrecht ist jedoch erfolgt. Am 1. 9. 2011 erklärt der VN den Widerruf des Versicherungsvertrags.

Lösung:
Widerrufsrecht: Der Widerruf des VN wurde ordnungsgemäß nach § 8 Abs. 1 VVG erklärt. Die Widerrufsfrist hat gemäß § 8 Abs. 2 Nr. 2 VVG noch nicht zu laufen

begonnen, da es an der Voraussetzung der Aushändigung der Vertragsbestimmungen einschließlich der AVB fehlt.

Widerrufsfolgen: Der Versicherer hat dem VN nach § 9 Satz 1 VVG die Prämien für den Zeitraum nach Zugang des Widerrufs, also für den Zeitraum nach dem 1.9.2011 zurückzuerstatten.

V. Billigungsklausel

Weicht der Inhalt des Versicherungsscheins von dem Antrag ab, gilt die Abweichung auch weiterhin gemäß § 5 VVG als genehmigt, wenn der VN nicht innerhalb eines Monats nach Übermittlung des Versicherungsscheins widerspricht. Nach allgemeinem Recht würde kein Vertrag zustande kommen, sondern die abweichende Annahme gemäß § 150 BGB als neues Angebot gelten. 59

Die im Rahmen der VVG-Reform vorgenommenen Änderungen sind überwiegend rein sprachlicher Natur (vgl. Gesetzesbegründung, BT-Drs. 16/3945, S. 57). Klargestellt wurde lediglich, dass die Belehrung des VN über die Abweichungen und die Rechtsfolgen in auffälliger Form in den Versicherungsschein selbst aufgenommen werden muss, da eine gesonderte Mitteilung (wie sie nach altem VVG zulässig war) vom VN in diesem Punkt eher übersehen werden kann.

Die Gegenüberstellungen der Voraussetzungen für eine Genehmigung der Änderungen soll nochmals die (wenigen) materiell-rechtlichen Änderungen verdeutlichen:

Billigungsklausel (Voraussetzungen der Genehmigung)	
§ 5 VVG a. F.	**§ 5 VVG 2008**
• Abweichung der Police vom Antrag	• Abweichung der Police vom Antrag
• Auf die **einzelne Abweichung** ist **besonders aufmerksam** zu machen	• **Auffälliger Hinweis im Versicherungsschein auf jede Abweichung**
• Hinweis (Rechtsbelehrung) durch **besondere schriftliche Mitteilung oder** auffälligen **Vermerk im Versicherungsschein**, der aus dem übrigen Inhalt **hervorzuheben** ist	• und auf die **die hiermit verbundenen Rechtsfolgen**
• kein **schriftlicher** Widerspruch innerhalb eines Monats	• Kein Widerspruch in **Textform** innerhalb eines Monats

Zu beachten ist, dass der Hinweis auffällig (Farbe, Fettdruck, Umrandung) im Versicherungsschein selbst und nicht in einem Begleitschreiben erfolgen 60 muss. So bietet sich z.B. an, fett umrandet wie folgt auf die Änderungen hinzuweisen:

Abweichungen von Ihrem Antrag nach § 5 VVG

In den folgenden Punkten weicht der Inhalt dieses Versicherungsscheins von Ihrem Antrag ab:
- Abweichung 1
- Abweichung 2

Wenn Sie nicht innerhalb eines Monats nach Zugang dieses Versicherungsscheins in Textform (z.B. per Brief, Fax oder E-Mail) widersprechen, gelten diese Abweichungen als genehmigt.

61   Die vom Gesetz gewählte Formulierung, wonach auf jede Abweichung und „die hiermit verbundenen Rechtsfolgen" aufmerksam zu machen ist, könnte so verstanden werden, dass jede einzelne Abweichung auch inhaltlich erläutert werden muss. Jedoch würde ein derartiges Verständnis wohl über den Willen des Gesetzgebers hinausgehen. Jedenfalls ist der Gesetzesbegründung ein so weitgehendes Erfordernis zur Erläuterung aller Abweichungen und Rechtsfolgen nicht zu entnehmen. Zudem würde es auch wenig Sinn machen dem VN z.B. die Rechtsfolgen einer Korrektur des Beitrags zu erläutern. Es ist deshalb davon auszugehen, dass auch weiterhin – wie bisher – lediglich eine allgemeine Belehrung über die Folgen eines unterlassenen Widerspruchs gemeint ist.

D. Beratung und Dokumentation

Die Beratungspflicht nach § 6 VVG ist zunächst von der Informationspflicht nach § 7 VVG abzugrenzen. Während die Informationspflicht allgemein gehaltene Produktinformationen enthält, die grundsätzlich für alle VN identisch sind, ist die Beratungspflicht individuell auf das Beratungsbedürfnis des einzelnen VN abgestimmt. 62

Nach neuem VVG trifft sowohl den Versicherer (§ 6 VVG) als auch den Vermittler (§ 61 VVG) eine Beratungs- und Dokumentationspflicht. Der Versicherer war auch bereits nach altem Recht (§ 241 Abs. 2 BGB) zur Beratung verpflichtet, doch fehlte eine ausdrückliche Regelung für das Versicherungsrecht. Nunmehr ist die Beratungspflicht des Versicherers in § 6 VVG ausdrücklich gesetzlich festgeschrieben.

I. Beratungspflicht von Versicherer und Vermittler

Bereits seit 22. 5. 2007 (Umsetzung der EU-Vermittlerrichtlinie) gilt, dass auch den Vermittler selbst eine Beratungs- und Dokumentationspflicht und eine persönliche Haftung bei Beratungsfehlern trifft. Im neuen VVG findet sich die entsprechende gesetzliche Regelung nun in § 61 VVG. Nach altem Recht haftete der Versicherungsvertreter im Außenverhältnis zum VN nicht, eine Haftung aus Beratungsverschulden traf nur den Versicherer als Vertragspartner des VN. Lediglich der Versicherungsmakler musste als Sachwalter des VN bei Beratungsfehlern persönlich haften. 63

Ausdrücklich normiert wurde im neuen VVG zudem, dass den Versicherer die Beratungspflicht nach § 6 Abs. 4 VVG auch während der Laufzeit des Vertrags trifft. Der Versicherer ist auch während der Laufzeit des Vertrags zur Beratung verpflichtet, wenn hierfür ein Anlass, also ein erkennbarer Bedarf für eine Änderung oder Anpassung des Versicherungsschutzes besteht. Eine entsprechende Verpflichtung fehlt auf Seiten des Vermittlers, doch kann dieser für den Versicherer dessen Beratungspflicht erfüllen. 64

	bei Vertragsschluss	während Laufzeit
Versicherer	☑	☑
Vermittler	☑	keine eigene Pflicht (jedoch Erfüllung der Pflicht des VR)

Grundsätzlich gilt, dass die bei Vertragsschluss sowohl den Vermittler als auch den Versicherer treffende Beratungs- und Dokumentationspflicht nur einmal erfüllt werden muss. Ist in den Vertragsschlussprozess ein Vermittler

D. Beratung und Dokumentation

eingeschaltet und kommt dieser seiner Beratungs- und Dokumentationspflicht nach, braucht der Versicherer diese kein zweites Mal zu erfüllen.

II. Anlass für Beratung

65 Versicherer und Vermittler haben gem. § 6 Abs. 1 bzw. § 61 Abs. 1 VVG den VN bei Vertragsschluss – soweit hierfür ein Anlass besteht – nach seinen Wünschen und Bedürfnissen zu befragen und zu beraten sowie die Gründe für jeden zu einer bestimmten Versicherung erteilten Rat anzugeben.

Ob ein Anlass für eine Beratung besteht, hängt insbesondere von folgenden Kriterien ab:
– Schwierigkeit für den VN, die angebotene Versicherung zu beurteilen
– Person des VN und dessen Risikosituation
– Wünsche und Bedürfnisse des VN

Der Beratungsaufwand soll dabei in einem angemessenen Verhältnis zu der vom VN zu zahlenden Prämie stehen.

Eine generelle Verpflichtung bei jedem Beratungsgespräch eine umfassende Risikoanalyse durchzuführen besteht nicht. Sucht der VN etwa einen Vermittler auf und wünscht – wie schon mehrfach in der Vergangenheit – den Abschluss einer Kfz-Haftpflicht- und Vollkaskoversicherung, besteht keine eingehende Beratungspflicht.

Im Rahmen der Beratungspflicht ist der Versicherer bzw. der Vermittler zunächst verpflichtet, den VN nach dessen Wünschen und Bedürfnissen zu befragen und entsprechend zu beraten. Die Gründe für den erteilten Rat sind anzugeben. Das Ergebnis des Beratungsgesprächs muss in einer Beratungsdokumentation festgehalten werden, die dem VN auszuhändigen ist. Diese Pflichten ergeben sich für den Versicherer aus § 6 Abs. 1 VVG und für den Vermittler aus § 61 Abs. 1 VVG.

Kommt der VN mit einem fest umrissenen Änderungswunsch zum Versicherer und wünscht zum Beispiel für sein 5 Jahre altes Auto die Umwandlung von der Voll- in die Teilkaskoversicherung, besteht ein Anlass zur Beratung nur dann, wenn der Wunsch des VN erkennbar von einer Fehlvorstellung getragen ist. Eine Beratungssituation während der Vertragslaufzeit entsteht etwa dann, wenn der VN den Versicherer auf eine geplante Auslandsreise hinweist und aus diesem Grund seinen Versicherungsschutz überprüft haben möchte. Ein Anlass für eine Beratung könnte ferner bestehen, wenn der VN für ein 13 Jahre altes Auto noch eine Vollkaskoversicherung unterhält.

III. Verzicht auf Beratung

66 Grundsätzlich kann der VN auf die ihm zustehende Beratung verzichten (§ 6 Abs. 3 VVG und § 61 Abs. 2 VVG). An einen solchen Verzicht werden jedoch hohe formelle Anforderungen gestellt. Erforderlich ist eine gesonderte schriftliche Erklärung des VN, die einen ausdrücklichen Hinweis darauf enthält, dass sich ein Verzicht nachteilig auf die Möglichkeit auswirken kann, Schadenersatz wegen Falschberatung geltend zu machen.

IV. Befreiung bei Großrisiken und Fernabsatzverträgen

Keine Beratungspflicht besteht gemäß § 6 Abs. 6 VVG bei Verträgen über Großrisiken und wenn es sich um einen Fernabsatzvertrag im Sinne von § 312b BGB handelt. Folge: Keine Beratungspflicht bei Abschluss des Vertrags im Internet. Hinsichtlich der Befreiung von der Beratungspflicht bei Fernabsatzverträgen ist zu beachten, dass nicht in jedem Fall, in dem ein Versicherungsvertrag über ein Fernabsatzmedium abgeschlossen wird, auch ein Fernabsatzvertrag im Sinne von § 312b BGB vorliegt. Voraussetzung hierfür ist, dass der Vertrieb des Versicherers oder Vermittlers von seiner Organisationsstruktur her auf Fernabsatz ausgerichtet ist (näher hierzu *Palandt* § 312b Rdn. 11). Ein Vermittler, der ausnahmsweise einmal zum Telefon greift und einen Vertragsabschluss telefonisch vorbereitet, ist deshalb nicht von seinen Beratungspflichten befreit.

67

V. Beratungspflicht bei vorläufiger Deckung

Hinsichtlich des rechtlich selbständigen Vertrags der vorläufigen Deckung ist der Versicherer grundsätzlich nicht von seiner Beratungspflicht befreit. Eine Privilegierung der vorläufigen Deckung sieht § 6 Abs. 2 Satz 2 VVG lediglich hinsichtlich der Dokumentationspflicht vor. Die Dokumentation der Beratung kann, wenn der VN dies wünscht, zunächst unterbleiben. Die Beratungsdokumentation ist dem VN dann unverzüglich nach Vertragsschluss nachzureichen. Hintergrund dieser Regelung ist, dass der selbständige Vertrag über vorläufige Deckung möglichst unproblematisch und ohne große Formalitäten abgeschlossen werden können soll. Andernfalls bestünde die Gefahr, dass der VN erforderlichen und sofort benötigten Versicherungsschutz nicht erhält. Für die beiden zwar rechtlich selbständigen, aber aus Sicht des VN zusammengehörenden Verträge von vorläufiger Deckung und Hauptvertrag ist grundsätzlich eine Beratungsdokumentation ausreichend (vgl. oben Rdn. 30).

68

VI. Bisherige Rechtsprechung

Trotz der schon bisher für den Versicherer bestehenden Beratungspflicht sind Beratungsfehler in der Kfz-Versicherung nur selten Gegenstand gerichtlicher Entscheidungen geworden.

69

Beispiele:

– *keine Vollkaskoversicherung angeboten*
Der VN wünscht für sein neues Fahrzeug Versicherungsschutz wie immer, der Vermittler ermittelt den bisherigen Versicherungsumfang nicht richtig (OLG Koblenz VersR 2007, 482).

– *keine Versicherung für zuschlagspflichtige Teile angeboten*
Erkennt der Versicherer bei Vertragsschluss, dass das versicherte Fahrzeug über eine normalerweise nicht mitversicherte Zusatzausstattung verfügt, muss er den VN auf die Versicherungslücke und auf die Möglichkeit diese Teile

gegen Mehrprämie zu versichern hinweisen (AG Velbert Schaden-Praxis 2003, 389).

– *Falschauskünfte zum Umfang des Versicherungsschutzes*
Angenommen wurde ein Beratungsverschulden auch in einem Fall, in dem der VN für ein Fahrsicherheitstraining eine Vollkaskoversicherung abschließen wollte und dies unterließ, weil der Vermittler ihm die falsche Auskunft gab, dass solche Fahrten in der Vollkaskoversicherung nicht mitversichert seien (OLG Karlsruhe VersR 2005, 78).

– *Unterlassener Hinweis auf Geltungsbereich der Kfz-Versicherung*
Erfährt der Versicherer bei Vertragsschluss oder während der Laufzeit des Vertrags, zum Beispiel in Zusammenhang mit der Anforderung einer grünen Versicherungskarte, dass der VN mit seinem Fahrzeug in die Türkei fahren will, muss der Versicherer diesen über die Besonderheit informieren, wonach Versicherungsschutz in der Türkei nur im europäischen und nicht auch im asiatischen Teil besteht (BGH VersR 2005, 824).

– *Unterlassener Hinweis, dass vorläufige Deckung nicht für die Kaskoversicherung vereinbart wurde*
Eine Falschberatung liegt auch dann vor, wenn der Vermittler den VN in dem Glauben belässt, er hätte mit Aushändigung der Versicherungsbestätigung auch in der Vollkaskoversicherung vorläufigen Versicherungsschutz (OLG Frankfurt ZfS 1982, 334).

Abzuwarten bleibt, ob über die hier dargestellten Konstellationen hinaus in Zukunft vermehrt Schadenersatzansprüche wegen fehlerhafter Beratung geltend gemacht werden. Unwahrscheinlich ist das nicht; denn die Kodifizierung der Beratungspflicht in § 6 VVG wird deren Bekanntheitsgrad deutlich erhöhen. Schwierige Fragen ergeben sich insbesondere hinsichtlich des Umfangs der Beratungspflicht für die Zeit nach Vertragsabschluss. Muss der Versicherer auf rechtliche Risiken in Folge eines neuen Gesetzes (etwa des Umweltschadengesetzes) hinweisen? Muss der Versicherer seinen Bestandskunden Produktentwicklungen und Produktverbesserungen auch außerhalb konkreter Verlängerungsverhandlungen anbieten? Die Rechtsprechung (OLG Bamberg VersR 1998, 833) hat diese Fragen bislang verneint – man darf allerdings vermuten, dass in Zukunft die Anforderungen an den Umfang der Beratung steigen werden.

E. Prämienzahlung

Das Prämienrecht ist in den §§ 33 bis 41 VVG geregelt. Änderungen gegenüber der bisherigen Rechtslage ergeben sich bezüglich der Fälligkeit der Erstprämie, der (weggefallenen) Rücktrittsfiktion und des (abgeschafften) Grundsatzes der Unteilbarkeit der Prämie. 70

I. Fälligkeit der Erstprämie

Während im bisherigen Recht die Erstprämie sofort nach Abschluss des Vertrags fällig wurde, ist nunmehr gemäß § 33 VVG die Erstprämie erst unverzüglich nach Ablauf von zwei Wochen nach Zugang des Versicherungsscheins zu zahlen. Hintergrund der neuen Zahlungsregelung ist, dass der VN während des Laufs der Widerrufsfrist nicht zur Zahlung verpflichtet sein soll. 71

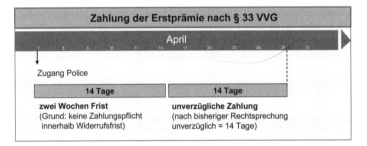

Fraglich ist, wie viel Zeit der VN nach Ablauf der zweiwöchigen Frist hat, um dem Erfordernis der „unverzüglichen" Zahlung nachzukommen. Die bisherige Rechtsprechung verstand unter „unverzüglich" einen Zeitraum zwischen 3 und 14 Tagen. Die bisher im Versicherungsrecht verbreitete Auslegung, wonach eine Zahlung innerhalb von zwei Wochen als unverzüglich anzusehen ist (vgl. z.B. OLG Köln r+s 1986, 144), wurde insbesondere mit der verbreiteten Praxis in den AVB der Versicherer begründet, in denen die Zahlungsfrist in der Regel auf zwei Wochen festgelegt wurde. Fraglich ist, ob diese Auslegung auch für das neue Recht gelten kann, da das neue VVG in § 33 VVG dem VN ohnehin zunächst eine zweiwöchige Überlegungsfrist einräumt und ihn erst nach diesen zwei Wochen zur unverzüglichen Zahlung auffordert. Denkbar ist durchaus, dass von einem VN, der zwei Wochen Zeit hatte, sich auf die Zahlung der Prämie einzustellen, in Zukunft eine Zahlung innerhalb von etwa 3 bis 5 Tagen zu erwarten ist. Insgesamt hätte der VN dann 14 Tage + 3 bis 5 Tage Zeit, um die Erstprämie zu begleichen.

Eine Konkretisierung dieser Zahlungsfrist mittels AVB ist zulässig, da es sich bei § 33 VVG nicht um eine zwingende oder halbzwingende Regelung handelt. In der Kfz-Versicherung ist hier jedoch neben der Regelung des § 33 VVG auch § 9 KfzPflVV zu beachten, der für den rückwirkenden Wegfall 72

E. Prämienzahlung

der vorläufigen Deckung eine mindestens zweiwöchige Zahlungsfrist verlangt.
Die AKB 2008 haben die Zahlungsfrist auf zwei Wochen + zwei Wochen konkretisiert.

C.1 Zahlung des ersten oder einmaligen Beitrags

Rechtzeitige Zahlung

C.1.1 Der im Versicherungsschein genannte erste oder einmalige Beitrag wird zwei Wochen nach Zugang des Versicherungsscheins fällig. Sie haben diesen Beitrag dann unverzüglich (d. h. spätestens innerhalb von 14 Tagen) zu zahlen.

II. Verschuldenserfordernis

73 Nach § 37 Abs. 2 VVG ist der Versicherer grundsätzlich von der Leistung frei, solange der erste oder einmalige Beitrag nicht gezahlt wird (Einlösungsprinzip). Insofern entspricht die Regelung dem bisherigen § 38 VVG. Neu ist, dass der Versicherer, trotz Nichtzahlung des Erstbeitrags, zur Leistung verpflichtet ist, wenn der VN die Nichtzahlung nicht zu vertreten hat (§ 37 Abs. 2 Satz 1 VVG).

In den AKB 2008 findet sich dementsprechend (wie zudem von § 9 KfzPflVV gefordert) auch in der Regelung zum rückwirkenden Wegfall der vorläufigen Deckung ein Verschuldenserfordernis („wenn Sie die nicht rechtzeitige Zahlung zu vertreten haben").

Rückwirkender Wegfall des vorläufigen Versicherungsschutzes

B.2.4 Der vorläufige Versicherungsschutz entfällt rückwirkend, wenn wir Ihren Antrag unverändert angenommen haben und Sie den im Versicherungsschein genannten ersten oder einmaligen Beitrag nicht unverzüglich (d. h. spätestens innerhalb von 14 Tagen) nach Ablauf von zwei Wochen nach Zugang des Versicherungsscheins bezahlt haben. Sie haben dann von Anfang an keinen Versicherungsschutz; dies gilt nur, wenn Sie die nicht rechtzeitige Zahlung zu vertreten haben.

74 Hinsichtlich der Frage, wann der VN die Nichtzahlung der Prämie zu vertreten hat und wann nicht, kann auf die bisherige Rechtsprechung zu § 9 KfzPflVV(§ 1 Abs. 4 AKB) zurückgegriffen werden
Zu unterscheiden sind dabei insbesondere die nachfolgenden Fallgruppen:

– *Krankheit*

Kein Verschulden an der verspäteten Zahlung trifft den VN nach der bisherigen Rechtsprechung, wenn er krankheitsbedingt nicht in der Lage war, die Prämie zu bezahlen (vgl. z. B. OLG Stuttgart VersR 1953, 18; *Prölss/Martin* § 39 VVG, Rdn. 22). Nicht zu vertreten hat der VN die Nichtzahlung der Erstprämie zum Beispiel dann, wenn er aufgrund eines unvorhersehbaren Krankenhausaufenthalts nicht in der Lage ist, die Beitragsrechnung zu überweisen.

– *Urlaub*

Zur Frage, inwieweit jemand es zu vertreten hat, wenn während des Urlaubs wichtige Briefe zugehen und Fristen zu laufen beginnen, gibt es in den verschiedensten Rechtsgebieten (insb. zu der Frage der Abwesenheit bei Zustellung von Kündigungen oder prozessualen Erklärungen) eine Vielzahl – oft unterschiedlicher – Rechtsprechung. Zusammengefasst lässt sich sagen, dass eine allgemeine Pflicht, während eines Urlaubs Empfangsvorkehrungen für Erklärungen zu treffen, nicht besteht (BGH r+s 1996, 252). Etwas anderes gilt jedoch dann, wenn der Empfänger mit dem Zugang rechtsgeschäftlicher Erklärungen rechnen muss. Es gehört dann zu den Sorgfaltspflichten, insbesondere bei längerer Abwesenheit, in angemessener Weise Vorsorge dafür zu treffen, dass rechtsgeschäftliche Erklärungen empfangen werden können (vgl. z.B. BGH VersR 1984, 81; BGH VersR 1977, 1098; *Palandt* § 130 BGB Rdn. 17 m.w.N.). Diese besonderen Umstände dürften bei Zustellung eines Versicherungsscheins in der Regel vorliegen. Der VN weiß, dass in zeitlicher Abfolge nach der Beantragung eines Versicherungsschutzes der Versicherungsschein zugehen wird und muss deshalb geeignete Vorkehrungen treffen, wenn er in diesem Zeitraum eine längere Urlaubsreise antritt.

– *Unklarheit über die Rechnungshöhe*

Grundsätzlich hat der VN eine verspätete Zahlung der Prämie nicht zu vertreten, wenn durch missverständliche oder falsche Beitragsrechnungen nicht mehr klar ist, welchen Betrag er zu bezahlen hat (vgl. z.B. BGH VersR 1978, 241). Bereits geringfügige Zuvielforderungen genügen, um eine Zahlungsaufforderung unwirksam zu machen (vgl. BGH r+s 1992, 398; BGH VersR 1967, 467). Unschädlich ist es hingegen, wenn der Versicherer in einer Rechnung gleichzeitig den Erstbeitrag und einen Folgebeitrag geltend macht, solange die Beiträge getrennt ausgewiesen sind (vgl. OLG Hamm, r+s 1988, 95).

III. Wegfall der Rücktrittsfiktion

Die bisherige Rücktrittsfiktion nach § 38 Abs. 1 Satz 2 VVG a.F., wonach es als „automatischer" Rücktritt des Versicherers galt, wenn dieser den Anspruch auf den Beitrag nicht innerhalb von drei Monaten vom Fälligkeitstag an gerichtlich geltend machte, entfällt. Tritt der Versicherer zurück, kann er gem. § 39 Abs. 1 Satz 3 VVG eine Geschäftsgebühr verlangen. 75

IV. Abschaffung des Grundsatzes der Unteilbarkeit der Prämie

Der seit längerem umstrittene (hierzu *Römer/Langheid* § 40 Rdn. 3) Grundsatz der Unteilbarkeit der Prämie wird mit § 39 VVG aufgegeben. Der Grundsatz der Unteilbarkeit der Prämie, der seine gesetzliche Grundlage bisher in §§ 40 Abs. 1, 68, 96 Abs. 3, 113 Satz 2, 158 Abs. 3 VVG a.F. hatte, führte dazu, dass der VN nach einer außerordentlichen Kündigung oder sonstigen Vertragsbeendigung grundsätzlich zur Zahlung der Prämie bis zum Ende der laufenden Versicherungsperiode verpflichtet war. Das ist in Zukunft anders: Nunmehr ist der VN im Falle der vorzeitigen Vertragsauflösung aufgrund eines Schadenfalls, einer Obliegenheitsverletzung oder der Nichtzahlung der Folgeprämie nach § 39 VVG nur noch zur Zahlung der auf die tatsächliche Vertragslaufzeit entfallenden Prämie (pro rata temporis) verpflichtet. 76

E. Prämienzahlung

Die AKB 2008 übernehmen den neuen Grundsatz in

G.6 Beitragsabrechnung nach Kündigung
Bei einer Kündigung vor Ablauf des Versicherungsjahres steht uns der auf die Zeit des Versicherungsschutzes entfallende Beitrag anteilig zu.

77 Kündigungen im Schadenfall dürften durch diese Neuregelung in Zukunft wieder an Bedeutung gewinnen. Bisher behielt der Versicherer in diesen Fällen seinen Prämienanspruch bis zum Ende der laufenden Versicherungsperiode, so dass das außerordentliche Kündigungsrecht mit sofortiger Wirkung für den VN in der Kfz-Versicherung wirtschaftlich uninteressant war. Nach neuem Recht hat der VN hingegen die Prämie nur bis zu dem Zeitpunkt zu zahlen, zu dem die Kündigung wirksam wird.

78 Ist der VN mit der Zahlung einer Folgeprämie in Verzug, stellt sich die Frage nach dem Stichtag für die Abrechnung. Da die meisten Versicherer von ihrem Recht, die Mahnung mit einer Kündigung zu verbinden (§ 38 Abs. 3 Satz 2 VVG) keinen Gebrauch machen, fallen das Ende des Versicherungsschutzes und das Ende des Vertrages zeitlich auseinander. § 39 Abs. 1 VVG stellt ebenso wie G.6 AKB 2008 für den Prämienanspruch des Versicherers auf den Zeitraum des Versicherungsschutzes ab. Nach § 38 Abs. 2 VVG endet der materielle Versicherungsschutz bereits mit Ablauf der 2-wöchigen Zahlungsfrist. Maßgeblicher Zeitpunkt gemäß § 39 Abs. 1 VVG ist somit die Beendigung des materiellen Versicherungsschutzes nach Ablauf der zweiwöchigen Mahnfrist und nicht das vom Versicherer gemäß § 38 Abs. 3 Satz 1 frei wählbare Datum der Kündigung. Der Grundgedanke der neuen Regelung besteht darin, dass dem Versicherer im Falle einer vorzeitigen Beendigung immer nur der Teil der Prämie zustehen soll, der dem vom Versicherer zeitanteilig getragenen Risiko entspricht. Nach der Gesetzesbegründung (BT-Drs. 16/3945, S. 72) ist die Dauer des Versicherungsschutzes ein für die Vertragsparteien eindeutiges Kriterium, das in aller Regel zu einem angemessenen Ausgleich der Interessen führt.

Es stellt sich die Frage, welche Prämie der VN schuldet, wenn der VN mit der Prämienzahlung in Verzug ist (also kein Versicherungsschutz mehr besteht), der Versicherer jedoch den Vertrag noch nicht durch Kündigung beendet hat. Denkbar wäre, entsprechend dem Grundgedanken des § 39 VVG, den Versicherer hier dazu zu verpflichten, den leistungsfreien Zeitraum aus seiner Prämienforderung herauszurechnen. Eine solche Verpflichtung lässt sich jedoch weder § 39 VVG noch G.6 AKB entnehmen, da diese nur anwendbar sind, wenn es zu einer vorzeitigen Beendigung des Versicherungsverhältnisses durch Kündigung gekommen ist. Ist es zu einer solchen noch nicht gekommen, hat der Versicherer Anspruch auf den ungekürzten Folgebeitrag.

Doch selbst im Falle einer bereits erfolgten Kündigung gibt es eine Ausnahme vom Grundsatz der pro rata temporis Abrechnung, nämlich wenn der Versicherungsnehmer nach erfolgter Kündigung seinen Versicherungsschutz innerhalb der Monatsfrist gemäß § 38 Abs. 3 Satz 3 VVG reaktivieren möchte. Voraussetzung für die Reaktivierung ist nach § 38 Abs. 3 Satz 3 VVG, dass der VN die volle rückständige Prämie zahlt. Diese Spezialregelung zur Reaktivierung des Versicherungsschutzes geht § 39 VVG vor.

IV. Auswirkung auf Abrechnung nach Kurztarif

Bei den außerordentlichen Kündigungen wegen Obliegenheitsverletzung oder wegen eines Schadenfalls stellt sich die Frage des Abrechnungszeitraums nicht, da hier die Beendigung des Versicherungsschutzes (materielle Vertragslaufzeit) und die Beendigung der Vertragslaufzeit (formelle Vertragslaufzeit) zusammen fallen. Abrechnungsstichtag ist hier also der Tag, zu dem die Kündigung zugeht und wirksam wird.

79

V. Auswirkung auf Abrechnung nach Kurztarif

Abrechnungen nach Kurztarif sind in den AKB 2008 nicht mehr vorgesehen. Die bisher in den Tarifbestimmungen der meisten Versicherer enthaltenen Kurztariftabellen sind vollständig entfallen, ebenso wie die Regelungen nach denen der Versicherer zur Abrechnung nach Kurztarif berechtigt ist, wenn der Vertrag wegen Veräußerung oder Wagniswegfall innerhalb des ersten Versicherungsjahres bereits nach kurzer Laufzeit endet (so z. B. § 6 Abs. 3 Satz 2 AKB a. F.).

80

Zu betonen ist allerdings, dass sich der neuen gesetzlichen Regelung des § 39 VVG kein generelles Verbot einer Abrechnung nach Kurztarif entnehmen lässt. Nicht von § 39 VVG umfasst ist die ausdrückliche Vereinbarung eines höheren Preises für kurze Laufzeiten unter einem Jahr. Aufgrund der bei kurzen Laufzeiten (z. B. Urlaubskasko für einen Monat) überproportional hohen Verwaltungskosten, muss es dem Versicherer möglich sein, hierfür einen angemessenen Preis zu verlangen und diesen mit dem VN zu vereinbaren. Die Vereinbarung eines Kurztarifs für Verträge mit wenigen Monaten Gesamtlaufzeit ist also auch unter den neuen gesetzlichen Rahmenbedingungen weiterhin möglich. Die halbzwingende Regelung des § 39 VVG ist hier nicht einschlägig, da dieser nur die Folgen einer „vorzeitigen Vertragsbeendigung regelt". Eine solche liegt bei einer von vornherein vereinbarten kurzen Laufzeit nicht vor.

F. Umfang des Versicherungsschutzes

Sowohl die Neufassung der AKB 2008 als auch die durch die VVG-Reform bedingten Änderungen haben nur einen geringen Einfluss auf den Umfang und Inhalt des Versicherungsschutzes. Die durch die AKB 2008 gleichwohl bedingten Änderungen sollen nachfolgend dargestellt werden. 81

I. Umfang der Kfz-Haftpflichtversicherung

Verständlicher als bisher ist in den AKB 2008 die Darstellung des Umfangs des Versicherungsschutzes gefasst. Die bisherige Definition des Versicherungsumfangs in § 10 AKB a.F. war für den durchschnittlichen VN – wenn überhaupt – nur mit viel Mühe zu verstehen: *„Die Versicherung umfasst die Befriedigung begründeter und die Abwehr unbegründeter Schadenersatzansprüche, die aufgrund gesetzlicher Haftpflichtbestimmungen privatrechtlichen Inhalts gegen den VN oder mitversicherte Personen erhoben werden, wenn durch den Gebrauch des im Vertrag bezeichneten Fahrzeugs Personen verletzt oder getötet werden, Sachen beschädigt oder zerstört werden oder abhanden kommen, Vermögensschäden herbeigeführt werden, die weder mit dem Personen- noch mit dem Sachschaden mittelbar oder unmittelbar zusammenhängen."* In Abschnitt A.1 AKB 2008 wird der Umfang der Kfz-Haftpflichtversicherung nun – inhaltlich unverändert – wie folgt beschrieben: 82

A.1 **Kfz-Haftpflichtversicherung –**
für Schäden, die Sie mit Ihrem Fahrzeug Anderen zufügen

A.1.1 **Was ist versichert?**

Sie haben mit Ihrem Fahrzeug einen Anderen geschädigt

A.1.1.1 Wir stellen Sie von Schadenersatzansprüchen frei, wenn durch den Gebrauch des Fahrzeugs

a Personen verletzt oder getötet werden,
b Sachen beschädigt oder zerstört werden oder abhanden kommen,
c Vermögensschäden verursacht werden, die weder mit einem Personen- noch mit einem Sachschaden mittelbar oder unmittelbar zusammenhängen (reine Vermögensschäden),

und deswegen gegen Sie oder uns Schadenersatzansprüche aufgrund von Haftpflichtbestimmungen des Bürgerlichen Gesetzbuchs oder des Straßenverkehrsgesetzes oder aufgrund anderer gesetzlicher Haftpflichtbestimmungen des Privatrechts geltend gemacht werden. Zum Gebrauch des Fahrzeugs gehört neben dem Fahren z. B. das Ein- und Aussteigen sowie das Be- und Entladen.

Begründete und unbegründete Schadenersatzansprüche

A.1.1.2 Sind Schadenersatzansprüche begründet, leisten wir Schadenersatz in Geld.

A.1.1.3 Sind Schadenersatzansprüche unbegründet, wehren wir diese auf unsere Kosten ab. Dies gilt auch, soweit Schadenersatzansprüche der Höhe nach unbegründet sind.

F. Umfang des Versicherungsschutzes

1. Gebrauch des Fahrzeugs

83 Wie bisher versichert die Kfz-Haftpflichtversicherung Schäden, die beim Gebrauch des Fahrzeugs entstehen. Hier liegt nach wie vor das entscheidende Abgrenzungskriterium zur allgemeinen Haftpflichtversicherung. Um dem VN den abstrakten Begriff „Gebrauch" zu erläutern und ihm eine Vorstellung von dessen Bedeutungsgehalt zu vermitteln, geben die AKB 2008 Beispiele und stellen klar, dass zum Gebrauch des Fahrzeugs „neben dem Fahren z. B. das Ein- und Aussteigen und das Be- und Entladen" gehören.

Inhaltliche Änderungen ergeben sich hierdurch nicht, da der Begriff des „Gebrauchs des Fahrzeugs" von der Rechtsprechung in der Vergangenheit stets weit ausgelegt wurde. Nach bisheriger Rechtsprechung schließt „Gebrauch des Fahrzeugs" zunächst den Betrieb eines Fahrzeugs im Sinne des § 7 StVG mit ein, geht aber noch darüber hinaus. Unter Gebrauch ist jeder Vorgang zu verstehen, der mit dem Verwendungszweck des Fahrzeugs in adäquatem Ursachenzusammenhang steht (vgl. *Stiefel/Hofmann* § 10 AKB Rdn. 63 ff.). Hierzu gehören nach bisheriger Rechtsprechung das Ein- und Aussteigen und natürlich das Fahren selbst. Aber auch Reparaturarbeiten oder das Be- und Entladen des Fahrzeugs werden von der Rechtsprechung (ausführliche Darstellung bei *Stiefel/Hofmann* § 10 AKB Rdn. 64 ff.) dem Fahrzeuggebrauch zugerechnet.

2. Schadenersatz in Geld

84 Klargestellt ist durch A.1.1.2 AKB 2008, dass Schadenersatz nur in Geld geleistet wird. Diese Bestimmung ist vor dem Hintergrund zu sehen, dass die gesetzliche Regelung des § 49 VVG a. F., wonach in der Schadenversicherung Schadenersatz stets in Geld zu leisten ist, gestrichen wurde. Deshalb bleibt es zukünftig einer vertraglichen Vereinbarung überlassen, ob Ersatz in Geld oder Naturalrestitution zu leisten ist.

> *Begründete und unbegründete Schadenersatzansprüche*
> A.1.1.2 Sind Schadenersatzansprüche begründet, leisten wir Schadenersatz in Geld.

Aufgrund dieser Regelung kann der Kfz-Haftpflichtversicherer nicht zum Naturalersatz verpflichtet werden.

3. Regulierungsvollmacht

85 Sehr deutlich wird in den AKB 2008 klargestellt, dass der Versicherer im Außenverhältnis bevollmächtigt ist, jede beliebige Erklärung im Namen des VN abzugeben, soweit ihm dies zur Befriedigung oder Abwehr der Ansprüche des Dritten im Rahmen pflichtgemäßen Ermessens zweckmäßig erscheint.

> *Regulierungsvollmacht*
> A.1.1.4 Wir sind bevollmächtigt, gegen Sie geltend gemachte Schadenersatzansprüche in Ihrem Namen zu erfüllen oder abzuwehren und alle dafür zweckmäßig erscheinenden Erklärungen im Rahmen pflichtgemäßen Ermessens abzugeben.

II. Ausschlüsse in der Kfz-Haftpflichtversicherung

Diese Regelung berechtigt den Versicherer auch, im Namen des meist mitverklagten VN, Zahlungen zu leisten, Vergleiche abzuschließen oder Anerkenntnisse abzugeben. Verhandlungen, die der Versicherer mit dem Geschädigten führt, erstrecken sich aufgrund von A.1.1.4 AKB 2008 sowohl auf den VN als auch auf die mitversicherten Personen.

4. Mitversicherung von Anhängern

Sprachlich neu gefasst wurde die Regelung zur Ausdehnung des Versicherungsschutzes des ziehenden Fahrzeugs auf gezogene Anhänger in A.1.1.5 AKB 2008. **86**

Mitversicherung von Anhängern, Aufliegern und abgeschleppten Fahrzeugen

A.1.1.5 Ist mit dem versicherten Kraftfahrzeug ein Anhänger oder Auflieger verbunden, erstreckt sich der Versicherungsschutz auch hierauf. Der Versicherungsschutz umfasst auch Fahrzeuge, die mit dem versicherten Kraftfahrzeug abgeschleppt oder geschleppt werden, wenn für diese kein eigener Haftpflichtversicherungsschutz besteht.
Dies gilt auch, wenn sich der Anhänger oder Auflieger oder das abgeschleppte oder geschleppte Fahrzeug während des Gebrauchs von dem versicherten Kraftfahrzeug löst und sich noch in Bewegung befindet.

Nach A.1.1.5 AKB 2008 erstreckt sich der Versicherungsschutz des ziehenden Fahrzeugs auch auf Anhänger, solange diese mit dem Fahrzeug verbunden sind (Absatz 1) oder sich vom Zugfahrzeug gelöst haben und sich noch in Bewegung befinden (Absatz 2).

II. Ausschlüsse in der Kfz-Haftpflichtversicherung

Die bisher auf mehrere Regelungen verteilten Ausschlüsse (§§ 2b und 11 AKB a.F. und § 152 VVG a.F.) werden in A.1.5 AKB 2008 in einer Klausel zusammengefasst. Inhaltliche Veränderungen sind mit der neuen Systematik aber nicht verbunden. **87**

A.1.5 Was ist nicht versichert?

Vorsatz

A.1.5.1 Kein Versicherungsschutz besteht für Schäden, die Sie vorsätzlich und widerrechtlich herbeiführen.

Genehmigte Rennen

A.1.5.2 Kein Versicherungsschutz besteht für Schäden, die bei Beteiligung an behördlich genehmigten kraftfahrt-sportlichen Veranstaltungen, bei denen es auf die Erzielung einer Höchstgeschwindigkeit ankommt, entstehen. Dies gilt auch für dazugehörige Übungsfahrten. Die Teilnahme an behördlich nicht genehmigten Fahrtveranstaltungen stellt eine Pflichtverletzung nach D.2.2 dar.

Beschädigung des versicherten Fahrzeugs

A.1.5.3 Kein Versicherungsschutz besteht für die Beschädigung, die Zerstörung oder das Abhandenkommen des versicherten Fahrzeugs.

F. Umfang des Versicherungsschutzes

Beschädigung von Anhängern oder abgeschleppten Fahrzeugen

A.1.5.4 Kein Versicherungsschutz besteht für die Beschädigung, die Zerstörung oder das Abhandenkommen eines mit dem versicherten Fahrzeug verbundenen Anhängers oder Aufliegers oder eines mit dem versicherten Fahrzeug geschleppten oder abgeschleppten Fahrzeugs. Wenn mit dem versicherten Kraftfahrzeug ohne gewerbliche Absicht ein betriebsunfähiges Fahrzeug im Rahmen üblicher Hilfeleistung abgeschleppt wird, besteht für dabei am abgeschleppten Fahrzeug verursachte Schäden Versicherungsschutz.

Beschädigung von beförderten Sachen

A.1.5.5 Kein Versicherungsschutz besteht bei Schadenersatzansprüchen wegen Beschädigung, Zerstörung oder Abhandenkommens von Sachen, die mit dem versicherten Fahrzeug befördert werden.
Versicherungsschutz besteht jedoch für Sachen, die Insassen eines Kraftfahrzeugs üblicherweise mit sich führen (z.B. Kleidung, Brille, Brieftasche). Bei Fahrten, die überwiegend der Personenbeförderung dienen, besteht außerdem Versicherungsschutz für Sachen, die Insassen eines Kraftfahrzeugs zum Zwecke des persönlichen Gebrauchs üblicherweise mit sich führen (z.B. Reisegepäck, Reiseproviant). Kein Versicherungsschutz besteht für Sachen unberechtigter Insassen.

Ihr Schadenersatzanspruch gegen eine mitversicherte Person

A.1.5.6 Kein Versicherungsschutz besteht für Sach- oder Vermögensschäden, die eine mitversicherte Person Ihnen, dem Halter oder dem Eigentümer durch den Gebrauch des Fahrzeugs zufügt. Versicherungsschutz besteht jedoch für Personenschäden, wenn Sie z.B. als Beifahrer Ihres Fahrzeugs verletzt werden.

Nichteinhaltung von Liefer- und Beförderungsfristen

A.1.5.7 Kein Versicherungsschutz besteht für reine Vermögensschäden, die durch die Nichteinhaltung von Liefer- und Beförderungsfristen entstehen.

Vertragliche Ansprüche

A.1.5.8 Kein Versicherungsschutz besteht für Haftpflichtansprüche, soweit sie aufgrund Vertrags oder besonderer Zusage über den Umfang der gesetzlichen Haftpflicht hinausgehen.

Schäden durch Kernenergie

A.1.5.9 Kein Versicherungsschutz besteht für Schäden durch Kernenergie.

1. Vorsatz

88 Während in der Kaskoversicherung gemäß § 81 VVG sowohl grob fahrlässiges als auch vorsätzliches Verhalten zum Verlust des Versicherungsschutzes führen kann, gilt für die Kfz-Haftpflichtversicherung eine Sonderregelung. Nach § 103 VVG ist die grob fahrlässige Herbeiführung des Versicherungsfalls mitversichert und lediglich Vorsatz ausgeschlossen. Anders als in den bisherigen AKB ist diese gesetzliche Vorgabe in die AKB 2008 aufgenommen worden.

A.1.5 Was ist nicht versichert?

Vorsatz

A.1.5.1 Kein Versicherungsschutz besteht für Schäden, die Sie vorsätzlich und widerrechtlich herbeiführen.

Da in der Haftpflichtversicherung lediglich Vorsatz vom Versicherungsschutz ausgeschlossen ist, spielen Quotelungsfragen in der Kfz-Haftpflicht-

II. Ausschlüsse in der Kfz-Haftpflichtversicherung

versicherung im Zusammenhang mit der schuldhaften Herbeiführung des Versicherungsfalls keine Rolle.

2. Vertragliche Risikoausschlüsse

Welche Risikoausschlüsse in der Kfz-Haftpflichtversicherung vereinbart werden können, ergibt sich nach wie vor aus § 5 Abs. 1 KfzPflVV. Auch die AKB 2008 nehmen die dort aufgeführten Risikoausschlüsse auf. Weniger inhaltliche als vielmehr sprachliche Veränderungen enthalten insbesondere folgende Ausschlüsse: 89

a) Rennen. Zunächst stellt A.1.5.2 AKB 2008 klar, dass genehmigte Rennen in der Kfz-Haftpflichtversicherung vom Versicherungsschutz ausgeschlossen sind. 90

Genehmigte Rennen
A.1.5.2   Kein Versicherungsschutz besteht für Schäden, die bei Beteiligung an behördlich genehmigten kraftfahrt-sportlichen Veranstaltungen, bei denen es auf die Erzielung einer Höchstgeschwindigkeit ankommt, entstehen. Dies gilt auch für dazugehörige Übungsfahrten. Die Teilnahme an behördlich nicht genehmigten Fahrtveranstaltungen stellt eine Pflichtverletzung nach D.2.2 dar.

Dass in der Kfz-Haftpflichtversicherung (anders als in der Kaskoversicherung) lediglich behördlich genehmigte Rennen vom Versicherungsschutz ausgeschlossen sind, leuchtet im ersten Moment nicht ein. Hintergrund der Regelung ist, dass der geschädigte Dritte bei Vorliegen eines Risikoausschlusses vollständig leer ausgeht. Der Gesetzgeber wollte diese harte Konsequenz der Leistungsfreiheit nur dann akzeptieren, wenn ein anderweitiger Schutz des Verkehrsopfers sichergestellt ist. Bei genehmigten Rennen ist das der Fall, da die behördliche Genehmigung an den Nachweis einer Haftpflichtversicherung durch den Veranstalter geknüpft ist.

Um die Teilnahme an Privatrennen nicht vollständig unsanktioniert zu lassen, wird die Teilnahme an solchen Rennen in der Kfz-Haftpflichtversicherung als Obliegenheitsverletzung behandelt. A.1.5.2 Satz 3 AKB 2008 enthält deshalb einen Hinweis auf die Obliegenheit nach D.2.2 AKB 2008.

Kraftfahrt-sportliche Veranstaltungen und Rennen
D.2.2   Das Fahrzeug darf nicht zu Fahrtveranstaltungen und den dazugehörigen Übungsfahrten verwendet werden, bei denen es auf Erzielung einer Höchstgeschwindigkeit ankommt und die behördlich nicht genehmigt sind.
Hinweis: Behördlich genehmigte kraftfahrt-sportliche Veranstaltungen sind vom Versicherungsschutz gemäß A.1.5.2 ausgeschlossen. Auch in der Kasko-, Autoschutzbrief- und Kfz-Unfallversicherung besteht für Fahrten, bei denen es auf die Erzielung einer Höchstgeschwindigkeit ankommt, nach A.2.16.2, A.3.9.2, A.4.10.3 kein Versicherungsschutz.

Dass die Teilnahme an privaten nicht genehmigten Rennen in der Kfz-Haftpflichtversicherung lediglich als Obliegenheitsverletzung sanktioniert wird, schützt das Verkehrsopfer, da – im Gegensatz zu einem Risikoausschluss – der Dritte bei einer Obliegenheitsverletzung seinen Schaden ersetzt bekommt (§ 117 Abs. 1 VVG).

F. Umfang des Versicherungsschutzes

In der Kaskoversicherung und in den anderen Sparten der Kfz-Versicherung sind alle Arten von Rennen, also auch die nicht genehmigten, vom Versicherungsschutz ausgeschlossen.

A.2.16 Was ist nicht versichert [Kaskoversicherung]?

[...]

Rennen

A.2.16.2 Kein Versicherungsschutz besteht für Schäden, die bei Beteiligung an Fahrtveranstaltungen entstehen, bei denen es auf Erzielung einer Höchstgeschwindigkeit ankommt. Dies gilt auch für dazugehörige Übungsfahrten.

91 **b) Beförderte Sachen.** In der Kfz-Haftpflichtversicherung sind mit dem Fahrzeug beförderte Sachen grundsätzlich vom Versicherungsschutz ausgeschlossen. Die Versicherung von Beförderungsgütern fällt in die Zuständigkeit der Transportversicherung und soll nicht durch die Kfz-Haftpflichtversicherung ersetzt werden.

Eine Ausnahme gilt jedoch hinsichtlich bestimmter (persönlicher) Gegenstände, die Insassen des Fahrzeugs zulässigerweise mit sich führen.

Beschädigung von beförderten Sachen

A.1.5.5 Kein Versicherungsschutz besteht bei Schadenersatzansprüchen wegen Beschädigung, Zerstörung oder Abhandenkommens von Sachen, die mit dem versicherten Fahrzeug befördert werden.

Versicherungsschutz besteht jedoch für Sachen, die Insassen eines Kraftfahrzeugs üblicherweise mit sich führen (z. B. Kleidung, Brille, Brieftasche). Bei Fahrten, die überwiegend der Personenbeförderung dienen, besteht außerdem Versicherungsschutz für Sachen, die Insassen eines Kraftfahrzeugs zum Zwecke des persönlichen Gebrauchs üblicherweise mit sich führen (z. B. Reisegepäck, Reiseproviant). Kein Versicherungsschutz besteht für Sachen unberechtigter Insassen.

Wie in den bisherigen AKB hängt der Umfang der Mitversicherung solcher Gegenstände also davon ab, ob es sich um Gegenstände „normaler Insassen" handelt (A.1.1.5 Absatz 2, Satz 1 AKB 2008) oder um Insassen einer geschäftsmäßigen Personenbeförderung (A.1.1.5 Absatz 2, Satz 2 AKB 2008).

Neu ist in den AKB 2008, dass die in ihren abstrakten Definitionen kaum abgrenzbaren Ausnahmen „Sachen, die Insassen eines Kraftfahrzeugs üblicherweise mit sich führen" (für „normale" Insassen) und „Sachen, die Insassen eines Kraftfahrzeugs zum Zwecke des persönlichen Gebrauchs üblicherweise mit sich führen" (für Insassen einer geschäftsmäßigen Personenbeförderung) mit Beispielen konkretisiert werden.

III. Umfang der Kaskoversicherung

92 Einige wichtige Änderungen ergeben sich durch die AKB 2008 in der Kaskoversicherung. Zu erwähnen sind hier die völlige Neugestaltung der Teileliste, die veränderte Definition wichtiger Kaskotatbestände (z.B. Brand, unbefugter Gebrauch und mut- oder böswillige Beschädigung) und eine Klar-

III. Umfang der Kaskoversicherung

stellung hinsichtlich der Höchstentschädigung bei tatsächlich durchgeführter Reparatur.

Neu und an den allgemeinen Sprachgebrauch angepasst sind in den AKB 2008 auch die Bezeichnungen:
- „Kaskoversicherung" statt „Fahrzeugversicherung",
- „Teilkasko" statt „Fahrzeugteilversicherung" und
- „Vollkasko" statt „Fahrzeugvollversicherung".

1. Neue Teileliste

In den AKB 2008 wurde die umfangreiche, schwerverständliche und oft nicht mit aktuellen Entwicklungen mithaltende AKB-Teileliste vollständig reformiert.

Die AKB 2008 unterscheiden nunmehr folgendermaßen:
- Beitragsfrei mitversicherte Teilen (A.2.1.2 AKB 2008)
- Abhängig vom Gesamtneuwert mitversicherte Teile (A.2.1.3 AKB 2008)
- Nicht versicherbare Teile (A.2.1.4 AKB 2008).

A.2.1 Was ist versichert?

Ihr Fahrzeug

A.2.1.1 Versichert ist Ihr Fahrzeug gegen Beschädigung, Zerstörung oder Verlust infolge eines Ereignisses nach A.2.2 (Teilkasko) oder A.2.3 (Vollkasko). Vom Versicherungsschutz umfasst sind auch dessen unter A.2.1.2 und A.2.1.3 als mitversichert aufgeführte Fahrzeugteile und als mitversichert aufgeführtes Fahrzeugzubehör, sofern sie straßenverkehrsrechtlich zulässig sind (mitversicherte Teile).

Beitragsfrei mitversicherte Teile

A.2.1.2 Soweit in A.2.1.3 nicht anders geregelt, sind folgende Fahrzeugteile und folgendes Fahrzeugzubehör des versicherten Fahrzeugs beitragsfrei mitversichert:

    a fest im Fahrzeug eingebaute oder fest am Fahrzeug angebaute Fahrzeugteile,
    b [...]

Abhängig vom Gesamtneuwert mitversicherte Teile

A.2.1.3 Die nachfolgend unter a bis e aufgeführten Teile sind ohne Beitragszuschlag mitversichert, wenn sie im Fahrzeug fest eingebaut oder am Fahrzeug fest angebaut sind:
- bei Pkw, Krafträdern bis zu einem Gesamtneuwert der Teile von 5.000 EUR (brutto) und
- bei sonstigen Fahrzeugarten (z. B. Lkw, ...) bis zu einem Gesamtneuwert der Teile von 10.000 EUR (brutto)

    a Radio- und sonstige Audiosysteme, Video-, technische Kommunikations- und Leitsysteme (z. B. fest eingebaute Navigationssysteme),
    b zugelassene Veränderungen an Fahrwerk, Triebwerk, Auspuff, Innenraum oder Karosserie (Tuning), die der Steigerung der Motorleistung, des Motordrehmoments, der Veränderung des Fahrverhaltens dienen oder zu einer Wertsteigerung des Fahrzeugs führen,
    c individuell für das Fahrzeug angefertigte Sonderlackierungen und -beschriftungen sowie besondere Oberflächenbehandlungen,
    d Beiwagen und Verkleidungen bei Krafträdern, Leichtkrafträdern, Kleinkrafträdern, Trikes, Quads und Fahrzeugen mit Versicherungskennzeichen,
    e Spezialaufbauten (z. B. Kran-, Tank-, Silo-, Kühl- und Thermoaufbauten) und Spezialeinrichtungen (z. B. für Werkstattwagen, Messfahrzeuge, Krankenwagen).

F. Umfang des Versicherungsschutzes

Ist der Gesamtneuwert der unter a bis e aufgeführten Teile höher als die genannte Wertgrenze, ist der übersteigende Wert nur mitversichert, wenn dies ausdrücklich vereinbart ist.

Bis zur genannten Wertgrenze verzichten wir auf eine Kürzung der Entschädigung wegen Unterversicherung.

Nicht versicherbare Gegenstände

A.2.1.4 Nicht versicherbar sind alle sonstigen Gegenstände, insbesondere solche, deren Nutzung nicht ausschließlich dem Gebrauch des Fahrzeugs dient (z. B. Handys und mobile Navigationsgeräte, auch bei Verbindung mit dem Fahrzeug durch eine Halterung, Reisegepäck, persönliche Gegenstände der Insassen).

94 a) **Mitversicherte Fahrzeugteile.** Beibehalten wurde die Unterscheidung zwischen Fahrzeugteilen und Fahrzeugzubehör. Wie bisher sind Fahrzeugteile stets mitversichert, wenn sie mit dem Fahrzeug fest verbunden sind (A.2.1.2.a AKB 2008).

Beitragsfrei mitversicherte Teile

A.2.1.2 Soweit in A.2.1.3 nicht anders geregelt, sind folgende Fahrzeugteile und folgendes Fahrzeugzubehör des versicherten Fahrzeugs beitragsfrei mitversichert:

    a fest im Fahrzeug eingebaute oder fest am Fahrzeug angebaute Fahrzeugteile,

Für die Frage, ob ein Teil des Fahrzeugs mitversichert ist, kommt es – wie bisher – maßgeblich darauf an, ob es sich um ein Fahrzeugteil oder Fahrzeugzubehör handelt. Die Abgrenzung zwischen Fahrzeugteilen und Fahrzeugzubehör ist nicht einfach. Grundsätzlich ist ein Fahrzeugteil das Stück eines Ganzen, Zubehör dagegen ein zusätzliches Stück. Fehlt ein Zubehörstück, so bleibt das Ganze trotzdem vollständig; fehlt dagegen ein Teil, so ist das Ganze nicht mehr vollständig (vgl. *Stiefel/Hofmann* § 12 AKB Rdn. 10).

95 b) **Beitragsfrei mitversichertes Fahrzeugzubehör.** Völlig neu konzipiert ist die Regelung hinsichtlich der Mitversicherung von Fahrzeugzubehör. In den bisherigen AKB wurden die mitversicherten Zubehörteile ausdrücklich aufgezählt. Dies führte zu einer umfangreichen Liste, die nicht immer mit den Entwicklungen am Zubehörmarkt mithalten konnte. In den AKB 2008 wird die Aufzählung einzelner Zubehörteile weitgehend durch die abstrakte Regelung von A.2.1.2.b AKB ersetzt.

    b fest im Fahrzeug eingebautes oder am Fahrzeug angebautes oder im Fahrzeug unter Verschluss verwahrtes Fahrzeugzubehör, das ausschließlich dem Gebrauch des Fahrzeugs dient (z. B. Schonbezüge, Pannenwerkzeug) und nach allgemeiner Verkehrsanschauung nicht als Luxus angesehen wird,

Mitversichert ist Fahrzeugzubehör nach den AKB 2008 also dann, wenn es die nachfolgenden Voraussetzungen erfüllt:
– fest eingebaut, angebaut oder unter Verschluss verwahrt;
– dient ausschließlich dem Gebrauch des Fahrzeugs;
– nach Verkehrsanschauung kein Luxus;
– straßenverkehrsrechtlich zulässig;
– nicht in anderer Ziffer aufgeführt.

III. Umfang der Kaskoversicherung

Die in A.2.1.2.b AKB 2008 vorgesehene Regel lässt sich durchaus als Generalklausel für die Mitversicherung von Fahrzeugzubehör bezeichnen. Zusätzlich zur abstrakt generellen Regelung nach A.2.1.2.b AKB 2008 folgen unter c bis f Regelungen zur beitragsfreien Mitversicherung von Zubehör zur Behebung von Betriebsstörungen, Schutzhelmen, Planen, Winterreifen und Dachträgern. Zu beachten ist dabei, dass außerhalb des Fahrzeugs unter Verschluss gehaltene Teile nur unter den unter f genannten Voraussetzungen mitversichert sind.

> c im Fahrzeug unter Verschluss verwahrte Fahrzeugteile, die zur Behebung von Betriebsstörungen des Fahrzeugs üblicherweise mitgeführt werden (z. B. Sicherungen und Glühlampen),
> d Schutzhelme (auch mit Wechselsprechanlage), solange sie bestimmungsgemäß gebraucht werden oder mit dem abgestellten Fahrzeug so fest verbunden sind, dass ein unbefugtes Entfernen ohne Beschädigung nicht möglich ist,
> e Planen, Gestelle für Planen (Spriegel),
> f folgende außerhalb des Fahrzeugs unter Verschluss gehaltene Teile:
> – ein zusätzlicher Satz Räder mit Winter- oder Sommerbereifung,
> – Dach-/Heckständer, Hardtop, Schneeketten und Kindersitze,
> – nach a bis f mitversicherte Fahrzeugteile und Fahrzeugzubehör während einer Reparatur.

c) Abhängig vom Gesamtneuwert mitversicherte Teile. Wie bisher gibt 96 es auch in den AKB 2008 Fahrzeugzubehör, das bis zu einer bestimmten Obergrenze (bei Pkw in der Regel 5.000 Euro) beitragsfrei mitversichert ist (A.2.1.3 AKB 2008).

> *Abhängig vom Gesamtneuwert mitversicherte Teile*
> A.2.1.3 Die nachfolgend unter a bis e aufgeführten Teile sind ohne Beitragszuschlag mitversichert, wenn sie im Fahrzeug fest eingebaut oder am Fahrzeug fest angebaut sind:
> – bei Pkw, Krafträdern bis zu einem Gesamtneuwert der Teile von 5.000 EUR (brutto) und
> – bei sonstigen Fahrzeugarten bis zu einem Gesamtneuwert der Teile von xx EUR (brutto)
> a Radio- und sonstige Audiosysteme, Video-, technische Kommunikations- und Leitsysteme (z. B. fest eingebaute Navigationssysteme),
> b zugelassene Veränderungen an Fahrwerk, Triebwerk, Auspuff, Innenraum oder Karosserie (Tuning), die der Steigerung der Motorleistung, des Motordrehmoments, der Veränderung des Fahrverhaltens dienen oder zu einer Wertsteigerung des Fahrzeugs führen,
> c individuell für das Fahrzeug angefertigte Sonderlackierungen und -beschriftungen sowie besondere Oberflächenbehandlungen,
> d Beiwagen und Verkleidungen bei Krafträdern, Leichtkrafträdern, Kleinkrafträdern, Trikes, Quads und Fahrzeugen mit Versicherungskennzeichen,
> e Spezialaufbauten (z. B. Kran-, Tank-, Silo-, Kühl- und Thermoaufbauten) und Spezialeinrichtungen (z. B. für Werkstattwagen, Messfahrzeuge, Krankenwagen).
> Ist der Gesamtneuwert der unter a bis e aufgeführten Teile höher als die genannte Wertgrenze, ist der übersteigende Wert nur mitversichert, wenn dies ausdrücklich vereinbart ist.
> Bis zur genannten Wertgrenze verzichten wir auf eine Kürzung der Entschädigung wegen Unterversicherung.

Eine Unterversicherung liegt vor, wenn der Gesamtneuwert aller unter A.2.1.3 AKB 2008 aufgeführten Teile den festgesetzten Betrag übersteigt. Bei Teilschäden verzichten die AKB 2008 jedoch auf einen Einwand einer Unterversicherung (A.2.1.3 Abs. 3 AKB 2008).

97 **d) Nicht versicherbare Gegenstände.** Entsprechend den bisherigen AKB enthalten auch die AKB 2008 einen Abschnitt mit – ausdrücklich aufgeführten – Teilen, für die kein Versicherungsschutz besteht. Die Bedeutung dieses Abschnitts der Teileliste ist in den AKB 2008 deutlich gewachsen. In den bisherigen AKB hatte die Aufzählung der nicht versicherten Zubehörteile eine rein klarstellende Wirkung. Ob Zubehör mitversichert war oder nicht, hing zunächst davon ab, ob ein Zubehörteil in der Teileliste aufgeführt war. War dies nicht der Fall, war Zubehör nicht mitversichert. Die Liste der nicht versicherten Teile war im bisherigen System eigentlich entbehrlich und diente nur der besseren Verdeutlichung.

Im System der AKB 2008 hat die Liste der nicht versicherten Teile hingegen eine eigene rechtliche Bedeutung. Da nach A.2.1.2.b alle fest verbundenen Zubehörteile, die ausschließlich dem Gebrauch des Fahrzeugs dienen und nicht als Luxus angesehen werden können, grundsätzlich mitversichert sind, kann es für die Mitversicherung darauf ankommen, ob das Teil in A.2.1.4 AKB 2008 vom Versicherungsschutz ausgeschlossen ist. Dies ist bei folgenden Teilen der Fall:

> *Nicht versicherbare Gegenstände*
> A.2.1.4 Nicht versicherbar sind alle sonstigen Gegenstände, insbesondere solche, deren Nutzung nicht ausschließlich dem Gebrauch des Fahrzeugs dient (z. B. Handys und mobile Navigationsgeräte, auch bei Verbindung mit dem Fahrzeug durch eine Halterung, Reisegepäck, persönliche Gegenstände der Insassen).

Anhand eines Beispiels soll im Folgenden das neue System der Teileliste in den AKB 2008 nochmals verdeutlicht werden. Hierbei sollen insbesondere auch die Unterschiede zur bisherigen Regelung dargestellt werden.

Fallbeispiel:
nach AG Bad Homburg r+s 2000, 58
Aus dem Fahrzeug des VN wurde eine Hundetransportbox gestohlen. Besteht hierfür Versicherungsschutz aus der Teilkaskoversicherung?

Lösung:
I. Versicherter Gegenstand (A.2.1 AKB 2008): Zunächst ist zu fragen, ob Ersatz bezüglich eines Fahrzeugteils oder für Fahrzeugzubehör begehrt wird.
1. Fahrzeugteil (A.2.1.2.a AKB 2008): Wäre die Hundetransportbox ein Fahrzeugteil, wäre sie unter den in A.2.1.2.a genannten Voraussetzungen mitversichert. Zu prüfen ist daher, ob es sich bei der Box um ein Fahrzeugteil handelt. Fahrzeugteil wird definiert als Stück eines Ganzen, Zubehör dagegen als ein zusätzliches Stück. Fahrzeugteile sind Teile, die üblicherweise zum Kfz und dessen Ausstattung gehören und zumindest auch schon mit dem Fahrzeug vom Hersteller geliefert werden – sei es innerhalb einer Grundausstattung, sei es auf besondere Bestellung. Die Hundetransportbox erfüllt diese Voraussetzungen nicht.
2. Fahrzeugzubehör (A.2.1.2.b AKB 2008): Für die Mitversicherung der Hundebox als Fahrzeugzubehör kommt es nach A.2.1.2.b AKB 2008 darauf an, ob die Hun-

III. Umfang der Kaskoversicherung

debox fest eingebaut oder unter Verschluss verwahrt war, ob die Box ausschließlich dem Gebrauch des Fahrzeugs dient, nach der Verkehrsanschauung kein Luxus ist, straßenverkehrsrechtlich zulässig ist und nicht in einer anderen Ziffer der neuen AKB Teileliste aufgeführt ist.

Hier besteht der entscheidende Unterschied zum bisherigen System der AKB, in dem eine Mitversicherung der Hundebox nur dann in Betracht kam, wenn die Hundebox in der Teileliste als mitversichertes Zubehör ausdrücklich aufgeführt war (was in der Regel nicht der Fall war).

Fest eingebaut oder unter Verschluss verwahrt: Im neuen System der AKB kommt es nach A.2.1.2.b AKB 2008 zunächst darauf an, ob die Hundebox fest eingebaut oder unter Verschluss verwahrt war. Diese Voraussetzung liegt unproblematisch vor.

Ausschließlich zum Gebrauch des Fahrzeugs: Erforderlich ist nach A.2.1.2.b AKB 2008 zudem, dass die Box ausschließlich dem Gebrauch des Fahrzeugs dient. Da die Transportbox auch außerhalb des Fahrzeugs verwendet werden kann, liegt diese Voraussetzung nicht vor.

3. **Ergebnis:** Für die Hundetransportbox besteht kein Versicherungsschutz.

2. Teilkaskoversicherung

Die in der Teilkaskoversicherung versicherten Ereignisse bleiben im Kern unverändert, erfahren jedoch einige inhaltliche Erläuterungen und Ergänzungen: 98

A.2.2 Welche Ereignisse sind in der Teilkasko versichert?
Versicherungsschutz besteht bei Beschädigung, Zerstörung oder Verlust des Fahrzeugs einschließlich seiner mitversicherten Teile durch die nachfolgenden Ereignisse:

Brand und Explosion
A.2.2.1 Versichert sind Brand und Explosion. Als Brand gilt ein Feuer mit Flammenbildung, das ohne einen bestimmungsgemäßen Herd entstanden ist oder ihn verlassen hat und sich aus eigener Kraft auszubreiten vermag. Nicht als Brand gelten Schmor- und Sengschäden. Explosion ist eine auf dem Ausdehnungsbestreben von Gasen oder Dämpfen beruhende, plötzlich verlaufende Kraftäußerung.

Entwendung
A.2.2.2 Versichert ist die Entwendung, insbesondere durch Diebstahl und Raub.
Unterschlagung ist nur versichert, wenn dem Täter das Fahrzeug nicht zum Gebrauch im eigenen Interesse, zur Veräußerung oder unter Eigentumsvorbehalt überlassen wird.
Unbefugter Gebrauch ist nur versichert, wenn der Täter in keiner Weise berechtigt ist, das Fahrzeug zu gebrauchen. Nicht als unbefugter Gebrauch gilt insbesondere, wenn der Täter vom Verfügungsberechtigten mit der Betreuung des Fahrzeugs beauftragt wird (z. B. Reparateur, Hotelangestellter). Außerdem besteht kein Versicherungsschutz, wenn der Täter in einem Näheverhältnis zu dem Verfügungsberechtigten steht (z. B. dessen Arbeitnehmer, Familien- oder Haushaltsangehörige).

Sturm, Hagel, Blitzschlag, Überschwemmung
A.2.2.3 Versichert ist die unmittelbare Einwirkung von Sturm, Hagel, Blitzschlag oder Überschwemmung auf das Fahrzeug. Als Sturm gilt eine wetterbedingte Luftbewegung von mindestens Windstärke 8. Eingeschlossen sind Schäden, die dadurch verursacht werden, dass durch diese Na-

F. Umfang des Versicherungsschutzes

turgewalten Gegenstände auf oder gegen das Fahrzeug geworfen werden. Ausgeschlossen sind Schäden, die auf ein durch diese Naturgewalten veranlasstes Verhalten des Fahrers zurückzuführen sind.

Zusammenstoß mit Haarwild

A.2.2.4 Versichert ist der Zusammenstoß des in Fahrt befindlichen Fahrzeugs mit Haarwild im Sinne von § 2 Abs. 1 Nr. 1 des Bundesjagdgesetzes (z. B. Reh, Wildschwein).

Glasbruch

A.2.2.5 Versichert sind Bruchschäden an der Verglasung des Fahrzeugs. Folgeschäden sind nicht versichert.

Kurzschlussschäden an der Verkabelung

A.2.2.6 Versichert sind Schäden an der Verkabelung des Fahrzeugs durch Kurzschluss. Folgeschäden sind nicht versichert.

Inhaltlich hat sich an den versicherten Gefahren durch die AKB 2008 nichts geändert. Neu sind jedoch Darstellung und Systematik. In den bisherigen AKB wurde sehr systematisch zwischen drei Gruppen von Kasko-Tatbeständen unterschieden, nämlich den Teilkasko-Tatbeständen (§ 12 Abs. 1 I AKB a.F.), den Vollkasko-Tatbeständen (§ 12 Abs. 1 II AKB a.F.) und Glasbruch- und Kurzschlussschäden (§ 12 Abs. 2 AKB a.F.) als dritte Gruppe. Die Trennung der Glasbruch- und Kurzschlussschäden von den Teilkasko- und Vollkasko-Tatbeständen war systematisch gerechtfertigt, da es sich bei diesen nicht um versicherte Schadenursachen (z. B. Diebstahl, Brand, Hagel, Unfall), sondern um Schäden (Glasbruch, Kurzschluss) handelt. So wird z. B. der Glasbruchschaden unabhängig von seiner Entstehung ersetzt, während die Beschädigung einer Stoßstange nur dann versichert ist, wenn ein versichertes Ereignis (z. B. Wildschaden, Unfall) die Ursache des Schadens war. In den AKB 2008 wird diese sehr schematische Trennung aufgehoben. Alle Teilkasko-Tatbestände finden sich nun in Abschnitt A.2.2 AKB 2008.

Im Folgenden sollen die Neuerungen hinsichtlich der versicherten Teilkasko-Tatbestände in den AKB 2008 erläutert werden.

99 **a) Brand.** Neu ist, dass die Teilkasko-Tatbestände Brand und Explosion in den AKB 2008 erstmalig ausdrücklich definiert werden. Die bisherigen AKB hatten – mit der Folge erheblicher Auslegungsprobleme – auf eine entsprechende Definition verzichtet.

A.2.2 Welche Ereignisse sind in der Teilkasko versichert?

Versicherungsschutz besteht bei Beschädigung, Zerstörung oder Verlust des Fahrzeugs einschließlich seiner mitversicherten Teile durch die nachfolgenden Ereignisse:

Brand und Explosion

A.2.2.1 Versichert sind Brand und Explosion. Als Brand gilt ein Feuer mit Flammenbildung, das ohne einen bestimmungsgemäßen Herd entstanden ist oder ihn verlassen hat und sich aus eigener Kraft auszubreiten vermag. Nicht als Brand gelten Schmor- und Sengschäden. Explosion ist eine auf dem Ausdehnungsbestreben von Gasen oder Dämpfen beruhende, plötzlich verlaufende Kraftäußerung.

100 Die Definitionen von Brand und Explosion entsprechen denen der allgemeinen Feuerversicherung. Veränderungen zur bisherigen Auslegung sind

III. Umfang der Kaskoversicherung

hierdurch nicht zu erwarten. Klargestellt wird ferner, dass für Schmor- und Sengschäden kein Versicherungsschutz besteht. Betroffen sind hiervon folgende Fallgruppen:

Schmorschäden
Bei Schmorschäden fehlt es an der für einen Brand erforderlichen Flammenbildung. Nicht versichert sind deshalb das Durchbrennen des Katalysators (*Stiefel/Hofmann* § 12 Rdn. 20) oder das Heißlaufen eines Radlagers (LG Oldenburg ZfS 89, 315).

Sengschäden
Wie bei den Schmorschäden fehlt es auch bei Sengschäden an der Flammenbildung). Nicht als Brandschaden versichert ist deshalb das Ansengen des Sitzpolsters durch Zigarettenstummel (*Stiefel/Hofmann* § 12 Rdn. 20) oder die Beschädigung eines Kabrioverdecks durch einen glimmenden Feuerwerkskörper (AG Pforzheim VersR 1994, 1336).

Durchbrennen von Zündkerzen und Sicherungen
Auch das Durchbrennen von Zündkerzen und Sicherungen erfüllt die Brandvoraussetzungen nicht. In der Regel fehlt es auch hier an der erforderlichen Flammenbildung und selbst wenn man eine solche annehmen würde, wäre das Feuer an einem Teil entstanden, das diesem bestimmungsgemäß ausgesetzt ist.

Fallbeispiel: 101
nach AG Köln VersR 1981, 826
Durch einen Kurzschluss in der elektrischen Anlage des Fahrzeugs des teilkaskoversicherten VN verschmolz der Kabelstrang. Außerdem wurden zwei Relais, drei Schalter, die Hupe und ein Lichtschalter beschädigt. Besteht eine Eintrittspflicht des Versicherers aus der Teilkaskoversicherung?

Lösung:
Vorliegend handelt es sich um einen Schmorschaden. Dieser stellt keinen Brand i. S. der AKB dar. Als Brand gilt nach A.2.2.1 AKB 2008 ein Feuer mit Flammenbildung, die hier nicht aufgetreten ist. Zersetzt sich, wie im vorliegenden Fall, die Substanz einer Sache unter Einwirkung einer Wärmequelle ohne dass es zu einer Flammenbildung kommt, liegt ein nicht versicherter Schmorschaden vor.

Der Schaden an der Verkabelung selbst ist über A.2.2.6 AKB 2008 versichert, da hier ein Kurzschluss als Schadenursache ausreicht. Der Schaden an den angrenzenden Aggregaten ist als Folgeschaden jedoch nicht mitversichert.

Beachten Sie: Nicht zu Schäden an der Verkabelung gehören Lichtmaschine, Anlasser, Batterie und Mikrocomputer (AG Düsseldorf Schaden-Praxis 2006, 73).

b) Diebstahl und Raub. Wie bisher ist auch in A.2.2.2 AKB 2008 die Entwendung des Fahrzeugs versichert. Die AKB 2008 konkretisieren zunächst, dass die Straftatbestände Diebstahl (§ 242 StGB) und Raub (§ 249 StGB) als Unterfälle der Entwendung mitversichert sind. 102

Entwendung
A.2.2.2 Versichert ist die Entwendung, insbesondere durch Diebstahl und Raub.

F. Umfang des Versicherungsschutzes

Hauptfall der Entwendung in der Praxis ist der Diebstahl. Ein Diebstahl liegt nach der strafrechtlichen Definition vor, wenn der Täter eine fremde bewegliche Sache einem anderen wegnimmt um sie sich selbst zuzueignen (§ 242 StGB). Beim Raub muss nach § 249 StGB hinzukommen, dass die Wegnahme mit Gewalt gegen eine Person (z. B. Niederschlagen des Fahrers) oder unter Anwendung von Drohungen mit gegenwärtiger Gefahr für Leib oder Leben erfolgt.

Die Entwendung selbst ist ein im Strafgesetzbuch nicht definierter Oberbegriff. Voraussetzungen einer Entwendung sind (vgl. BGH r+s 1993, 169):
– eine widerrechtlichen Sachentziehung (unfreiwillige Wegnahme) und
– damit eine wirtschaftliche Entrechtung des Fahrzeugeigentümers.

103 Zwar decken die versicherten Straftatbestände Diebstahl und Raub den Großteil aller Entwendungsfälle ab, trotzdem bleibt ein Anwendungsgebiet für den Auffangtatbestand Entwendung, der insbesondere dann zum Zug kommt, wenn aufgrund fehlenden Vorsatzes des Täters der Straftatbestand des Diebstahls nicht vorliegt. Für das Vorliegen einer Entwendung ist eine böswillige Willensrichtung des Täters nämlich nicht erforderlich. Daher fällt auch die versehentliche Mitnahme eines Reifens in einer Werkstatt unter den Begriff der Entwendung (BGH VersR 1981, 345), gleiches gilt bei Wegnahme eines Fahrzeugs wegen irrtümlicher Annahme der Zugehörigkeit zum Nachlass (BGH r+s 1995, 125).

104 Die Problemfälle im Zusammenhang mit der Entwendung sind wie bisher zu lösen:

Schäden, die bei der Benutzung des entwendeten Fahrzeugs entstanden sind
Als Entwendungsschaden zu ersetzen sind auch die Schäden, die der Täter im Zusammenhang mit der Entwendung (beschädigtes Lenkradschloss etc.) oder während der Benutzung des entwendeten Fahrzeugs (Unfall) verursacht (BGH VersR 1975, 225). Auch hier handelt es sich um Schäden, die durch die Entwendung entstanden sind.

Entwendung und Vandalismus
Problematisch ist, ob Versicherungsschutz für solche Schäden besteht, die von den Tätern eines Diebstahls mutwillig verursacht werden. Unproblematisch besteht für derartige Schäden Versicherungsschutz aus der Vollkaskoversicherung (mut- oder böswillige Beschädigung). Fraglich ist jedoch, ob diese Schäden auch als Entwendungsschäden über die Teilkaskoversicherung versichert sind.

Der BGH hat in einer Entscheidung mit grundsätzlicher Bedeutung klargestellt, dass grundsätzlich keine Ersatzpflicht aus der Teilkaskoversicherung besteht, wenn die Täter im Rahmen eines Diebstahls von Teilen (z. B. CD-Player) im Fahrzeug vandalieren (BGH VersR 2006, 968). In dem vom BGH entschiedenen Fall schlugen unbekannte Täter die Fensterscheibe der Fahrertür eines Pkw ein und entwendeten einen CD-Player. Weiter verursachten die Täter Beulen und Kratzer und schlitzten das Verdeck auf. Der Vandalismusschaden ist in einem derartigen Fall nicht „durch" die Entwendung entstanden, sondern beruht auf einem von der Entwendungshandlung unabhängigen, regelmäßig spontanen Verhalten des Täters.

III. Umfang der Kaskoversicherung

Antennen, Scheibenwischer und Außenspiegel
Ein häufig auftretendes Problem ist die Frage, ob abgebrochene Antennen, Außenspiegel, Scheibenwischer usw. von der Teilkaskoversicherung zu ersetzen sind. Das hängt davon ab, ob hierin eine Entwendung zu sehen ist – oder ob es sich um einen Schaden handelt, der als mut- oder böswillige Handlung nur über die Vollkaskoversicherung gedeckt wäre.

Keine Entwendung, sondern eine nicht versicherte Zerstörung liegt vor, wenn die Antenne oder die Scheibenwischer abgebrochen und an Ort und Stelle liegen gelassen werden.

Dagegen kann ein versicherter Diebstahl angenommen werden, wenn ein Fahrzeugteil mitgenommen wird. Erforderlich für den vom VN zu beweisenden Diebstahl ist jedoch, dass das Teil vom Dieb noch verwendet werden kann. Dies setzt z.B. bei einer Antenne voraus, dass diese in voller Länge vom Fahrzeug gelöst wird, so dass sie an einem anderen Fahrzeug wieder anmontiert werden kann (*Stiefel/Hofmann* § 12 AKB, Rdn. 30).

Nachweis der Entwendung des Fahrzeugs – Beweislastfragen
Unverändert blieb durch die Neufassung der AKB die Beweislastverteilung bei Diebstahlschäden. Grundsätzlich hat nach allgemeinen Beweislastregeln der VN den Eintritt des Versicherungsfalles und damit die Entwendung des Fahrzeugs zu beweisen. Das ist dann schwierig, wenn den Diebstahl niemand beobachtet hat und dem VN keine Zeugen zum Nachweis der Entwendung zur Verfügung stehen. Da dem VN allenfalls in Ausnahmefällen Zeugen für die Entwendung des Fahrzeugs zur Verfügung stehen, würde eine strenge Belassung der Beweislast beim VN den Versicherungsschutz stark entwerten. Der BGH hat deshalb ein Zweistufenmodell von Beweisregeln entwickelt (vgl. z.B. BGH VersR 1995, 909).

Auf der ersten Stufe muss der VN Tatsachen zum Beweis des äußeren Bildes eines Diebstahls vortragen. Die vom VN zu beweisenden Tatsachen müssen nach der Lebenserfahrung darauf schließen lassen, dass das Fahrzeug entwendet worden ist. Dazu genügt es bereits, wenn der VN das äußere Bild einer Entwendung des Fahrzeugs darlegt.

Auf der zweiten Stufe kann der Versicherer den Beweis des äußeren Bildes zu Fall bringen, wenn er konkrete Tatsachen beweist, die die Annahme einer Vortäuschung des Versicherungsfalles durch den VN mit erheblicher Wahrscheinlichkeit nahelegen. Derartige Tatsachen können sich auch aus einem Verhalten des VN ergeben, das in keinem Bezug zu dem umstrittenen Versicherungsfall steht (BGH VersR 1991, 917), das aber den VN als unglaubwürdig erscheinen lässt (BGH r+s 1993, 169). Hier können Zweifel an der Redlichkeit des VN (Vorstrafen, frühere Täuschungsversuche bei der Abwicklung von Schadensfällen, vorausgegangene, vergebliche Versuche das Fahrzeug zu veräußern) eine Rolle spielen.

Gelingt dem Versicherer auf der zweiten Stufe dieser Gegenbeweis, muss der VN den vollen Beweis des Versicherungsfalles erbringen (praktisch ausgeschlossen, weswegen man auch nur von einem zwei- und nicht von einem dreistufigen Modell des BGH sprechen kann).

Nachschlüssel erstellt
Der mittlerweile von den Versicherern üblicherweise gestellten Frage an den VN, ob dieser Nachschlüssel anfertigen lassen hat, kommt deswegen Be-

F. Umfang des Versicherungsschutzes

deutung zu, weil in den Fällen eines nur vorgetäuschten Diebstahls der Eigentümer häufig eine Kopie herstellen lässt, diesen nachgemachten Schlüssel zusammen mit dem Fahrzeug dem abnehmenden Käufer überlässt und anschließend versucht, die Entschädigungsleistung beim Versicherer geltend zu machen. Für die Annahme eines vorgetäuschten Diebstahls kann es dann sprechen, wenn kurz vor der angeblichen Entwendung – entgegen einer entsprechenden Behauptung des VN – von einem Fahrzeugschlüssel, den der VN ständig in Gebrauch hatte, ein Nachschlüssel hergestellt worden ist (OLG Hamm VersR 1993, 218).

Allerdings geht der BGH (r+s 1996, 341) davon aus, dass zahlreiche Konstellationen (z.B. ein Werkstattaufenthalt) denkbar seien, in denen ohne Kenntnis des VN von dessen Originalschlüssel ein passender Nachschlüssel hergestellt worden sein kann. Demgemäß spricht nach Ansicht des BGH die Tatsache, dass das gestohlene Fahrzeug mit einem passenden Schlüssel gefahren worden sein muss nicht unbedingt für eine Unredlichkeit des VN. Hieraus sei bei der erforderlichen Gesamtschau aller Umstände nur eines – von zwingend erforderlichen weiteren – Indizien für eine Vortäuschung des Versicherungsfalls abzuleiten.

Vollzähligkeit der Schlüssel

Üblicherweise lässt sich im Fall der Entwendung der Versicherer vom VN die Fahrzeugschlüssel aushändigen, um festzustellen, ob diese noch vollständig vorhanden sind. Fehlt ein Originalschlüssel und kann der VN dafür keine plausible Erklärung abgeben, ist dies aber allein nicht geeignet, das äußere Bild des versicherten Diebstahls zu verneinen oder eine erhebliche Wahrscheinlichkeit für das Vortäuschen eines Diebstahls zu begründen (BGH r+s 1995, 288), hierin kann nur ein allein aber nicht ausreichendes Indiz für eine Vortäuschung gesehen werden.

105 Fallbeispiel
nach BGH r+s 1996, 474

Der VN begehrt eine Kaskoentschädigung für einen gebraucht gekauften Porsche 911 Cabriolet. Der VN trägt vor, er habe das Auto gegen 1 Uhr 30 vor dem Haus seiner Eltern abgestellt. Gegen 2 Uhr 30 hätten er und sein Vater gehört, wie der Porsche angelassen und weggefahren worden sei.

Der Versicherer bestreitet den Diebstahl. Der VN habe vor der Polizei erklärt, außer zwei üblichen Fahrzeugschlüsseln auch einen Werkstattschlüssel zu besitzen. Diesen Schlüssel konnte der VN später nicht vorlegen. Der VN behauptet demgegenüber, er habe mit Werkstattschlüssel den Felgenschlüssel gemeint. Weitere Vortäuschungsindizien leitet der Versicherer daraus ab, dass dem VN in einem Strafverfahren vorgeworfen worden war, 1987 einen Verkehrsunfall inszeniert zu haben. Das Verfahren war nach § 153a StPO gegen eine Geldbuße eingestellt worden, die Klage auf Ersatz des angeblichen Unfallschadens war rechtskräftig abgewiesen worden. Weiter habe der VN einen Monat nach dem Diebstahl einen Betrag von 75.000 Euro aufgebracht um ein Hotel zu kaufen. Diese Mittel stammen nach Ansicht des Versicherers im wesentlichen aus dem Verkaufserlös des angeblich gestohlenen Porsches. Außerdem habe der VN kurz nach dem Hotelkauf wegen eines Betrags von 5.000 Euro die eidesstattliche Versicherung abgegeben.

Lösung:

Grundsätzlich hat der VN den Eintritt des Versicherungsfalles und damit die Entwendung des Fahrzeugs zu beweisen. Da dem VN allenfalls in Ausnahmefällen Zeu-

III. Umfang der Kaskoversicherung

gen für die Entwendung des Fahrzeugs zur Verfügung stehen, würde eine strenge Belassung der Beweislast beim VN den Versicherungsschutz stark entwerten. Nach dem BGH (VersR 1984, 29) ist dies mit Inhalt und Zielsetzung der Kaskoversicherung unvereinbar. Der BGH hat deshalb ein Zweistufenmodell von Beweisregeln entwickelt.
1. Auf der ersten Stufe müsste der VN Tatsachen zum Beweis des äußeren Bildes eines Diebstahls vortragen: Der VN kann mit der Zeugenaussage seines Vaters, der gegen 2.30 Uhr das Anlassen und Wegfahren des Porsches gehört hat, den äußeren Tatbestand des Diebstahls beweisen. Da der VN sein Fahrzeug gebraucht gekauft hat, gilt es nicht zum äußeren Bild eines Diebstahls, dass der VN nicht sämtliche Originalschlüssel vorlegen konnte. Dem VN kann das Fehlen eines Originalschlüssels nur angelastet werden, wenn feststeht, dass er diesen Schlüssel überhaupt besessen hat.
2. Auf der zweiten Stufe müsste der Versicherer den Beweis des äußeren Bildes zu Fall bringen, indem er die erhebliche Wahrscheinlichkeit einer Vortäuschung der Entwendung beweist: Es obliegt dem Versicherer konkrete Tatsachen zu beweisen, aus denen sich die Vortäuschung des Versicherungsfalles mit erheblicher Wahrscheinlichkeit ergibt.
Der Versicherer kann hier nicht beweisen, dass der VN mit Werkstattschlüssel einen Fahrzeug und nicht bloß den Felgenschlüssel gemeint hat.
Auch das früher gegen den VN eingeleitete Strafverfahren muss wegen der Unschuldsvermutung unberücksichtigt bleiben, da das Verfahren war nicht rechtskräftig abgeschlossen, sondern eingestellt worden war. Das eingestellte Verfahren kann allenfalls ein Indiz dafür sein, dass der VN den Versicherungsfall vorgetäuscht hat.
Bezüglich der aufgebrachten 75.000 Euro trägt ebenfalls der Versicherer die Beweislast, dass diese wirklich aus dem Verkaufserlös des Fahrzeugs stammen – hier konnte dies vom Versicherer naturgemäß nicht eindeutig belegt werden.
Auch die Abgabe der eidesstattlichen Versicherung kurz nach Zahlung der 75.000 Euro wegen eines Betrags von rund 5.000 Euro ist allein nicht geeignet die Vortäuschung des Diebstahls zu belegen. Auch hier trägt der Versicherer die Beweislast und muss die Behauptung des VN widerlegen, er habe sofort nach Kenntnis des Haftbefehls die Forderung beglichen.
3. Ergebnis: Der Versicherer ist zum Ersatz des Schadens aus der Teilkaskoversicherung verpflichtet.

Beachten Sie: Unrichtige Angaben zu den Schlüsselverhältnissen können nicht nur im Zusammenhang mit dem Beweis des Versicherungsfalls (Indiz für eine Vortäuschung des Versicherungsfalls) relevant werden, sondern auch einen Verstoß gegen die Aufklärungspflicht darstellen (E.1.3 AKB 2008). Werden dem VN Falschangaben zu den Schlüsselverhältnissen nachgewiesen, liegt hierin auch ein Verstoß gegen die Aufklärungsobliegenheit (vgl. z. B. OLG Hamm r+s 1995, 245; OLG Saarbrücken VersR 1995, 1089; OLG Hamm Schaden-Praxis 1992, 251). Nach neuem Recht (§ 28 Abs. 2 VVG und E.6.1 AKB 2008) bestimmt sich die Leistungsfreiheit hier jedoch in Abhängigkeit von der Schwere des Verschuldens des VN. Erforderlich ist zudem, dass die Falschangabe zu den Schlüsseln sich kausal auf die Feststellung des Versicherungsfalls ausgewirkt hat (§ 28 Abs. 3 VVG und E.6.2 AKB 2008).

c) Unterschlagung. Die AKB 2008 unterstreichen weit deutlicher als die bisherigen AKB nun in A.2.2.2 Abs. 2, dass der Versicherungsschutz bei Unterschlagung (§ 246 StGB) nur sehr eingeschränkt gilt.

> Unterschlagung ist nur versichert, wenn dem Täter das Fahrzeug nicht zum Gebrauch im eigenen Interesse, zur Veräußerung oder unter Eigentumsvorbehalt überlassen wird.

F. Umfang des Versicherungsschutzes

Eine Unterschlagung nach § 246 StGB liegt vor, wenn sich der Täter das Fahrzeug oder seine Teile rechtwidrig zueignet. Eine Wegnahme (z.B. Aufbrechen des Fahrzeugs) ist bei der Unterschlagung – im Gegensatz zum Diebstahl – nicht erforderlich. Im Unterschied zum Diebstahl ist der Täter bei einer Unterschlagung also bereits im Besitz der Sache, muss sie also nicht mehr wegnehmen. Der Unterschied zum unbefugten Gebrauch besteht darin, dass sich der Täter einer Unterschlagung (ebenso wie beim Diebstahl) die Sache (endgültig) zueignen will.

Der übliche Fall einer Unterschlagung liegt vor, wenn der Täter die ihm überlassene Sache nicht mehr zurückgibt, so z.B., wenn der Mieter den Mietwagen nicht zurückbringt oder wenn der Käufer, dem das Fahrzeug unter Eigentumsvorbehalt überlassen wurde die Raten nicht mehr bezahlt, aber auch das Fahrzeug nicht mehr zurückgibt. Diese Normalfälle einer Unterschlagung sind in der Kaskoversicherung jedoch gerade nicht mitversichert. Sowohl im Mietwagenbeispiel als auch im Fall des Eigentumsvorbehalts hat der VN dem späteren Täter das Fahrzeug freiwillig überlassen und sich in dessen Vertrauenswürdigkeit getäuscht – dieses Risiko soll von der Kaskoversicherung nicht übernommen werden. Nach A.2.2.2 Abs. 2 AKB 2008 besteht daher kein Versicherungsschutz, wenn das Fahrzeug dem Täter „zum Gebrauch im eigenen Interesse, zur Veräußerung oder unter Eigentumsvorbehalt" überlassen wurde.

Anders als in den bisherigen AKB ist die Unterschlagung aber nur dann nicht versichert, wenn das Fahrzeug dem Täter „zum Gebrauch im eigenen Interesse" überlassen wurde. In den bisherigen AKB reichte es dem Wortlaut nach aus, wenn dem Fahrer das Fahrzeug „zum Gebrauch" überlassen wurde (§ 12 Abs. 1 I b AKB a.F.). Eine materiell-rechtliche Änderung ergibt sich hieraus jedoch nicht, da die Rechtsprechung für eine Versagung des Versicherungsschutzes schon bisher verlangte, dass das Fahrzeug dem Täter zum Gebrauch im eigenen Interesse überlassen wurde (vgl. OLG Hamm VersR 1995, 1477, *Stiefel/Hofmann* § 12 AKB, Rdn. 51 m.w.N.). Die Benutzung des Fahrzeugs im eigenen Interesse setzt aber voraus, dass der Fahrer eine selbständige Verfügungsmacht über das Fahrzeug hat, also selbst entscheidet, wann und wohin er mit dem Fahrzeug fährt. Eine solche selbständige Verfügungsmacht hat zum Beispiel der Mieter eines Fahrzeugs (vgl. BGH NJW 1993, 1014) oder der Angestellte, der einen Firmenwagen zur freien Verfügung erhält, nicht jedoch der Angestellte, der den Firmenwagen lediglich zur Durchführung eines konkreten Auftrags (z.B. Abholung eines Ersatzteils) verwenden darf (vgl. *Stiefel/Hofmann* § 12 AKB Rdn. 51).

107 **Fallbeispiel:**

nach OLG Hamm VersR 1995, 1477

Die VN betreibt eine Verlagswerbung zu deren Durchführung sie der Fa. F ein Fahrzeug zur Verfügung stellte. Die Fa. F wiederum überließ das Fahrzeug dem Mitarbeiter (M) eines ihrer Werbetrupps, der sich später unter Mitnahme des Fahrzeugs absetzte. Die VN begehrt eine Entschädigung aus der Kaskoversicherung.

Lösung:

1. Diebstahl: Eine Entwendung in Form eines Diebstahl durch M scheidet aus. M hatte zum Zeitpunkt der Tat Gewahrsam am Auto, so dass es an dem für eine Weg-

III. Umfang der Kaskoversicherung

nahme erforderlichen Bruch fremden Gewahrsams fehlt und damit ein Diebstahl ausscheidet.

2. Unterschlagung: Ein Anspruch aus der Kaskoversicherung könnte aber aufgrund des Tatbestands einer Unterschlagung bestehen. Eine Unterschlagung nach § 246 StGB liegt vor, da M sich das Fahrzeug, das sich bereits in seinem Gewahrsam befand, rechtswidrig zugeeignet hat. Nach A.2.2.2. Abs. 2 AKB 2008 ist eine Unterschlagung aber dann nicht versichert, wenn sie durch denjenigen vorgenommen wurde, dem das Fahrzeug zum Gebrauch im eigenen Interesse überlassen wurde. Die Benutzung des Fahrzeugs im eigenen Interesse setzt voraus, dass der Fahrer eine selbständige Verfügungsmacht über das Fahrzeug hat. Dies war vorliegend der Fall. Es liegt somit keine versicherte Unterschlagung vor.

3. Ergebnis: Der VN hat somit keinen Versicherungsschutz.

Beachten Sie: Für den praxisrelevanten Fall einer Unterschlagung durch einen angestellten Fahrer bedeutet dies Folgendes: Häufig hat ein angestellter Fahrer keine selbständige Verfügungsmöglichkeit über das Fahrzeug, so dass ihm dieses nicht zum Gebrauch im eigenen Interesse überlassen ist – für eine Unterschlagung bestünde daher Versicherungsschutz.

Kein Versicherungsschutz besteht hingegen, wenn einem Fahrer das Auto für ein Wochenende für eine Urlaubsreise oder völlig zur freien Verfügung gestellt wurde (der Fahrer das Fahrzeug also im eigenen Interesse nutzen durfte).

d) Unbefugter Gebrauch. Ebenfalls konkretisiert wurde in den AKB **108** 2008 der Versicherungsschutz bei unbefugtem Gebrauch des Fahrzeugs. Unbefugter Gebrauch eines Fahrzeugs ist wie Diebstahl und Raub ein Straftatbestand. Nach § 248 b StGB liegt ein unbefugter Gebrauch vor, wenn der Täter das Fahrzeug gegen den Willen des Berechtigten in Gebrauch nimmt. Im Unterschied zum Diebstahl und der Unterschlagung will sich der Täter beim unbefugten Gebrauch das Fahrzeug nicht (endgültig) zueignen. Der Normalfall des unbefugten Gebrauchs liegt vor, wenn der Täter das Fahrzeug lediglich für eine Spritztour entwendet und dieses am nächsten Tag wieder an seinen Platz zurückstellt.

Wie bei der Unterschlagung ist auch der Versicherungsschutz bei unbefugtem Gebrauch eingeschränkt und auf einen bestimmten Täterkreis begrenzt. Die bisherigen AKB umschrieben den versicherten Personenkreis in § 12 Abs. 1 Ib AKB mit „betriebsfremden Personen". Was unter einer „betriebsfremden Person" zu verstehen ist, ließen die bisherigen AKB offen (kritisch hierzu *Maier* r+s 2006, 94). In den AKB 2008 wird in A.2.2.2 Abs. 3 AKB 2008 der Personenkreis konkretisiert, der als Täter des unbefugten Gebrauchs nicht in Frage kommt.

> Unbefugter Gebrauch ist nur versichert, wenn der Täter in keiner Weise berechtigt ist, das Fahrzeug zu gebrauchen. Nicht als unbefugter Gebrauch gilt insbesondere, wenn der Täter vom Verfügungsberechtigten mit der Betreuung des Fahrzeugs beauftragt wird (z. B. Reparateur, Hotelangestellter). Außerdem besteht kein Versicherungsschutz, wenn der Täter in einem Näheverhältnis zu dem Verfügungsberechtigten steht (z. B. dessen Arbeitnehmer, Familien- oder Haushaltsangehörige).

Versicherungsschutz bei unbefugtem Gebrauch besteht hiernach nicht, wenn der Täter mit der Betreuung des Fahrzeugs beauftragt war oder in ei-

F. Umfang des Versicherungsschutzes

nem Näheverhältnis zum VN stand. Hintergrund der Regelung ist, dass der VN grundsätzlich die Verantwortung dafür tragen soll, wenn er sein Fahrzeug nicht vertrauenswürdigen Personen überlässt (vgl. *Stiefel/Hofmann* § 12 AKB Rdn. 46). Kein Versicherungsschutz über die Kaskoversicherung besteht deshalb, wenn ein Mechaniker (LG München VersR 1981, 247) oder ein angestellter Fahrer (OLG Köln VersR 1994, 593) das Fahrzeug unbefugt gebraucht. Der Versicherer soll davor geschützt werden, dass ein Unfallschaden mit dem Argument, der Fahrer hätte das Fahrzeug an diesem Tag nicht nutzen dürfen, als unbefugter Gebrauch über die Teilkaskoversicherung abgerechnet wird. Deshalb sind auch alle Personen, die in einem Näheverhältnis zum VN stehen, vom Versicherungsschutz ausgeschlossen.

109 Fallbeispiel:

nach OLG Köln VersR 1994, 593

Der VN gibt seinem Bekannten den Schlüssel seines Autos, damit dieser im Auto Radio hören kann. Von der gehörten Musik animiert, setzt sich der Freund ans Steuer, fährt los, um eine Runde zu drehen, und beschädigt dabei das Fahrzeug. Besteht Versicherungsschutz aus der Teilkaskoversicherung?

Lösung:

1. Diebstahl: Ein Diebstahl liegt nach der strafrechtlichen Definition von § 242 StGB vor, wenn der Täter eine fremde bewegliche Sache einem anderen wegnimmt, um sie sich selbst zuzueignen (§ 242 StGB). Im vorliegenden Fall musste der Freund das Fahrzeug dem VN nicht wegnehmen, da ihm dieser freiwillig den Schlüssel gegeben hatte. Zudem wollte der Freund auch nur eine Runde drehen. Die Absicht, sich das Fahrzeug dauerhaft zuzueignen, lag nicht vor.
2. Unterschlagung: Auch eine Unterschlagung nach § 246 StGB liegt nicht vor, da auch diese voraussetzt, dass sich der Täter das Fahrzeug zueignen wollte.
3. Unbefugter Gebrauch: Ein unbefugter Gebrauch nach § 248a StGB liegt vor, da der Freund das Fahrzeug gegen den Willen des VN in Gebrauch genommen hat. Doch war der Freund berechtigt, das Fahrzeug zu gebrauchen, da ihm der VN die Obhut über das Fahrzeug überlassen hatte.
4. Ergebnis: Der VN hat keinen Anspruch aus der Teilkaskoversicherung.

3. Vollkaskoversicherung

110 Ebenfalls mehr sprachlich als inhaltlich verändert wurden in den AKB 2008 die in der Vollkaskoversicherung versicherten Ereignisse.

A.2.3 Welche Ereignisse sind in der Vollkasko versichert?

Versicherungsschutz besteht bei Beschädigung, Zerstörung oder Verlust des Fahrzeugs einschließlich seiner mitversicherten Teile durch die nachfolgenden Ereignisse:

Ereignisse der Teilkasko
A.2.3.1 Versichert sind die Schadenereignisse der Teilkasko nach A.2.2.

Unfall
A.2.3.2 Versichert sind Unfälle des Fahrzeugs. Als Unfall gilt ein unmittelbar von außen plötzlich mit mechanischer Gewalt auf das Fahrzeug einwirkendes Ereignis.
Nicht als Unfallschäden gelten insbesondere Schäden aufgrund eines Brems- oder Betriebsvorgangs oder reine Bruchschäden. Dazu zählen

III. Umfang der Kaskoversicherung

> z. B. Schäden am Fahrzeug durch rutschende Ladung oder durch Abnutzung, Verwindungsschäden, Schäden aufgrund Bedienungsfehler oder Überbeanspruchung des Fahrzeugs und Schäden zwischen ziehendem und gezogenem Fahrzeug ohne Einwirkung von außen.
>
> *Mut- oder böswillige Handlungen*
> A.2.3.3 Versichert sind mut- oder böswillige Handlungen von Personen, die in keiner Weise berechtigt sind, das Fahrzeug zu gebrauchen. Als berechtigt sind insbesondere Personen anzusehen, die vom Verfügungsberechtigten mit der Betreuung des Fahrzeugs beauftragt wurden (z. B. Reparateur, Hotelangestellter) oder in einem Näheverhältnis zu dem Verfügungsberechtigten stehen (z. B. dessen Arbeitnehmer, Familien- oder Haushaltsangehörige).

Deutlicher als bisher wird in A.2.3.1 AKB 2008 klargestellt, dass die Vollkaskoversicherung auch die Tatbestände der Teilkaskoversicherung beinhaltet.

a) Unfall. Am wichtigsten Vollkaskotatbestand, nämlich dem Versicherungsschutz für (selbstverschuldete) Unfälle hat sich durch die AKB 2008 nichts geändert. Unfälle werden wie bisher definiert als unmittelbar von außen mit mechanischer Gewalt auf das Fahrzeug einwirkende Ereignisse. **111**

> *Unfall*
> A.2.3.2 Versichert sind Unfälle des Fahrzeugs. Als Unfall gilt ein unmittelbar von außen plötzlich mit mechanischer Gewalt auf das Fahrzeug einwirkendes Ereignis.

b) Brems- oder Betriebsvorgänge und reine Bruchschäden. Nicht gerade einfach zu verstehen war in den bisherigen AKB der Ausschluss der Brems-, Betriebs- und reinen Bruchschäden in § 12 Abs. 2 AKB, der den Umfang des Versicherungsschutzes bei versicherten Unfällen einschränkt (vgl. hierzu *Maier* r+s 2006, 94 ff.). In A.2.3.2 Abs. 2 AKB 2008 werden die in ihrer Begrifflichkeit sehr abstrakten Ausschlüsse deshalb durch die beispielhafte Aufzählung von ausgeschlossenen „Normalfällen" konkretisiert. **112**

> Nicht als Unfallschäden gelten insbesondere Schäden aufgrund eines Brems- oder Betriebsvorgangs oder reine Bruchschäden. Dazu zählen z. B. Schäden am Fahrzeug durch rutschende Ladung oder durch Abnutzung, Verwindungsschäden, Schäden aufgrund Bedienungsfehler oder Überbeanspruchung des Fahrzeugs und Schäden zwischen ziehendem und gezogenem Fahrzeug ohne Einwirkung von außen.

Folgende Fallgruppen sind zukünftig zu unterscheiden: **113**

Bremsvorgänge
Bremsschäden sind Schäden, die allein durch den Bremsvorgang unmittelbar am Fahrzeug entstehen, ohne dass es zu einer Kollision mit einem anderen Fahrzeug oder einem Gegenstand gekommen ist (vgl. hierzu *Stiefel/Hofmann* § 12 AKB Rdn. 77). Häufigster Fall in der Praxis ist eine Beschädigung der Reifen (selten auch der Sicherheitsgurte) bei einem Bremsvorgang. Darüber hinaus liegt ein nicht versicherter Bremsschaden auch dann vor, wenn die Ladung infolge starken Bremsens verrutscht (LG Köln VersR 1983, 1175).

F. Umfang des Versicherungsschutzes

Der Ausschluss der Bremsschäden hat im Regelfall nur deklaratorische Bedeutung, da Bremsschäden meist schon die Voraussetzungen der Unfalldefinition (Ursache muss von außen kommen) nicht erfüllen. Gerät der Pkw aber infolge des Bremsens z.B. gegen einen Baum, so ist die Folge des Bremsens ein Unfall – der Baum stellt das von außen wirkende Ereignis dar (OLG Hamm VersR 1976, 626).

Betriebsvorgänge
Die bisherige Bezeichnung „Betriebsschaden" wurde in den AKB 2008 durch „Betriebsvorgang" ersetzt. Damit soll eine bessere Unterscheidung zu den in der Kfz-Haftpflichtversicherung versicherten Schäden beim „Betrieb des Fahrzeugs" gewährleistet werden

Als Betriebsvorgang ausgeschlossen sind insbesondere Schäden durch Bedienungsfehler, die in den AKB 2008 als Beispiel nun ausdrücklich genannt sind. Ein solcher Schaden liegt zum Beispiel vor, wenn der Fahrer bei hoher Geschwindigkeit in den ersten Gang zurückschaltet (OLG Stuttgart r+s 1994, 450 = VersR 1995, 1044).

Ein nicht versicherter Betriebsvorgang liegt auch vor, wenn die Einwirkung auf das Fahrzeug im Rahmen der Zweckbestimmung des Fahrzeugs zum normalen Betrieb des Fahrzeugs gehört. Dabei häufig – etwa bei Baustellenfahrzeugen – auftretende Verwindungsschäden sind ausdrücklich ausgeschlossen. Prallt dagegen das Fahrzeug auf der Erde auf, liegt hierin nach der Rechtsprechung des BGH (r+s 1998, 9) – nach wie vor – ein versicherter Unfall vor (näher *Bauer* Rdn. 745).

114 Fallbeispiel:
nach OLG Köln r+s 2003, 356

VN lud mit seinem LKW auf dem Gelände einer Mülldeponie einen mit Eisenteilen beladenen Container auf. Mit diesem wollte er auf dem selben sandigen Weg zurückkehren, den er zuvor (leer) ohne Schwierigkeiten befahren hatte. Dabei gab der Boden unerwartet nach, so dass der LKW einsackte, in Schieflage geriet und schließlich umkippte. Sowohl durch den Aufprall als auch durch die Verwindung sind Schäden am LKW entstanden.

Lösung:

Unter Geltung der bisherigen AKB zählte es zu den schwierigsten Fragen der Kaskoversicherung, ob in derartigen Fällen ein Unfall zu bejahen war oder ob ein nicht versicherter Betriebsschaden vorliegt. Das OLG Köln hatte letzteres bejaht und einen Betriebsschaden deswegen angenommen, weil sich der Unfall im Rahmen der normalen Zweckbestimmung des Baustellenfahrzeugs zugetragen hat. Nunmehr lässt sich dieses Ergebnis einfacher finden: In A.2.3.2 Abs. 2 AKB 2008 werden <u>Verwindungsschäden ausdrücklich als Beispiele nicht versicherter Betriebsschäden aufgeführt, so dass insoweit eindeutig kein Versicherungsschutz besteht. Aufprallschäden sind dagegen als Unfallfolge gedeckt.</u> Der BGH (r+s 1998, 9) begründet dies damit, dass Aufschlagen auf der Erde aus Sicht eines durchschnittlichen VN ein Unfallereignis darstellt.

Reine Bruchschäden
115 Kein Versicherungsschutz besteht für reine Bruchschäden (Ermüdungsbrüche). Solche Brüche sind keine Unfälle, sondern beruhen entweder auf Materialfehlern oder auf Überbeanspruchung.

III. Umfang der Kaskoversicherung

c) Gespannschäden. Eine wichtige Klarstellung enthalten die AKB 2008   116
hinsichtlich des Versicherungsschutzes bei Gespannschäden. Gemäß A.2.3.2
Abs. 2 AKB 2008 sind Schäden zwischen ziehendem und gezogenem Fahrzeug nicht mitversichert.

> Nicht als Unfallschäden gelten insbesondere Schäden aufgrund eines Brems- oder Betriebsvorgangs oder reine Bruchschäden. Dazu zählen z. B. Schäden am Fahrzeug durch rutschende Ladung oder durch Abnutzung, Verwindungsschäden, Schäden aufgrund Bedienungsfehler oder Überbeanspruchung des Fahrzeugs und Schäden zwischen ziehendem und gezogenem Fahrzeug ohne Einwirkung von außen.

Dies stellt eine materiell-rechtliche Veränderung zu den bisherigen AKB dar. Im Gegensatz zu zahlreichen älteren Gerichtsentscheidungen (vgl. BGH VersR 1969, 940; OLG Schleswig VersR 1974, 1093; OLG Nürnberg r+s 1991, 297 = VersR 1992, 180; *Stiefel/Hofmann* § 12 Rdn. 79) ging der BGH (r+s 1996, 169) in einer neueren Entscheidung davon aus, dass bei Schäden, die an der Zugmaschine durch Schleuderbewegungen des Anhängers verursacht wurden, ein Unfall und nicht lediglich ein nicht versicherter Betriebsschaden vorliegt und begründete dies mit dem Verständnis eines durchschnittlichen VN.

Aufgrund des nun erfolgten ausdrücklichen Ausschlusses in den AKB 2008 ist die Entscheidung des BGH (r+s 1996, 169), die zum Wortlaut der bisherigen AKB erging, in Zukunft nicht mehr einschlägig. Entsprechend dem Wortlaut von A.2.3.2 Abs. 2 AKB 2008 sind Gespannschäden nunmehr eindeutig vom Versicherungsschutz ausgeschlossen.

4. Ersatzleistung

In der Kfz-Haftpflichtversicherung ergibt sich der Umfang der Ersatzleis-   117
tung aus den gesetzlichen Regelungen des BGB (§§ 823, 249) und des StVG (§§ 7 ff.). Anders in der Kaskoversicherung: Welche Entschädigung der Kaskoversicherer zu leisten hat, folgt nicht aus dem Gesetz, sondern aus der vertraglichen Vereinbarung, die (in den Versicherungsbedingungen) mit dem VN getroffen wird. Es unterliegt daher der freien vertraglichen Vereinbarung, in welchem Umfang der Versicherer z. B. Neupreis, Mietwagenkosten oder Nutzungsausfall ersetzt. Die entsprechenden Regelungen finden sich in den AKB in den Abschnitten A.2.6 bis A.2.13 AKB.

Die Regelungen der bisherigen AKB zur Ersatzleistung in der Kaskoversicherung wurden in der GDV Verbandsempfehlung der AKB 2008 inhaltlich grundsätzlich beibehalten.

Die AKB 2008 enthalten lediglich eine – wenn auch wichtige – materiell-rechtliche Veränderung: die Höchstentschädigung (Wiederbeschaffungswert ohne Abzug des Restwerts) wird im Reparaturfall nur dann bezahlt, wenn der VN sein Fahrzeug tatsächlich hat reparieren lassen und hierüber auch eine Rechnung vorlegen kann. Im Falle der Eigenreparatur bleibt die Höchstentschädigung somit auf den Wiederbeschaffungswert abzüglich Restwert begrenzt.

Neu ist in den AKB 2008, dass sich die wichtigen Definitionen des Totalschadens, des Wiederbeschaffungswerts und des Restwerts schon am Anfang des Abschnitts über die Entschädigungsleistung befinden.

F. Umfang des Versicherungsschutzes

Was versteht man unter Totalschaden, Wiederbeschaffungswert und Restwert?

A.2.6.5 Ein Totalschaden liegt vor, wenn die erforderlichen Kosten der Reparatur des Fahrzeugs dessen Wiederbeschaffungswert übersteigen.

A.2.6.6 Wiederbeschaffungswert ist der Preis, den Sie für den Kauf eines gleichwertigen gebrauchten Fahrzeugs am Tag des Schadenereignisses bezahlen müssen.

A.2.6.7 Restwert ist der Veräußerungswert des Fahrzeugs im beschädigten oder zerstörten Zustand.

118   a) **Reparaturfall.** In Abschnitt A.2.7 regeln die AKB 2008 zunächst die Ersatzleistung im besonders praxisrelevanten Reparaturfall.

A.2.7 Was zahlen wir bei Beschädigung?

Reparatur

A.2.7.1 Wird das Fahrzeug beschädigt, zahlen wir die für die Reparatur erforderlichen Kosten bis zu folgenden Obergrenzen:
a Wird das Fahrzeug vollständig und fachgerecht repariert, zahlen wir die hierfür erforderlichen Kosten bis zur Höhe des Wiederbeschaffungswerts nach A.2.6.6, wenn Sie uns dies durch eine Rechnung nachweisen. Fehlt dieser Nachweis, zahlen wir entsprechend A.2.7.1.b.
b Wird das Fahrzeug nicht, nicht vollständig oder nicht fachgerecht repariert, zahlen wir die erforderlichen Kosten einer vollständigen Reparatur bis zur Höhe des um den Restwert verminderten Wiederbeschaffungswerts nach A.2.6.6.

Abschleppen

A.2.7.2 Bei Beschädigung des Fahrzeugs ersetzen wir die Kosten für das Abschleppen vom Schadenort bis zur nächstgelegenen für die Reparatur geeigneten Werkstatt, wenn nicht ein Dritter Ihnen gegenüber verpflichtet ist, die Kosten zu übernehmen. Die Kosten des Abschleppens werden auf die Obergrenzen nach A.2.7.1 angerechnet.

Abzug neu für alt

A.2.7.3 Werden bei der Reparatur alte Teile gegen Neuteile ausgetauscht oder das Fahrzeug ganz oder teilweise neu lackiert, ziehen wir von den Kosten der Ersatzteile und der Lackierung einen dem Alter und der Abnutzung der alten Teile entsprechenden Betrag ab (neu für alt). Bei Pkw, Krafträdern und Omnibussen ist der Abzug neu für alt auf die Bereifung, Batterie und Lackierung beschränkt, wenn das Schadenereignis in den ersten xx Jahren nach der Erstzulassung eintritt. Bei den übrigen Fahrzeugarten gilt dies in den ersten xx Jahren.

In A.2.7.1a AKB 2008 ist ausdrücklich festgehalten, dass die Reparaturkosten nur dann bis zum Wiederbeschaffungswert (ohne Abzug des Restwerts) bezahlt werden, wenn der VN das Fahrzeug vollständig und fachgerecht reparieren lassen hat und über die erfolgte Reparatur auch eine Rechnung vorlegen kann. Fehlt es an einer dieser Voraussetzungen (z.B. an der erforderlichen Rechnung) ermittelt sich die Entschädigung nach A.2.7.1b AKB 2008. In diesem Fall der (fiktiven) Abrechnung werden die Reparaturkosten nur bis zur Höhe des Wiederbeschaffungswerts abzüglich des Restwerts bezahlt.

Fallbeispiel:

Beim Fahrzeug des VN wurden im Gutachten nach einem Vollkaskoschaden folgende Werte festgestellt:

III. Umfang der Kaskoversicherung

Wiederbeschaffungswert: 10.000 Euro
Restwert: 3.000 Euro
Reparaturkosten: 8.000 Euro

Welche Entschädigung erhält der VN (ohne Berücksichtigung einer SB), wenn er:

Variante 1:
Sein Fahrzeug nicht repariert und stattdessen ein neues Fahrzeug anschafft.

Variante 2:
Sein Fahrzeug selbst vollständig und ordnungsgemäß repariert.

Variante 3:
Sein Fahrzeug in einer Fachwerkstatt für 8.349 Euro reparieren lässt.

Lösung Variante 1:
Zunächst ist festzustellen, dass nach der Definition in A.2.6.5 AKB 2008 kein Totalschaden vorliegt. Einschlägig für die Ersatzleistung ist deshalb die Ersatzleistung bei Beschädigung des Fahrzeugs nach A.2.7 AKB 2008.
Da der VN sein Fahrzeug nicht reparieren lässt, bestimmt sich die Entschädigung nach A.2.7. b AKB 2008. Der VN erhält hiernach seine Reparaturkosten bis zu folgender Obergrenze ersetzt:

Höchstentschädigung: *Wiederbeschaffungswert abzüglich Restwert*
Der VN erhält in Variante 1 deshalb eine **Entschädigung in Höhe von 7.000 Euro** (10.000 Euro Wiederbeschaffungswert abzüglich 3.000 Euro Restwert).

Lösung Variante 2:
Auch die ordnungsgemäße und vollständige Selbstreparatur bringt dem VN keinen Vorteil mehr. Die Entschädigung bestimmt sich auch hier nach A.2.7.1 b AKB 2008, da die für Variante a erforderliche Reparaturrechnung nicht vorgelegt werden kann.
Der VN erhält hiernach seine Reparaturkosten bis zu folgender Obergrenze ersetzt:

Höchstentschädigung: *Wiederbeschaffungswert abzüglich Restwert*
Der VN erhält somit auch in Variante 2 eine **Entschädigung in Höhe von 7.000 Euro** (10.000 Euro Wiederbeschaffungswert abzüglich 3.000 Euro Restwert).

Lösung Variante 3:
Eine höhere Ersatzleistung erhält der VN lediglich in Variante 3. Da er alle Voraussetzungen nach A.2.7.1 a AKB 2008 erfüllt, nämlich die vollständige und ordnungsgemäße Reparatur und auch eine Rechnung vorlegen kann, gilt für ihn folgende Obergrenze für die Entschädigung:

Höchstentschädigung: *Wiederbeschaffungswert*
Der VN erhält in Variante 3 deshalb die vollen Reparaturkosten (mit Mehrwertsteuer) bis zur Höhe des Wiederbeschaffungswerts ersetzt und somit eine **Entschädigung in Höhe von 8349 Euro.**

b) Totalschaden. Im Totalschadenfall hat sich an der Ersatzleistung nichts geändert. Der Versicherer ersetzt nach A.2.6.1 AKB 2008 weiterhin den Wiederbeschaffungswert abzüglich eines eventuell vorhandenen Restwerts.

A.2.6 Was zahlen wir bei Totalschaden, Zerstörung oder Verlust?
Wiederbeschaffungswert abzüglich Restwert
A.2.6.1 Bei Totalschaden, Zerstörung oder Verlust des Fahrzeugs zahlen wir den Wiederbeschaffungswert unter Abzug eines vorhandenen Restwerts

F. Umfang des Versicherungsschutzes

des Fahrzeugs. Lassen Sie Ihr Fahrzeug trotz Totalschadens oder Zerstörung reparieren, gilt A.2.7.1.

IV. Ausschlüsse in der Kaskoversicherung

120 Die Ausschlüsse in der Kaskoversicherung gemäß A.2.16 AKB 2008 entsprechen grundsätzlich denen der bisherigen AKB. Neu ist lediglich, dass bei grob fahrlässiger Herbeiführung des Versicherungsfalls die Leistungsfreiheit des Versicherers nur noch teilweise und in Abhängigkeit von der Schwere des Verschuldens des VN eintritt.

A.2.16 Was ist nicht versichert?

Vorsatz und grobe Fahrlässigkeit
A.2.16.1 Kein Versicherungsschutz besteht für Schäden, die Sie vorsätzlich herbeiführen. Bei grob fahrlässiger Herbeiführung des Schadens, sind wir berechtigt, unsere Leistung in einem der Schwere Ihres Verschuldens entsprechenden Verhältnis zu kürzen.

Rennen
A.2.16.2 Kein Versicherungsschutz besteht für Schäden, die bei Beteiligung an Fahrtveranstaltungen entstehen, bei denen es auf Erzielung einer Höchstgeschwindigkeit ankommt. Dies gilt auch für dazugehörige Übungsfahrten.

Reifenschäden
A.2.16.3 Kein Versicherungsschutz besteht für beschädigte oder zerstörte Reifen. Versicherungsschutz besteht jedoch, wenn die Reifen aufgrund eines Ereignisses beschädigt oder zerstört werden, das gleichzeitig andere unter den Schutz der Kaskoversicherung fallende Schäden bei dem versicherten Fahrzeug verursacht hat.

Erdbeben, Kriegsereignisse, innere Unruhen, Maßnahmen der Staatsgewalt
A.2.16.4 Kein Versicherungsschutz besteht für Schäden, die durch Erdbeben, Kriegsereignisse, innere Unruhen oder Maßnahmen der Staatsgewalt unmittelbar oder mittelbar verursacht werden.

Schäden durch Kernenergie
A.2.16.5 Kein Versicherungsschutz besteht für Schäden durch Kernenergie.

Die entscheidende Neuerung findet sich in A.2.16.1 AKB 2008. Hier setzen die AKB § 81 VVG um. Danach fällt das „Alles-oder-Nichts-Prinzip" weg und wird durch das System der Quotelung ersetzt. Der Umfang der Leistungspflicht bestimmt sich zukünftig nach dem Grad des Verschuldens des VN.

Auch wenn etliche Versicherer in der Kfz-Kaskoversicherung neuerdings auf den Einwand der groben Fahrlässigkeit vertraglich verzichten, bleibt die grob fahrlässige Herbeiführung des Versicherungsfalls weiterhin ein zentrales Thema der Schadenregulierung. Regelmäßig werden vom Verzicht nämlich die Alkoholfahrt und die grob fahrlässige Herbeiführung des Fahrzeugdiebstahls ausgenommen bleiben. Der Verzicht auf den Einwand der groben Fahrlässigkeit hat, wenn er von einem Versicherer angeboten wird, in der Regel folgenden Wortlaut:

IV. Ausschlüsse in der Kaskoversicherung

A.2.8 Was ist nicht versichert?
Vorsatz und grobe Fahrlässigkeit
A.2.8.1 Kein Versicherungsschutz besteht für Schäden, die Sie vorsätzlich herbeiführen.

Bei grob fahrlässiger Herbeiführung des Schadens verzichten wird Ihnen gegenüber in der Voll- und Teilkaskoversicherung auf den Einwand der groben Fahrlässigkeit nach § 81 Versicherungsvertragsgesetz. Der Verzicht gilt nicht bei Entwendung des Fahrzeugs und bei Herbeiführung des Versicherungsfalls infolge des Genusses alkoholischer Getränke oder anderer berauschender Mittel. In diesem Fall sind wir berechtigt, unsere Leistung in einem der Schwere Ihres Verschuldens entsprechenden Verhältnis zu kürzen.

G. Das neue System der Quotelung

Unter dem Schlagwort „Wegfall des Alles-oder-nichts-Prinzips" führt die 121 VVG-Reform zu einer Einschränkung der Leistungsfreiheit sowohl bei Obliegenheitsverletzungen als auch bei grob fahrlässiger Herbeiführung des Versicherungsfalles.
Nach der bisherigen Rechtslage konnte eine Pflichtverletzung (z.B. Obliegenheitsverletzung, Gefahrerhöhung, grob fahrlässige Herbeiführung des Versicherungsfalls) zur vollen Leistungsfreiheit führen („Alles-oder-Nichts-Prinzip").
Die bisherige Regelung war insbesondere deshalb auf Kritik gestoßen, weil bei nur geringem Unterschied im Verschuldensgrad völlig gegensätzliche Rechtsfolgen eintreten konnten (kritisch zum Alles-oder-Nichts-Prinzip *Römer* NVersZ 2000, 259; zur Gegenposition: *Armbrüster* VersR 2003, 675).
Das VVG sieht nun für die meisten Pflichtverletzungen des VN ein weitgehend einheitliches System von Rechtsfolgen vor.

Die Grundsätze des neuen Systems sind:
– Einfach fahrlässig verursachte Verstöße bleiben folgenlos.
– Bei grob fahrlässigen Verstößen kann der Versicherer seine Leistung entsprechend der Schwere des Verschuldens kürzen (Quotelung).
– Vorsätzliche Verstöße führen zur Leistungsfreiheit.

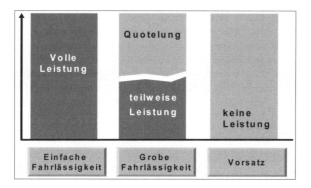

Diese Grundsätze finden Anwendung auf einen Großteil der Pflichtverlet- 122 zungen des VN, also auf die grob fahrlässige Herbeiführung des Versicherungsfalls (§ 81 VVG), die Verletzung vertraglicher Obliegenheiten (§ 28 VVG), die Gefahrerhöhung (§ 26 VVG), die Schadenminderungspflicht (§ 82 VVG) und auf Pflichtverletzungen hinsichtlich des Übergangs von Ersatzansprüchen (§ 86 Abs. 2 VVG). Nicht zu einer Quotelung kommt es lediglich bei Prämienzahlungsverzug und der Verletzung der vorvertraglichen Anzeigepflicht.

G. Das neue System der Quotelung

I. Kriterien für die Quotelung

123 Doch wie soll eine Quotelung bei grober Fahrlässigkeit in der Praxis erfolgen? Die abstrakte gesetzliche Regelung bietet dem Rechtsanwender kaum Anhaltspunkte. Auch die amtliche Begründung des Regierungsentwurfs verweist lediglich darauf, dass sich der Umfang der Leistungspflicht künftig nach dem Grad der groben Fahrlässigkeit bestimme. Liege die grobe Fahrlässigkeit nahe beim Vorsatz, führe dies zu einer hohen Leistungskürzung, liege die grobe Fahrlässigkeit dagegen nahe an der einfachen Fahrlässigkeit solle die Leistungskürzung geringer ausfallen (vgl. BT-Drs. 16/3945, S. 69).

Da das VVG den Begriff der groben Fahrlässigkeit nicht definiert, ist zunächst davon auszugehen, dass die bisher von der Rechtsprechung (etwa BGH VersR 2003, 364) gestellten Anforderungen erhalten bleiben. Grob fahrlässig handelt,
- wer die im Verkehr erforderliche Sorgfalt in objektiver Hinsicht in ungewöhnlich hohem Grade außer Acht lässt und
- wen in subjektiver Hinsicht ein erheblich gesteigertes Verschulden trifft.

Sofern danach – auch in subjektiver Hinsicht – eine grob fahrlässige Herbeiführung des Versicherungsfalls zu bejahen ist, stellt sich die Frage, wie die Leistungskürzung vorzunehmen ist. Für die Bestimmung der Kürzungsquote können nachfolgende Faktoren berücksichtigt werden:

1. Objektives Gewicht der verletzten Sorgfaltspflicht als Ausgangspunkt

124 Entscheidende Auswirkung auf die Bemessung der Quote hat zunächst das objektive Gewicht der verletzten Sorgfaltspflicht. Es wäre zu kurz gegriffen, wollte man bei der Frage nach der „Schwere des Verschuldens" nur auf die subjektive Seite der groben Fahrlässigkeit zurückgreifen.

Hierauf hat etwa *Felsch* r+s 2007, 485 (492) überzeugend hingewiesen: „Auch wenn wir bei der zivilrechtlichen Bestimmung eines Haftungsgrunds regelmäßig zwischen Pflichtverstoß und Verschulden trennen, heißt die Befolgung dieses Prüfungsschemas nicht, dass das eine nichts mit dem anderen zu tun hat. Wer durch grobe Fahrlässigkeit einen Menschen tötet oder dessen Leben in Gefahr bringt, weil die missachtete Sorgfaltspflicht (etwa das Verbot eine rote Ampel zu überfahren) Leben schützen soll, lädt schwerere Schuld auf sich, als ein Mensch, der mit grober Fahrlässigkeit den Diebstahls eines Fahrrads ermöglicht. Das Binnenmaß der groben Fahrlässigkeit wird demnach auch vom Gewicht der verletzten Sorgfaltspflicht mitbestimmt."

125 a) **Unterschiedliches objektives Gewicht von Pflichtverletzungen.** Geht man davon aus, dass das Gewicht der objektiven Sorgfaltspflichtverletzung entscheidend zu berücksichtigen ist, verbietet sich die in der Literatur (z.B. von *Nugel*, MDR-Sonderbeilage zu Heft 22/07, S. 31 f.) teilweise vorgeschlagene Vorgehensweise, zunächst stets von einer Kürzungsquote von 50% auszugehen und dann im Einzelfall hiervon nach oben oder unten abzuweichen (so z.B. *Meixner/Steinbeck* Rdn. 216). Bei einer derartigen Vorgehensweise würden schon im Ausgangspunkt vom Schuldgehalt völlig unterschiedliche Fallkonstellationen der groben Fahrlässigkeit identisch behandelt.

I. Kriterien für die Quotelung

So bewegt sich die Schwere des Verschuldens beim unbeaufsichtigten Gebrauch einer Waschmaschine (grobe Fahrlässigkeit z.b. angenommen von OLG Koblenz r+s 2001, 471) in einer völlig anderen Dimension als das Führen eines Fahrzeugs im Zustand absoluter Fahruntüchtigkeit. Ebenso wenig ist die Schwere des Verschuldens miteinander vergleichbar, wenn der VN mit einer Geschwindigkeit von 100 km/h durch eine Ortschaft rast (grobe Fahrlässigkeit z.B. nach OLG Nürnberg r+s 2000, 364) oder sich für kurze Zeit zwecks Bedienung seines Autoradios vom Verkehr ablenken lässt (teilweise nicht als grob fahrlässig angesehen, so z.b. OLG Nürnberg ZfS 1992, 166) oder Vergleichbar den Fahrzeugschlüssel in der Umkleidekabine vergisst (grobe Fahrlässigkeit nach OLG Koblenz r+s 2003, 319). Diese Beispiele zeigen, dass es schon im Ansatzpunkt verfehlt wäre, alle Fallgruppen grob fahrlässigen Handelns gleich zu behandeln und mit einer pauschalen „Mittelwert-Quote" von 50% zu starten. Verschiedenen Pflichtverletzungen ist somit bereits bei objektiver Betrachtung ein unterschiedlicher Schuldvorwurf immanent.

Auch im Strafrecht wird der Unrechtsgehalt zunächst auf der objektiven Ebene gewürdigt. Hier erfolgt eine generelle Vorbewertung des für den einzelnen Tatbestand typischen Handlungsunrechts durch die einzelnen Straftatbestände, die den gesetzlichen Strafrahmen vorgeben (vgl. *Tröndle/Fischer,* Strafgesetzbuch, 52. Aufl., § 46 Rdn. 16). Dabei wird der Unrechtsgehalt durch die Verwirklichung des objektiven Tatbestands der Straftat und der damit verbundenen Strafandrohung vorgegeben (Mord wird schwerer bestraft als Diebstahl). Nur innerhalb des Strafrahmens kann der Richter dann je nach Schwere der Schuld auf angemessene (Höchst- oder Mindest)strafe erkennen. Im Kern lässt sich diese Vorgehensweise auf Ermittlung der „Schwere des Verschuldens" im Versicherungsrecht übertragen. Auch hier ist zunächst eine Art Strafrahmen zu bestimmen, indem nicht Straftatbestände, wohl aber Fallkonstellationen gebildet werden, bei denen per se von einem höheren oder niedrigeren Unrechtsgehalt auszugehen ist.

b) Gefährdung anderer. Ein erhebliches Kriterium zur Bestimmung des 126 „Binnenmaßes der groben Fahrlässigkeit" stellt die Gefährdung anderer durch die Verhaltensweise des VN dar (vgl. *Felsch* r+s 2007, 495). Fahrten unter Alkohol mit verkehrsunsicherem Fahrzeug oder mit stark erhöhter Geschwindigkeit sind aufgrund der üblicherweise damit verbundenen erheblichen Gefährdung des Lebens und der Gesundheit anderer Verkehrsteilnehmer mit einer erhöhte Schuld verbunden – nicht nur die tatsächliche Schädigung, auch die Gefährdung anderer ist somit zu berücksichtigen.

c) Zeitraum der Pflichtverletzung. Bedeutsam für die Gewichtung des 127 Verschuldens ist ferner, ob der VN einen sorgfaltswidrigen Zustand nur für kurze Zeit (Rotlichtverstoß) oder aber über einen langen Zeitraum (Fahren mit defekten Bremsen) aufrecht erhält (hierzu *Felsch* r+s 2007, 495). Ein einmaliges oder nur kurzfristiges Außerachtlassen der Sorgfalt ist grundsätzlich bereits im objektiven Bereich der Fahrlässigkeit zugunsten des VN zu berücksichtigen.

Andererseits führt eine wiederholte oder dauerhafte Verletzung einer Pflicht zu Erhöhung der Leistungsfreiheitsquote, da das Unrecht der Pflichtverletzung hierdurch erhöht wird und die Wahrscheinlichkeit des Schadeneintritts steigt.

128 **d) Höhe des Schadens.** Ein Parameter zur Ermittlung der Schwere des Verschuldens ist ferner in der Höhe des drohenden Schadens zu sehen (so auch *Armbrüster* VersR 2003, 675). Sorgfaltspflichten und auf sie aufbauende Obliegenheiten beziehen sich meist auf bestimmte Schutzobjekte. Aus der Qualität dieser Schutzobjekte kann ein spezifisches Gewicht des Fehlverhaltens resultieren. Wer seinen alten Kleinwagen unverschlossen in einer Seitenstraße stehen lässt, handelt mit geringerer Schuld als derjenige, der dies mit seinem neuen Ferrari tut.

2. Subjektive Beweggründe – Feinjustierung innerhalb des vorgegeben Rahmens

129 Ist das objektive Gewicht einer Pflichtverletzung und damit der Rahmen einer Sorgfaltspflichtverletzung bestimmt, ist in einem zweiten Schritt zu prüfen, ob Gründe in der Person des VN vorliegen, die dazu führen, den vorher gezogenen Rahmen nach oben oder unten auszuschöpfen. Da der Vorwurf grober Fahrlässigkeit nicht ausschließlich objektive Kriterien, sondern auch die subjektive, personale Seite der Verantwortlichkeit betrifft, kommt auch den Motiven des VN und den sonstigen subjektiven Beweggründen eine besondere Bedeutung zu. Somit sind auch die Motive und Beweggründe des VN bei der Quotelung zu berücksichtigen. Relevante Parameter können hier sein:

Vorsatznähe
Zu berücksichtigen ist zunächst, inwieweit dem VN besonderer Leichtsinn vorzuwerfen ist, der den Schuldvorwurf in die Nähe von Vorsatz reichen lässt. Das wäre etwa dann der Fall, wenn der VN absichtlich eine rote Ampel nicht beachtet oder bewusst über einen längeren Zeitraum die Geschwindigkeit überschreitet.

Schwerwiegende Situation/Ablenkung
Ein weiteres Kriterium für die subjektive Seite der groben Fahrlässigkeit ist die konkrete Situation (Stress, Überforderung), in der sich der VN im Zeitpunkt der Pflichtverletzung befand. So macht es z.B. einen Unterschied warum in der konkreten Situation eine rote Ampel nicht beachtet wurde: War der Fahrer durch ein schreiendes Kleinkind abgelenkt oder hat er sein Handy benutzt?

Rücksichtslosigkeit
Zu berücksichtigen ist auch, inwieweit die Pflichtverletzung mit einer besonderen Rücksichtslosigkeit verbunden war. Das wäre etwa bei einem innerörtlichen, an einer Schule vorbeiführenden „Wettrennen" der Fall.

Augenblicksversagen
Im subjektiven Bereich der groben Fahrlässigkeit kann zudem zu berücksichtigen sein, ob dem VN lediglich ein sehr kurzfristiges Außerachtlassen der erforderlichen Sorgfalt vorzuwerfen ist (Augenblicksversagen). Zwar lässt ein Augenblicksversagen allein nicht den Vorwurf grober Fahrlässigkeit entfallen (BGH VersR 2003, 364), doch ist anerkannt, dass ein Augenblickversagen den Schuldvorwurf der groben Fahrlässigkeit mindert.

I. Kriterien für die Quotelung

3. Beispielsfall Rotlichtverstoß

Das folgende Schema zur Quotenbildung soll am Beispiel eines Rotlichtverstoßes zeigen, wie die Anwendung der genannten Kriterien zu einem Quotierungsrahmen und damit innerhalb einer bestimmten Fallkonstellation zu einer „Normalfallquote" führt. Um Missverständnissen vorzubeugen: Eine mathematische exakte Bewertung wird damit weder angestrebt, noch wäre diese je erreichbar; angesichts der vielfältigen Besonderheiten eines jeden Einzelfalles kann Ziel nur die Erarbeitung von Annäherungswerten sein.

130

Leistungsfreiheitsquote bei Rotlichtverstoß		
Objektives Gewicht	⇔	Das objektive Gewicht der Pflichtverletzung dürfte im mittleren Bereich liegen. Ein Rotlichtverstoß stellt eine Ordnungswidrigkeit dar und wird mit einem Fahrverbot von einem Monat geahndet. Allerdings kann auch einem sonst sorgfältigen Fahrer ein Rotlichtverstoß unterlaufen. Im Vergleich zum Straftatbestand einer Alkoholfahrt wiegt das objektive Gewicht des Rotlichtverstoßes geringer, im Vergleich zum Belassen des Fahrzeugschlüssels in einer unbeaufsichtigten Garderobe schwerer.
Gefährdung anderer	⇑	Erschwerend wirkt sich aus, dass ein Rotlichtverstoß stets mit einer Gefährdung anderer Verkehrsteilnehmer verbunden ist.
Dauer der Pflichtverletzung	⇓	Zugunsten des VN ist dagegen zu berücksichtigen, dass sich ein Rotlichtverstoß innerhalb weniger Sekunden abspielt, die Pflichtverletzung also nur eine ganz kurzfristige ist.
Höhe des Schadens	⇑	Zu Lasten des VN ist zu berücksichtigen, dass bei einem Rotlichtverstoß stets ein erheblicher Schaden droht.

Vorgeschlagene Normalfallquote: 50%
Aufgrund der dargestellten Bewertung gehen wir davon aus, dass sich die Normalfallquote beim Rotlichtverstoß im mittleren Bereich der Leistungsfreiheitsskala befindet.

Die Normalfallquote ist in einem weiteren, zweiten Schritt aufgrund der Besonderheiten des Einzelfalls nach oben oder unten zu korrigieren.

Mögliche Gründe für eine höhere Kürzung:
– Absichtliches Überfahren der Ampel
– Dem VN bekannte Ampel

Mögliche Gründe für eine geringere Kürzung:
– Verwirrung des VN durch mehrere Ampeln
– Blendung durch Sonne
– Ablenkung durch Kind auf dem Rücksitz

G. Das neue System der Quotelung

II. Quoten für die wichtigsten Pflichtverletzungen

131 Vorschläge für Kürzungsquoten für bestimmte Pflichtverletzungen sind angesichts der Besonderheiten jedes einzelnen Falles problematisch und möglicherweise nur von sehr begrenzter Wirkungsdauer. Um der Regulierungspraxis aber erste Anhaltspunkte zu bieten, sind im Folgenden Vorschläge für „Normalfallquoten" für besonders praxisrelevante Fallkonstellationen aufgeführt.

1. Grob fahrlässige Herbeiführung des Versicherungsfalls

132 Zunächst sollen die Mittelwertquoten (Normalfallquoten) für die typischen Fälle der grob fahrlässigen Herbeiführung des Versicherungsfalls herausgearbeitet werden.

Kernregelung der Quotenbildung bei grob fahrlässiger Herbeiführung des Versicherungsfalls ist § 81 VVG.

§ 81 Herbeiführung des Versicherungsfalls

(1) Der Versicherer ist nicht zur Leistung verpflichtet, wenn der Versicherungsnehmer vorsätzlich den Versicherungsfall herbeiführt.

(2) Führt der Versicherungsnehmer den Versicherungsfall grob fahrlässig herbei, ist der Versicherer berechtigt, seine Leistung in einem der Schwere des Verschuldens des Versicherungsnehmers entsprechenden Verhältnis zu kürzen.

133 a) **Alkoholfahrt.** Grobe Fahrlässigkeit aufgrund Fahruntüchtigkeit, die bisher zur vollen Leistungsfreiheit führte, wurde in der Vergangenheit unwiderlegbar ab einer Blutalkoholkonzentration (BAK) von 1,1 Promille angenommen (sog. absolute Fahruntüchtigkeit). Bei einer BAK von unter 1,1 Promille kam es für die für die Leistungsfreiheit erforderliche relative Fahruntüchtigkeit darauf an, ob alkoholbedingte Fahrfehler oder Ausfallerscheinungen festgestellt wurden (*Feyock/Jacobsen/Lemor* § 12 AKB Rdn. 144).

Für die Ermittlung der Normalfallquote ist bei Alkoholfahrten im Zustand der absoluten Fahruntüchtigkeit zunächst das erhebliche objektive Gewicht der Pflichtverletzung zu berücksichtigen. Dieses ergibt sich zum einen daraus, dass alkoholisiertes Fahren einen Straftatbestand darstellt (§§ 315c, 316 StGB). Zum anderen ist damit stets eine Gefährdung anderer Verkehrsteilnehmer verbunden. Zu berücksichtigen ist zudem, dass sich die Pflichtverletzung der Alkoholfahrt in der Regel über einen längeren Zeitraum hinzieht.

Aufgrund des erheblichen objektiven Gewichts der Pflichtverletzung gehen wir bei Alkoholfahrten im Zustand der **absoluten Fahruntüchtigkeit (ab 1,1 Promille)** im Normalfall von einer Leistungsfreiheit in Höhe von **100%** aus.

Auch *Römer* (VersR 2006, 740), *Rixecker* (ZfS 2007,15) und *Burmann/ Heß/Höke/Stahl* (Das neue VVG im Straßenverkehrsrecht, Rdn. 254) gehen davon aus, dass in Fällen starker Alkoholisierung eine Kürzung um 100% angezeigt ist (a. A. *Nugel*, Sonderbeilage zur MDR Heft 22/2007, S.23 ff.).

Gründe für eine **geringere Kürzung** sind bei absoluter Fahruntüchtigkeit nur in engen Grenzen denkbar. Eine geringere Schuld könnte zum Beispiel anzunehmen sein, wenn der VN am Morgen nach einer Zechtour seinen Restalkohol unterschätzt.

II. Quoten für die wichtigsten Pflichtverletzungen

Im Falle der **relativen Fahruntüchtigkeit** dürfe sich die Leistungsfreiheit im Normalfall zwischen **50% und 100%** bewegen. Entscheidend ist hier, wie weit die BAK von der absoluten Fahruntüchtigkeit entfernt ist, wie sehr sich der Alkohol auf den Unfall ausgewirkt hat und inwieweit die Fahruntüchtigkeit für den VN erkennbar war.

b) Rotlichtverstoß. Bei Rotlichtverstößen liegt nach bisheriger Rechtsprechung in der Regel grobe Fahrlässigkeit vor (vgl. z.B. BGH NZV 1992, 402; OLG Hamm r+s 2002, 5). Für die Beurteilung des objektiven Gewichts der Sorgfaltspflichtverletzung ist zu berücksichtigen, dass für einen Rotlichtverstoß immerhin ein Fahrverbot von einem Monat vorgesehen ist. Andererseits kann auch einem sorgfältigen Fahrer in einem Moment der Unaufmerksamkeit ein Rotlichtverstoß unterlaufen. Zu Lasten des VN ist allerdings zu berücksichtigen, dass ein Rotlichtverstoß stets mit einer erheblichen Gefährdung anderer Verkehrsteilnehmer verbunden ist. Aufgrund des nur durchschnittlichen objektiven Gewichts der Pflichtverletzung und der sich in kurzer Zeit abspielenden Pflichtverletzung gehen wir von einer Normalfallquote im mittleren Bereich mit etwa **50%** Leistungsfreiheit aus. 134

Mögliche Gründe für eine **höhere Kürzung:**
- Absichtliches Überfahren der Ampel (z.B. um Zeit zu sparen)
- Dem VN gut bekannte und leicht zu sehende Ampel.

Mögliche Gründe für eine **geringere Kürzung:**
- Verwirrung des VN durch mehrere Ampeln
- Blendung durch Sonne
- Ablenkung durch Kind auf dem Rücksitz.

c) Unbeaufsichtigter Kfz-Schlüssel. Grobe Fahrlässigkeit ist einem VN regelmäßig zur Last zu legen, wenn er Schlüssel in einer Jacke oder Tasche unbeaufsichtigt (z.B. an einer unbeaufsichtigten Garderobe oder in der über einem Stuhl hängenden Jacke) belässt (vgl. z.B. OLG Karlsruhe SP 2002, 394; LG Offenburg VersR 2005, 1683; OLG Koblenz ZfS 2000, 112; OLG Stuttgart DAR 2004, 708). 135

Bei der Bildung der Normalfallquote ist hier zunächst zu berücksichtigen, dass man einen Schlüssel den ganzen Tag mit sich trägt und dass dabei auch ein normalerweise sorgfältiger VN seine Schlüssel kurzzeitig außer Acht lassen kann. Zu Gunsten des VN ist zudem zu berücksichtigen, dass andere Personen durch dieses Fehlverhalten nicht gefährdet werden. Der objektive Schuldvorwurf dieser Pflichtverletzung liegt daher eher im unteren bis mittleren Bereich. Zu berücksichtigen ist jedoch auch, dass dem VN bekannt sein dürfte, dass die zwischenzeitlich sehr sicheren Pkw-Diebstahlsicherungen (Wegfahrsperre) gerade dann nichts nutzen, wenn der Täter in Besitz des Schlüssels kommt.

Die Normalfallquote bei unbeaufsichtigten Schlüsseln dürfte in Normalfall im unteren bis mittleren Bereich liegen. Wir gehen von einer Leistungsfreiheit von **25% bis 50%** aus.

Mögliche Gründe für eine **höhere Kürzung:**
- Hochwertiges Fahrzeug
- Vom Dieb leicht zuzuordnendes Fahrzeug

– Regelmäßig pflichtwidriges Verhalten (z.B. ständiges Belassen des Schlüssels in der Umkleidekabine).

Mögliche Gründe für eine **geringere Kürzung:**
– Augenblickversagen (Vergessen des Schlüssels in der Tasche)
– Schwer zuzuordnender Standort des Fahrzeug (z.B. großer Parkplatz).

136 **d) Ablenkung durch Bedienung eines Autoradios oder Handys.** Die bisherige Rechtsprechung hat kleinere Ablenkungen während der Fahrt differenziert beurteilt. Bei Bedienung des Autoradios oder CD-Wechslers wurde grobe Fahrlässigkeit überwiegend verneint (z.b. OLG Nürnberg r+s 2005, 372; OLG Hamm VersR 2001, 893), teilweise aber auch bejaht (AG Köln Schaden-Praxis 1999, 282; OLG Nürnberg ZfS 1992, 166). Beim Telefonieren mit Handy wird grobe Fahrlässigkeit überwiegend bejaht (AG Berlin r+s 2005, 242; OLG Köln r+s 2000, 494; AG München Schaden-Praxis 2001, 138; LG Frankfurt Schaden-Praxis 2002, 97).

Bei derartigen Verstößen ist die Schwere des Verschuldens im unterdurchschnittlichen Bereich anzusiedeln. Zwar ist zu berücksichtigen, dass jede Unaufmerksamkeit im Fahrzeug auch andere Verkehrsteilnehmer gefährdet. Trotzdem ist diese Gefährdung – der eine meist nur kurzzeitige Unaufmerksamkeit zugrunde liegt – nicht mit der einer Alkoholfahrt oder eines Rotlichtverstoßes vergleichbar.

Die Normalfallquote dürfte deshalb eher im unteren Bereich liegen. Bei Bedienung des Autoradios gehen wir im Normalfall von einer Leistungsfreiheit von **25%** aus, beim Eintippen einer Telefonnummer von **25% bis 50%**.

Mögliche Gründe für eine **höhere Kürzung:**
– Schwierige Verkehrssituation (z.B. Baustelle, Stadtverkehr)
– Hohe Geschwindigkeit
– Längere Ablenkung (z.B. Tippen einer SMS).

Mögliche Gründe für eine **geringere Kürzung:**
– Lediglich kurze Bedienung von Lautstärke oder Suchlauf des Autoradios
– Kurze Entgegennahme eines Anrufs.

137 **e) Suche nach heruntergefallenen Gegenständen.** Bei Ablenkungen des Fahrers aufgrund des Bückens nach heruntergefallenen Gegenständen hat die Rechtsprechung bisher in der Regel grobe Fahrlässigkeit angenommen (z.B. OLG Frankfurt NVersZ 2001 322; OLG Hamm r+s 2000, 229; OLG Zweibrücken r+s 1999, 406).

Das objektive Gewicht der Sorgfaltspflichtverletzung liegt in diesen Fällen im mittleren Bereich. Zu berücksichtigen ist hierbei, dass die Kontrolle über das Fahrzeug erheblich eingeschränkt ist und die Gefahr des Verreißens der Lenkung besteht. Zu bewerten ist auch, dass jede Unaufmerksamkeit des Fahrers auch andere Verkehrsteilnehmer gefährdet. Zu Gunsten des VN ist zu berücksichtigen, dass die Entscheidung, sich nach einem heruntergefallenen Gegenstand zu bücken in der Regel spontan getroffen wird, die Pflichtverletzung sich also nicht über einen längern Zeitraum hinzieht.

Die Normalfallquote bei Ablenkung durch die Suche nach heruntergefallenen Gegenständen liegt im mittleren Bereich. Wir gehen im Normalfall von einer Leistungsfreiheit von **50%** aus.

II. Quoten für die wichtigsten Pflichtverletzungen

Mögliche Gründe für eine **höhere Kürzung:**
- Längere Ablenkung (z.B. Suchen nach am Boden liegenden Gegenständen)
- Schwierige Verkehrssituation (z.B. dichter Verkehr, kurvenreiche Straße, Gegenverkehr).

Mögliche Gründe für eine **geringere Kürzung:**
- Nur kurze Ablenkung
- Einfache Verkehrssituation.

f) Geschwindigkeitsüberschreitung. Bei Geschwindigkeitsüberschreitungen hat die bisherige Rechtsprechung grobe Fahrlässigkeit ab einer Überschreitung von etwa 50% der zulässigen Höchstgeschwindigkeit angenommen (OLG Koblenz VersR 2000, 720; OLG Karlsruhe Schaden-Praxis 1997, 296). Die Rechtsprechung hat es dabei jedoch stets vermieden, sich auf feste Prozentsätze festzulegen. Grobe Fahrlässigkeit wurde zum Beispiel bei folgenden Geschwindigkeitsüberschreitungen angenommen: 138
- 90 km/h statt erlaubter 50 km/h (OLG Köln r+s 2004, 11)
- 95 km/h statt erlaubter 50 km/h (LG Frankfurt Schaden-Praxis 2001, 389)
- 130 km/h statt erlaubter 90 km/h (LG Wuppertal Schaden-Praxis 2001, 212)
- 103 km/h statt erlaubter 50 km/h (OLG Nürnberg r+s 2000, 364)
- 170 km/h statt erlaubter 100 km/h (OLG Köln r+s 1993, 129)

Die Quotenbildung wird hier in Zukunft sehr stark von dem Maß der Überschreitung der zulässigen Geschwindigkeit abhängen. Zu berücksichtigen ist, dass erhebliche Überschreitungen der Geschwindigkeit mit Fahrverbot geahndet werden und in schweren Fällen sogar den Straftatbestand des § 315c Abs. 1 Nr. 2d StGB erfüllen können. Zudem erfolgt eine Geschwindigkeitsüberschreitung häufig bewusst und über einen längeren Zeitraum. Weniger gravierend wäre die Pflichtverletzung etwa dann, wenn der VN lediglich das erste Schild zur Geschwindigkeitsbeschränkung übersehen haben sollte.

Aufgrund der erheblichen Gefährdung anderer Verkehrsteilnehmer gehen wir bei Geschwindigkeitsüberschreitungen von einer Normalfallquote aus, die in etwa der prozentualen Überschreitung der Geschwindigkeit entspricht, also zum Beispiel **bei 75% Geschwindigkeitsüberschreitung eine Leistungsfreiheit von 75%.**

Mögliche Gründe für eine **höhere Kürzung:**
- Bewusste Überschreitung
- Schwierige Straßen- oder Verkehrsverhältnisse.

Möglicher Grund für eine **geringere Kürzung:**
- Augenblicksversagen (Übersehen der Beschränkung).

2. Obliegenheitsverletzungen

Bei Obliegenheitsverletzungen ist hinsichtlich der Quotenbildung zu beachten, dass die Pflichtverletzung (z.B. Fahren ohne Führerschein, Falschangaben im Fragebogen des Versicherers, Unfallflucht) im Regelfall vorsätzlich erfolgt, so dass nach wie vor völlige Leistungsfreiheit (ohne Kürzung) in Betracht kommt. 139

G. Das neue System der Quotelung

Hinsichtlich der Quotenbildung selbst bestehen keine methodischen Unterschiede zwischen der Quotelung bei grober Fahrlässigkeit und der Verletzung vertraglicher Obliegenheiten – in beiden Fällen ist alleiniger Maßstab die Schwere des Verschuldens.

Ausgangspunkt für das Quotelungssystem bei Obliegenheitsverletzungen ist § 28 Abs. 2 VVG:

(2) Bestimmt der Vertrag, dass der Versicherer bei Verletzung einer vom Versicherungsnehmer zu erfüllenden vertraglichen Obliegenheit nicht zur Leistung verpflichtet ist, ist er nur leistungsfrei, wenn der Versicherungsnehmer die Obliegenheit vorsätzlich verletzt hat. **Im Fall einer grob fahrlässigen Verletzung der Obliegenheit ist der Versicherer berechtigt, seine Leistung in einem der Schwere des Verschuldens des Versicherungsnehmers entsprechenden Verhältnis zu kürzen;** (...)

140 a) Verletzung der Alkoholklausel. Die Maßstäbe zur Quotenbildung bei der grob fahrlässigen Herbeiführung des Versicherungsfalls in der Kaskoversicherung und der Verletzung der Alkoholklausel nach D.2.1 AKB 2008 (die nur in der Kfz-Haftpflichtversicherung in Betracht kommt) sind grundsätzlich identisch. Unterschiede in der Höhe der Kürzung könnten sich aber daraus ergeben, dass sich in der Kaskoversicherung das Verschulden auf die Herbeiführung des Versicherungsfalls beziehen muss (§ 81 VVG), in der Haftpflichtversicherung „nur" auf die Begehung der Pflichtverletzung, also auf das Führen eines Fahrzeugs in alkoholisiertem und damit fahruntüchtigem Zustand (§ 28 Abs. 2 VVG).

Zunächst ist zu beachten, dass es immer dann nicht zu einer Quotelung kommt, wenn die Obliegenheitsverletzung „Trunkenheitsfahrt" vom VN vorsätzlich begangen wurde. Hinsichtlich der Frage, wann eine vorsätzliche Trunkenheitsfahrt vorliegt, kann die entsprechende Rechtsprechung zu §§ 315c und 316 StGB herangezogen werden. Sowohl in § 315c StGB als auch in § 316 StGB wird zwischen der vorsätzlichen (§ 315c Abs. 1 und § 316 Abs. 1 StGB) und der fahrlässigen Trunkenheitsfahrt (§ 315c Abs. 3 und § 316 Abs. 2 StGB) unterschieden.

Vorsatz des VN kommt in Betracht, wenn dieser sich der Tatsache oder zumindest der Möglichkeit seiner Fahruntüchtigkeit bewusst war. Dagegen ist die Kenntnis der BAK-Grenze oder das Bewusstsein, dass diese überschritten wurde, für den Vorsatz grundsätzlich nicht erforderlich (vgl. hierzu *Tröndle/Fischer* § 316 Rdn. 44). Vorsatz muss vom Versicherer bewiesen werden. Im Strafrecht werden an den Nachweis des Vorsatzes hohe Anforderungen gestellt. Allein aus der Höhe der festgestellten BAK kann nicht automatisch auf eine vorsätzliche Begehungsweise geschlossen werden (vgl. z.B. OLG Frankfurt NJW 1996, 1358; OLG Köln DAR 99, 88). Einen Erfahrungssatz, wonach ein Fahrer ab einer bestimmten BAK seine Fahruntüchtigkeit kennt, gibt es nicht (vgl. OLG Köln DAR 1997, 499). Da dem VN auch im Versicherungsrecht häufig nicht zu widerlegen sein wird, dass er sich noch fahrtüchtig gefühlt hat, wird in vielen Fällen von einer grob fahrlässigen Obliegenheitsverletzung und damit von einer Leistungskürzung auszugehen sein.

Indizien für eine vorsätzliche Trunkenheitsfahrt können ein planvoller Geschehensablauf (wie z.B. das bewusste Nutzen von Nebenstraßen) oder das

II. Quoten für die wichtigsten Pflichtverletzungen

Verhalten oder Äußerungen bei der Kontrolle durch die Polizei (näher hierzu *Tröndle/Fischer* § 316 Rdn. 46) sein.

Kann der Versicherer Vorsatz nicht nachweisen, ist entsprechend den zur grob fahrlässigen Herbeiführung des Versicherungsfalls aufgestellten Regeln (s. Rdn. 133) zu quoteln. Die Begrenzung der Leistungsfreiheit in der Kfz-Haftpflichtversicherung auf 5.000 Euro rechtfertigt es nicht bei der Quotelung einen härteren Maßstab anzulegen, da die gesetzliche Regelung allein auf die „Schwere des Verschuldens" abstellt und § 28 Abs. 2 VVG keine Verhältnismäßigkeitsabwägung unter Einbeziehung der möglichen Folgen einer Pflichtverletzung vorsieht.

b) Führerscheinklausel. Eine Fahrt ohne Führerschein stellt gemäß D.1.3 AKB 2008 eine Obliegenheitsverletzung vor dem Versicherungsfall dar (näher Rdn. 168f.).

Da eine Fahrt ohne Führerschein in der Regel vorsätzlich erfolgt, bleibt es hier grundsätzlich bei der vollen Leistungsfreiheit des Versicherers. Für Vorsatz ist es erforderlich, dass beim VN zumindest das bedingte Wissen vorliegt, dass er nicht über die zur Führung des Fahrzeugs erforderliche Fahrerlaubnis verfügt. Davon dürfte im Normalfall bei Führerscheinverstößen auszugehen sein.

Am für die volle Leistungsfreiheit erforderlichen Vorsatz fehlt es, wenn der VN sich über das Bestehen eines Fahrverbots im Irrtum befindet oder wenn ein Ausländer davon ausgegangen ist, dass seine ausländische Fahrerlaubnis auch in Deutschland fort gilt (näher hierzu *Feyock/Jacobsen/Lemor* § 2b AKB Rdn. 38).

Grobe Fahrlässigkeit und damit eine Leistungskürzung kommt aber dann in Betracht, wenn der Halter das Fahrzeug einem Fahrer ohne Führerschein überlässt (D.1.3 Satz 2 AKB 2008). Für die Ermittlung des objektiven Gewichts der Sorgfaltspflichtverletzung ist hier zu berücksichtigen, dass sich ein Halter strafbar macht (§ 21 Abs. 1 Nr. 2 i.V.m. Abs. 2 Nr. 1 StVG), der eine Fahrt ohne Fahrerlaubnis ermöglicht. Ein erhöhtes objektives Gewicht der Pflichtverletzung ist bei der Fahrt ohne Führerschein bzw. deren Ermöglichung auch deshalb zu bejahen, weil die Fahrt eines Fahrers ohne entsprechende Ausbildung stets mit einer erheblichen Gefährdung anderer Verkehrsteilnehmer verbunden ist.

In den Fällen des grob fahrlässigen Überlassens des Fahrzeugs an einen Fahrer ohne Führerschein gehen wir im Normalfall von einer Leistungsfreiheit von **50%** aus.

Mögliche Gründe für eine **höhere Kürzung:**
– Überlassen an unbekannten Fahrer
– Überlassen an sehr junge Person.

Mögliche Gründe für eine **geringere Kürzung:**
– Fahrer war dem VN bekannt (z.B. Arbeitskollege, Nachbar)
– VN konnte von Fahrerlaubnis des Fahrers ausgehen
– Fahrerlaubnis des Fahrers bestand und wurde (ohne Kenntnis VN) lediglich entzogen.

c) Verletzung der Aufklärungspflicht/Unfallflucht. Im Regelfall erfolgt die Verletzung einer Aufklärungspflicht vorsätzlich, so dass es nicht zu einer

G. Das neue System der Quotelung

Quotelung kommt. Eine Unfallflucht kann gemäß § 142 StGB nur vorsätzlich verwirklicht werden, die Rechtsprechung (etwa BGH VersR 2000, 222) ist in diesem Fall auch stets von einer vorsätzlich begangenen Aufklärungspflichtverletzung ausgegangen. Auch Falschangaben in Schadenformularen werden regelmäßig vorsätzlich gemacht.

Da jedoch im neuen VVG (§ 28 Abs. 2) die Vorsatzvermutung entfallen ist (anders noch § 6 Abs. 3 VVG a.F.), ist damit zu rechnen, dass Fälle von grob fahrlässigen Falschangaben zunehmen können (z.B. die nicht widerlegbare Behauptung, die Frage nach Kilometerstand oder Vorschäden sei falsch verstanden worden). Wir gehen hier im Normalfall von einer Leistungsfreiheit von **50%** aus.

Mögliche Gründe für eine **höhere Kürzung:**
– Erhebliche Abweichungen der Angaben
– Hoher Schaden.

Mögliche Gründe für eine **geringere Kürzung:**
– Nur geringe Abweichungen der Angaben
– Lediglich geringe Auswirkung auf die Entschädigung.

III. Quotelung bei gleichzeitiger Verletzung mehrerer Pflichten

143 Verletzt der VN mehrere Obliegenheiten stellt sich die Frage, ob die Leistungsfreiheitsquoten addiert werden können. Folgende Konstellationen sind zu unterscheiden:

Verletzung mehrerer Obliegenheiten vor dem Versicherungsfall

144 Es besteht die Möglichkeit, dass der Fahrer gleichzeitig gegen mehrere Obliegenheiten vor Eintritt des Versicherungsfalles verstößt. So ist es kein ganz seltener Fall, dass ein führerscheinloser Fahrer wegen Alkoholgenusses fahruntüchtig ist und damit gleichzeitig gegen die Führerschein- und die Trunkenheitsklausel verstößt. Die AKB enthalten für diese Fallgestaltung keine Regelung. Praxisrelevant ist auch ein gleichzeitiger Verstoß gegen die Führerschein- und Verwendungsklausel.

Geht man von dem praktisch eher seltenen Fall aus, dass beide Obliegenheitsverletzungen grob fahrlässig vorgenommen wurden (bei Vorsatz bestünde ohnehin volle Leistungsfreiheit), stellt sich die Frage, wie in einem solchen Fall die Verletzung von zwei Obliegenheiten vor dem Versicherungsfall bei der Quotelung zu berücksichtigen ist.

Marlow/Spuhl (S. 74) und *Nugel* (MDR Sonderbeilage zu Heft 22/2007, S. 31) schlagen in solchen Fällen ein Stufenmodell vor, das die Obliegenheitsverletzungen ihrer zeitlichen Reihenfolge nach berücksichtigt. Würde man im obigen Beispiel für die Verstöße gegen die Trunkenheitsklausel und die Verwendungsklausel jeweils von einer Kürzung um 50% ausgehen, müsste zunächst von der Gesamtleistung 50% abgezogen werden, die verbleibende Leistung wäre dann nochmals um 50% zu kürzen (wobei in der Kfz-Haftpflichtversicherung der maximale Kürzungsbetrag bei 5.000 Euro liegt).

Dem „Stufenmodell" ist freilich entgegenzuhalten, dass es künstlich wirkt und weder im Gesetz noch in den AKB eine Stütze findet. Nach § 5 Abs. 3 KfzPflVV besteht Leistungsfreiheit in Höhe von 5.000 Euro bei „Verletzung

III. Quotelung bei gleichzeitiger Verletzung mehrerer Pflichten

einer nach Absatz 1 vereinbarten Obliegenheit". Auch in den AKB stehen die jeweiligen Obliegenheiten selbständig nebeneinander. Dies spricht dafür, die jeweiligen Kürzungsquoten zu addieren, solange diesen unterschiedliche Sachverhalte zugrunde liegen. Führt eine wertende Betrachtungsweise im Rahmen der Gesamtschau dazu, dass eine geringere Leistungskürzung angemessen erscheint, kann die Gesamtquote im Einzelfall noch zugunsten des VN korrigiert werden.

Verletzung mehrerer Obliegenheiten im Versicherungsfall

Es kommt auch durchaus vor, dass ein VN gegen mehrere Pflichten im Versicherungsfall gleichzeitig verstößt (z.B. Verletzung der Aufklärungspflicht und der Schadenminderungspflicht). 145

Die Ausführungen zur Verletzung von zwei Obliegenheiten vor dem Versicherungsfall gelten hier entsprechend, so dass auch hier eine Addition der Quoten gerechtfertigt ist.

Nicht zu addieren sind die Quoten jedoch dann, wenn beiden Pflichtverletzungen die selbe Handlung des VN zugrunde liegt. So kann zum Beispiel eine Unfallflucht gleichzeitig sowohl einen Verstoß gegen die Aufklärungspflicht (Schadenhergang lässt sich nicht mehr feststellen) als auch einen Verstoß gegen die Schadenminderungspflicht (Verletzter wurde liegen gelassen) darstellen. Geht man von dem praktisch eher theoretischen Fall aus, dass beide Verletzungen nicht vorsätzlich sondern lediglich grob fahrlässig erfolgten, ist hier statt einer Addition der Quoten eine wertende Gesamtbetrachtung vorzunehmen.

Verletzung von Obliegenheiten vor und im Versicherungsfall

Ebenfalls nicht in den AKB geregelt ist der Fall, dass im Rahmen eines Schadenereignisses sowohl vor als auch nach dem Versicherungsfall zu erfüllende Obliegenheiten verletzt werden. Praxisrelevant ist hier zum Beispiel der Fall, dass ein betrunkener Fahrer im Anschluss an einen Unfall Fahrerflucht (Aufklärungsobliegenheit gem. E.1.1.3 AKB 2008) begeht. Da die vor und nach Eintritt des Versicherungsfalls zu erfüllenden Obliegenheiten voneinander unabhängig in Abschnitt D AKB 2008 einerseits und Abschnitt E AKB 2008 andererseits geregelt sind und auch unter verschiedenen Überschriften voneinander unabhängige Materien regeln, wird der durchschnittliche VN dies so verstehen, dass die vorgesehenen Rechtsfolgen unabhängig voneinander eintreten (BGH r+s 2006, 100 = NZV 2006, 78 bejaht daher eine Addition der Leistungsfreiheitsbeträge in der Kfz-Haftpflichtversicherung bei Verletzung einer Obliegenheit vor und einer Obliegenheit im Versicherungsfall). 146

Gerade in dieser Fallkonstellation zeigt sich die Problematik des Stufenmodells: Warum soll es dem VN bei der Leistungskürzung im Rahmen der Verletzung der Aufklärungspflicht zu Gute kommen, dass er vorher bereits betrunken gefahren ist? Auch hier ist Ausgangspunkt, dass die verschiedenen Obliegenheitsverletzungen namentlich solche vor und nach Eintritt des Versicherungsfalls zunächst selbständig zu betrachten und die jeweils gefundenen Quoten dann zu addieren sind.

Zusammentreffen von grob fahrlässiger Herbeiführung des Versicherungsfalls und Obliegenheitsverletzung

Ebenfalls zu addieren sind die Leistungsfreiheitsquoten, wenn eine grob fahrlässige Herbeiführung des Versicherungsfalls (z.B. Alkoholfahrt) mit ei- 147

G. Das neue System der Quotelung

ner Obliegenheitsverletzung einhergeht. Eine Ausnahme hiervon besteht auch hier lediglich dann, wenn die selbe Handlung (z.b. das Fahren mit defekten Bremsen) gleichzeitig den Tatbestand einer Gefahrerhöhung und der grob fahrlässigen Herbeiführung des Versicherungsfalls erfüllt.

IV. Quotelung und begrenzte Leistungsfreiheit in der Kfz-Haftpflichtversicherung

148 In der Kfz-Haftpflichtversicherung stellt sich die Frage, ob die Quote vom entstandenen Gesamtschaden oder von der bereits auf 2.500 Euro bzw. 5.000 Euro begrenzten Leistungsfreiheit zu bilden ist.
Zwar wäre grundsätzlich denkbar, 5.000 Euro wegen der hierauf begrenzten Leistungsfreiheit als zu quotelnde Gesamtsumme anzusehen. Richtig dürfte es aber sein, die Quote entsprechend der Schwere des Verschuldens zunächst von der vollen Schadensumme zu bilden und erst dann die Deckelung anzuwenden. Es ist also im ersten Schritt die Quote zu bilden und dann in einem zweiten Schritt zu prüfen, ob das Ergebnis der Quotelung noch über der Leistungsfreiheitsgrenze von 5.000 Euro bzw. 2.500 Euro liegt.
In D.3.3 AKB 2008 wird diese Reihenfolge bei der Quotelung vertraglich vereinbart.

Beschränkung der Leistungsfreiheit in der Kfz-Haftpflichtversicherung
D.3.3 In der Kfz-Haftpflichtversicherung ist die sich aus D.3.1 ergebende Leistungsfreiheit bzw. Leistungskürzung Ihnen und den mitversicherten Personen gegenüber auf den Betrag von höchstens je 5.000 Euro beschränkt. Außerdem gelten anstelle der vereinbarten Versicherungssummen die in Deutschland geltenden Mindestversicherungssummen.

Diese Regelung ist sachgerecht; es ist kein Grund ersichtlich, warum der in der Kfz-Haftpflichtversicherung ohnehin bereits privilegierte VN nochmals privilegiert werden sollte.
Im Folgenden wollen wir Sie mit Hilfe eines einführenden Fallbeispiels mit den Grundregeln des Regresses bei Obliegenheitsverletzungen in der Kfz-Haftpflichtversicherung vertraut machen. Unten in Kapitel H. werden sodann die einzelnen Obliegenheiten systematisch behandelt.

149 Fallbeispiel:
nach BGH VersR 1988, 101
VN war Halterin eines VW Polo. Ihr Bekannter B verursachte mit diesem Fahrzeug – ohne im Besitz einer Fahrerlaubnis zu sein – einen Fremdschaden in Höhe von 8.000 Euro.
Als sich Versicherer gegenüber VN auf Leistungsfreiheit gem. D.1.3 AKB 2008 beruft, argumentiert die VN, sie habe als selbstverständlich vorausgesetzt, dass B eine Fahrerlaubnis habe. Auch habe sie in der Wohnung des B einmal einen von ihr aber nicht weiter beachteten Führerschein liegen sehen.

Lösung:
A. Folgen für den Fahrer (B) selbst
I. Leistungsfreiheit wegen Verletzung der Führerscheinklausel
1. Tatbestand: B ist ohne Fahrerlaubnis gefahren und hat somit gegen die Pflicht bei Gebrauch des Fahrzeugs nach D.1.3 AKB 2008 verstoßen. Gemäß F.1.1 AKB 2008 haben auch mitversicherte Personen die Obliegenheiten zu beachten.

IV. Quotelung und begrenzte Leistungsfreiheit in der Kfz-Haftpflichtversicherung

2. Verschulden: Im vorliegenden Fall liegt Vorsatz vor, da B wusste, dass er keine Fahrerlaubnis hat. Damit besteht völlige Leistungsfreiheit, eine Quotelung erfolgt nicht (D.3.1 AKB 2008 und § 28 Abs. 2 VVG).
3. Kündigung: Das bisherige Kündigungserfordernis (Klarstellungserfordernis) nach § 6 Abs. 1 S. 3 VVG a. F. ist als Voraussetzung für die Leistungsfreiheit entfallen. Da B mitversicherte Person und nicht VN ist, bestand schon bisher ihm gegenüber keine Kündigungsmöglichkeit und damit keine Kündigungspflicht.
4. Kausalität: Dem VN steht, wie bisher, der Beweis offen, dass die Obliegenheitsverletzung für den Eintritt des Versicherungsfalles nicht kausal gewesen ist (D.3.2. AKB 2008 und § 28 Abs. 3 VVG). Nach § 28 Abs. 3 VVG wird von Kausalität ausgegangen. B müsste beweisen, dass der Unfall für ihn ein unabwendbares Ereignis war, dass also auch ein Idealfahrer den Unfall nicht hätte abwenden können. Dies wird ihm im Normalfall nicht gelingen.
II. Leistungspflicht gegenüber dem geschädigten Dritten: Aufgrund von § 115 VVG (Direktanspruch) und § 117 I VVG (Leistungsfreiheit kann dem geschädigten Dritten nicht entgegengehalten werden) ist der Kfz-Haftpflichtversicherer zur Regulierung des Unfallschadens verpflichtet.
III. Regress gegen den Fahrer: Allerdings kommt ein Regress im Innenverhältnis gegen den Fahrer in Betracht, Anspruchsgrundlage hierfür ist § 116 I Satz 2 VVG. Aus D.3.3 AKB 2008 in Verbindung mit § 5 Abs. 2 KfzPflVV folgt die Limitierung einer etwaigen Leistungsfreiheit auf 5.000 Euro.

B. Folgen für die VN
I. Leistungsfreiheit aufgrund einer Obliegenheitsverletzung
1. Tatbestand: Die VN hat das Fahrzeug durch einen Fahrer ohne Fahrerlaubnis benutzen lassen (D.1.3 Satz 2 AKB 2008).
2. Verschulden: Wenn die VN leicht fahrlässig gehandelt hat, kommt Leistungsfreiheit nicht in Betracht. Bei grober Fahrlässigkeit wäre zu kürzen (D.3.1 AKB 2008 und § 28 II VVG). Nach einhelliger Rechtsprechung (etwa BGH VersR 1988, 1017) muss ein Fahrzeughalter, der einem andern die Führung seines Fahrzeugs überlässt, sich stets – und zwar in der Regel durch Einblick in den Führerschein – vergewissern, dass der andere die vorgeschriebene Fahrerlaubnis hat. Nicht ausreichend ist es wenn der Halter der Erklärung des Fahrers, einen Führerschein zu besitzen, vertraut. Man wird hier durchaus von grober Fahrlässigkeit ausgehen können.

Die Kürzungsquote dürfte hier bei maximal 50% liegen: Mildernd ist zu berücksichtigen, dass die VN den Fahrer kannte und bei diesem schon einmal einen Führerschein liegen sehen hat.

Nach bisherigem Recht wäre der Versicherer vollständig von seiner Verpflichtung zur Leistung frei.
3. Kündigung: Das bisherige Kündigungserfordernis (Klarstellungserfordernis) nach § 6 Abs. 1 S. 3 VVG a. F. ist als Voraussetzung für die Leistungsfreiheit entfallen.
4. Kausalität: Die VN müsste, wie bisher, mangelnde Kausalität beweisen (D.3.2 AKB 2008). Das dürfte ihr nicht gelingen. Hätte sie auf ein Vorzeigen des Führerscheins bestanden, wäre es nicht zur Fahrt gekommen. Der anschließende Unfall war für B kein unabwendbares Ereignis, so dass von Kausalität auszugehen ist.
II. Leistungspflicht gegenüber dem Dritten: Aufgrund von §§ 115 VVG (Direktanspruch) und § 117 I VVG (Leistungsfreiheit kann dem geschädigtem Dritten nicht entgegengehalten werden) ist der Kfz-Haftpflichtversicherer zur Regulierung des verursachten Unfallschadens verpflichtet.
III. Regress gegen die VN: Allerdings kommt ein Regress gegen die VN in Betracht, Anspruchsgrundlage hierzu ist § 116 I Satz 2 VVG. Aus D.1.3 AKB 2008 (§ 2 b Abs. 1 c AKB) in Verbindung mit § 5 Abs. 2 KfzPflVV folgt die Limitierung einer etwaigen Leistungsfreiheit auf 5.000 Euro.

G. Das neue System der Quotelung

Aufgrund der nur teilweisen Leistungsfreiheit von 50% steht dem Versicherer eine Regressforderung gem. § 116 I S. 2 VVG in Höhe von 4.000 Euro (50% von 8.000 Euro) zu. Dass der Versicherer gleichzeitig auch einen Regressanspruch gegen den Fahrer in Höhe von 5.000 Euro hat, steht dem Regress gegen die VN nicht entgegen, jedoch ist der Regress insgesamt natürlich auf die vom Versicherer geleisteten 8.000 Euro begrenzt.

Beachten Sie: Die Führerscheinklausel ist sowohl in der Kfz-Haftpflichtversicherung als auch in der Kaskoversicherung anwendbar. Die Voraussetzungen der Leistungsfreiheit sind dieselben, Gleiches gilt für die Frage nach der Höhe einer Quote. Dabei wäre es nicht richtig, die Höhe der Quote in der Kfz-Haftpflichtversicherung anders als in der Kaskoversicherung zu bestimmen – etwa mit dem Argument, in der Kfz-Haftpflichtversicherung sei der VN bereits durch die Regresslimitierung der KfzPflVV geschützt. Entscheidend kommt es nach dem Wortlaut des Gesetzes nämlich immer auf die Schwere des Verschuldens an – insoweit spielt es keine Rolle, ob sich die Obliegenheitsverletzung auf die Kfz-Haftpflichtversicherung oder die Kaskoversicherung bezieht.

H. Vertragliche Obliegenheiten

Das Obliegenheitenrecht ist eines der durch die VVG-Reform am meisten betroffenen Rechtsgebiete. Die fehlende Leistungsfreiheit bei einfacher Fahrlässigkeit, die Quotelung bei grober Fahrlässigkeit und die neuen Regelungen zur Kausalität werden die Bearbeitung von Schadenfällen gravierend verändern. Welche vertraglichen Obliegenheiten vom VN im Einzelnen zu beachten sind, regeln die AKB, die in der Kfz-Haftpflichtversicherung die Vorgaben der KfzPflVV zu beachten haben. Hier sind durch die AKB 2008 keine Veränderungen eingetreten, inhaltlich decken sich die vertraglichen Obliegenheiten der AKB 2008 mit den bisherigen AKB. Neu ist allerdings die Umbenennung der vertraglichen Obliegenheiten vor dem Versicherungsfall in „Pflichten bei Gebrauch des Fahrzeugs" (Abschnitt D) und die Umbenennung der Obliegenheiten im Versicherungsfall in „Pflichten im Schadenfall" (Abschnitt E).

150

I. Überblick

Bei der Lektüre von Abschnitt D AKB 2008 wird rasch deutlich, dass die aufgeführten Obliegenheiten denen der bisherigen AKB entsprechen. Grundlegende Veränderungen ergeben sich jedoch aus der VVG-Reform bezüglich der Frage, wann eine Obliegenheitsverletzung zur Leistungsfreiheit führen kann.

151

1. Vereinheitlichung

§ 6 VVG a. F. unterschied hinsichtlich der Voraussetzungen der Leistungsfreiheit deutlich zwischen Obliegenheitsverletzungen vor und nach Eintritt des Versicherungsfalles. So konnte die Leistungsfreiheit bei Obliegenheitsverletzungen vor dem Versicherungsfall schon bei einfacher Fahrlässigkeit eintreten (§ 6 Abs. 1 a.F.), während für Obliegenheitsverletzungen nach dem Versicherungsfall mindestens grobe Fahrlässigkeit erforderlich war (§ 6 Abs. 3 a.F.). Bei Obliegenheitsverletzungen vor dem Versicherungsfall war bisher als Voraussetzung zur Leistungsfreiheit eine Kündigung erforderlich (sog. Klarstellungserfordernis, § 6 Abs. 1 S. 3 a.F.), bei Obliegenheitsverletzungen im Versicherungsfall kam es hierauf nicht an. Ein weiterer Unterschied bestand darin, dass bei vorsätzlichen Obliegenheitsverletzungen im Versicherungsfall Kausalität nicht erforderlich war (§ 6 Abs. 3 a.F.). Hieraus resultierende Härten wurden durch die Rechtsprechung mittels der so genannten Relevanzrechtsprechung korrigiert (BGH NJW 1970, 808; *Prölss/Martin* § 6 Rdn. 101 m.w.N.).

Im neuen Obliegenheitenrecht bestehen demgegenüber zwischen Obliegenheitsverletzungen vor und nach Eintritt des Versicherungsfalls nur noch

152

H. Vertragliche Obliegenheiten

geringe Unterschiede: § 28 Abs. 1 VVG räumt dem Versicherer nur bei Obliegenheitsverletzungen vor dem Versicherungsfall ein Kündigungsrecht ein. Nachfolgende Abbildung soll einen Überblick über das neue System der Obliegenheitsverletzungen geben:

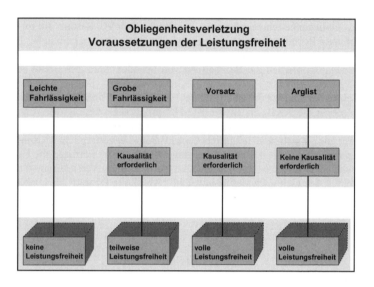

2. Mindestens grobe Fahrlässigkeit erforderlich

153 Voraussetzung für die Leistungsfreiheit des Versicherers ist nach § 28 Abs. 2 und 3 VVG nunmehr, dass die vereinbarte Obliegenheit mindestens grob fahrlässig verletzt wurde und zudem Kausalität gegeben ist. Bei Auskunfts- und Aufklärungsobliegenheiten ist zukünftig zudem gem. § 28 Abs. 4 VVG eine Belehrung erforderlich.

Wie bisher setzen Sanktionen bei der Verletzung einer vertraglichen Obliegenheiten voraus, dass diese Sanktionen in den AVB (vertraglich) vereinbart wurden. Das neue VVG regelt in § 28 VVG nur die Grenzen der Leistungsfreiheit und setzt eine vertragliche Regelung voraus.

Neu ist, dass Obliegenheitsverletzungen erst dann Leistungsfreiheit nach sich ziehen können, wenn mindestens grobe Fahrlässigkeit vorliegt (§ 28 Abs. 2 VVG). Im bisherigen VVG war, jedenfalls bei den Obliegenheitsverletzungen vor dem Versicherungsfall, einfache Fahrlässigkeit ausreichend. Die einfach fahrlässige Pflichtverletzung wird zukünftig sanktionslos bleiben. Bei grob fahrlässiger Obliegenheitsverletzung ist der Versicherer je nach Schwere der groben Fahrlässigkeit nur noch begrenzt leistungsfrei (Quotelung). Lediglich bei Vorsatz besteht, wie bisher, die volle Leistungsfreiheit des Versicherers. Im Regierungsentwurf (S. 69) wird betont, dass Vereinbarungen über eine pauschalierte Quotelung grundsätzlich zulässig seien. Bei vertraglicher Festlegung von Quotensätzen ist jedoch Vorsicht geboten, da sich nicht ausschließen lässt, dass die Rechtsprechung die getroffene Pauschalisierung als eine unangemessene Benachteiligung des VN i.S.d. § 307

I. Überblick

Abs. 1 BGB ansehen würde oder jedenfalls davon ausginge, dass hierin eine nach § 32 VVG unzulässige Abweichung von § 28 VVG zum Nachteil des VN zu sehen wäre.

3. Kausalität auch bei Vorsatz erforderlich

Die Leistungsfreiheit setzt nunmehr (auch bei Vorsatz) voraus, dass die Obliegenheitsverletzung kausal für den Eintritt des Versicherungsfalls oder für die Feststellungen im Zusammenhang mit dem Versicherungsfall oder den Umfang der vom Versicherer zu erbringenden Leistungen ist (§ 28 Abs. 3 VVG). Die Leistungspflicht des Versicherers bleibt also „soweit" bestehen, als die Obliegenheitsverletzung des VN sich nicht ausgewirkt hat. Bislang galt das Kausalitätserfordernis lediglich bei Verletzungen von Obliegenheiten vor dem Versicherungsfall und bei grob fahrlässiger Verletzung der Obliegenheiten im Versicherungsfall, wohingegen es bei vorsätzlicher Verletzung von Obliegenheiten im Versicherungsfall auf die Kausalität nicht ankam.

154

Beachten Sie: Wegen des gem. § 28 Abs. 3 VVG bei Vorsatz stets bestehenden Kausalitätserfordernisses ist die unter Geltung des alten VVG von der Rechtsprechung zur Abmilderung von Härten entwickelte Relevanztheorie (hierzu *Römer/Langheid* § 6 Rdn. 51) entbehrlich. Diese war ja nur anzuwenden, wenn eine vorsätzlich begangene Obliegenheitsverletzung im Versicherungsfall folgenlos geblieben war. Nunmehr führt eine vorsätzliche Obliegenheitsverletzung ohnehin nur noch bei Kausalität zur Leistungsfreiheit.

Hat der VN die Obliegenheit arglistig verletzt, ist der Versicherer ohne ein Kausalitätserfordernis leistungsfrei (§ 28 Abs. 3 VVG).

Beachten Sie: Bei der Anwendung von § 28 Abs. 3 VVG ist zu unterscheiden, ob eine Obliegenheitsverletzung vor oder nach Eintritt des Versicherungsfalls im Raum steht. Bei einer Obliegenheitsverletzung vor Eintritt des Versicherungsfalls (VN fährt z.B. ohne Führerschein) kommt es darauf an, ob diese „für den Eintritt oder die Feststellung" des Versicherungsfalls kausal war. Demgemäß gleichlautend ist Abschnitt D.3.2 AKB 2008 formuliert, der § 28 Abs. 3 VVG in die AKB transformiert und das Kausalitätserfordernis in diesem Sinn für die unter D. AKB 2008 geregelten Obliegenheiten vor Eintritt des Versicherungsfalls aufnimmt.

Bei einer Obliegenheitsverletzung nach Eintritt des Versicherungsfalls ist entscheidend, ob diese gem. § 28 Abs. 3 VVG „für die Feststellung oder den Umfang der Leistungspflicht des Versicherers" ursächlich ist. Diese Formulierung wiederum ist in E.2.2 AKB 2008 für die unter E AKB 2008 genannten Obliegenheitsverletzung nach Eintritt des Versicherungsfalls aufgenommen. Näher hierzu *Maier* r+s 2007, 89 ff.

4. Hinweis bei Auskunft- oder Aufklärungsobliegenheiten

Bei Verletzung von Auskunfts- oder Aufklärungsobliegenheiten nach dem Versicherungsfall setzt die Berufung auf Leistungsfreiheit voraus, dass der Versicherer den VN durch gesonderte Mitteilung in Textform auf diese Rechtsfolge hingewiesen hat (§ 28 Abs. 4 VVG).

155

Die Belehrung wird in der Regel in dem Brief erfolgen, in dem der Versicherer den VN zur Erteilung von Auskünften auffordert. Spontan zu erfüllen-

85

de Auskunfts- und Aufklärungspflichten (z.B. an der Unfallstelle nach einem Autounfall) fallen nicht unter dieses Belehrungserfordernis – schon weil für den Versicherer faktisch keine Belehrungsmöglichkeit besteht.
Zweifelhaft ist, welche Anforderungen an eine Belehrung im Einzelnen zu stellen sind. Folgt aus der Wendung „gesonderte Mitteilung", dass die Belehrung auf einem Extrablatt und nicht auf dem Fragebogen des Versicherers enthalten sein muss? Auch wenn der Wortlaut von § 28 Abs. 4 VVG diese Auffassung nahelegen könnte, wäre ein derartiges Erfordernis völlig sinnlos: Eine Belehrung auf dem Fragebogen des Versicherers die drucktechnisch deutlich hervorgehoben ist, dürfte deutlich eindringlicher und auch besser wahrnehmbar sein.
Nicht klar ist auch, welchen Inhalt die Belehrung haben muss. Nach *Marlow/Spuhl* (S. 78) soll es ausreichen, wenn die Belehrung lautet: „Eine grob fahrlässige oder vorsätzlich falsche Beantwortung nachfolgender Fragen kann zur Leistungsfreiheit führen." Da in § 28 Abs. 4 VVG aber ausdrücklich bestimmt ist, dass die vollständige oder teilweise Leistungsfreiheit des Versicherers eine Belehrung voraussetzt ist auch denkbar, dass die Gerichte eine detailliertere Belehrung verlangen werden, in der auf die unterschiedlichen Folgen vorsätzlichen oder grob fahrlässigen Verhaltens hingewiesen wird.

5. Beweislast

156   Nach § 28 Abs. 2 S. 2 VVG trägt die Beweislast für das Nichtvorliegen einer groben Fahrlässigkeit der VN. Anders ausgedrückt: Verletzt der VN eine Obliegenheit, wird grundsätzlich von grober Fahrlässigkeit ausgegangen. Leichte Fahrlässigkeit muss der VN beweisen, Vorsatz dagegen der Versicherer. Für das Verschuldensmaß, nach dem sich im Fall grober Fahrlässigkeit der Umfang der Leistungspflicht bestimmt, ist der Versicherer beweispflichtig (Regierungsentwurf S. 69).

II. Obliegenheitsverletzungen vor Eintritt des Versicherungsfalls

157   Da die AKB in Abschnitt D die „Pflichten bei Gebrauch des Fahrzeugs" (Obliegenheiten vor Eintritt des Versicherungsfalls) und in Abschnitt E „Welche Pflichten haben Sie im Schadenfall" (Obliegenheiten nach Eintritt des Versicherungsfalls) in zwei unterschiedlichen Kapiteln behandeln, richtet sich auch die folgende Darstellung an dieser Zweiteilung aus. Zunächst werden nachfolgend die Pflichten bei Gebrauch des Fahrzeugs behandelt.

1. Die Pflichten bei Gebrauch des Fahrzeugs

158   Die AKB 2008 verwenden den Begriff Obliegenheitsverletzungen vor Eintritt des Versicherungsfalls nicht mehr, sondern sprechen – für den VN anschaulicher – von „Pflichten bei Gebrauch des Fahrzeugs". Änderungen gegenüber der bisherigen AKB sind in erster Linie sprachlicher Natur.

II. Obliegenheitsverletzungen vor Eintritt des Versicherungsfalls

D **Welche Pflichten haben Sie beim Gebrauch des Fahrzeugs?**

D.1 **Bei allen Versicherungsarten**

Vereinbarter Verwendungszweck

D.1.1 Das Fahrzeug darf nur zu dem im Versicherungsschein angegebenen Zweck verwendet werden.

Berechtigter Fahrer

D.1.2 Das Fahrzeug darf nur von einem berechtigten Fahrer gebraucht werden. Berechtigter Fahrer ist, wer das Fahrzeug mit Wissen und Willen des Verfügungsberechtigten gebraucht. Außerdem dürfen Sie, der Halter oder der Eigentümer des Fahrzeugs es nicht wissentlich ermöglichen, dass das Fahrzeug von einem unberechtigten Fahrer gebraucht wird.

Fahren mit Fahrerlaubnis

D.1.3 Der Fahrer des Fahrzeugs darf das Fahrzeug auf öffentlichen Wegen oder Plätzen nur mit der erforderlichen Fahrerlaubnis benutzen. Außerdem dürfen Sie, der Halter oder der Eigentümer das Fahrzeug nicht von einem Fahrer benutzen lassen, der nicht die erforderliche Fahrerlaubnis hat.

D.2 **Zusätzlich in der Kfz-Haftpflichtversicherung**

Alkohol und andere berauschende Mittel

D.2.1 Das Fahrzeug darf nicht gefahren werden, wenn der Fahrer durch alkoholische Getränke oder andere berauschende Mittel nicht in der Lage ist, das Fahrzeug sicher zu führen. Außerdem dürfen Sie, der Halter oder der Eigentümer des Fahrzeugs dieses nicht von einem Fahrer fahren lassen, der durch alkoholische Getränke oder andere berauschende Mittel nicht in der Lage ist, das Fahrzeug sicher zu führen.

Hinweis: Auch in der Kasko-, Autoschutzbrief- und Kfz-Unfallversicherung besteht für solche Fahrten nach A.2.16.1, A.3.9.1, A.4.10.2 kein oder eingeschränkter Versicherungsschutz.

Kraftfahrt-sportliche Veranstaltungen und Rennen

D.2.2 Das Fahrzeug darf nicht zu Fahrtveranstaltungen und den dazugehörigen Übungsfahrten verwendet werden, bei denen es auf Erzielung einer Höchstgeschwindigkeit ankommt und die behördlich nicht genehmigt sind.

2. Der angesprochene Personenkreis

In erster Linie sind Obliegenheiten vom Vertragspartner des Versicherers, also vom VN, zu beachten. In Abschnitt F.1 AKB 2008 ist allerdings (entsprechend § 47 Abs. 1 VVG) geregelt, dass für mitversicherte Personen die für den VN geltenden Regelungen (Obliegenheiten) sinngemäße Anwendung finden, so dass auch gegenüber mitversicherten Personen Leistungsfreiheit bestehen kann und daher in der Kfz-Haftpflichtversicherung gegen diese ein Regress möglich ist.

F **Rechte und Pflichten der mitversicherten Personen**

Pflichten mitversicherter Personen

F.1 Für mitversicherte Personen finden die Regelungen zu Ihren Pflichten sinngemäße Anwendung.

H. Vertragliche Obliegenheiten

Ausübung der Rechte

F.2 Die Ausübung der Rechte aus dem Versicherungsvertrag steht nur Ihnen als Versicherungsnehmer zu, soweit nichts anderes geregelt ist. Andere Regelungen sind z. B.:
- Geltendmachen von Ansprüchen in der Kfz-Haftpflichtversicherung nach A.1.2,
- Geltendmachen von Ansprüchen durch namentlich Versicherte in der Kfz-Unfallversicherung nach A.4.2.7.

Auswirkungen einer Pflichtverletzung auf mitversicherte Personen

F.3 Sind wir Ihnen gegenüber von der Verpflichtung zur Leistung frei, so gilt dies auch gegenüber allen mitversicherten Personen.

Eine Ausnahme hiervon gilt in der Kfz-Haftpflichtversicherung: Mitversicherten Personen gegenüber können wir uns auf die Leistungsfreiheit nur berufen, wenn die der Leistungsfreiheit zugrunde liegenden Umstände in der Person des Mitversicherten vorliegen oder wenn diese Umstände der mitversicherten Person bekannt oder infolge grober Fahrlässigkeit nicht bekannt waren. Sind wir zur Leistung verpflichtet, gelten anstelle der vereinbarten Versicherungssummen die in Deutschland geltenden gesetzlichen Mindestversicherungssummen.

Denkbar ist weiter, dass Leistungsfreiheit sowohl gegenüber dem VN als auch gegenüber einer mitversicherten Person eintritt. Überlässt beispielsweise ein VN das Steuer seines Fahrzeugs einem Bekannten, von dem er weiß, dass dieser nicht im Besitz eines Führerscheins ist, haben sowohl Fahrer (D.1.3. S. 1 AKB 2008) als auch der VN, der die führerscheinlose Fahrt schuldhaft ermöglicht hat (D.1.3 S. 2 AKB 2008), eine Obliegenheitsverletzung begangen. Demgemäß kann der Versicherer in der Kfz-Haftpflichtversicherung Ansprüche gegen mehrere Regressverpflichtete (z. B. Fahrer und VN) gelten machen – dies ergibt sich aus dem Wort „je" in § 5 Abs. 3 KfzPlfVV bzw. D.3.3 AKB 2008.

3. Voraussetzungen der Leistungsfreiheit nach neuem Recht

160 Hinsichtlich der Voraussetzungen der Leistungsfreiheit haben sich durch das neue VVG erhebliche Veränderungen ergeben. Um die durch das neue VVG zu beachtenden Neuerungen im Einzelnen nachvollziehen zu können, ist es sinnvoll, zunächst die bisherige Rechtslage mit der neuen Rechtslage zu vergleichen:

II. Obliegenheitsverletzungen vor Eintritt des Versicherungsfalls

Obliegenheiten vor Eintritt des Versicherungsfalls	
§ 6 Abs. 1 und 2 VVG a. F.	**§ 28 VVG 2008**
• Tatbestand (Verletzung einer vertraglich vereinbarten Obliegenheit) • **leichte Fahrlässigkeit ausreichend** • **Kündigung erforderlich** • Kausalität	• Tatbestand (Verletzung einer vertraglich vereinbarten Obliegenheit) • **grobe Fahrlässigkeit erforderlich** • Kausalität

Tatbestand
Nach wie vor muss zunächst der **Tatbestand** einer in den AKB genannten Obliegenheit erfüllt sein, z. B. Fahren ohne Fahrerlaubnis. **161**

Verschulden
Nach § 6 Abs.1 VVG a. f. setzte Leistungsfreiheit des Versicherers lediglich Verschulden des VN voraus. Entsprechend § 276 BGB war eine **leicht fahrlässige Verletzung** der Obliegenheit ausreichend. **162**
Nach § 28 II VVG und darauf fußend D.3.1 AKB 2008 setzt die Leistungsfreiheit nach neuem Recht voraus, dass der VN **mindestens grob fahrlässig** gehandelt hat. Bei leichter Fahrlässigkeit kommt eine Leistungsfreiheit nie in Betracht. **Bei grober Fahrlässigkeit ist die Leistung entsprechend der Schwere des Verschuldens zu kürzen,** nur bei Vorsatz ist eine völlige Leistungsfreiheit möglich.

> *Leistungsfreiheit bzw. Leistungskürzung*
> D.3.1 Verletzen Sie vorsätzlich eine Ihrer in D.1 und D.2 geregelten Pflichten, haben Sie keinen Versicherungsschutz. Verletzen Sie Ihre Pflichten grob fahrlässig, sind wir berechtigt, unsere Leistung in einem der Schwere Ihres Verschuldens entsprechenden Verhältnis zu kürzen. Weisen Sie nach, dass Sie die Pflicht nicht grob fahrlässig verletzt haben, bleibt der Versicherungsschutz bestehen.

Kündigung
Nach § 6 Abs. 1 S. 3 VVG a. f. musste der Versicherer den Versicherungsvertrag innerhalb eines Monats nach Kenntnis von der Obliegenheitsverletzung **fristlos kündigen (sog. Klarstellungserfordernis).** **163**
Im neuen Recht ist das **Klarstellungserfordernis entfallen,** der Versicherer ist nicht mehr zur Kündigung verpflichtet, um sich auf seine Leistungsfreiheit berufen zu können (vgl. § 28 Abs. 2 VVG).

Kausalität
Nach § 6 Abs.2 VVG a. f. war Kausalität zwischen der Obliegenheitsverletzung und dem Eintritt der Versicherungsfalles erforderlich. § 6 Abs. 2 VVG war auf sämtliche der in den AKB vereinbarten Obliegenheiten vor Eintritt des Versicherungsfalls anwendbar, da diese jeweils dem Zweck der Verhütung einer Gefahrerhöhung dienten. Kausalität bestand dann nicht „wenn **164**

H. Vertragliche Obliegenheiten

die Verletzung keinen Einfluss auf den Eintritt des Versicherungsfalls oder die ihm obliegende Leistung gehabt hat". Nach § 28 Abs. 3 VVG bleibt der Versicherer zur Leistung verpflichtet, „soweit die Verletzung der Obliegenheit weder für den Eintritt oder die Feststellung des Versicherungsfalls ursächlich ist" Dementsprechend lautet D.3.2. AKB 2008:

> D.3.2 Abweichend von D.3.1 sind wir zur Leistung verpflichtet, soweit die Pflichtverletzung weder für den Eintritt des Versicherungsfalls noch für den Umfang unserer Leistungspflicht ursächlich ist. Dies gilt nicht, wenn Sie die Pflicht arglistig verletzen.

Die Vereinheitlichung im neuen Obliegenheitsrecht führt somit dazu, dass der Versicherer zukünftig auch bei den Obliegenheitsverletzungen vor Eintritt des Versicherungsfalls nur noch leistungsfrei ist, „soweit" Kausalität besteht. Es ist deshalb denkbar, dass neben einer Quotelung aufgrund des Verschuldens eine weitere Quotelung im Rahmen der Kausalität erfolgt.

4. Die Obliegenheiten vor dem Versicherungsfall im Einzelnen

165 Im Folgenden sollen die einzelnen in den AKB enthaltenen Obliegenheiten anhand von Beispielsfällen besprochen werden. Um die sich nach der neuen Rechtslage ergebenden Unterschiede besser verdeutlichen zu können, wird die Lösung jeweils mit der bisherigen Rechtslage verglichen.

166 **a) Die Trunkenheitsklausel.** Die so genannte Trunkenheitsklausel nach D.2.1 AKB 2008 (§ 2b Abs. 1e AKB) ist dann erfüllt, wenn der Fahrer infolge Genusses alkoholischer Getränke oder anderer berauschender Mittel nicht in der Lage ist, das Fahrzeug sicher zu führen.

> **D.2 Zusätzlich in der Kfz-Haftpflichtversicherung**
> *Alkohol und andere berauschende Mittel*
> D.2.1 Das Fahrzeug darf nicht gefahren werden, wenn der Fahrer durch alkoholische Getränke oder andere berauschende Mittel nicht in der Lage ist, das Fahrzeug sicher zu führen. Außerdem dürfen Sie, der Halter oder der Eigentümer des Fahrzeugs dieses nicht von einem Fahrer fahren lassen, der durch alkoholische Getränke oder andere berauschende Mittel nicht in der Lage ist, das Fahrzeug sicher zu führen.
> Hinweis: Auch in der Kasko-, Autoschutzbrief- und Kfz-Unfallversicherung besteht für solche Fahrten nach A.2.16.1, A.3.9.1, A.4.10.2 kein oder eingeschränkter Versicherungsschutz.

Dabei ist, wie bisher, zu differenzieren: Bei einer Blutalkoholkonzentration von über 1,1 Promille liegt absolute Fahruntüchtigkeit vor. In diesem Fall wird unwiderleglich von einer Fahrunsicherheit ausgegangen, ein Gegenbeweis ist nicht möglich (*Feyock/Jacobsen/Lemor* § 2b ABK Rdn. 56). Zwischen 0,3 bis 1,1 Promille ist von relativer Fahruntüchtigkeit auszugehen (KG Berlin NZV 96, 200). Hier müssen weitere Indizien vorliegen, aus denen sich ergibt, dass der Fahrer nicht sicher in der Lage war, das Fahrzeug zu führen. Je niedriger die BAK zum Unfallzeitpunkt war, umso gewichtigere zusätzliche Beweisanzeichen sind zum Nachweis der relativen Fahruntüchtigkeit erforderlich (OLG Hamm r+s 2003, 188) – und umgekehrt (OLG Köln r+s 2003, 315).

II. Obliegenheitsverletzungen vor Eintritt des Versicherungsfalls

Beweisanzeichen können zum einen aus Ausfallerscheinungen resultieren, die im Blutabnahmeprotokoll enthalten sind. Zum anderen können sich Beweisanzeichen aus groben Fahrfehlern ergeben, die typischerweise auf Alkoholgenuss zurückzuführen sind:
- Abkommen von schnurgerader Fahrbahn (OLG Hamm r+s 1995, 373)
- VN fährt bei 75 km/h und gerader Straße in einen Grünstreifen (OLG Hamm r+s 2003, 188)
- Geradeausfahren in Rechtskurve (OLG Oldenburg r+s 1995, 331; OLG Hamm r+s 95, 374)
- Auffahren auf stehendes Fahrzeug (OLG Hamm r+s 1995, 373)
- Übersehen eines geparkten Fahrzeugs (OLG Hamm r+s 1995, 374)
- Übersehen eines verkehrsbedingt anhaltenden Fahrzeugs (OLG Karlsruhe r+s 1995, 375)
- Abkommen von der Straße aufgrund überhöhter Geschwindigkeit (OLG Karlsruhe r+s 1995, 376)

Fallbeispiel: 167
nach BGH VersR 1991, 1367

VN fuhr auf einer vierspurigen Schnellstraße mit 130 km/h. Es herrschte völlige Dunkelheit, es regnete heftig, so dass Aquaplaninggefahr bestand. Das Kfz des VN geriet ins Schleudern, drehte sich und stieß gegen die rechte Leitplanke, die auf einer Länge von 32 m beschädigt wurde. Die BAK betrug 1,12 Promille. Der VN ist der Ansicht, der Unfall sei nicht auf den Einfluss des Alkohols zurückzuführen, der Versicherer müsse daher Deckung für den Schaden an der Leitplanke in Höhe von 8.000 Euro gewähren.

Lösung:
I. Leistungsfreiheit wegen Verletzung der Alkoholklausel: Die Leistungsfreiheit des Versicherers könnte sich aus D.2.1 AKB 2008 ergeben, falls der VN gegen die Trunkenheitsklausel verstoßen hat. Aus D.3.3. AKB 2008 in Verbindung mit § 5 Abs. 2 KfzPflVV folgt die Limitierung einer etwaigen Leistungsfreiheit auf 5.000 Euro. Da es sich bei der Trunkenheitsklausel um eine Obliegenheit vor Eintritt des Versicherungsfalles handelt, sind folgende Schritte in die Prüfung einzubeziehen:
1. Tatbestand: Der Fahrer darf infolge Genusses alkoholischer Getränke oder anderer berauschender Mittel nicht in der Lage sein, das Fahrzeug sicher zu führen. Bei absoluter Fahruntüchtigkeit ist unwiderlegbar von einer Fahrunsicherheit auszugehen ist, weitere Beweisanzeichen sind (anders als bei relativer Fahruntüchtigkeit) nicht erforderlich.
2. Verschulden: Der VN müsste mindestens grob fahrlässig gehandelt haben. Bei leichter Fahrlässigkeit kommt eine Leistungsfreiheit nicht mehr in Betracht. Bei grober Fahrlässigkeit wäre die Leistung entsprechend der Schwere des Verschuldens zu kürzen, nur bei Vorsatz kommt weiterhin völlige Leistungsfreiheit in Betracht (D.3.1 AKB 2008 und § 28 Abs. 2 VVG).
Nach § 6 Abs. 1 VVG a. F. führte bereits die einfach fahrlässige Verletzung einer Obliegenheit vor dem Versicherungsfall zur vollen Leistungsfreiheit (Alles-oder-Nichts-Prinzip).
Von welchem Verschuldensgrad ist bei einem alkoholisierten Fahrer auszugehen? Grundsätzlich kann aus einem über 1,1 Promille liegenden Blutalkoholgehalt nicht zwangsläufig auf vorsätzliches Handeln geschlossen werden. Einen Erfahrungssatz, dass ein Fahrer ab einer bestimmten Blutalkoholkonzentration seine Fahruntüchtigkeit kennt, gibt es nicht (*Tröndle/Fischer*, Strafgesetzbuch, 52. Auflage, § 316 Rdn. 46).

H. Vertragliche Obliegenheiten

Nach der Systematik des § 28 Abs. 2 VVG wird zukünftig vermutet, der VN habe grob fahrlässig gehandelt – davon ist auch im vorliegenden Fall auszugehen. Leichte Fahrlässigkeit kommt bei einer derart hohen Alkoholisierung nicht in Betracht. Geht man daher von grober Fahrlässigkeit aus, so wird der Versicherer nicht vollständig leistungsfrei, sondern ist lediglich berechtigt, seine Leistung in einem der Schwere des Verschuldens des VN entsprechenden Verhältnis zu kürzen.

Ausgangspunkt für die Quotenbildung im einzelnen Fall ist zunächst die Art der objektiven Pflichtverletzung. Die Alkoholfahrt im Zustand der absoluten Fahruntauglichkeit stellt eine so schwere objektive Pflichtverletzung dar, dass diese grundsätzlich auch weiterhin eine volle Leistungsfreiheit rechtfertigt, wenn nicht Umstände hinzu treten, die diese Alkoholfahrt – abweichend vom Normalfall – in einem milderen Licht erscheinen lassen. Denkbar wäre dies z. b. in einem Fall, in dem der VN sein Fahrzeug im alkoholisierten Zustand lediglich umparkt. Auch *Römer* (VersR 2006, 740) und *Rixecker* (ZfS 2007, 15) gehen davon aus, dass in Fällen starker Alkoholisierung eine Kürung um 100% angezeigt ist. Für diese weiterhin harte Sanktionierung der Fahrt im Zustand der absoluten Fahruntauglichkeit spricht insbesondere die erhebliche Gefährdung anderer Verkehrsteilnehmer und die naheliegende Gefahr erheblicher Sach- und Personenschäden .

3. Kündigungspflicht: Das bisherige Kündigungserfordernis (Klarstellungserfordernis) nach § 6 Abs. 1 S. 3 VVG a.F. ist als Voraussetzung für die Leistungsfreiheit entfallen.

4. Kausalität: Dem VN steht gem. D.3.2 AKB 2008 und § 28 Abs. 3 VVG entsprechend der bisherigen Rechtslage der Beweis offen, dass die Obliegenheitsverletzung nicht für den Eintritt des Versicherungsfalles kausal gewesen ist. Ein solcher Beweis ist dann geführt, wenn der Versicherungsfall für jeden anderen – nicht alkoholisierten – Fahrer ein unabwendbares Ereignis i. S. d. § 17 Abs. 2 StVG darstellt. Dazu müsste sich der VN wie ein idealer Fahrer verhalten haben – nur dann hat sich der Zweck der Trunkenheitsklausel, der erhöhten Unfallgefahr durch betrunkene Fahrer zu begegnen, nicht realisiert (näher hierzu *Maier/Biela*, KH-Versicherung, Rdn. 265) Ein solcher Fall läge z. B. vor, wenn auf der Autobahn vom vorausfahrenden Fahrzeug ein Stein gegen das Fahrzeug des betrunkenen VN geschleudert wird. Die Beweislast für die fehlende Kausalität zwischen Obliegenheitsverletzung und Eintritt des Versicherungsfalles obliegt dem VN. Diesen Beweis wird er im Normalfall bei Fahren unter Alkoholeinfluss nicht erbringen können.

5. Ergebnis: Der Versicherer ist gegenüber dem VN leistungsfrei. Die Leistungsfreiheit ist gemäß D.3.3 AKB 2008 i. V. m. § 5 Abs. 2 KfzPflVV in der Kfz-Haftpflichtversicherung jedoch auf 5.000 Euro begrenzt.

II. Haftung gegenüber dem geschädigten Dritten: Wegen §§ 115 VVG (Direktanspruch) und § 117 Abs. 1 VVG (Leistungsfreiheit kann dem Geschädigten Dritten nicht entgegengehalten werden) ist der Kfz-Haftpflichtversicherer – wie bisher – zur Regulierung des verursachten Unfallschadens gegenüber dem Geschädigten verpflichtet.

III. Regress: Allerdings kommt, ebenfalls wie bisher, ein Regress im Innenverhältnis gegen den VN in Betracht. Anspruchsgrundlage hierzu ist § 116 Abs. 1 Satz 2 VVG. Dem Versicherer steht also eine Regressforderung gem. § 116 Abs. 1 Satz 2 VVG zu, die nach § 5 Abs. 3 KfzPflVV und D.3.2. AKB 2008 auf 5.000 Euro begrenzt ist.

Beachten Sie: In der Kaskoversicherung kommt die Trunkenheitsklausel nach deren eindeutigem Wortlaut nicht zur Anwendung. Hier ist § 61 VVG a. F. bzw. § 81 VVG (grob fahrlässige Herbeiführung des Versicherungsfalls) zu prüfen und gegebenenfalls die Kaskoentschädigung entsprechend der Schwere des Verschuldens zu kürzen.

II. Obliegenheitsverletzungen vor Eintritt des Versicherungsfalls

Daher kann sich bei Trunkenheitsfällen das Problem der Quotenbildung für den Versicherer in zweifacher Hinsicht stellen: In der Kfz-Haftpflichtversicherung bei der Frage des Regresses wegen einer Obliegenheitsverletzung, gleichzeitig aber auch in der Kaskoversicherung bei der Frage, wie sich die grob fahrlässige Herbeiführung des Versicherungsfalls auswirkt. Regelmäßig wird hier in gleicher Höhe zu quotieren sein, die Schwere des Verschuldens im Rahmen des einheitlichen Lebensvorgangs „Verkehrsunfall" lässt sich nur einheitlich bestimmen.

b) Die Führerscheinklausel. Nach der sog. Führerscheinklausel (D.1.3 AKB 2008) ist der Versicherer von der Verpflichtung zur Leistung frei, wenn der Fahrer nicht die vorgeschriebene Fahrerlaubnis besitzt.

168

Fahren mit Fahrerlaubnis
D.1.3 Der Fahrer des Fahrzeugs darf das Fahrzeug auf öffentlichen Wegen oder Plätzen nur mit der erforderlichen Fahrerlaubnis benutzen. Außerdem dürfen Sie, der Halter oder der Eigentümer das Fahrzeug nicht von einem Fahrer benutzen lassen, der nicht die erforderliche Fahrerlaubnis hat.

Zweck der Bestimmung ist es auch weiterhin, den Versicherer vor dem erhöhten Risiko zu schützen, das im Allgemeinen besteht, wenn ein Fahrzeug von Personen ohne amtliche Kontrolle der erforderlichen Fahrkenntnisse geführt wird.

Der Tatbestand von D.1.3 AKB setzt zunächst die Benutzung des Fahrzeugs auf öffentlichen Wegen oder Plätzen voraus (vgl. § 2 Abs. 1 StVG; § 4 Abs. 1 StVZO).

Ein Fahrer ist nur dann im Besitz der Fahrerlaubnis, wenn ihm der Führerschein von der Behörde nach bestandener Prüfung ausgehändigt worden ist. Selbst die Fahrt zum Abholen des Führerscheins stellt einen Verstoß gegen die Führerscheinklausel dar (vgl. BGH VersR 1966, 557, der BGH geht allerdings von fehlendem Verschulden aus).

An der erforderlichen Fahrerlaubnis fehlt es weiter, wenn der Führerschein gem. § 94 Abs.3 StPO etwa nach einer Trunkenheitsfahrt (von der Polizei) beschlagnahmt wird.

Gleiches gilt, wenn die Fahrerlaubnis nach § 111 a StPO vom Gericht vorläufig entzogen worden ist oder vom Strafrichter gem. § 42m StGB durch Urteil (verbunden mit einer Sperrfrist) entzogen wird.

Wird dagegen lediglich ein Fahrverbot gem. § 44 StGB oder § 25 StGB (insbes. wegen eines Verstoßes gegen die 0,5 Promille-Grenze des § 24a StVG) ausgesprochen, berührt dies die Fahrerlaubnis nicht, so dass ein Fahrverbot nicht unter D.1.3 AKB 2008 AKB 2008 fällt (vgl. BGH VersR 1987, 897).

Verstößt der VN gegen eine Auflage gem. § 12 Abs.2 S.1 StVZO, z.B. eine Brille zu tragen, zieht dies keinen Verstoß gegen die Führerscheinklausel nach sich, da durch eine derartige Auflage die Fahrerlaubnis nicht eingeschränkt wird (BGH VersR 1969, 1213).

Ist der Versicherer gegenüber dem Fahrer leistungsfrei geworden, bezieht sich die Leistungsfreiheit nicht grundsätzlich auch auf den VN, Halter oder Eigentümer. Die Leistungsfreiheit greift gegenüber diesen Personen aber ein, wenn sie das Fahrzeug von einem Fahrer benutzen lassen, der nicht die erforderliche Fahrerlaubnis hat, D.1.3 AKB 2008.

H. Vertragliche Obliegenheiten

169 Fallbeispiel:

Der VN fährt ohne Führerschein und verursacht schuldhaft einen Unfall mit Fremdschaden in Höhe von 8.000 Euro.

Lösung:

I. Leistungsfreiheit wegen Verletzung der Führerscheinklausel
Tatbestand: Der VN hat im Fallbeispiel gegen die Führerscheinklausel nach D.1.3 AKB verstoßen.
2. Verschulden (D.3.1 AKB 2008 und § 28 Abs. 2 VVG): Der VN müsste mindestens grob fahrlässig gehandelt haben. Bei leichter Fahrlässigkeit kommt eine Leistungsfreiheit nicht mehr in Betracht. Bei grober Fahrlässigkeit wäre die Leistung entsprechend der Schwere des Verschuldens zu kürzen, nur bei Vorsatz ist weiterhin völlige Leistungsfreiheit möglich.
Beachten Sie: Nach altem VVG (§ 6 Abs. 1 VVG a.F.) führte bereits die einfach fahrlässige Verletzung einer Obliegenheit vor dem Versicherungsfall zur vollen Leistungsfreiheit (Alles-oder-Nichts-Prinzip).
Im vorliegenden Fallbeispiel ist von einer vorsätzlichen Verletzung der Führerscheinklausel auszugehen, die – wie bisher – zur vollen Leistungsfreiheit führt.
3. Kündigung: Das bisherige Kündigungserfordernis (Klarstellungserfordernis) nach § 6 Abs. 1 S. 3 VVG a.F. ist als Voraussetzung für die Leistungsfreiheit entfallen.
4. Kausalität (D.3.2. AKB 2008 und § 28 Abs. 3 VVG): Dem VN steht wie bisher der Beweis offen, dass die Obliegenheitsverletzung für den Eintritt des Versicherungsfalles nicht kausal gewesen ist. Ein solcher Beweis ist dann geführt, wenn der Versicherungsfall ein unabwendbares Ereignis darstellt, der VN also die an einen Idealfahrer zu stellenden Anforderungen erfüllt hat. Die Beweislast für die fehlende Kausalität zwischen Obliegenheitsverletzung und Eintritt des Versicherungsfalles obliegt dem VN – diesen Beweis wird er normalerweise nicht führen können.
5. Ergebnis: Der Versicherer ist gegenüber dem VN von der Verpflichtung zur Leistung frei. Die Leistungsfreiheit ist gemäß D.3.3 AKB 2008 i.V.m. § 5 Abs. 2 KfzPflVV auf 5.000 Euro begrenzt.
II. Leistungspflicht gegenüber dem geschädigten Dritten: Aufgrund von § 115 VVG (Direktanspruch) und § 117 I VVG (Leistungsfreiheit kann dem Geschädigten Dritten nicht entgegengehalten werden) ist der Kfz-Haftpflichtversicherer zur Regulierung des verursachten Unfallschadens verpflichtet.
III. Regress: Allerdings kommt ein Regress im Innenverhältnis gegen den VN in Betracht. Anspruchsgrundlage hierzu ist § 116 I Satz 2 VVG. Aus D.3.3 AKB 2008 in Verbindung mit § 5 Abs. 2 KfzPflVV folgt die Limitierung einer etwaigen Leistungsfreiheit auf 5.000 Euro.

Anmerkung: An diesem Fallbeispiel zeigt sich, dass die Lösung nach alter und neuer Rechtslage dann identisch ist, wenn der VN vorsätzlich gehandelt hat. Unterschiede ergeben sich vor allem dann, wenn dem VN nur leichte (dann keine Leistungsfreiheit) oder grobe Fahrlässigkeit (dann Leistungskürzung) vorzuwerfen ist.
Beachten Sie: In der Kaskoversicherung führt ein Verstoß gegen D.1.3. AKB 2008 (Führerscheinklausel) zur völligen Leistungsfreiheit, wenn der VN vorsätzlich ohne Fahrerlaubnis gefahren ist. Bei grober Fahrlässigkeit wäre die Leistung zu kürzen.

170 **c) Die Verwendungsklausel.** Gemäß D.1.1 AKB 2008 darf das Fahrzeug nur zu dem im Versicherungsschein angegebenen Zweck verwendet werden.

II. Obliegenheitsverletzungen vor Eintritt des Versicherungsfalls

Vereinbarter Verwendungszweck

D.1.1 Das Fahrzeug darf nur zu dem im Versicherungsschein angegebenen Zweck verwendet werden.

Die unterschiedlichen – für die Tarifierung relevanten – Verwendungsarten sind in Anhang 6 AKB 2008 aufgeführt. Die Verwendungsklausel schließt als lex specialis die Anwendung der §§ 23 ff. VVG (Gefahrerhöhung) aus (OLG Köln, r+s 1990, 111). Auf der anderen Seite spielt es keine Rolle, ob die vom Antrag abweichende Verwendung im Einzelfall tatsächlich eine Gefahrerhöhung nach sich gezogen hat. Da die Verwendungsart im Vertrag ausdrücklich vereinbart ist, wird die Gefahrerhöhung bei anderweitiger Verwendung unwiderlegbar vermutet. Es kommt daher nicht darauf an, ob etwa ein besonders umsichtiger Fahrer das Fahrzeug gesteuert hat (OLG Hamm r+s 1992, 152).

Verstöße gegen die Verwendungsklausel hat die Rechtsprechung angenommen bei:
- Verwendung eines für den Werkverkehr versicherten Fahrzeugs im Güterverkehr (BGH VersR 1972, 530)
- Verwendung eines Traktors (landw. Zugmaschine) beim Fastnachtsumzug (OLG Karlsruhe VersR 1986, 1180)
- Verwendung eines Personenwagens als Mietfahrzeug (OLG Schleswig VersR 1968, 487)
- Gelegentlicher Überlassung eines PKW an Autovermietung zur Vermietung (BGH VersR 1958, 158)
- Überlassung eines „ohne Vermietung" versicherten PKW an Dritten durch Leasingvertrag wegen geschäftlicher Zusammenarbeit (OLG Hamm r+s 1992, 152)
- Überlassung eines zur Eigenverwendung versicherten PKW für längere Zeit an Geschäftsfreunde in Italien gegen Kaution; falls diese das Kfz nicht kaufen, müssen sie eine Nutzungsentschädigung entrichten (= Selbstfahrervermietung, OLG Düsseldorf r+s 1994, 205)
- Kfz mit rotem Kennzeichen wird für andere Fahrt als Prüfungs- oder Probefahrt verwendet (LG Köln r+s 2005, 325)

Fallbeispiel: 171
nach OLG Koblenz r+s 1999, 272

Der VN hat einen Kleintransport zur Eigenverwendung (Transport von Paketen und Zeitschriften) versichert. Nach einigen Monaten wurde das Fahrzeug in einen Verkehrsunfall verwickelt, der Fremdschaden betrug 8.000 Euro. Das Fahrzeug war von einem Herrn S gefahren worden. S hatte seine Aussage bei der Polizei unterschrieben mit: „S, Mieter und Fahrer".

Daraufhin berief sich der Kfz-Haftpflichtversicherer des VN auf Leistungsfreiheit in Höhe von 5.000 Euro, der VN habe das Fahrzeug vermietet und damit gegen die Verwendungsklausel verstoßen. Zu Recht?

Lösung:

I. Leistungsfreiheit wegen Verletzung der Verwendungsklausel
1. Tatbestand (D.1.1 AKB 2008): Zunächst müsste ein Verstoß gegen den Tatbestand der Verwendungsklausel vorliegen. Nach dem Inhalt des Versicherungsscheins sollte das Fahrzeug zur Eigenverwendung eingesetzt werden. Zu fragen ist, ob in der Vermietung des Fahrzeugs an S eine andere als im Antrag angegebene Verwendung zu

H. Vertragliche Obliegenheiten

sehen ist. Dadurch dass der PKW vermietet worden ist, könnte es sich um ein „Selbstfahrervermietfahrzeug" handeln. Das ist dann der Fall, wenn ein Fahrzeug gewerbsmäßig an Selbstfahrer ohne Stellung eines Fahrers vermietet wird. Eine gewerbsmäßige Betätigung liegt vor, wenn es sich nicht nur um eine vorübergehende, einmalige, sondern auf Dauer berechnete zu Erwerbszwecken dienende Tätigkeit handelt. Gewerbsmäßigkeit verlangt, dass von vornherein eine Bereitwilligkeit zur Wiederholung der Überlassung des Fahrzeugs gegen Entgelt besteht (*Stiefel/Hofmann* § 2 b AKB Rdn. 138; OLG Hamm VersR 1998, 1498). Aufgrund der Gesamtumstände kam das Gericht zum Ergebnis, dass bei dem VN von vornherein die Bereitschaft bestand, auch zukünftig Fahrzeuge gegen Entgelt zu vermieten. Daher war von einer gewerbsmäßigen Vermietung und von einer Änderung des Verwendungszwecks von der Eigenverwendung hin zu einem „Selbstfahrervermietfahrzeug" auszugehen.

Die abredewidrige Verwendung muss weiter zu einem erhöhten Risiko des Versicherers geführt haben. Hiervon wird unwiderlegbar ausgegangen, sofern nicht der Tarif für beide Zwecke identisch ist (OLG Hamm r+s 1998, 141; *Knappmann*, in: Prölss/Martin § 2 AKB Rdn. 1c). Auch diese Voraussetzung konnte der Versicherer vorliegend nachweisen.

2. Verschulden (D.3.1 AKB 2008 und § 28 Abs. 2 VVG): Der Verstoß gegen die Verwendungsklausel müsste vom VN mindestens grob fahrlässig begangen worden sein, anderes als bisher reicht leichte Fahrlässigkeit nicht aus (D.3.1 AKB 2008 und § 28 Abs. 2 VVG). Es ist aber davon auszugehen, dass der VN wusste (oder durch einen Blick in die Tarifbestimmungen hätte wissen können), dass er zur Vermietung seines Fahrzeugs nicht berechtigt war – insofern ist von einem grob fahrlässigen Verhalten auszugehen. Ob der Versicherer Vorsatz beweisen könnte ist zweifelhaft, auf der anderen Seite dürfte es dem VN schwer fallen, sich vom Vorwurf grober Fahrlässigkeit zu entlasten. Daher besteht Leistungsfreiheit entsprechend der Schwere des Verschuldens des VN. Ein Verstoß gegen die Verwendungsklausel gehört zu den Pflichtverletzungen, deren objektives Gewicht im mittleren Bereich liegen dürfte. Es ist deshalb von einer durch den objektiven Tatbestand der Pflichtverletzung indizierten „Normalfall-Quote" 50% auszugehen. Anhaltspunkte für eine vom VN zu beweisende Milderung bzw. eine vom Versicherer zu beweisende Erhöhung der Quote liegen nicht vor.

Nach altem Recht war einfache Fahrlässigkeit für eine volle Leistungsfreiheit (Alles-oder-Nichts-Prinzip) ausreichend.

3. Kündigung: Da § 28 VVG ein Kündigungserfordernis nicht mehr enthält, ist eine Kündigung des Vertrags durch den Versicherer nicht mehr erforderlich.

4. Kausalität (D.3.2. AKB 2008 und § 28 Abs. 3 VVG): Hinsichtlich der Kausalität ist zu fragen, ob die auf der Obliegenheitsverletzung beruhende Gefahrerhöhung ohne jede Bedeutung für das Schadensereignis war, ob also der Eintritt des Versicherungsfalles ein unabwendbares Ereignis gewesen ist, das auch ein Idealfahrer nicht hätte vermeiden können. Letzteres konnte vom VN aber nicht bewiesen werden (die Beweislast für mangelnde Kausalität trägt der VN), so dass auch das Kausalitätserfordernis gegeben ist.

5. Ergebnis: Der Versicherer ist gegenüber dem VN mit einer Quote von 50%, also in Höhe von 4.000 Euro (50% von 8.000 Euro) leistungsfrei. Die Leistungsfreiheit ist gemäß D.3.3 AKB 2008 i.V.m. § 5 Abs. 2 KfzPflVV auf 5.000 Euro begrenzt – in diesem Fall ohne Bedeutung, da die Leistungsfreiheit mit 4.000 Euro ohnehin unterhalb dieser Obergrenze liegt.

II. Leistungspflicht gegenüber dem geschädigten Dritten: Aufgrund von § 115 VVG (Direktanspruch) und § 117 Abs. 1 VVG (Leistungsfreiheit kann dem Geschädigten Dritten nicht entgegengehalten werden) ist der Kfz-Haftpflichtversicherer zur Regulierung des verursachten Unfallschadens verpflichtet.

II. Obliegenheitsverletzungen vor Eintritt des Versicherungsfalls

III. Regress: Allerdings kommt ein Regress im Innenverhältnis gegen den VN in Betracht, Anspruchsgrundlage hierfür ist § 116 Abs. 1 Satz 2 VVG. Geht man von einer Leistungsfreiheit von 50% aus, besteht eine Regressmöglichkeit des Kfz-Haftpflichtversicherers in Höhe von 4.000 Euro.

Beachten Sie: Die Verwendungsklausel ist sowohl in der Kfz-Haftpflicht als auch in der Kaskoversicherung anwendbar. Die Voraussetzungen der Leistungsfreiheit sind dieselben, allerdings besteht in der Kaskoversicherung keine Limitierung der Leistungsfreiheit auf 5.000 Euro.

d) Die Schwarzfahrerklausel. Das Fahrzeug darf nur von einem berechtigten Fahrer gebraucht werden (D.1.2 AKB 2008). 172

Berechtigter Fahrer
D.1.2 Das Fahrzeug darf nur von einem berechtigten Fahrer gebraucht werden. Berechtigter Fahrer ist, wer das Fahrzeug mit Wissen und Willen des Verfügungsberechtigten gebraucht. Außerdem dürfen Sie, der Halter oder der Eigentümer des Fahrzeugs es nicht wissentlich ermöglichen, dass das Fahrzeug von einem unberechtigten Fahrer gebraucht wird.

Berechtigter Fahrer ist, wer das Fahrzeug mit Wissen und Willen des Verfügungsberechtigten gebraucht.
Beachten Sie: Nach A.1.2c AKB 2008 genießen sowohl der berechtigte als auch der nichtberechtigte Fahrer Versicherungsschutz. Andernfalls wäre der Schutz von Unfallopfern nicht immer gewährleistet.

Fallbeispiel: 173
nach OLG Nürnberg r+s 2004, 366

Ein Mitarbeiter (M) der Firma von Frau F (VN) verursachte unter Alkoholeinfluss (0,6 Promille) einen Verkehrsunfall. Dabei wurde der Fahrer des anderen Unfallfahrzeugs tödlich verletzt.
Der Versicherer beruft sich auf Leistungsfreiheit. Frau F habe den PKW leichtsinnigerweise unverschlossen und mit steckenden Schlüsseln über Nacht auf dem Firmengelände stehen lassen. F trägt vor, der Versicherer habe den Vertrag nicht gekündigt, so dass die volle Versicherungssumme zur Verfügung stehen müsse.

Lösung:

A. Folgen für den Fahrer
I. Leistungsfreiheit gegenüber Fahrer M wegen Verstoßes gegen die sog. Schwarzfahrerklausel
1. Tatbestand (D.1.2 AKB): Der Fahrer war nicht befugt, das Kfz zu benutzen, daher liegt eine unberechtigte Fahrt nach D.1.2 AKB vor. Die Geltung der vertraglichen Obliegenheit für den mitversicherten Fahrer ergibt sich aus F.1. AKB 2008.
2. Verschulden (D.3.1 AKB und § 28 II VVG): Das erforderliche Verschulden liegt vor. F wusste, dass er das Kfz nicht benutzen durfte, daher ist von Vorsatz auszugehen.
  Bei vorsätzlicher Verletzung der Obliegenheit ist, wie bisher, die volle Leistungsfreiheit des Versicherers möglich.
3. Kündigungserfordernis: Ein Kündigungserfordernis besteht nach § 28 VVG nicht mehr. Zudem ist der Fahrer auch nicht der Vertragspartner des Versicherers, so dass eine Kündigung auch nach bisherigem VVG nicht erforderlich war.
4. Kausalität (D.2.2 AKB 2008 und § 28 Abs. 3 VVG): Die erforderliche Kausalität wird vermutet. Der Fahrer müsste beweisen, dass der Unfall für ihn ein unabwend-

H. Vertragliche Obliegenheiten

bares Ereignis war, dass also auch ein Idealfahrer den Unfall nicht hätte abwenden können. Dies wird ihm (schon weil er alkoholisiert war) nicht gelingen.

5. Ergebnis: Der Versicherer ist gegenüber dem Fahrer M leistungsfrei. Die Leistungsfreiheit ist gemäß D.3.3 AKB 2008 auf 5.000 Euro begrenzt.

II. Leistungspflicht gegenüber dem geschädigten Dritten: Aufgrund von § 115 VVG (Direktanspruch) und § 117 Abs. 1 VVG (Leistungsfreiheit kann dem geschädigten Dritten nicht entgegengehalten werden) ist der Kfz-Haftpflichtversicherer zur Regulierung des verursachten Unfallschadens verpflichtet.

III. Regress: Allerdings kommt ein Regress im Innenverhältnis gegen den mitversicherten Fahrer in Betracht, Anspruchsgrundlage hierfür ist § 116 Abs. 1 Satz 2 VVG. Aus D.3.3 AKB 2008 in Verbindung mit § 5 Abs. 2 KfzPflVV folgt die Limitierung des Regresses auf 5.000 Euro.

B. Folgen für die VN

Leistungsfreiheit gegenüber der VN wegen Verstoßes gegen die Verwendungsklausel?

1. Tatbestand (D.1.2 AKB): Anders als in § 2b AKB a.f. reicht ein schuldhaftes Ermöglichen einer Schwarzfahrt nach D.1.2 Satz 2 AKB 2008 nicht mehr aus, um eine Leistungsfreiheit gegen die VN geltend machen zu können. Verlangt wird in D.1.2 AKB 2008 ein „wissentliches" also vorsätzliches bzw. zumindest bedingt vorsätzliches Ermöglichen der Schwarzfahrt. Hier hat die VN nicht wissentlich ermöglicht, dass der Fahrer M das Fahrzeug benutzt. Zwar hat sie das Fahrzeug unverschlossen mit steckendem Schlüssel stehen lassen, so dass möglicherweise grobe Fahrlässigkeit vorliegt. Darin liegt aber kein wissentliches Ermöglichen der Schwarzfahrt. Eine Leistungsfreiheit gegenüber der VN kommt somit nicht in Betracht.

2. Ergebnis: Leistungsfreiheit gegenüber der VN besteht nicht. Daher haftet der Versicherer mit der vollen vertraglich vereinbarten Summe.

III. Obliegenheitsverletzungen nach Eintritt des Versicherungsfalls

174 Die Neufassung des Obliegenheitsrechts in § 28 VVG führt auch bei den Obliegenheiten im Versicherungsfall zu erheblichen Veränderungen.

1. Die Pflichten des VN im Versicherungsfall

175 Die AKB 2008 sprechen nicht mehr von Obliegenheitsverletzungen nach Eintritt des Versicherungsfalls, sondern überschreiben die Obliegenheiten mit „Welche Pflichten haben Sie im Schadenfall?".

Hinsichtlich des Inhalts der Pflichten, die der VN im Versicherungsfalls zu beachten hat, sind durch die AKB 2008 keine Veränderung eingetreten. Die Änderungen in Abschnitt E der AKB 2008 sind weniger inhaltlicher als sprachlicher Natur und auch die neue Untergliederung der Pflichten zieht keine sachlichen Änderungen nach sich.

Welche Obliegenheiten in der Kfz-Haftpflichtversicherung vereinbart werden können ist durch § 6 KfzPflVV vorgegeben.

Abschnitt E.1 AKB 2008 regelt zunächst diejenigen Pflichten im Schadenfall, die in allen Sparten der Kfz-Versicherung zu beachten sind.

III. Obliegenheitsverletzungen nach Eintritt des Versicherungsfalls

E   Welche Pflichten haben Sie im Schadenfall?

E.1   Bei allen Versicherungsarten

Anzeigepflicht

E.1.1   Sie sind verpflichtet, uns jedes Schadenereignis, das zu einer Leistung durch uns führen kann, innerhalb einer Woche anzuzeigen.

E.1.2   Ermittelt die Polizei, die Staatsanwaltschaft oder eine andere Behörde im Zusammenhang mit dem Schadenereignis, sind Sie verpflichtet, uns dies und den Fortgang des Verfahrens (z. B. Strafbefehl, Bußgeldbescheid) unverzüglich anzuzeigen, auch wenn Sie uns das Schadenereignis bereits gemeldet haben.

Aufklärungspflicht

E.1.3   Sie sind verpflichtet, alles zu tun, was der Aufklärung des Schadenereignisses dienen kann. Dies bedeutet insbesondere, dass Sie unsere Fragen zu den Umständen des Schadenereignisses wahrheitsgemäß und vollständig beantworten müssen und den Unfallort nicht verlassen dürfen, ohne die erforderlichen Feststellungen zu ermöglichen.
Sie haben unsere für die Aufklärung des Schadenereignisses erforderlichen Weisungen zu befolgen.

Schadenminderungspflicht

E.1.4   Sie sind verpflichtet, bei Eintritt des Schadenereignisses nach Möglichkeit für die Abwendung und Minderung des Schadens zu sorgen. Sie haben hierbei unsere Weisungen, soweit für Sie zumutbar, zu befolgen.

Der Versicherungsfall in der Kfz-Haftpflichtversicherung war in § 7 I Abs. 1 AKB a. F. als Ereignis definiert, das Ansprüche gegen den VN zur Folge haben könnte. Die AKB 2008 umschreiben den Versicherungsfall inhaltsgleich als „Schadenereignis, das zu einer Leistung durch den Versicherer führen kann." In der Praxis handelt es sich dabei regelmäßig um einen Verkehrsunfall, der Ansprüche gegen den VN auslöst.

Nach den allgemeinen für alle Sparten der Kfz-Versicherung zu beachtenden Obliegenheiten folgen in E.2 AKB 2008 die speziellen Obliegenheiten für die Kfz-Haftpflichtversicherung.

E.2   Zusätzlich in der Kfz-Haftpflichtversicherung

Bei außergerichtlich geltend gemachten Ansprüchen

E.2.1   Werden gegen Sie Ansprüche geltend gemacht, sind Sie verpflichtet, uns dies innerhalb einer Woche nach der Erhebung des Anspruchs anzuzeigen.

Anzeige von Kleinschäden

E.2.2   Wenn Sie einen Sachschaden, der voraussichtlich nicht mehr als xx Euro beträgt, selbst regulieren oder regulieren wollen, müssen Sie uns den Schadenfall erst anzeigen, wenn Ihnen die Selbstregulierung nicht gelingt.

Bei gerichtlich geltend gemachten Ansprüchen

E.2.3   Wird ein Anspruch gegen Sie gerichtlich geltend gemacht (z. B. Klage, Mahnbescheid), haben Sie uns dies unverzüglich anzuzeigen.

E.2.4   Sie haben uns die Führung des Rechtsstreits zu überlassen. Wir sind berechtigt, auch in Ihrem Namen einen Rechtsanwalt zu beauftragen, dem Sie Vollmacht sowie alle erforderlichen Auskünfte erteilen und angeforderte Unterlagen zur Verfügung stellen müssen.

H. Vertragliche Obliegenheiten

Bei drohendem Fristablauf

E.2.5 Wenn Ihnen bis spätestens zwei Tage vor Fristablauf keine Weisung von uns vorliegt, müssen Sie gegen einen Mahnbescheid oder einen Bescheid einer Behörde fristgerecht den erforderlichen Rechtsbehelf einlegen.

Die speziellen Obliegenheiten für die Kfz-Kaskoversicherung sind in Abschnitt E.3 der AKB 2008 wie folgt geregelt:

E.3 Zusätzlich in der Kaskoversicherung

Anzeige des Versicherungsfalls bei Entwendung des Fahrzeugs

E.3.1 Bei Entwendung des Fahrzeugs sind Sie abweichend von E.1.1 verpflichtet, uns dies unverzüglich in Schriftform anzuzeigen. Ihre Schadenanzeige muss von Ihnen unterschrieben sein.

Einholen unserer Weisung

E.3.2 Vor Beginn der Verwertung oder der Reparatur des Fahrzeugs haben Sie unsere Weisungen einzuholen, soweit die Umstände dies gestatten, und diese zu befolgen, soweit Ihnen dies zumutbar ist.

Anzeige bei der Polizei

E.3.3 Übersteigt ein Entwendungs-, Brand- oder Wildschaden den Betrag von xx Euro, sind Sie verpflichtet, das Schadenereignis der Polizei unverzüglich anzuzeigen.

2. Der angesprochene Personenkreis

176 Entsprechend der Obliegenheitsverletzungen vor dem Versicherungsfall sind auch die Obliegenheiten im Versicherungsfall neben dem VN von den mitversicherten Personen zu beachten (vgl. Abschnitt F AKB 2008), so dass auch gegenüber mitversicherten Personen Leistungsfreiheit bestehen kann und daher in der Kfz-Haftpflichtversicherung ein Regress möglich ist.

3. Voraussetzungen der Leistungsfreiheit nach neuem Recht

177 Hinsichtlich der Voraussetzungen der Leistungsfreiheit haben sich durch das neue VVG erhebliche Veränderungen ergeben. Um die durch das neue VVG zu beachtenden Neuerungen im Einzelnen nachvollziehen zu können, ist es sinnvoll, zunächst die bisherige mit der neuen Rechtslage zu vergleichen:

III. Obliegenheitsverletzungen nach Eintritt des Versicherungsfalls

Obliegenheiten im Versicherungsfall	
§ 6 Abs. 3 VVG a. F.	**§ 28 VVG 2008**
• Tatbestand (Verletzung einer vertraglich vereinbarten Obliegenheit)	• Tatbestand (Verletzung einer vertraglich vereinbarten Obliegenheit)
• grobe Fahrlässigkeit erforderlich	• grobe Fahrlässigkeit erforderlich
• Kausalität bei grober Fahrlässigkeit	• Kausalität bei grober Fahrlässigkeit und Vorsatz
• Relevanz bei Vorsatz (Rechtsprechung)	
• Belehrung (Rechtsprechung)	• Belehrung (außer bei spontan zu erfüllenden Obliegenheiten)

Tatbestand
Nach wie vor muss zunächst der **Tatbestand** einer der in Abschnitt E genannten Obliegenheit erfüllt sein, z. B. ein Verstoß gegen die Aufklärungspflicht.

Verschulden
Bereits nach § 6 Abs. 3 VVG a. F. setzte die Leistungsfreiheit des Versicherers bei Obliegenheitsverletzungen im Versicherungsfall mindestens grobe Fahrlässigkeit voraus. Insofern hat sich **durch das neue VVG am Verschuldensmaßstab nichts verändert**. Gemäß § 28 Abs. 2 VVG und darauf fußend in E.6.1 AKB 2008 ist zur Leistungsfreiheit wie bisher mindestens Vorsatz oder grobe Fahrlässigkeit erforderlich.

Neu ist jedoch, dass **bei grober Fahrlässigkeit die Leistung des Versicherers nur noch entsprechend der Schwere des Verschuldens gekürzt werden kann**.

Leistungsfreiheit bzw. Leistungskürzung
E.6.1 Verletzen Sie vorsätzlich eine Ihrer in E.1 bis E.5 geregelten Pflichten, haben Sie keinen Versicherungsschutz. Verletzen Sie Ihre Pflichten grob fahrlässig, sind wir berechtigt, unsere Leistung in einem der Schwere Ihres Verschuldens entsprechenden Verhältnis zu kürzen. Weisen Sie nach, dass Sie die Pflicht nicht grob fahrlässig verletzt haben, bleibt der Versicherungsschutz bestehen.

Anders als nach der bisherigen Rechtslage **wird Vorsatz nicht mehr vermutet,** so dass der Versicherer ein vorsätzliches Verhalten des VN nachweisen müsste. Will der VN seine Leistung in voller Höhe erhalten, muss er nachweisen, dass er schuldlos oder lediglich mit einfacher Fahrlässigkeit gehandelt hat.

Kündigung
Bereits nach § 6 VVG a. F. war im Falle einer Obliegenheitsverletzung im Versicherungsfall keine Kündigung erforderlich. Auch § 28 VVG enthält kein Kündigungserfordernis.

178

179

180

H. Vertragliche Obliegenheiten

Kausalität

181 Wurde die Obliegenheitsverletzung grob fahrlässig begangen, war im bisherigen Recht gemäß § 6 Abs. 3 VVG a.F. und entsprechend gemäß § 7 Abs. 5 Satz 2 AKB Kausalität insoweit erforderlich, als die Obliegenheitsverletzung Einfluss auf die Feststellung des Versicherungsfalles oder auf den Umfang der vom Versicherer zu erbringenden Leistung haben musste. Der VN hatte in den Fällen der grob fahrlässigen Obliegenheitsverletzung die fehlende Kausalität zu beweisen (vgl. z. B. *Knappmann*, in: Prölss/Martin § 7 AKB Rdn. 73). **Bei einer vorsätzlich begangenen Obliegenheitsverletzung war Kausalität dagegen nicht erforderlich.** Der Versicherer konnte nach der gesetzlichen Regelung also auch bei folgenlos gebliebener Obliegenheitsverletzung leistungsfrei werden.

Eine Einschränkung erfuhr die bisherige gesetzliche Regelung durch die sog. Relevanztheorie. Die Rechtsprechung (vgl. z. B. BGH r+s 1992, 1) knüpfte die Leistungsfreiheit bei vorsätzlicher – aber folgenlos gebliebener Obliegenheitsverletzung – an folgende Voraussetzungen:
– Zunächst musste die Obliegenheitsverletzung generell geeignet sein, berechtigte Interessen des Versicherers ernsthaft zu gefährden
– Darüber hinaus war ein erhebliches Verschulden des VN erforderlich.

Die durch Richterrecht entwickelte Relevanztheorie wurden von der Rechtsprechung unter Berücksichtigung des Grundsatzes von Treu und Glauben entwickelt, um die Härte des in § 6 Abs. 3 VVG vorgesehenen „Alles-oder-Nichts-Prinzps" abzufedern. Nur eingeschränkte Anwendung fand die Relevanztheorie deshalb in der Kfz-Haftpflichtversicherung, da die Leistungsfreiheit des Versicherers hier ohnehin auf maximal 2.500 Euro bzw. in schweren Fällen auf 5.000 Euro begrenzt, der VN also weniger schutzwürdig ist (vgl. BGH r+s 2006, 99; *Bauer* Rdn. 617 m.w.N.; kritisch hierzu *Johannsen*, in: Bruck/Möller, Anm. F 112; *Maier* NVersZ 1998, 59).

Die Grundgedanken der Relevanzrechtsprechung wurden im neuen VVG gesetzlich umgesetzt. **Nach § 28 Abs. 3 VVG und E.6.2 AKB 2008 bleibt der Versicherer nun auch bei vorsätzlicher Pflichtverletzung zur Leistung verpflichtet, soweit die Obliegenheitsverletzung weder für den Eintritt noch für die Feststellung des Versicherungsfalls ursächlich ist.** Nur bei arglistigem Verhalten des VN ist Kausalität entbehrlich, das wird ausdrücklich in § 28 Abs. 3 Satz 2 VVG und entsprechend der gesetzlichen Regelung in E.6.2 AKB 2008 hervorgehoben.

> E.6.2 Abweichend von E.6.1 sind wir zur Leistung verpflichtet, soweit Sie nachweisen, dass die Pflichtverletzung weder für die Feststellung des Versicherungsfalls noch für die Feststellung oder den Umfang unserer Leistungspflicht ursächlich war. Dies gilt nicht, wenn Sie die Pflicht arglistig verletzen.

Belehrung

182 Die strenge Regelung des § 6 Abs. 3 VVG a.F. wurde schon bisher durch ein Belehrungserfordernis deutlich abgemildert. Die Rechtsprechung verlangte für die Leistungsfreiheit bei einer vorsätzlich begangenen, aber folgenlos gebliebenen Obliegenheitsverletzung schon in der Vergangenheit einen deutlichen Hinweis des Versicherers auf den Eintritt seiner Leistungsfreiheit. Dieses Erfordernis war im Wortlaut des § 6 Abs. 3 VVG a.F. nicht enthalten. Die

III. Obliegenheitsverletzungen nach Eintritt des Versicherungsfalls

Hinweispflicht wurde von der Rechtsprechung (vgl. BGH VersR 1973, 174; OLG Hamm VersR 1994, 590) dennoch unter Hinweis auf § 242 BGB aufgestellt, weil es für den VN eine ebenso harte wie weithin unbekannte Rechtsfolge darstelle, dass eine unwahre Angabe auch dann zur Leistungsfreiheit des Versicherers führen kann, wenn sie für diesen nicht zu Nachteilen geführt hat.

Diese Rechtsprechung ist nunmehr gesetzlich verankert worden. Gemäß § 28 Abs. 4 VVG muss der Versicherer den VN auf die ihm drohenden Folgen der Verletzung einer Obliegenheit nach Eintritt des Versicherungsfalls durch gesonderte Mitteilung in Textform hinweisen.

§ 28 Abs. 4 VVG

(4) Die vollständige oder teilweise Leistungsfreiheit des Versicherers nach Absatz 2 hat bei Verletzung einer nach Eintritt des Versicherungsfalles bestehenden Auskunfts- oder Aufklärungsobliegenheit zur Voraussetzung, dass der Versicherer den Versicherungsnehmer durch gesonderte Mitteilung in Textform auf diese Rechtsfolge hingewiesen hat.

Textform bedeutet nach § 126b BGB, dass neben der schriftlichen auch eine Belehrung durch E-Mail möglich ist. Die Wendung durch „gesonderte Mitteilung" dürfte so zu verstehen sein, dass die Belehrung auf einem dem VN zugesandten Fragebogen enthalten sein kann, eine (nur) in den AKB enthaltene Belehrung dagegen nicht ausreichend wäre. Entsprechend den Anforderungen der Rechtsprechung im Zusammenhang mit der unter Geltung von § 6 Abs. 3 VVG a.f. ist davon auszugehen, dass auch die in § 28 Abs. 4 VVG vorgeschriebene Belehrung drucktechnisch auffällig gestaltet sein muss (näher hierzu *Römer/Langheid* § 6 VVG Rdn. 64).

Das neue gesetzliche Belehrungserfordernis entfällt bei spontan zu erfüllenden Obliegenheiten, wie z. B. im Zusammenhang mit einer Unfallflucht. Hier liegt es in der Natur der Sache, dass eine Belehrung durch den zu diesem Zeitpunkt noch nicht involvierten Versicherer nicht erfolgen kann.

Auch ein arglistig handelnder VN ist nicht schutzwürdig, so dass sich der Versicherer in diesem Fall auch ohne eine vorher erfolgte Belehrung auf eine Leistungsfreiheit berufen kann (so auch Regierungsentwurf S. 69).

4. Die Obliegenheiten im Versicherungsfall im Einzelnen

Welche Obliegenheiten von einem VN nach Eintritt des Versicherungsfalls 183 zu beachten sind, regelt Abschnitt E AKB 2008. Im Folgenden sollen die einzelnen in den AKB enthaltenen Obliegenheiten im Versicherungsfall anhand von Beispielsfällen besprochen werden. Um die sich nach der neuen Rechtslage ergebenden Unterschiede besser verdeutlichen zu können, wird die Lösung jeweils mit der bisherigen Rechtslage verglichen.

a) **Die Anzeigeobliegenheit.** Nach E.1.1 AKB 2008 hat der VN wie bisher 184 den Versicherungsfall innerhalb einer Woche schriftlich anzuzeigen.

E.1 **Bei allen Versicherungsarten**
   Anzeigepflicht
   E.1.1   Sie sind verpflichtet, uns jedes Schadenereignis, das zu einer Leistung durch uns führen kann, innerhalb einer Woche anzuzeigen.

H. Vertragliche Obliegenheiten

E.1.2 Ermittelt die Polizei, die Staatsanwaltschaft oder eine andere Behörde im Zusammenhang mit dem Schadenereignis, sind Sie verpflichtet, uns dies und den Fortgang des Verfahrens (z. B. Strafbefehl, Bußgeldbescheid) unverzüglich anzuzeigen, auch wenn Sie uns das Schadenereignis bereits gemeldet haben.

Die vertragliche Anzeigeobliegenheit ist eine vertragliche Ausprägung von § 30 VVG. Nach E.1.2 AKB 2008 muss der VN polizeiliche und staatsanwaltliche Ermittlungen und den etwaigen Erlass eines Strafbefehls oder Bußgeldbescheids mitteilen.

In der Kfz-Haftpflichtversicherung wird die Anzeigeobliegenheit insofern ergänzt, als der VN innerhalb einer Woche anzeigen muss, wenn gegen ihn Ansprüche geltend gemacht werden.

E.2 Zusätzlich in der Kfz-Haftpflichtversicherung

Bei außergerichtlich geltend gemachten Ansprüchen

E.2.1 Werden gegen Sie Ansprüche geltend gemacht, sind Sie verpflichtet, uns dies innerhalb einer Woche nach der Erhebung des Anspruchs anzuzeigen.

Damit der Kfz-Haftpflichtversicherer im Haftpflichtprozess die geeigneten Maßnahmen zur Abwehr unberechtigter Ansprüche ergreifen kann, verpflichtet E.3 AKB 2008 den VN zur Anzeige gerichtlich geltend gemachter Ansprüche. Zudem ist der VN auch selbst verpflichtet, die erforderlichen Rechtsbehelfe einzulegen, wenn Fristen abzulaufen drohen und der Versicherer selbst es versäumt hat, rechtzeitig die erforderlichen Weisungen zu erteilen.

Bei gerichtlich geltend gemachten Ansprüchen

E.2.3 Wird ein Anspruch gegen Sie gerichtlich geltend gemacht (z. B. Klage, Mahnbescheid), haben Sie uns dies unverzüglich anzuzeigen.

E.2.4 Sie haben uns die Führung des Rechtsstreits zu überlassen. Wir sind berechtigt, auch in Ihrem Namen einen Rechtsanwalt zu beauftragen, dem Sie Vollmacht sowie alle erforderlichen Auskünfte erteilen und angeforderte Unterlagen zur Verfügung stellen müssen.

Bei drohendem Fristablauf

E.2.5 Wenn Ihnen bis spätestens zwei Tage vor Fristablauf keine Weisung von uns vorliegt, müssen Sie gegen einen Mahnbescheid oder einen Bescheid einer Behörde fristgerecht den erforderlichen Rechtsbehelf einlegen.

Eine Anzeige ist nicht erforderlich, wenn der Versicherer in anderer Weise rechtzeitig Kenntnis erlangt hat, §§ 104 Abs. 3 Satz 2, 30 Abs. 2 VVG. Zeigt daher der Geschädigte den Unfall innerhalb einer Woche an, kann eine Leistungsfreiheit des Versicherers nicht eintreten (vgl. *Knappmann*, in: Prölss/Martin § 7 AKB Rdn. 3). Aus diesem Grund ist die praktische Bedeutung der Anzeigeobliegenheiten in der Kfz-Haftpflichtversicherung relativ gering.

Inhalt der Anzeige muss die Mitteilung von Ort und Zeit sowie vom Ablauf des betreffenden Unfalls sein. Soweit dem VN zunächst noch keine Einzelheiten bekannt sind, muss er nur mitteilen, dass sein Fahrzeug in einen Unfall verwickelt worden ist (*Stiefel/Hofmann* § 7 Rdn. 24). Die Anzeige eines Kaskoschadens ersetzt nicht die Anzeige des Haftpflichtfalles und um-

III. Obliegenheitsverletzungen nach Eintritt des Versicherungsfalls

gekehrt (OLG Celle VersR 1967, 994). Zwar ist die Kenntnis der Kaskoabteilung der Haftpflichtabteilung zuzurechnen. Da aber abhängig von der konkreten Versicherungsart der Inhalt der Anzeige ein anderer sein kann und muss, kann dennoch eine Verletzung der Anzeigeobliegenheit in Betracht kommen (*Stiefel/Hofmann* § 7 Rdn. 16). Das OLG Hamm (r+s 2005, 102) hat in einem solchen Fall eine Klage gegen einen Kaskoversicherer abgewiesen, weil die Schadenanzeige verspätet erfolgt war.

Beachten Sie: Die Verletzung der Anzeigeobliegenheit kann in der Kfz-Haftpflichtversicherung immer nur zu einer Leistungsfreiheit von höchsten 2.500 Euro führen. Nach dem eindeutigen Wortlaut von E.6.4 AKB 2008 kommt eine Erhöhung der Leistungsfreiheit auf 5.000 Euro nur bei einer besonders schwerwiegenden Verletzung der Aufklärungspflicht in Betracht (OLG Karlsruhe r+s 1994, 203).

Fallbeispiel: 185
nach OLG Hamm r+s 1994, 83

VN besuchte das Cafe X. in W. Dort traf er drei Bekannte, A, B und C. Da diese kein Auto besaßen erklärte sich der VN bereit, für die Heimfahrt aller seinen BMW zur Verfügung zu stellen. Gesteuert wurde der PKW von B. Dieser kam mit dem PKW von der Straße ab und stieß gegen einen Baum. A und C wurden verletzt, weiterer Fremdschaden entstand nicht. Nachdem der Kfz-Haftpflichtversicherer die Personenschäden der Insassen reguliert hatte, berief er sich u. a. deswegen auf Leistungsfreiheit, weil der VN den Unfall nicht innerhalb einer Woche angezeigt habe. Außerdem habe der VN von einem Anspruchsschreiben eines geschädigten Insassen bzw. von dessen Krankenkasse keine Mitteilung gemacht. Gleiches gelte für ein gegen den VN von der Staatsanwaltschaft eingeleitetes Ermittlungsverfahren.

Der VN meint, er habe den Schaden deshalb nicht gemeldet, weil ihm nicht klar gewesen sei, dass er (als Halter) neben B überhaupt haften müsse. Der Versicherer habe vor der Regulierung Einsicht in die Strafakte genommen, das Anspruchsschreiben der Krankenkasse sei dem Kfz-Haftpflichtversicherer direkt zugegangen.

Lösung:
I. Leistungsfreiheit wegen Verletzung der Anzeigepflicht: Leistungsfreiheit in Höhe von 2.500 Euro könnte sich aus einem Verstoß gegen die Anzeigobliegenheit gemäß E.2.1 AKB 2008 ergeben.
1. Die mangelnde Anzeige des Versicherungsfalls:
Tatbestand (E.2.1 AKB 2008): Der Tatbestand für eine Anzeigepflichtverletzung ist erfüllt. Der VN hat den Eintritt des Versicherungsfalles nicht innerhalb einer Woche schriftlich angezeigt.
Verschulden (E.6.1 AKB 2008 und § 28 Abs. 2 VVG): Der Verstoß gegen die Anzeigepflicht müsste vom VN mindestens grob fahrlässig begangen worden sein (E.6.1 AKB 2008 und § 28 Abs. 2 VVG). Grobe Fahrlässigkeit des VN ist hier jedoch zu verneinen. Es ist nicht fernliegend, dass ein VN nicht weiß, dass bei einem Unfall verletzte Fahrzeuginsassen auch gegen den Halter (gem. § 7 StVG) Ansprüche stellen könnten.
Kausalität (E.6.2 AKB 2008 und § 28 Abs. 3 VVG): Auch wenn man das Verhalten als grob fahrlässig werten würde, fehlt es an der sodann gemäß E.6.2 AKB 2008 und § 28 Abs. 3 VVG erforderlichen Kausalität für die Feststellung des Versicherungsfalles oder für den Umfang der zu erbringenden Leistungen. Nachteile sind dem Versicherer nämlich nicht entstanden, da er vor der Regulierung vollständig über das Geschehen informiert war.

H. Vertragliche Obliegenheiten

2. Die mangelnde Anzeige des Anspruchsschreibens:
Tatbestand (E.2.1 AKB 2008): Die mangelnde Anzeige der Anspruchsschreiben der Geschädigten bzw. von deren Krankenkasse stellt zwar einen Verstoß gegen E.2.1 AKB 2008 dar. Der VN muss seinem Kfz-Haftpflichtversicherer mitteilen, wenn der Geschädigte Ansprüche gegen ihn erhebt. Vorliegend führt das wegen §§ 104 Abs. 3 Satz 2, 30 Abs. 2 VVG nicht zur Leistungsfreiheit – der Versicherer hatte durch das auch an ihn gerichtete Schreiben der Krankenkasse Kenntnis von deren Ansprüchen erlangt.

3. Die mangelnde Anzeige des Ermittlungsverfahrens
Tatbestand (E.1.2 AKB 2008): Schließlich hat der VN auch das gegen ihn eingeleitete Ermittlungsverfahren nicht angezeigt, hierzu war er gemäß E.1.2 AKB 2008 verpflichtet. Damit ist der objektive Tatbestand einer Obliegenheitsverpflichtung gegeben. Doch hat der Versicherer auch hier durch die Einsicht in die Strafakte anderweitig Kenntnis von dem eingeleiteten Ermittlungsverfahren erlangt.

Verschulden (E.6.1 AKB 2008 i.V.m. § 28 Abs. 2 VVG): Zudem fehlt es auch an der weiterhin erforderlichen groben Fahrlässigkeit bei Verletzung der Anzeigepflicht, E.6.1 AKB 2008 i.V.m. § 28 Abs. 2 VVG. Diese Voraussetzung liegt nicht vor, da der VN nicht grob fahrlässig gehandelt hat als er davon ausging, er sei überhaupt nicht haftpflichtig.

Kausalität (E.6.2 AKB 2008 i.V.m. § 28 Abs. 3 VVG): Darüber hinaus fehlt es auf jeden Fall auch an der bei grob fahrlässigem Verhalten weiter erforderlichen Kausalität. Dem Versicherer sind bei der Regulierung des Schadens keine Nachteile entstanden.

4. Ergebnis: Der Versicherer kann sich nicht auf eine Leistungsfreiheit berufen, ein Regress gegen den VN (die maximale Höhe wäre 2.500 Euro gewesen, eine Erhöhung auf 5.000 Euro gemäß E.6.4 AKB 2008 scheidet bei der Verletzung von Anzeigepflichten aus) kommt nicht in Betracht.

186 **b) Sonderregelung für Kleinschäden.** In E.2.2 AKB 2008 wurde eine spezielle Regelung für die Selbstregulierung von Kleinschäden in der Kfz-Haftpflichtversicherung getroffen.

Anzeige von Kleinschäden
E.2.2 Wenn Sie einen Sachschaden, der voraussichtlich nicht mehr als xx Euro beträgt, selbst regulieren oder regulieren wollen, müssen Sie uns den Schadenfall erst anzeigen, wenn Ihnen die Selbstregulierung nicht gelingt.

Gemäß E.2.2 AKB 2008 entfällt die Anzeigepflicht, wenn der VN mit Rücksicht auf seinen Schadensfreiheitsrabatt einen Schadensfall selbst reguliert. Diese Ausnahme gilt jedoch nicht, wenn ein Anspruch gegen den VN gerichtlich geltend gemacht wird. Als Kleinschäden gelten nach den AKB der meisten Versicherer Schäden bis zu 500 Euro.

187 **c) Pflicht, dem Versicherer die Führung des Rechtsstreits zu überlassen.** Ferner muss der VN dem Versicherer die Führung eines etwaigen Rechtsstreits überlassen, ggf. muss er gegen einen Mahnbescheid oder einen behördlichen Bescheid Rechtsmittel einlegen, E.2.5 AKB 2008.

188 **d) Besondere Anzeigeobliegenheiten in der Kaskoversicherung.** Einige besondere Obliegenheiten sind vom VN in der Kfz-Kaskoversicherung zu beachten.

III. Obliegenheitsverletzungen nach Eintritt des Versicherungsfalls

E.3 Zusätzlich in der Kaskoversicherung

Anzeige des Versicherungsfalls bei Entwendung des Fahrzeugs
E.3.1 Bei Entwendung des Fahrzeugs sind Sie abweichend von E.1.1 verpflichtet, uns dies unverzüglich in Schriftform anzuzeigen. Ihre Schadenanzeige muss von Ihnen unterschrieben sein.

Einholen unserer Weisung
E.3.2 Vor Beginn der Verwertung oder der Reparatur des Fahrzeugs haben Sie unsere Weisungen einzuholen, soweit die Umstände dies gestatten, und diese zu befolgen, soweit Ihnen dies zumutbar ist.

Anzeige bei der Polizei
E.3.3 Übersteigt ein Entwendungs-, Brand- oder Wildschaden den Betrag von xx Euro, sind Sie verpflichtet, das Schadenereignis der Polizei unverzüglich anzuzeigen.

Bei einer Entwendung des Fahrzeugs ist der VN gemäß E.3.1 AKB 2008 verpflichtet, den Diebstahl unverzüglich in Schriftform anzuzeigen und die Schadenanzeige selbst zu unterschreiben. Gemäß. E.3.2 AKB 2008 muss der VN vor Beginn der Verwertung oder der Reparatur des Fahrzeugs – soweit zumutbar – die Weisungen des Versicherers einholen. Übersteigt ein Entwendungs-, Brand- oder Wildschaden einen bestimmten Betrag von zumeist 500 Euro, ist der VN verpflichtet, das Schadenereignis der Polizei unverzüglich anzuzeigen, E.3.3 AKB 2008.

Fallbeispiel: 189
nach OLG Hamm r+s 2005, 102

Der VN machte geltend, sein Fahrzeug sei am 1. 4. gestohlen worden. Noch am selben Tag erstattete er Anzeige bei der Polizei. Dem Kaskoversicherer wurde der Diebstahl erst elf Tage später angezeigt. Vor Gericht erklärte der VN, er hätte mit der Anzeige noch länger gewartet, wenn er nicht bei einer weiteren Vernehmung bei der Polizei an die Meldung beim Versicherer erinnert worden sei.

Lösung:
I. Leistungsfreiheit wegen Verletzung der Anzeigepflicht:
1. Tatbestand (E.3.1 AKB 2008): Der VN hat seine Anzeigeobliegenheit gemäß E.3.1 AKB 2008 verletzt, bei elf Tagen lässt sich sicher nicht mehr von einer „unverzüglichen Anzeige" sprechen.
2. Verschulden (E.6.1 AKB 2008 und § 28 Abs. 2 VVG): Der Verstoß gegen die Anzeigepflicht müsste vom VN mindestens grob fahrlässig begangen worden sein (E.6.1 AKB 2008 und § 28 Abs. 2 VVG). Anders als nach der bisherigen Rechtslage wird Vorsatz nicht mehr vermutet, so dass der Versicherer ein vorsätzliches Verhalten des VN nachweisen müsste. Das dürfte im vorliegenden Fall nicht einfach sein. Im Regelfall gehen die Gerichte davon aus, dass der VN die Obliegenheit zur baldigen Schadenanzeige nicht vorsätzlich verletzt – der VN wolle sich grundsätzlich ja nicht absichtlich um seinen Versicherungsschutz bringen (BGH VersR 1991, 321). Auch wenn man diesen Erfahrungssatz in der Kaskoversicherung nicht teilen will (weil der VN zur Fälschung der Schlüssel und Verschiebung des Autos möglicherweise Zeit braucht) ist doch zweifelhaft, ob sich dem VN vorliegend Vorsatz nachweisen lässt. Das OLG Hamm hat eine vorsätzliche Verletzung der Anzeigepflicht bejaht, weil der VN als Kfz–Mechaniker habe wissen müssen, dass ein Fahrzeugdiebstahl schnell zu

H. Vertragliche Obliegenheiten

melden sei – allerdings galt zum Zeitpunkt dieser Gerichtsentscheidung noch die Vorsatzvermutung des § 6 Abs. 3 VVG a. F.

3. Kausalität (E.6.2 AKB 2008 und § 28 Abs. 3 VVG): Auch wenn man von einer vorsätzlichen Verletzung der Anzeigepflicht ausgehen wollte, wäre weiter die gemäß E.6.2 AKB 2008 und § 28 Abs. 3 VVG erforderliche Kausalität für die Feststellung des Versicherungsfalls oder für den Umfang der zu erbringenden Leistung zweifelhaft. Nach bisherigem Recht war bei vorsätzlicher Verletzung einer Obliegenheit im Versicherungsfall (§ 6 Abs. 3 VVG a. F.) keine Kausalität erforderlich (zur deshalb entwickelten Relevanzrechtsprechung s. oben Rdn. 181). Da der VN sofort Anzeige bei der Polizei erhoben hat, ist nicht ersichtlich, dass Ermittlungen zur Überprüfung des Diebstahlereignisses nicht oder verspätet durchgeführt worden sind. Auf die Kausalität käme es lediglich dann nicht an, wenn der VN arglistig gehandelt hätte, doch liegen Anhaltspunkte für eine vom Versicherer zu beweisende Arglist hier nicht vor.

4. Ergebnis: Wegen des im Rahmen von § 28 Abs. 2 VVG und E.6.2. AKB 2008 nunmehr auch bei Vorsatz bestehenden Kausalitätserfordernisses kann sich der Versicherer – anders als unter Geltung des früheren § 6 Abs. 3 VVG a. F. – nicht auf Leistungsfreiheit berufen.

190 **e) Aufklärungsobliegenheit – Unfallflucht.** Der Versicherer ist bei der Aufklärung des dem Schadenfall zugrunde liegenden Sachverhalts auf die Angaben des VN angewiesen. Gemäß E.1.3 AKB 2008 ist der VN deshalb verpflichtet alles zu tun, was zur Aufklärung des Schadens dienlich sein kann.

Aufklärungspflicht
E.1.3   Sie sind verpflichtet, alles zu tun, was der Aufklärung des Schadenereignisses dienen kann. Dies bedeutet insbesondere, dass Sie unsere Fragen zu den Umständen des Schadenereignisses wahrheitsgemäß und vollständig beantworten müssen und den Unfallort nicht verlassen dürfen, ohne die erforderlichen Feststellungen zu ermöglichen.
Sie haben unsere für die Aufklärung des Schadenereignisses erforderlichen Weisungen zu befolgen.

Deutlicher als bisher weisen die AKB 2008 den VN darauf hin, dass eine Unfallflucht als Verletzung der Aufklärungspflicht – neben den strafrechtlichen Konsequenzen – auch versicherungsrechtlich sanktioniert wird.

191 Fallbeispiel
nach OLG Hamm r+s 1993, 4

Nach einem Gaststättenbesuch geriet der VN gegen 3 Uhr mit seinem PKW ausgangs einer Linkskurve ins Schleudern und prallte gegen einen Baum. Dieser stand im Eigentum des Landkreises, der für die Beseitigung der Baumschäden 219,60 Euro in Rechnung stellte.
Der VN wartete eine Stunde an der Unfallstelle und ging dann zu Fuß nach Hause. Dort weckte er seine Frau und berichtete vom Unfall. Da die Ehefrau aber noch erheblich angetrunken war, benachrichtigte auch sie nicht die Polizei. Am nächsten Tag wurde VN als Fahrer ermittelt. Das anschließende Ermittlungsverfahren wegen Unfallflucht wurde von der Staatsanwaltschaft wegen Geringfügigkeit eingestellt.
Der Schaden am PKW des VN betrug 27.217,15 Euro. Der VN war vollkaskoversichert und verlangte diesen Betrag vom Versicherer ersetzt. Der Versicherer verweigerte die Zahlung und berief sich auf Leistungsfreiheit.

III. Obliegenheitsverletzungen nach Eintritt des Versicherungsfalls

Lösung:

I. Leistungsfreiheit wegen Verletzung der Aufklärungsobliegenheit: Die Leistungsfreiheit könnte gem. E.1.1.3 AKB 2008 i. V. m. § 28 Abs. 2 VVG eingetreten sein.
1. Tatbestand (E.1.3 AKB 2008): Grundsätzlich ist sowohl in der Haftpflicht als auch in der Vollkaskoversicherung von einer Verletzung der Aufklärungspflicht auszugehen, falls dem VN unerlaubtes Entfernen vom Unfallort gemäß § 142 StGB vorzuwerfen ist. Das ist nunmehr in E.1.3 AKB 2008 ausdrücklich klargestellt. Da § 142 StGB die Sicherung der zivilrechtlichen Ersatzansprüche des Geschädigten schützen soll, kommt eine Unfallflucht nur in Betracht, wenn nicht nur völlig belanglose Bagatellschäden entstanden sind. Diese sog. Erheblichkeitsgrenze liegt bei 50 Euro und ist hier deutlich überschritten. Nach § 142 Abs. 1 Nr. 2 StGB traf den VN daher eine Wartepflicht. Angesichts der Umstände (Nacht, geringer Schaden) war eine Wartezeit von einer Stunde ausreichend. Jedoch traf den VN nunmehr die Pflicht gemäß § 142 Abs. 2 StGB zur unverzüglichen nachträglichen Ermöglichung der Feststellungen, also zur Benachrichtigung des Geschädigten oder der Polizei. Dieser Pflicht ist der VN nicht nachgekommen.
2. Verschulden (E.2.1 AKB und § 28 Abs. 2 VVG): Weiter müsste der VN die Obliegenheitsverletzung schuldhaft, mindestens aber mit grober Fahrlässigkeit begangen haben. Anders als nach § 6 Abs. 3 VVG a. F. wird gem. § 28 Abs. 2 VVG vorsätzliches Verhalten des VN nicht vermutet, so dass der Versicherer beweisen muss, dass der VN vorsätzlich gehandelt hat. Hier wusste der VN, dass er sich durch die Unfallflucht den Feststellungen der Polizei entziehen und damit gleichzeitig seine Verpflichtung zur Aufklärung Sachverhalts verletzen würde, so dass von einem vorsätzlichen Handeln auszugehen ist.
3. Kausalität (E.2.2 AKB und § 28 Abs. 3 VVG): Auch bei vorsätzlicher Obliegenheitsverletzung bleibt der Versicherer nach § 28 Abs. 3 VVG zur Leistung verpflichtet, soweit die Obliegenheitsverletzung weder für den Eintritt oder die Feststellung des Versicherungsfalls noch für die Feststellung oder den Umfang der Leistungspflicht des Versicherers ursächlich ist. Nur bei arglistigem Verhalten des VN ist Kausalität entbehrlich, das wird ausdrücklich in § 28 Abs. 3 Satz 2 VVG hervorgehoben.
Die Relevanztheorie findet keine Anwendung mehr, sie ist in den erhöhten Kausalitätsanforderungen bereits enthalten.
Fraglich ist, ob die erforderliche Kausalität im vorliegenden Fall gegeben ist. Die fehlende Kausalität eines Obliegenheitsverstoßes ergibt sich nicht schon daraus, dass der Versicherer diesen vor seiner Leistungserbringung bemerkt und nichts bezahlt hat – auch in diesem Fall ist denkbar, dass die Feststellungen zum Nachteil des Versicherers beeinflusst worden sind (OLG Karlsruhe VersR 2000, 176; näher *Barkam* VersR 1997, 1463). Ein gutes Beispiel hierfür ist etwa die Verkehrsunfallflucht, hier ist es dem Versicherer meist nicht mehr möglich Feststellungen zur Frage einer etwaigen Alkoholisierung zu erheben und damit einen Regress gegen seinen VN durchzuführen. Daher ist durch die Unfallflucht die Feststellung der Leistungspflicht (zu dieser wird man auch die Frage, ob ein Regress durchgeführt werden kann oder nicht zählen müssen) beeinträchtigt worden.
4. Belehrungserfordernis (§ 28 Abs. 4 VVG): Das Belehrungserfordernis entfällt bei spontan zu erfüllenden Obliegenheiten, wie z. B. im Zusammenhang mit einer Unfallflucht. Hier liegt es in der Natur der Sache, dass eine Belehrung durch den zu diesem Zeitpunkt noch nicht involvierten Versicherer nicht erfolgen kann.
5. Ergebnis: Der Versicherer ist wegen vorsätzlicher Verletzung der Aufklärungspflicht vollständig von der Verpflichtung zur Leistung frei, der VN erhält keine Zahlung aus seiner Kaskoversicherung.

H. Vertragliche Obliegenheiten

Beachten Sie: In der Kfz-Haftpflichtversicherung bestünde Leistungsfreiheit im Innenverhältnis. Der Regress gegen den VN wäre gemäß E.2.3. AKB 2008 bzw. § 6 KfzPflVV auf 2.500 Euro limitiert (da kein besonders schwerer Fall vorliegt).

192 f) Aufklärungsobliegenheit – Falsche Angaben. Neben der Unfallflucht sind hinsichtlich der Aufklärungsobliegenheit in der Praxis häufig auch Fälle von Falschangaben im Schadenfall anzutreffen. Gerade in dieser Fallgruppe stellt sich die Frage, ob und wie sich das neue Kausalitätserfordernis bei vorsätzlicher Verletzung von Obliegenheiten im Versicherungsfall (§ 28 Abs. 3 VVG) auswirken wird.

Erforderlich ist in Zukunft auch bei vorsätzlichen Falschangaben, dass sich diese entweder
– auf die Feststellung **des Versicherungsfalls** oder
– auf die Feststellung oder den Umfang **der Leistungspflicht** des Versicherers ausgewirkt haben.

Keine Kausalität liegt zum Beispiel dann vor, wenn der VN in einem eindeutigen Reparaturfall die Laufleistung des Fahrzeugs zu niedrig angibt oder sonstige im Reparaturfall unerhebliche wertbildende Faktoren verschweigt.

193 Vollständig entbehrlich ist die Kausalität, wenn der VN arglistig handelt. Die Grenze zwischen Vorsatz und Arglist ist nicht leicht zu ziehen. Vorsatz liegt dann vor, wenn der VN weiß oder zumindest billigend in Kauf nimmt, dass er falsche Angaben macht. Zur Arglist muss hinzutreten, dass er mit den falschen Angaben auf die Entscheidung des Versicherers Einfluss nehmen will (KG Berlin VersR 2005, 351). Ein Betrugsvorsatz ist entgegen den insoweit missverständlichen Ausführungen im Regierungsentwurf (S. 141) nicht erforderlich (zutreffend *Nugel* MDR 22/2007, Sonderbeilage S. 24).

Beispiel: Der VN, der einen Fragebogen des Kaskoversicherers bezüglich seines als gestohlen gemeldeten Kfz ausfüllen soll, ruft seinen Agenten an und sagt zu diesem, der Kaufpreis des Kfz habe vermutlich 25.000 Euro betragen, es könnten aber auch 30.000 gewesen sein. Daraufhin erklärt der Agent, der VN könne ruhig 30.000 Euro angeben, diese Frage habe für die spätere Auszahlung keinerlei Bedeutung. Hier der VN möglicherweise vorsätzlich gehandelt, Arglist liegt aber nicht vor, weil er auf das Regulierungsverhalten des Versicherers keinen Einfluss nehmen wollte.

Eine arglistige Täuschung liegt zum Beispiel dann vor, wenn der VN Belege fälscht oder unvollständige oder irreführende Belege vorlegt und er dadurch einen unrichtigen Eindruck beim Versicherer hervorrufen will (OLG Köln r+s 2006, 421).

Es dürfte davon auszugehen sein, dass die Gerichte in Fällen gravierender Falschangaben, deren Unrichtigkeit vom VN nicht plausibel erklärt werden kann, von Arglist ausgehen werden. Ob dies der Fall ist, kann im jeweiligen Fall von entscheidender Bedeutung sein, sofern keine Kausalität zwischen Falschangabe und Feststellung der Leistungspflicht besteht.

194 Fallbeispiel:
Der VN meldet sein kaskoversichertes Fahrzeug als gestohlen. Die Frage nach der Laufleistung beantwortet er unrichtig und gibt statt 80.000 gefahrenen nur 60.000 km an. Noch vor der Regulierung des Versicherungsfalls kommt dies ans Licht, der Versicherer beruft sich auf Leistungsfreiheit.

III. Obliegenheitsverletzungen nach Eintritt des Versicherungsfalls

Lösung:
I. Leistungsfreiheit wegen Verletzung der Aufklärungspflicht:
1. Tatbestand (E.1.3 AKB 2008): Der VN hat seine Verpflichtung zur Aufklärung des Sachverhalts verletzt, er hat falsche Angaben gemacht.
2. Verschulden (E.2.1 AKB und § 28 Abs. 2 VVG): Der VN müsste die Aufklärungsobliegenheit mindestens grob fahrlässig verletzt haben, dann käme eine Leistungskürzung in Betracht. Nur bei Vorsatz ist völlige Leistungsfreiheit möglich.
Nach bisherigem VVG (§ 6 Abs. 3 VVG a. F.) war ebenfalls mindestens grobe Fahrlässigkeit erforderlich. Der Versicherer wäre dann jedoch vollständig von seiner Verpflichtung zur Leistung frei geworden („Alles-oder-Nichts-Prinzip").

Auch die Beweislast und damit eine entscheidende Weiche zwischen Vorsatz und grober Fahrlässigkeit ist neu geregelt: Vorsatz ist im neuen VVG vom Versicherer zu beweisen und wird nicht mehr vermutet. Würde man das Verhalten des VN als grob fahrlässig einstufen wäre die Leistung entsprechend der Schwere des Verschuldens zu kürzen. Abzuwarten bleibt, ob die Rechtsprechung in den Fällen, in denen objektiv eindeutig falsche Auskünfte erteilt worden sind, von Vorsatz ausgehen wird. Jedenfalls aber hat der VN die Möglichkeit darzulegen, wie es irrtümlich zu der unrichtigen Angabe gekommen ist, also ob z. B. ein bloßer Schreibfehler vorliegt.

Kausalität (E.2.2 AKB 2008 und § 28 Abs. 3 VVG): Nunmehr ist sowohl bei grob fahrlässigen Falschangaben als auch bei Vorsatz Kausalität zu prüfen.
In § 6 Abs. 3 VVG a. F. war nur für den Fall grob fahrlässiger Begehung Kausalität verlangt. Bei vorsätzlichen Falschangaben entfiel dieses Erfordernis. Hierdurch entstehende Härten hat die Rechtsprechung durch die sog. Relevanztheorie gemildert. Hiernach konnte sich der Versicherer bei einem folgenlos gebliebenen Obliegenheitsverstoß nur dann auf Leistungsfreiheit berufen kann, wenn dieser generell geeignet war, die Interessen des Versicherers ernsthaft zu gefährden und wenn dem VN ein erhebliches Verschulden zur Last gelegt werden kann. Eine Falschangabe in einem Schadenformular war grundsätzlich geeignet, die Interessen des Versicherers zu gefährden.

Gemäß § 28 Abs. 3 VVG bleibt der Versicherer nun auch bei vorsätzlichem Handeln zur Leistung verpflichtet, soweit die Obliegenheitsverletzung weder für den Eintritt oder die Feststellung des Versicherungsfalls noch für die Feststellung oder den Umfang der Leistungspflicht des Versicherers ursächlich ist. Nur bei arglistigem Verhalten des VN ist Kausalität entbehrlich.

Kausalität wäre im vorliegenden Fall nur dann zu bejahen, wenn das Verhalten des VN die Feststellungen des Versicherers im Endeffekt beeinflusst hat. Es genügt nicht irgend ein Nachteil, der darin liegt, dass das Feststellungsverfahren ohne die Obliegenheitsverletzung anders verlaufen wäre, sondern es müssen die Feststellungen selbst im Ergebnis zum Nachteil des Versicherers beeinflusst sein. Das ist vorliegend nicht der Fall, der Versicherer hat durch die unrichtige Angabe der Fahrleistung im Endeffekt keine Nachteile erlitten, anders als im Fall der Unfallflucht sind ihm keine Beweismittel unwiederbringlich entzogen worden.

Beachten Sie: Vorsätzlich falsche Angaben etwa zur Laufleistung oder zu Vorschäden werden in der Kaskoversicherung mangels Kausalität nur noch selten zur Leistungsfreiheit führen, wenn der Versicherer die Falschangabe noch rechtzeitig (vor der Regulierung) bemerkt hat.
Das in § 28 Abs. 3 VVG aufgestellte Erfordernis konkreter – ergebniswirksamer – Ursächlichkeit („ursächlich ist"!) ist weitergehend als die unter Geltung von § 6 Abs. 3 VVG a. F. nach der Relevanzrechtsprechung zu stellende Frage, ob eine vorsätzlich begangene Obliegenheitsverletzung folgenlos geblieben ist. Folgen zeigt eine Obliegenheitsverletzung schon dann, wenn

H. Vertragliche Obliegenheiten

sie die Feststellungen des Versicherers erschwert. Ursächlich im Sinne der neuen gesetzlichen Regelung ist eine Obliegenheitsverletzung jedoch nur dann, wenn das Verhalten des VN die Feststellungen des Versicherers im Ergebnis beeinflusst hat.

Daher ist zukünftig in solchen Fällen von entscheidender Bedeutung, ob der VN arglistig gehandelt hat, da es in diesem Fall auf die Kausalität nicht ankommt. Es ist anzunehmen, dass die Gerichte in vergleichbaren Fällen zum Ergebnis arglistigen Verhaltens kommen werden.

IV. Die Folgen einer Obliegenheitsverletzung

195 Die Folgen von Obliegenheitsverletzungen sind in den neuen AKB in den Abschnitten D.3 AKB (für die Obliegenheitsverletzungen bei Gebrauch des Fahrzeugs) und weitgehend inhaltsgleich in E.6 AKB (für die Obliegenheitsverletzungen im Versicherungsfall) geregelt. Beide Regelungen entsprechen den neuen gesetzlichen Voraussetzungen der Leistungsfreiheit nach § 28 VVG. Die Übernahme der gesetzlichen Regelung in die AKB dürfte für den VN (der kaum jemals über einen VVG-Text verfügen wird) einen sinnvollen Verständlichkeitsgewinn mit sich bringen.

1. Allgemeine Folgen

196 Die AKB 2008 regeln in Abschnitt D.3 AKB und inhaltsgleich in Abschnitt E.6 AKB die Folgen einer Obliegenheitsverletzung wie folgt:

> **D.3 Welche Folgen hat eine Verletzung dieser Pflichten?**
>
> *Leistungsfreiheit bzw. Leistungskürzung*
>
> D.3.1 Verletzen Sie vorsätzlich eine Ihrer in D.1 und D.2 geregelten Pflichten, haben Sie keinen Versicherungsschutz. Verletzen Sie Ihre Pflichten grob fahrlässig, sind wir berechtigt, unsere Leistung in einem der Schwere Ihres Verschuldens entsprechenden Verhältnis zu kürzen. Weisen Sie nach, dass Sie die Pflicht nicht grob fahrlässig verletzt haben, bleibt der Versicherungsschutz bestehen.
> Wir können Ihnen die Verletzung der Pflicht aus D.2.1 Satz 2 nicht entgegenhalten, soweit Sie durch den Versicherungsfall als Fahrzeuginsasse, der das Fahrzeug nicht geführt hat, einen Personenschaden erlitten haben.
>
> D.3.2 Abweichend von D.3.1 sind wir zur Leistung verpflichtet, soweit die Pflichtverletzung weder für den Eintritt des Versicherungsfalls noch für den Umfang unserer Leistungspflicht ursächlich ist. Dies gilt nicht, wenn Sie die Pflicht arglistig verletzen.

Die Folgen einer Obliegenheitsverletzung hängen davon ab, ob es sich um einen Fall aus der Kaskoversicherung oder aus der Kfz-Haftpflichtversicherung handelt. In der Kaskoversicherung ist, jedenfalls wenn der VN vorsätzlich gehandelt hat, völlige Leistungsfreiheit möglich. Bei grober Fahrlässigkeit ist zu quoteln.

2. Begrenzung der Leistungsfreiheit in der Kfz-Haftpflichtversicherung

197 In der Kfz-Haftpflichtversicherung ist die Höhe der Leistungsfreiheit in D.3.3 AKB 2008 (für die Obliegenheitsverletzungen bei Gebrauch des Fahr-

IV. Die Folgen einer Obliegenheitsverletzung

zeugs) und weitgehend inhaltsgleich in E.6 AKB 2008 (für die Obliegenheitsverletzungen im Versicherungsfall) geregelt. Beide Regelungen entsprechen den Vorgaben der Pflichtversicherungsverordnung in § 5 Abs. 3 Kfz-PflVV und § 6 Kfz-PflVV.

Bei Verletzung von Pflichten bei Gebrauch des Fahrzeugs (Obliegenheitsverletzungen vor dem Versicherungsfall) ist die Leistungsfreiheit des Versicherers nach D.3.3 AKB 2008 auf 5.000 Euro begrenzt. 198

Beschränkung der Leistungsfreiheit in der Kfz-Haftpflichtversicherung

D.3.3   In der Kfz-Haftpflichtversicherung ist die sich aus D.3.1 ergebende Leistungsfreiheit bzw. Leistungskürzung Ihnen und den mitversicherten Personen gegenüber auf den Betrag von höchstens je 5.000 Euro beschränkt. Außerdem gelten anstelle der vereinbarten Versicherungssummen die in Deutschland geltenden Mindestversicherungssummen. Satz 1 und 2 gelten entsprechend, wenn wir wegen einer von Ihnen vorgenommenen Gefahrerhöhung (§§ 23, 26 Versicherungsvertragsgesetz) vollständig oder teilweise leistungsfrei sind.

D.3.4   Gegenüber einem Fahrer, der das Fahrzeug durch eine vorsätzlich begangene Straftat erlangt, sind wir vollständig von der Verpflichtung zur Leistung frei.

Bei Obliegenheitsverletzungen im Versicherungsfall gilt wie bisher eine 199 differenzierte Regelung. Grundsätzlich ist die Leistungsfreiheit des Kfz-Haftpflichtversicherers nach E.6.3 AKB 2008 auf einen Betrag von 2.500 Euro beschränkt. Von diesem Regelfall macht E.6.4 AKB 2008 eine Ausnahme. Bei vorsätzlich begangener Verletzung der Aufklärungspflicht (z.B. unerlaubtem Entfernen vom Unfallort, unterlassener Hilfeleistung, Abgabe wahrheitswidriger Angaben gegenüber dem Versicherer, wenn diese besonders schwerwiegend ist) erweitert sich die Leistungsfreiheit des Versicherers auf einen Betrag von maximal 5.000 Euro.

Beschränkung der Leistungsfreiheit in der Kfz-Haftpflichtversicherung

E.6.3   In der Kfz-Haftpflichtversicherung ist die sich aus E.6.1 ergebende Leistungsfreiheit bzw. Leistungskürzung Ihnen und den mitversicherten Personen gegenüber auf den Betrag von höchstens je 2.500 Euro beschränkt.

E.6.4   Haben Sie die Aufklärungs- oder Schadenminderungspflicht nach E.1.3 und E.1.4 vorsätzlich und in besonders schwerwiegender Weise verletzt (insbesondere bei unerlaubtem Entfernen vom Unfallort, unterlassener Hilfeleistung, bewusst wahrheitswidrigen Angaben uns gegenüber), erweitert sich die Leistungsfreiheit auf einen Betrag von höchstens je 5.000 Euro.

Auch wenn der VN vorsätzlich gehandelt hat, ist bei einer „normalen" Obliegenheitsverletzung, z.B. bei einer Unfallflucht die Leistungsfreiheit des Versicherers auf 2.500 Euro beschränkt (Regelfall). Das gilt auch bei den in E.6.4 AKB 2008 aufgeführten Beispielsfällen. Nur wenn zusätzlich zur vorsätzlichen Begehensweise dem VN ein besonders schwerwiegender Fall zur Last zu legen ist, erweitert sich die Leistungsfreiheit (ausnahmsweise) auf 5.000 Euro.

Beachten Sie: In der Kaskoversicherung findet die KfzPflVV keine Anwendung, so dass hier jedenfalls bei einem vorsätzlichem Obliegenheitsverstoß volle Leistungsfreiheit in Betracht kommt und bei grob fahrlässigem

H. Vertragliche Obliegenheiten

Verhalten eine Kürzung (ohne die Schranken der §§ 5 und 6 KfzPflVV) vorzunehmen ist.

3. Leistungspflicht gegenüber dem Geschädigten Dritten in der Kfz-Haftpflichtversicherung

200 In der Kfz-Haftpflichtversicherung gilt die Besonderheit, dass der Geschädigte vollen Ersatz seines Schadens vom Versicherer auch dann verlangen kann, wenn dieser dem VN gegenüber leistungsfrei ist. Dieser Grundsatz ergibt sich aus §§ 115 und 117 VVG (früher § 3 Nr. 1 und 4 PflVG).

§ 117 Leistungspflicht gegenüber Dritten
(1) Dem Anspruch des Dritten nach § 115 kann nicht entgegengehalten werden, dass der Versicherer dem ersatzpflichtigen Versicherungsnehmer nicht oder nur teilweise zur Leistung verpflichtet hat.

Die Leistungsfreiheit des Versicherers wirkt sich daher nur im Innenverhältnis zum VN aus. Der Geschädigte behält grundsätzlich seine Entschädigung. Andernfalls wäre der mit der Kfz-Haftpflichtversicherung in erster Linie verfolgte Zweck des Schutzes von Verkehrsopfern stark gefährdet.

Die Leistungspflicht des Versicherers bei gestörtem Vertragsverhältnis besteht jedoch nur im Rahmen der gesetzlichen Mindestversicherungssummen: Dies ist nunmehr in § 117 Abs. 3 VVG und D.3.3 AKB 2008 geregelt.

Die Leistungspflicht des Versicherers besteht zudem auch dann nicht, wenn der Versicherer den Dritten zum Ersatz seines Schadens von einem anderen Schadenversicherer oder Sozialversicherungsträger verweisen kann (§ 3 PflVG).

Der trotz gestörtem Vertragsverhältnis leistungspflichtige Versicherer kann bezüglich der an das geschädigte Unfallopfer erbrachten Ersatzleistung gem. § 116 Abs. 1 Satz 2 VVG (früher § 3 Nr. 9 S. 2 PflVG) bei seinem VN Regress nehmen. Die Regressmöglichkeit des Versicherers besteht aber nur „soweit" der Versicherer nicht zur Leistung verpflichtet ist. Da § 5 Abs. 3 KfzPflVV und damit Abschnitt D.3.3 AKB 2008 eine Leistungsfreiheit von höchstens 5.000 Euro vorsehen, ist auch der Regress des Versicherers auf diesen Maximalbetrag beschränkt.

4. Leistungsfreiheit gegenüber einem geschädigten VN

201 Überlässt ein VN das Steuer seines Fahrzeugs einem anderen Fahrer und verursacht dieser einen Unfall, so stehen dem VN gegen den Fahrer Schadenersatzansprüche gem. § 823 BGB zu. Soweit es sich um Sachschäden, insbesondere um das beschädigte Fahrzeug handelt, sind diese gem. A.1.5.6 AKB 2008 ausgeschlossen, der Personenschaden des VN wird dagegen von dessen eigenem Kfz-Haftpflichtversicherer ersetzt.

Hatte allerdings der VN eine Obliegenheitsverletzung begangen, etwa weil er das betrunkene Fahren schuldhaft ermöglicht hatte, so konnte seinem Anspruch auf Ersatz des Personenschadens vom Versicherer eine Leistungsfreiheit in Höhe von 5.000 Euro entgegengehalten werden (näher hierzu *Maier/Biela* HK-Versicherung Rdn. 135 und *Küppersbusch* NZV 1996, 138).

IV. Die Folgen einer Obliegenheitsverletzung

Das ist nach einer auf die 5. KH-Richtlinie erfolgten Änderung des § 5 Abs. 2 KfzPflVV nicht mehr der Fall. Dort ist folgender Satz eingefügt worden: „Eine Obliegenheitsverletzung nach Absatz 1 Nr. 5 befreit den Versicherer nicht von der Leistungspflicht, soweit der VN, Halter oder Eigentümer durch den Versicherungsfall als Fahrzeuginsasse, der das Fahrzeug nicht geführt hat, geschädigt wurde." In den AKB 2008 findet sich die entsprechende Regelung in Abschnitt D.3.1 Absatz 2 wieder.

D.3 Welche Folgen hat eine Verletzung dieser Pflichten?

Leistungsfreiheit bzw. Leistungskürzung

D.3.1 Verletzen Sie vorsätzlich eine Ihrer in D.1 und D.2 geregelten Pflichten, haben Sie keinen Versicherungsschutz. Verletzen Sie Ihre Pflichten grob fahrlässig, sind wir berechtigt, unsere Leistung in einem der Schwere Ihres Verschuldens entsprechenden Verhältnis zu kürzen. Weisen Sie nach, dass Sie die Pflicht nicht grob fahrlässig verletzt haben, bleibt der Versicherungsschutz bestehen.

Wir können Ihnen die Verletzung der Pflicht aus D.2.1 Satz 2 nicht entgegenhalten, soweit Sie durch den Versicherungsfall als Fahrzeuginsasse, der das Fahrzeug nicht geführt hat, einen Personenschaden erlitten haben.

Die Neuregelung will berücksichtigen, dass Fahrzeuginsassen in der Regel nicht in der Lage sind, den Grad der Alkoholisierung des Fahrers angemessen zu beurteilen. Nicht betroffen sind demgegenüber die Fälle, in denen der VN das Führen des Fahrzeugs durch einen im Rauschzustand befindlichen Fahrer schuldhaft ermöglicht hat, selbst aber nicht geschädigt wurde. Hier muss sich der VN, Halter oder Eigentümer nach wie vor eine Obliegenheitsverletzung entgegenhalten lassen.

I. Gefahrerhöhung

Auch nach der Gesetzesnovelle trifft den VN eine so genannte Gefahrstandspflicht. Ein Verstoß hiergegen kann z.B. dann vorliegen, wenn der VN die technischen Vorgaben der StVZO nicht beachtet. Während Begriff und Voraussetzungen einer Gefahrerhöhung im Wesentlichen unverändert geblieben sind, ist auf der Rechtsfolgenseite das „Alles-oder-Nichts-Prinzip" zu Gunsten einer Leistungskürzung im Fall grober Fahrlässigkeit aufgegeben worden. **203**

1. Pflichten des VN

§ 23 VVG unterscheidet zwischen der Gefahrerhöhung, die vom VN selbst veranlasst oder einem Dritten gestattet wurde (subjektive Gefahrerhöhung), und der Gefahrerhöhung, die ohne den Willen des VN vorgenommen wurde (objektive Gefahrerhöhung). Im Rahmen der Gefahrstandspflicht hat der VN folgende Pflichten: **204**
– Keine Gefahrerhöhung vorzunehmen bzw. deren Vornahme durch Dritte nicht zu gestatten (§ 23 Abs. 1 VVG)
– Erkennt der VN nachträglich die vorgenommene oder gestattete Gefahrerhöhung, so hat der VN diese unverzüglich anzuzeigen (§ 23 Abs. 2 VVG)
– Tritt eine Gefahrerhöhung unabhängig vom Willen des VN ein, so hat dieser die Gefahrerhöhung unverzüglich anzuzeigen, sobald er von ihr Kenntnis erlangt hat (§ 23 Abs. 3 VVG).

Eine Gefahrerhöhung liegt vor bei einer nachträglichen Erhöhung der bei Vertragsschluss tatsächlich vorhandenen gefahrerheblichen Umstände, die den Eintritt des Versicherungsfalles oder die Vergrößerung des Schadens wahrscheinlicher machen. Der neu geschaffene Gefahrenzustand muss zudem von gewisser Dauer sein (*Prölss* in: Prölss/Martin, § 23 Rdn. 4 und 11).

§ 23 Abs. 1 VVG setzt voraus, dass die Gefahrerhöhung vom VN veranlasst oder einem Dritten gestattet wird, also von ihm willentlich vorgenommen wird (positives Tun). Diese setzt positive Kenntnis des VN von der Gefahrerhöhung voraus. Der positiven Kenntnis gleichgestellt ist es, wenn sich der VN der Kenntnis arglistig entzieht.

An den typischen Fallgruppen, in denen eine Gefahrerhöhung in Betracht kommt, hat sich durch die VVG-Reform nichts geändert. **205**

Mängel am Fahrzeug
Die Benutzung eines Kfz, dessen technischer Zustand nicht den §§ 32 ff. StVZO entspricht, stellt eine subjektive (gewollte) Gefahrerhöhung dar (vgl. *Bauer* Rdn. 353; BGH r+s 1990, 8 = VersR 1990, 80). Das gilt auch dann, wenn die Betriebsuntauglichkeit auf einer Abnutzung beruht (*Stiefel/Hofmann* § 2 Rdn. 97). Dabei tritt die Gefahrerhöhung ein, wenn das mangelhafte Fahrzeug vom VN weiter benutzt wird: Nicht in der Unterlassung der Reparatur, sondern in der Tatsache der Weiterbenutzung liegt die Erhöhung der

I. Gefahrerhöhung

Gefahr (BGH r+s 1990, 8 = VersR 1990, 80; OLG Hamm r+s 1989, 2; ausführlich zu diesem Problemkreis *Römer/Langheid* §§ 23–25 Rdn. 19). In der Praxis sind abgefahrene Reifen (gemäß § 36 Abs. 2 Satz 4 StVZO ist eine Profiltiefe von mindestens 1,6 mm vorgeschrieben) und mangelhafte Bremsen häufig anzutreffende Fahrzeugmängel.

Zustand des Fahrers
Die hier im Vordergrund des Interesses stehende Frage, ob die Fahrt eines alkoholisierten Fahrers als Gefahrerhöhung anzusehen ist, lässt sich im Normalfall verneinen. Bei einer vereinzelt gebliebenen Trunkenheitsfahrt fehlt es an dem im § 23 Abs. 1 VVG vorausgesetzten Merkmal der Dauerhaftigkeit der Gefahrerhöhung. Diese ist allenfalls dann gegeben, wenn eine regelmäßige Fahrzeugbenutzung durch einen alkoholisierten Fahrer erfolgt. Dass diese Voraussetzung in der Praxis kaum nachgewiesen werden kann, bedarf keiner näheren Darlegung. Dennoch riskiert seinen Versicherungsschutz, wer wegen Alkoholgenusses sein Fahrzeug nicht sicher führen kann: Abschnitt D.3.1 AKB statuiert die Obliegenheit, ein Fahrzeug nicht unter Alkoholeinfluss zu steuern (sog. Trunkenheitsklausel, vgl. hierzu Rdn. 166 f).

In Betracht kommt eine Gefahrerhöhung durch den Zustand des Fahrers jedoch bei Fahren trotz Kenntnis von regelmäßigen epileptischen Anfällen (OLG Stuttgart r+s 1997, 230 = VersR 1997, 1141), bei Fahrten eines VN, der seit Jahren unter schizophrenen Schüben leidet (OLG Hamm VersR 1985, 751), ferner bei Fahrten eines Diabeteskranken im Zustand der Unterzuckerung (OLG Oldenburg ZfS 1985, 55). Trägt ein sehbehinderter Fahrer entgegen einer im Führerschein gemachten Auflage keine Brille, kann hierin eine Gefahrerhöhung liegen (OLG Schleswig VersR 1971, 118; OLG Koblenz VersR 1972, 921; OLG Karlsruhe VersR 1969, 175). Auch in einem Verstoß gegen Lenkzeit- und Ruhezeitvorschriften kann eine Gefahrerhöhung zu sehen sein (OLG Köln r+s 1997, 321). In allen Fällen ist aber sehr sorgfältig zu prüfen, ob wirklich eine dauerhafte Gefahrerhöhung oder nur eine einmalige, kurzzeitige und vorübergehende Gefahrsteigerung gegeben ist.

Die Beweislast für das Vorliegen einer Gefahrerhöhung trägt der Versicherer.

2. Rechtsfolgen von Verstößen

206 Die Rechtsfolgen einer Verletzung der Pflichten im Umfeld einer Gefahrerhöhung ergeben sich aus §§ 24 bis 26 VVG.

Rechtsfolgen Gefahrerhöhung		
§ 24 VVG	§ 25 VVG	§ 26 VVG
Kündigung	Beitragserhöhung	Leistungsfreiheit

3. Voraussetzungen der Leistungsfreiheit nach neuem Recht

Unter den dort genannten Voraussetzungen kann der Versicherer ganz oder teilweise leistungsfrei werden, den Versicherungsvertrag kündigen, den Beitrag erhöhen oder die Absicherung der höheren Gefahr ausschließen. Der Versicherer hat künftig nach § 25 Abs. 1 VVG ein Wahlrecht. Statt der Kündigung kann er einen seinen Geschäftsgrundsätzen entsprechend höheren Beitrag verlangen oder die Absicherung der höheren Gefahr ausschließen. Im Gegenzug hat der VN aber das Recht zur fristlosen Kündigung, wenn sich der Beitrag um mehr als 10 Prozent erhöht oder die Absicherung der höheren Gefahr ausgeschlossen wird (§ 25 Abs. 2 VVG).

3. Voraussetzungen der Leistungsfreiheit nach neuem Recht

Tatbestand der Gefahrerhöhung: Voraussetzung für eine Gefahrerhöhung ist zunächst, dass einer der Tatbestände des § 23 VVG vorliegt. Der VN müsste also entweder: 207
1) Eine Gefahrerhöhung vorgenommen oder deren Vornahme durch einen Dritten gestatten haben (§ 23 Abs. 1 VVG) oder
2) eine nachträglich erkannte vorgenommene oder gestattete Gefahrerhöhung nicht angezeigt haben (§ 23 Abs. 2 VVG) oder
3) eine unabhängig vom Willen des VN eingetretene Gefahrerhöhung nicht unverzüglich angezeigt haben, sobald er von ihr Kenntnis erlangt hat (§ 23 Abs. 3 VVG).

Aufgrund der geringen praktischen Bedeutung von Variante 2) und 3) in der Kfz-Versicherung beziehen sich die nachfolgenden Ausführungen jeweils auf Variante 1), also die (gewollte) subjektive Gefahrerhöhung.

Unterschiede in den Voraussetzungen der Leistungsfreiheit gegenüber der bisherigen Rechtslage ergeben sich insbesondere aus dem geänderten Verschuldenserfordernis der groben Fahrlässigkeit.

Subjektive Gefahrerhöhung	
§§ 23 ff. VVG a. F.	**§§ 23 ff. VVG 2008**
• Tatbestand der Gefahrerhöhung	• Tatbestand der Gefahrerhöhung
• Vornahme - positive Kenntnis	• Vornahme - positive Kenntnis
• Erheblichkeit	• Erheblichkeit
• leichte Fahrlässigkeit ausreichend	• **grobe Fahrlässigkeit erforderlich**
• Kausalität	• Kausalität
• Kündigung (bei Kenntnis vor dem Versicherungsfall)	• Kündigung (bei Kenntnis vor dem Versicherungsfall)

Tatbestand der Gefahrerhöhung: Der VN muss eine Gefahrerhöhung vorgenommen oder deren Vornahme durch einen Dritten gestatten haben (§ 23 Abs. 1 VVG). 208

I. Gefahrerhöhung

209 **Positive Kenntnis des VN:** Aus dem Begriff der Vornahme im § 23 Abs. 1 VVG folgert der BGH seit einer grundlegenden Entscheidung (VersR 1968, 1153), dass der VN positiv Kenntnis von den gefahrerhöhenden Umständen haben muss. Nicht erforderlich ist, dass der VN den gefahrerhöhenden Charakter oder die Pflichtwidrigkeit der eingetretenen Änderung erkennt. Wenn daher etwa ein VN mit abgefahrenen Reifen fährt, muss er zwar den Zustand der Reifen kennen, nicht jedoch darüber hinaus die Kenntnis besitzen, dass das Fahrzeug mit solchen Reifen ins Schleudern kommen und verunfallen kann (ausführlich hierzu *Römer/Langheid* §§ 23–25 Rdn. 26; OLG Köln VersR 1990, 1226 = r+s 1990, 192).

Beachten Sie: Positive Kenntnis setzt definitives Wissen und damit mehr als grobe Fahrlässigkeit voraus. Die häufig anzutreffende Formulierung: „Die gefahrerhöhenden Umstände waren so offensichtlich, dass der VN sie erkannt haben müsste" ist problematisch weil sie nur irgendeinen Grad an Fahrlässigkeit umschreibt, nicht aber – wie erforderlich – die positive Kenntnis des VN feststellt (*Münstermann*, Anm. zu LG Koblenz r+s 1998, 8).

Die Beweislast für die positive Kenntnis des VN von den gefahrerhöhenden Umständen trägt der Versicherer (BGH VersR 1971, 407).

210 **Erheblichkeit der Gefahrerhöhung:** Die Gefahrerhöhung darf nicht unerheblich sein, § 27 VVG. Bei Verstößen gegen sicherheitsrelevante Vorschriften der StVZO ist stets von einer erheblichen Erhöhung der Gefahr auszugehen.

211 **Verschulden:** Auch bei der Gefahrerhöhung wirkt sich der Wegfall des „Alles-oder-Nichts-Prinzips" aus. Der Versicherer kann in vollem Umfang nur noch dann leistungsfrei werden, wenn vorsätzliches Handeln des VN vorlag (§ 26 Abs. 1 Satz 1 VVG). Bei grober Fahrlässigkeit muss gequotelt werden. Bei leichter Fahrlässigkeit wir der Versicherer nicht mehr leistungsfrei.

Hinsichtlich der Beweislast gilt folgendes: Vorsatz hat der Versicherer zu beweisen. Die Beweislast für geringeres Verschulden als grobe Fahrlässigkeit liegt beim VN. Die Schwere des Verschuldens bei grober Fahrlässigkeit muss wiederum der Versicherer beweisen.

Zu beachten ist, dass sich das Verschulden bei der Gefahrerhöhung – wie bisher – insbesondere darauf bezieht, ob der VN den gefahrerhöhenden Charakter seiner meist bewusst vorgenommenen Handlung, erkennen konnte (*Prölss* in: Prölss/Martin § 25 Rdn. 2).

212 **Kausalität:** Zwischen der Gefahrerhöhung und dem Schadenfall muss ein Zusammenhang bestehen. An einem solchen fehlt es zum Beispiel, wenn das Fahrzeug des VN mit stark abgefahrenen Reifen auf einem Parkplatz steht und durch einen Hagelschaden beschädigt wird.

213 **Kündigung:** Grundsätzlich muss der Versicherer das Kündigungserfordernis des § 26 Abs. 3 Nr. 2 VVG einhalten. Zu beachten ist allerdings, dass keine Kündigungspflicht besteht, wenn der Versicherer erst mit der Schadenmeldung von einer Gefahrerhöhung erfährt. Dies ist in der Praxis aber der Normalfall. Somit gilt für die meisten Fälle der Gefahrerhöhung, dass der Versicherer auch ohne Kündigung leistungsfrei ist. Die Formulierung des Kündigungserfordernisses in § 26 Abs. 3 Nr. 2 VVG ist missverständlich. Leistungsfreiheit kommt nach § 26 Abs. 3 Nr. 2 VVG dann nicht in Betracht, *„wenn zur Zeit des Eintritts des Versicherungsfalls die Frist zur Kündigung abgelaufen und eine Kündigung nicht erfolgt ist"*. Die Leistungsfreiheit ent-

3. Voraussetzungen der Leistungsfreiheit nach neuem Recht

fällt mangels Kündigung also nur dann, wenn der Versicherer mehr als einen Monat vor Schadeneintritt von der Gefahrerhöhung Kenntnis erlangt hat, ohne zu kündigen. Hintergrund dieser Regelung ist, dass der Versicherer, der trotz Kenntnis von der Gefahrerhöhung nicht kündigt, die Gefahrerhöhung gewissermaßen genehmigt und sich dann nicht mehr auf Leistungsfreiheit berufen können soll.

Fallbeispiel: 214
nach BGH VersR 1971, 407

Am 6. 7. wurde der VN von seiner Werkstatt darauf hingewiesen, dass er seine Reifen erneuern lassen müsse. Es ließ sich später nicht aufklären, ob der VN den Hinweis so verstanden hatte, dass seine Reifen gerade noch verkehrstüchtig seien.
Am 8. 7. wurde VN bei einer Geschwindigkeit von 90 km/h durch einen verkehrswidrig fahrenden PKW zu einer Vollbremsung gezwungen, bei der sein Fahrzeug eine noch tagelang sichtbare Bremsspur hinterließ.
Am 9. 7. verschuldete VN einen Unfall, bei dem mehrer Personen schwer verletzt wurden.
Der Versicherer lehnt es ab, Versicherungsschutz zu gewähren. Der rechte Hinterreifen habe zum Unfallzeitpunkt eine 12 × cm große, gänzlich abgefahrene Stelle und auch sonst ein Profil von teilweise weniger als 1 mm aufgewiesen.

Lösung:
I. Leistungsfreiheit wegen Gefahrerhöhung
1. Tatbestand (§ 23 VVG): Zunächst müsste eine vorgenommene oder veranlasste Gefahrerhöhung (§ 23 Abs. 1 VVG) von einer gewissen Dauer vorliegen.
Wenn ein Fahrzeug, das sich in verkehrsunsicherem Zustand, insbesondere in Bezug auf die Bereifung oder die Bremsen befindet, in Betrieb genommen und benutzt wird, liegt eine subjektive Gefahrerhöhung im Sinne von § 23 Abs. 1 VVG vor. Dies gilt auch dann, wenn der Zustand die Folge einer allmählichen, betriebsbedingten Abnutzung ist. Auch das Merkmal der Dauer ist gegeben. Hieran fehlt es nur dann, wenn die Verkehrsunsicherheit während der Fahrt eintritt und der VN daraufhin nur noch nach Hause oder in eine Werkstatt fährt. Unternimmt jedoch der VN noch andere Fahrten liegt eine Gefahrerhöhung (so auch hier) vor.
2. Erheblichkeit der Gefahrerhöhung (§ 29 VVG): Die Gefahrerhöhung ist auch nicht unerheblich, da bei Verstößen gegen sicherheitsrelevante Vorschriften der StVZO grundsätzlich von einer erheblichen Erhöhung der Gefahr ausgegangen werden kann.
3. Positive Kenntnis des VN: Weiter müsste VN von der Gefahrerhöhung positive Kenntnis gehabt haben. Der Versicherer muss also vorliegend beweisen, dass der VN gewusst hat, dass die Reifen nicht verkehrssicher sind. Dieser Beweis ist natürlich sehr schwer zu führen und war auch im konkreten Fall nicht zu erbringen da nicht auszuschließen war, dass der VN den Hinweis der Werkstatt so verstanden hatte, als seien die Reifen noch verkehrssicher.
4. Ergebnis: Da die Voraussetzungen von § 23 VVG nicht gegeben sind, ist der Versicherer nicht leistungsfrei geworden.

Beachten Sie: Bezüglich der Frage, ob überhaupt eine Gefahrerhöhung vorliegt und ob diese vorgenommen ist, ergeben sich keine Änderungen zur bisherigen Rechtslage. In der Praxis erweist sich das Erfordernis, dass der VN von der Gefahrerhöhung positive Kenntnis gehabt haben muss, häufig als unüberwindliche Hürde für die Versicherer.

I. Gefahrerhöhung

215 Fallbeispiel:

nach OLG Saarbrücken r+s 1990, 292

VN hatte sein Mofa nicht nur frisiert (50 statt 25 km/h), sondern auch eine Zwei-Personen-Sitzbank angeschweißt und einen anderen Lenker angebaut. Die Vorderradbremse war praktisch wirkungslos, Rückleuchten fehlten, die Vorderlampe hatte keinen ordnungsgemäßen Kontakt.

Bei einer Kollision mit einem von rechts kommenden PKW wurde der Beifahrer des Mofas schwer verletzt. VN war nicht mehr dazu gekommen, die Bremsen zu betätigen.

Besteht Leistungsfreiheit des Versicherers?

Lösung:

I. Leistungsfreiheit des Versicherers wegen Gefahrerhöhung

1. Tatbestand (§ 23 VVG): Das Mofa verstieß in mehrfacher Hinsicht gegen die einschlägigen Vorschriften der StVZO. Dies stellt eine Gefahrerhöhung (von einer gewissen Dauer) dar.

2. Erheblichkeit der Gefahrerhöhung (§ 29 VVG): Die Gefahrerhöhung ist hier fraglos erheblich.

3. Kenntnis des VN: Da die genannten Veränderungen ins Auge fallen ist von einer positiven Kenntnis („Vornahme") des VN auszugehen.

4. Verschulden (§ 26 Abs. 1 VVG):

Hier ist zu fragen, ob der VN schuldhaft nicht erkennt, dass die Änderung der gefahrerheblichen Umstände (Mofa ist „frisiert") den Schadeneintritt generell wahrscheinlicher macht. Geschah dies leicht fahrlässig (dann keine Leistungsfreiheit,) grob fahrlässig (Kürzung) oder vorsätzlich (volle Leistungsfreiheit)?

Vorliegend dürfte von Vorsatz auszugehen sein, wer ein Mofa frisiert und damit schneller fahren kann weiß, dass damit die Unfallgefahr steigt.

5. Kündigung (§ 26 Abs. 2 VVG): Eine Kündigung ist entsprechend der bisherigen Rechtslage nicht erforderlich, wenn der Versicherer von der Gefahrerhöhung erst durch den Versicherungsfall Kenntnis erlangt.

6. Kausalität (§ 26 Abs. 3 Nr. 1 VVG): Kausalität ist wie bisher immer, also auch bei Vorsatz, Voraussetzung einer Leistungsfreiheit. Das Fehlen der Rückleuchte hatte nach der Art des Unfalls ebenso wenig Einfluss auf dessen Zustandekommen wie der unzulänglich eingebaute Lenker und der Defekt an der Vorderradbremse. Der VN hatte im vorliegenden Fall keinen Brems- oder Ausweichversuch unternommen.

Anders verhält es sich aber bezüglich der vorgenommenen Geschwindigkeitserhöhung. Zwar konnte die tatsächlich gefahrene Geschwindigkeit nicht festgestellt werden. Da der Kausalitätsgegenbeweis aber vom VN zu führen ist, hätte dieser beweisen müssen, dass er unter 25 km/h gefahren ist. Da der VN diesen Beweis nicht erbringen konnte, ist von der Unfallursächlichkeit der Gefahrerhöhung auszugehen.

Weiter hat sich das Anschweißen der Sitzbank gefahrerhöhend ausgewirkt. Der ebenfalls vom VN nicht widerlegte Einfluss auf das Unfallgeschehen folgt daraus, dass in einer Gefahrensituation ein mit zwei Personen besetztes Mofa schwerer zu handhaben ist.

Der VN konnte schließlich nicht nachweisen, dass der mangelnde Kontakt der vorderen Lampe keinen Einfluss auf den Unfall hatte. Es herrschte Dämmerung, so dass die Beleuchtung gem. § 17 StVO eingeschaltet hätte werden müssen. Da ein beleuchtetes Fahrzeug in der Abenddämmerung leichter zu erkennen ist, lässt es sich nicht ausschließen, dass der Unfallgegner das Mofa in diesem Fall früher erkannt hätte.

7. Ergebnis: Der Versicherer ist in Höhe von 5.000 Euro leistungsfrei. Die Begrenzung der Leistungsfreiheit in der Kfz-Haftpflichtversicherung auf 5.000 Euro ergibt sich aus D.3.3 AKB.

3. Voraussetzungen der Leistungsfreiheit nach neuem Recht

II. Leistungspflicht gegenüber dem Dritten: Aufgrund von §§ 115 VVG (Direktanspruch) und § 117 Abs. 1 VVG (Leistungsfreiheit kann dem geschädigtem Dritten nicht entgegengehalten werden) ist der Kfz-Haftpflichtversicherer zur Regulierung des verursachten Unfallschadens des Unfallgegners und des Sozius verpflichtet.

III. Regress gegen den VN: Allerdings kommt ein Regress gegen den VN in Betracht, Anspruchsgrundlage hierzu ist § 116 Abs. 1 Satz 2 VVG. Aus D.1.3 AKB 2008 in Verbindung mit § 5 Abs. 2 KfzPflVV folgt die Limitierung einer etwaigen Leistungsfreiheit und somit eines Regresses auf 5.000 Euro.

Beachten Sie: In der Kaskoversicherung würde eine Gefahrerhöhung völlige Leistungsfreiheit des Versicherers nach sich ziehen.

J. Schadenminderungspflicht und Rettungskosten

Neuerungen ergeben sich für die Kfz-Versicherung durch die VVG-Reform auch bei der Schadenminderungspflicht und dem Ersatz von Rettungskosten. **216**

I. Schadenminderungspflicht

Der VN ist nach § 82 Abs. 1 VVG verpflichtet, bei dem Eintritt des Versicherungsfalls Maßnahmen zur Schadenabwendung oder -minderung zu ergreifen. **217**

Neu ist, dass aufgrund der Abschaffung des „Alles-oder-Nichts-Prinzips" auch bei Verstößen gegen die Schadenminderungspflicht gequotelt wird (§ 82 Abs. 3 VVG). Dies bedeutet, dass die Leistungsfreiheit in Abhängigkeit vom Verschulden des VN wie folgt eintritt:
– Einfach fahrlässig verursachte Verstöße bleiben folgenlos.
– Bei grob fahrlässigen Verstößen kann der Versicherer seine Leistung entsprechend der Schwere des Verschuldens kürzen.
– Nur vorsätzliche Verstöße führen zur vollen Leistungsfreiheit.

Das System der Quotelung findet im Rahmen der Schadenminderungspflicht gleich zweimal Anwendung, nämlich bei der Frage der Leistungsfreiheit (§ 82 Abs. 3 VVG) und bei der Kürzung des Ersatzes für die Aufwendungen (Rettungskosten) des VN (§ 83 Abs. 2 VVG).

Neu ins Gesetz aufgenommen, aber inhaltlich selbstverständlich ist, dass der VN Weisungen des Versicherers zur Schadenminderung nur befolgen muss, soweit sie für ihn zumutbar sind (§ 82 Abs. 2 Satz 1 VVG). Dies bedeutet, dass sich der Versicherer bei Erteilung einer Weisung nicht über berechtigte Interessen des VN hinwegsetzen darf.

Auch bei vorsätzlicher oder grob fahrlässiger Verletzung der Schadenminderungspflicht bleibt der Versicherer zur Leistung verpflichtet, wenn der VN nachweisen kann, dass die Verletzung der Obliegenheit
– weder für die Feststellung des Versicherungsfalles
– noch für die Feststellung oder den Umfang der Leistungspflicht des Versicherers ursächlich ist (§ 82 Abs. 4 VVG).

Unterlässt der VN es zum Beispiel nach einem Unfall dem Unfallopfer zu helfen, bleibt dies für ihn folgenlos, wenn Dritte sofort Hilfe geleistet haben und sich durch sein pflichtwidriges Verhalten der Zustand des Verletzten nicht verschlechtert hat.

Keine Rolle spielt die Kausalität allerdings dann, wenn der Versicherer dem VN Arglist bei der Verletzung der Schadenminderungspflicht nachweisen kann (§ 82 Abs. 4 VVG). Der Versicherer ist hier in jedem Fall leistungsfrei.

II. Rettungskosten

218 Im neuen VVG wurde die von der Rechtsprechung entwickelte so genannte „Vorerstreckungstheorie" für die gesamte Schadenversicherung gesetzlich normiert (§ 90 VVG). Hiernach muss der Versicherer Aufwendungen des VN zur Abwendung oder Minderung eines Schadens nicht nur nach Eintritt eines Versicherungsfalls erstatten, sondern auch dann, wenn ein Versicherungsfall unmittelbar bevorsteht.

Anwendungsfall für die Vorerstreckungstheorie waren in der Kfz-Versicherung bisher überwiegend die Wild-Ausweichschäden in der Kaskoversicherung. Bereits seit einigen Jahren vertritt der BGH hier die Auffassung, dass der Versicherungsfall „Wildschaden", der nach den AKB einen Zusammenstoß mit dem Wild voraussetzt, bereits dann begonnen hat, wenn der Zusammenstoß mit dem Wild unmittelbar bevorsteht (BGH r+s 1991, 116 = VersR 1992, 3499). Landet der VN nach einem missglückten Ausweichmanöver im Straßengraben, ist der Versicherer zum Ersatz des Schadens aus der Teilkaskoversicherung verpflichtet, wenn das Ausweichmanöver zur Rettung des Fahrzeugs (nicht des Wilds!) geboten war. Ob dies der Fall ist hängt insbesondere von der Größe des Wildes ab.

Die Grundgedanken der Vorerstreckungstheorie wurden in der gesetzlichen Regelung des erweiterten Aufwendungsersatzes in § 90 VVG übernommen. § 90 VVG ist anzuwenden, wenn objektiv ein Versicherungsfall unmittelbar bevorsteht und die Aufwendungen des VN den Zweck haben, den vertraglich festgelegten Versicherungsfall dadurch abzuwenden oder dessen Auswirkungen zu mindern.

Durch die gesetzliche Normierung im speziellen Teil des VVG für die Sachversicherung (§§ 88 ff. VVG) hat der Gesetzgeber aber auch deutlich gemacht, dass er eine Ausdehnung der Vorerstreckungstheorie auf andere Zweige der Schadenversicherung (z. B. auf die Kfz-Haftpflichtversicherung) ablehnt.

219 Fallbeispiel:
VN befuhr eine Landstraße, als plötzlich ein Hase auf die Straße sprang. Um nicht mit dem Hasen zu kollidieren, zog VN das Fahrzeug nach rechts und prallte dabei gegen einen Baum. Stehen dem VN Ansprüche aus der Teilkaskoversicherung zu?

Lösung:
1. Ersatz als Wildschaden gemäß A.2.3.4 AKB 2008
Da es nicht zu einem Zusammenstoß mit dem Wild gekommen ist, greift die Wildschadenklausel nach A.2.3.4 AKB 2008 nicht ein.
2. Ersatz als Rettungskosten gemäß § 83 Abs. 1 Satz 1 VVG
Zu prüfen ist aber, ob der VN Ersatz gem. § 83 Abs. 1 Satz 1 VVG (Rettungskosten) verlangen kann. Problematisch war früher, ob im Zeitpunkt des Ausweichens bereits das in § 82 Abs. 1 VVG vorausgesetzte Tatbestandsmerkmal „bei dem Eintritt" des Versicherungsfalles gegeben ist. Der BGH (r+s 1991, 116 = VersR 1992, 349) hat in einem grundlegenden Urteil entschieden, dass es ausreichend sei, dass der Versicherungsfall unmittelbar bevorstand („Vorerstreckungstheorie"). Die Rechtsprechung des BGH hat in das neue VVG Eingang gefunden. In § 90 VVG wird für die Sachversicherung klar gestellt, dass der Anspruch auf Rettungskostenersatz schon dann entsteht, wenn der VN einen unmittelbar bevorstehenden Versicherungsfall abwenden will.

II. Rettungskosten

Zu beachten ist allerdings, dass nur die Aufwendungen zu ersetzen sind, die der VN den Umständen nach für geboten erachten durfte (§ 83 Abs. 1). Dies ist nur dann der Fall, wenn der sicher oder möglicherweise entstehende Aufwand in einem angemessenen Verhältnis zum möglichen Erfolg steht; mindestens muss der VN ein angemessenes Verhältnis ohne grobe Fahrlässigkeit für geboten halten dürfen. Wer vor einem Hasen oder Fuchs (hierzu BGH r+s 2003, 406; OLG Koblenz r+s 2004, 11) eine riskante Vollbremsung durchführt oder ausweicht, unterliegt regelmäßig einem grob fahrlässigen Irrtum über das Gebotensein seines Fahrmanövers.

Während in diesem Fall nach § 63 VVG a.F. ohne Weiteres Leistungsfreiheit eingetreten wäre, stellt sich nach der Gesetzesnovellierung die Frage, ob in diesem Fall – ebenso wie bei § 81 VVG (grob fahrlässige Herbeiführung des Versicherungsfalls) die Leistung entsprechend der Schwere des Verschuldens zu kürzen ist. Gesetzessystematisch wäre dies konsequent, denn warum soll ein VN, der seiner Rettungsobliegenheit nachkommt einem strengeren Haftungsmaßstab unterliegen als jemand, der einen Versicherungsfall grob fahrlässig herbeiführt?

Doch sind die Quotierungsregelungen der §§ 82 und 83 VVG nicht einschlägig. § 82 VVG statuiert zunächst eine Rettungsobliegenheit. So muss der VN etwa sein in Brand geratenes Fahrzeug löschen. Verletzt er diese Verpflichtung grob fahrlässig, kann der Versicherer die Leistung gem. § 82 Abs. 3 VVG kürzen. Entstehen dem VN bei seiner Rettungshandlung Aufwendungen (seine Kleidung wird beim Löschen beschädigt), kann er diese gem. § 83 Abs. 1 VVG vom Versicherer ersetzt verlangen. Ist der Versicherer berechtigt, seine Leistung zu kürzen (weil der VN die Verpflichtung zum Löschen grob fahrlässig verletzt hat), so kann er gem. § 82 Abs. 2 VVG auch den Aufwendungsersatz (dabei beschädigte Kleidung) entsprechend kürzen. Eine vergleichbare Situation liegt jedoch im vorliegenden Fall gerade nicht vor, da der VN mit seinem Ausweichmanöver ja für die Abwendung des Schadens sorgen wollte, er ist seiner (vermeintlichen) Rettungsobliegenheit nachgekommen, so dass die in § 82 Abs. 3 und § 83 Abs. 2 VVG angesprochenen Pflichtverletzungen nicht vorliegen.

Im vorliegenden Fall des Ausweichens vor einem Hasen geht es also nicht um das Entfallen der Leistungspflicht aufgrund einer Pflichtverletzung, sondern um die Erfüllung der primären Anspruchsvoraussetzung des § 83 Abs. 1 VVG. Dieser setzt jedoch für den Aufwendungsersatz voraus, dass der VN die Rettungshandlung „den Umständen nach für geboten halten durfte". Dies ist aber beim Ausweichen vor einem Hasen oder Fuchs gerade nicht der Fall, so dass dem VN auch kein Anspruch auf Rettungskostenersatz zusteht. Eine Quotierung für den Fall, dass der VN über die Tauglichkeit seiner Maßnahme grob fahrlässig irrt, ist gerade nicht vorgesehen. Daran ändert auch § 90 VVG nichts. Durch diese Vorschrift wird lediglich der Zeitpunkt, ab dem der VN Rettungskostenersatz beanspruchen kann, nach vorn verschoben.

3. Ergebnis: Der Versicherer kann sich auf volle Leistungsfreiheit berufen.

K. Veräußerung des versicherten Fahrzeugs

Nach wie vor geht bei Veräußerung des versicherten Fahrzeugs die Versicherung auf den Erwerber über (§ 95 VVG). Ebenso sind Veräußerer und Erwerber weiterhin zur Anzeige der Veräußerung verpflichtet (§ 97 Abs. 1 VVG). In den AKB 2008 findet sich die entsprechende Regelung in Abschnitt G.7 AKB 2008. 220

G.7 Was ist bei Veräußerung des Fahrzeugs zu beachten?

Übergang der Versicherung auf den Erwerber

G.7.1 Veräußern Sie Ihr Fahrzeug, geht die Versicherung auf den Erwerber über. Dies gilt nicht für die Kfz-Unfallversicherung.

G.7.2 Wir sind berechtigt und verpflichtet, den Beitrag entsprechend den Angaben des Erwerbers, wie wir sie bei einem Neuabschluss des Vertrags verlangen würden, anzupassen. Das gilt auch für die SF-Klasse des Erwerbers, die entsprechend seines bisherigen Schadenverlaufs ermittelt wird. Der neue Beitrag gilt ab dem Tag, der auf den Übergang der Versicherung folgt.

G.7.3 Den Beitrag für das laufende Versicherungsjahr können wir entweder von Ihnen oder vom Erwerber verlangen.

Anzeige der Veräußerung

G.7.4 Sie und der Erwerber sind verpflichtet, uns die Veräußerung des Fahrzeugs unverzüglich anzuzeigen. Unterbleibt die Anzeige, droht unter den Voraussetzungen des § 97 Versicherungsvertragsgesetz der Verlust des Versicherungsschutzes.

Kündigung des Vertrags

G.7.5 Im Falle der Veräußerung können der Erwerber nach G.2.5 und G.2.6 oder wir nach G.3.7 den Vertrag kündigen. Dann können wir den Beitrag nur von Ihnen verlangen.

Zwangsversteigerung

G.7.6 Die Regelungen G.7.1 bis G.7.5 sind entsprechend anzuwenden, wenn Ihr Fahrzeug zwangsversteigert wird.

Eine wichtige Änderung bringt die Gesetzesnovelle hinsichtlich der Folgen einer unterbliebenen Veräußerungsanzeige. Der Versicherer wird zukünftig nur noch dann leistungsfrei, wenn er nachweisen kann, dass er den mit dem Veräußerer bestehenden Versicherungsvertrag mit dem Erwerber nicht abgeschlossen hätte (§ 97 Abs. 2 VVG). 221

Das VVG enthielt bislang kein derartiges Kausalitätserfordernis. Die Rechtsprechung (BGH VersR 1987, 477; 1987, 705) hat aber auch schon in der Vergangenheit unbillige Ergebnisse unter Berufung auf § 242 BGB korrigiert und die Möglichkeit des Versicherers zur Leistungsfreiheit deutlich eingeschränkt.

Im Übrigen verbleibt es bei dem von der Rechtsprechung zu § 71 VVG a.F. entwickelten Grundsatz, wonach der Versicherer nur dann leistungsfrei wird, wenn diese Rechtsfolge nicht außer Verhältnis zur Schwere des Versto- 222

K. Veräußerung des versicherten Fahrzeugs

ßes des VN steht. Hier handelt es sich um die Ausprägung des allgemeinen Grundsatzes von Treu und Glauben, der deshalb nach Ansicht des Gesetzgebers keiner ausdrücklichen Regelung bedarf.

223 Aufgrund des Wegfalls des Grundsatzes der Unteilbarkeit der Prämie (s. Rdn. 76 ff.) steht dem Versicherer im Falle der Kündigung der vom Veräußerer geschuldete Beitrag nicht mehr bis zum Ende der laufenden Versicherungsperiode zu (§ 39 Abs. 1 VVG).

L. Forderungsübergang

Ist ein Dritter für die Beschädigung oder Zerstörung des kaskoversicherten Fahrzeugs verantwortlich, geht – wie bisher – der Schadenersatzanspruch des VN gegen den Dritten kraft Gesetz auf den Versicherer über, wenn dieser den Schaden reguliert hat (§ 86 VVG). 224

Abweichend von dem Grundsatz, wonach einfache Fahrlässigkeit des Dritten für einen Forderungsübergang ausreicht, privilegiert die Kfz-Kaskoversicherung einen bestimmten Kreis von Personen und schließt den Forderungsübergang bei einfacher Fahrlässigkeit aus. So ist in der Kfz-Versicherung gemäß A.2.15 AKB 2008 (bisher § 15 Abs. 2 AKB a.F.) ein Forderungsübergang gegen den berechtigten Fahrer und weitere privilegierte Personen (z.B. mitversicherte Personen der Kfz-Haftpflichtversicherung, Mieter des Fahrzeugs) nur möglich, wenn diese mindestens grob fahrlässig gehandelt haben. 225

A.2.15 Können wir unsere Leistung zurückfordern, wenn Sie nicht selbst gefahren sind?

Fährt eine andere Person berechtigterweise das Fahrzeug und kommt es zu einem Schadenereignis, fordern wir von dieser Person unsere Leistungen nicht zurück. Dies gilt nicht, wenn der Fahrer das Schadenereignis grob fahrlässig oder vorsätzlich herbeigeführt hat. Lebt der Fahrer bei Eintritt des Schadens mit Ihnen in häuslicher Gemeinschaft, fordern wir unsere Ersatzleistung selbst bei grob fahrlässiger Herbeiführung des Schadens nicht zurück, sondern nur bei vorsätzlicher Verursachung.

Die Sätze 1 bis 3 gelten entsprechend, wenn eine in der Kfz-Haftpflichtversicherung gemäß A.1.2 mitversicherte Person, der Mieter oder der Entleiher einen Schaden herbeiführt.

Eine gesetzliche Verpflichtung, diese Personen auch am Grundsatz der Quotelung teilhaben zu lassen, besteht nicht, da es sich hierbei um eine Regelung handelt, die allein dem Schutz des VN dient. Zudem wäre gemäß § 86 Abs. 1 VVG ein Regress gegen den Fahrer schon dann möglich, wenn dieser den Unfall leicht fahrlässig herbeigeführt hätte. Mit der Regelung in A.2.15 AKB 2008, die einen Regress nur im Fall grober Fahrlässigkeit zulässt, wird der Fahrer immer noch deutlich besser gestellt, als dies vom Gesetz gefordert wird. 226

Neu ist die Obliegenheit des VN nach § 86 Abs. 2 VVG, seinen auf den Versicherer übergehenden Ersatzanspruch zu wahren und bei der Durchsetzung des Anspruchs des Versicherers mitzuwirken, soweit dies erforderlich ist (z.B. um Auskünfte zu erlangen, die zur Begründung des Anspruchs erforderlich sind). Nach § 67 Abs. 1 VVG a.F. war dem VN lediglich untersagt, seinen Anspruch gegen den Dritten aufzugeben. 227

Die Leistungsfreiheit des Versicherers bei Verletzung seiner Mitwirkungspflicht ist gemäß § 86 Abs. 1 VVG analog den allgemeinen neuen Regelungen bei Obliegenheitsverletzungen ausgestaltet. Eine vollständige Leistungsfreiheit des Versicherers setzt eine vorsätzliche Obliegenheitsverletzung des VN voraus; bei grober Fahrlässigkeit wäre zu kürzen.

L. Forderungsübergang

Zur Leistungsfreiheit des Versicherers ist zudem Kausalität erforderlich, die zum Beispiel dann vorliegt, wenn die Verletzung dieser Pflicht dazu führt, dass der Versicherer von dem Dritten keinen Ersatz erlangen kann. Neben der verschuldensbezogenen Quotelung kann es somit zu einer weiteren, kausalitätsbezogenen Quotelung kommen.

228 Neu ist die Privilegierung aller Haushaltsangehörigen in § 86 Abs. 3 VVG. Wenn der Ersatzanspruch des VN sich gegen eine Person richtet, mit der der VN bei Eintritt des Schadens in häuslicher Gemeinschaft lebt, kann sich der Versicherer gemäß § 86 Abs. 3 VVG nämlich nicht auf den Forderungsübergang berufen. Ein Regress gegen den Haushaltsangehörigen ist deshalb nicht möglich.

Eine Ausnahme gilt lediglich dann, wenn der Haushaltsangehörige den Schaden vorsätzlich verursacht hat.

Nach § 67 Abs. 2 VVG a.F. mussten die von dieser Regelung privilegierten Haushaltsangehörigen zudem Familienangehörige des VN sein. Partnern einer nichtehelichen Lebensgemeinschaft kam die Regelung deshalb nicht zugute. Das Abstellen auf die Familienangehörigkeit entsprach nach Ansicht des Gesetzgebers (Regierungsentwurf S. 82) nicht mehr den heutigen gesellschaftlichen Bedingungen und wurde deshalb aufgegeben.

Klargestellt wurde in § 86 Abs. 3 VVG zudem, dass die Haushaltsangehörigkeit zum Zeitpunkt des Schadens schon bestanden haben muss.

229 Fallbeispiel:

Der angestellte Fahrer F des Arbeitgebers A verursacht mit dem Firmen-LKW einen Unfall. F hatte zum Unfallzeitpunkt eine BAK von 1,2 Promille. Er war gegen die Leitplanke der Autobahn geraten, dadurch entstand am LKW ein Schaden in Höhe von 8.900 Euro.

Der Kaskoversicherer des A regulierte den Schaden und möchte nun den gezahlten Betrag bei F geltend machen.

F ist der Meinung, der Unfall sei nicht durch den Alkohol bedingt, es habe geregnet, die Sicht sei schlecht gewesen so dass der Unfall auch passiert wäre, wenn er nüchtern gewesen wäre.

Außerdem gelte zwischen ihm und seinem Arbeitgeber A ein Tarifvertrag, wonach Schadenersatzansprüche 6 Monate nach Entstehung schriftlich geltend gemacht werden müssen. Diese Frist sei schon abgelaufen.

Abwandlung 1: Arbeitgeber A wusste, dass die Ausschlussfrist des Tarifvertrags demnächst abläuft, er hat hiergegen aber nichts unternommen.

Abwandlung 2: A ist der Onkel des F und wohnt mit diesem im gleichen Haus
Wie ist die Rechtslage?

Lösung:

1. Eintrittspflicht des Versicherers für den Schaden

Zunächst ist klar, dass der Kaskoversicherer zur Regulierung verpflichtet war: Auf die grob fahrlässige Herbeiführung des Versicherungsfalls (§ 81 Abs. 2 VVG) kann sich der Versicherer nicht berufen, da diese Vorschrift nur dann zur Anwendung kommt, wenn sich der VN selbst (oder sein Repräsentant) grob fahrlässig verhalten hat. Ein angestellter Fahrer ist aber nicht als Repräsentant des Arbeitgebers anzusehen, ihm ist nicht die alleinige Verantwortungsbefugnis und Risikoverwaltung für das Fahrzeug eingeräumt (BHG VersR 1996, 129 = r+s 1996, 385).

2. Regress gegen den Fahrer

Daher stellt sich die Frage, ob der Kaskoversicherer den Fahrer in Regress nehmen kann.

L. Forderungsübergang

a) Gesetzlicher Anspruchsübergang nach § 86 Abs. 1 VVG
Der Anspruch des A gegen F könnte gem. § 86 Abs. 1 VVG auf den Versicherer übergegangen sein. Dem Arbeitgeber A steht gegen den F ein Schadenersatzanspruch gemäß §§ 823, 280 BGB zu, da F Eigentum des A beschädigt hat. Dieser Anspruch geht gemäß § 86 Abs. 1 VVG auf den Kaskoversicherer über, soweit dieser an den VN geleistet hat. Der Kaskoversicherer rückt damit an die Stelle des F und erwirbt dessen Rechtsposition – also einen Anspruch, der laut dem einschlägigen Tarifvertrag in sechs Monaten verfällt.

b) Beschränkung des Regresses auf grobe Fahrlässigkeit (A.2.15 AKB 2008)
Eigentlich kommt es nach § 86 Abs. 1 VVG nicht darauf an, ob F leicht oder grob fahrlässig gehandelt hat. Allerdings soll in der Kfz-Versicherung ein Fahrer, dem das Fahrzeug vom VN überlassen wurde, nicht schlechter gestellt werden als der VN selbst. Daher ist gemäß A.2.15 AKB 2008 (bisher § 15 Abs. 2 AKB a. f.) ein Forderungsübergang und damit ein Regress gegen den berechtigten Fahrer und weitere privilegierte Personen (z. B. Mitversicherte Personen der Kfz-Haftpflichtversicherung, Mieter des Fahrzeugs) nur möglich, wenn diese mindestens grob fahrlässig gehandelt haben. Vorliegend war F zum Zeitpunkt des Unfalls absolut fahruntüchtig, denn nach der Rechtsprechung ab einer BAK von 1,1 Promille unwiderleglich angenommen, BGH VersR 1991, 1367). Dafür, dass die absolute Fahruntüchtigkeit kausal für den eingetretenen Unfall war, spricht der Beweis des ersten Anscheins (OLG Hamm VersR 1988, 369), es entspricht der Lebenserfahrung und dem typischen Verlauf der Dinge, dass der Unfall durch die Alkoholisierung herbeigeführt worden ist. Daher müsste F darlegen und beweisen, dass der Unfall nicht auf seine Alkoholisierung zurück zu führen ist – das wird ihm im Normalfall nicht gelingen. Da somit davon auszugehen ist, dass F den Unfall grob fahrlässig herbeigeführt hat, kann der Kaskoversicherer den F (aus den übergegangenen Ansprüchen des A) in Regress nehmen – die Regressbeschränkung nach A.2.15 AKB 2008 greift nicht.

c) Keine Quotelung bezüglich der Regressforderung
Bezüglich der Regressforderung des Versicherers findet keine Quotelung statt: Weder § 86 VVGE noch A.2.15 AKB 2008 sehen vor, dass gegen den Fahrer, der den Unfall grob fahrlässig herbeiführt, nur eine gekürzte Regressforderung in Betracht kommt. Damit wird der bislang geltende Grundsatz, der Fahrer solle im Fall eines Unfalls nicht schlechter gestellt werden als der VN, nicht mehr konsequent durchgeführt. Das ist rechtlich zulässig: Eigentlich wäre gem. § 86 VVGE ein Regress gegen den Fahrer schon dann möglich, wenn dieser den Unfall nur leicht fahrlässig herbeigeführt hat – so gesehen wird er durch die AKB, die die Regressmöglichkeit auf den Fall grober Fahrlässigkeit beschränken immer noch besser gestellt, als es von § 86 VVG gefordert ist.

d) Untergang des Anspruchs aufgrund der tarifvertraglichen Ausschlussfrist
Wäre die Ausschlussfrist des betreffenden Tarifvertrags schon abgelaufen, könnte der Versicherer die Ansprüche gegen F nicht mehr geltend machen. Der Kaskoversicherer rückt durch § 86 Abs. 1 VVG an die Stelle des A und erwirbt dessen Rechtsposition – also einen Anspruch, der laut dem einschlägigen Tarifvertrag in sechs Monaten verfällt.

Lösung von Abwandlung 1:
In der Abwandlung 1 ist zu prüfen, ob A gem. § 86 Abs. 2 VVG die Obliegenheit verletzt hat, seinen Ersatzanspruch zu wahren und bei dessen Durchsetzung durch den Versicherer soweit erforderlich mitzuwirken. Hätte A dadurch, dass sein Anspruch gegen F nicht innerhalb der sechsmonatigen Ausschlussfrist geltend gemacht hat, die ihm obliegende Mitwirkungspflicht vorsätzlich verletzt, könnte sich der Kaskoversicherer gem. § 86 Abs. 2 Satz 2 VVG gegenüber dem VN A auf Leistungsfreiheit berufen. Da dem A Vorsatz nur schwer nachzuweisen sein wird, kommt im vorliegenden Fallbeispiel eine grob fahrlässige Obliegenheitsverletzung in Betracht – etwa wenn

L. Forderungsübergang

dem A aus früheren Fällen die einschlägige Problematik bekannt war. In diesem Fall könnte der Kaskoversicherer die dem A zustehende Entschädigung entsprechend der Schwere des Verschuldens des A kürzen. Wenn das Verhalten des A (weil ihm die Fristenproblematik vertraut war) in Vorsatznähe zu rücken ist, kommt eine Leistungskürzung über 50% in Betracht.

Abwandlung 2
In Abwandlung 2 könnte der Regress des Versicherers gem. § 86 Abs. 3 VVG ausgeschlossen sein. Anders als es unter Geltung des sog. Familienprivilegs nach § 67 VVG a. F. der Fall war, kommt der Schutz des § 86 Abs. 3 VVG nunmehr allen Personen zu gute, die mit dem VN in häuslicher Gemeinschaft leben. Damit wollte der Gesetzgeber der veränderten Rechtswirklichkeit (steigende Zahl nichtehelicher Lebensgemeinschaften) Rechnung tragen. Ob im vorliegenden Fallbeispiel ein Regress in Betracht kommt, ist nicht eindeutig. Zwar leben F und A im selben Haus. Sollte dies aber in verschiedenen Wohnungen sein – wovon bei Onkel und Neffe auszugehen ist, dürfte es an der erforderlichen „Gemeinschaft" i. S. d. § 86 Abs. 3 VVG fehlen.

M. Pflicht zur Verzinsung der Entschädigung

230 Hinsichtlich der Verzinsung der Entschädigung enthält § 91 VVG eine wesentliche Neuerung. Der Versicherer ist zukünftig verpflichtet, die Entschädigung nach Ablauf eines Monats seit Anzeige des Versicherungsfalls mit 4 Prozent zu verzinsen, soweit nicht aus einem anderen Rechtsgrund höhere Zinsen verlangt werden können. Darauf, ob der Versicherer in Verzug ist oder noch berechtigt Ermittlungen anstellt, kommt es nicht an. Die Zinsen werden zusammen mit der Entschädigung fällig. Die Verzinsung – ohne Rücksicht auf Verzug – ist als Ausgleich dafür gedacht, dass der Versicherer die Entschädigungssumme bis zur Auszahlung behält, obwohl sie an sich schon dem VN zusteht.

Bisher musste der Versicherer Zinsen grundsätzlich nur dann zahlen, wenn er mit der Zahlung der Entschädigung im Verzug war. Dies war regelmäßig erst dann der Fall, wenn die Ermittlungen zum Grund und zur Höhe des Schadens abgeschlossen waren. Lediglich in der Feuerversicherung gab es schon bislang (§ 94 VVG a.F.) eine Regelung, wonach die Entschädigungsleistung nach Ablauf eines Monats seit Anzeige des Versicherungsfalles mit vier Prozent zu verzinsen war. Diese Regelung aus der Feuerversicherung wird durch den neuen § 91 VVG mit geringfügigen Änderungen auf die gesamte Sachversicherung erstreckt und trifft in der Kfz-Versicherung deshalb die Kaskoversicherung, nicht jedoch die Kfz-Haftpflichtversicherung.

Der Lauf der Monatsfrist ist gehemmt, solange der Schaden infolge eines Verschuldens des VN nicht festgestellt werden kann (§ 91 Satz 2 VVG).

N. Wegfall des Anerkenntnis-, Befriedigungs- und Abtretungsverbots

Bedeutende Neuerungen ergeben sich aufgrund des Wegfalls des Anerkenntnis-, Befriedigungs- und Abtretungsverbots durch die VVG-Reform auch in der Kfz-Haftpflichtversicherung.

I. Anerkenntnis- und Befriedigungsverbot

Dem VN kann nunmehr vom Versicherer nicht mehr untersagt werden, seine Eintrittspflicht ohne vorherige Zustimmung des Versicherers anzuerkennen oder den Geschädigten zu befriedigen (§ 105 VVG). Die Vereinbarung eines Anerkenntnis- und Befriedigungsverbots mit dem VN war bisher in der Haftpflichtversicherung üblich.

Nach Ansicht des Gesetzgebers (Regierungsentwurf S. 86) ist ein Anerkenntnisverbot entbehrlich, da der Versicherer den VN ohnehin nur von berechtigten Ansprüchen freistellen müsse. Der Gesetzgeber geht dabei davon aus, dass sowohl ein Anerkenntnis als auch eine Befriedigung des VN für den Versicherer ohne nachteilige Wirkung blieben, da der Versicherer keinesfalls mehr als die gesetzlichen Ansprüche ersetzen muss. Erkennt der VN also an, obwohl er nicht haftet oder verspricht er mehr, als dem Geschädigten zusteht, kann der Versicherer auch weiterhin geltend machen, dass er nur im Rahmen der gesetzlichen Haftpflichtbestimmungen hafte, ein etwaiger Mehrbetrag geht zu Lasten des VN.

Für den VN bleibt eine voreilige Anerkennung oder Befriedigung von Ansprüchen deshalb auch im neuen Recht riskant. Ob die neue gesetzliche Regelung für den VN eine Verbesserung darstellt, ist zweifelhaft. Entfallen ist zwar die Gefährdung des Versicherungsschutzes, entfallen ist für den VN jedoch auch das Argument gegenüber dem Geschädigten, er sei versicherungsvertraglich verpflichtet, die Regulierungsverhandlungen dem Versicherer zu überlassen. Damit könnte der Druck des Geschädigten auf den VN, direkt an der Unfallstelle die Ansprüche anzuerkennen oder zu begleichen, in Zukunft zunehmen.

Trotz des Wegfalls des Anerkenntnis- und Befriedigungsverbots ist dem VN deshalb auch in Zukunft zu raten, die Regulierungsverhandlungen dem Versicherer zu überlassen. Der Versicherer hat die Berechtigung der Ansprüche zu prüfen und ggf. unberechtigte Ansprüche abzulehnen.

II. Abtretungsverbot

Neben dem Wegfall des Anerkenntnis- und Befriedigungsverbots ist der Versicherer auch nicht mehr berechtigt, dem VN die Abtretung seines Anspruchs zu untersagen (§ 108 Abs. 2 VVG). Der VN ist zukünftig berechtigt,

N. Wegfall des Anerkenntnis-, Befriedigungs- und Abtretungsverbots

seinen Freistellungsanspruch gegen den Haftpflichtversicherer an den Geschädigten abzutreten.

In der Kfz-Haftpflichtversicherung hat diese Änderung nur geringe Bedeutung, da der Geschädigte hier ohnehin einen Direktanspruch gegen den Versicherer hat.

Beachten Sie: Die Kfz-Kaskoversicherung ist von der Neuregelung nicht betroffen, da sich die gesetzliche Regelung ausschließlich auf die Haftpflichtversicherung beschränkt. Die AKB 2008 enthalten in A.14.4 AKB 2008 deshalb weiterhin ein vom VN zu beachtendes Abtretungsverbot.

> A.2.14.4 Ihren Anspruch auf die Entschädigung können Sie vor der endgültigen Feststellung ohne unsere ausdrückliche Genehmigung weder abtreten noch verpfänden.

O. Verjährung und Wegfall der Ausschlussfrist

Die Verjährung von Ansprüchen aus dem Versicherungsvertrag ist im VVG nicht mehr geregelt. Dies bedeutet, dass zukünftig auch im Versicherungsrecht die allgemeine 3-jährige Verjährungsfrist nach dem BGB gilt (§§ 194–213 BGB). Die Verjährung beginnt mit Ende des Kalenderjahres, in dem der Anspruch entstanden ist (§ 199 BGB). Im VVG findet sich nur noch die besondere Hemmungsregelung für Versicherungsverträge (§ 15 VVG). Hiernach ist die Verjährung bis zur Entscheidung des Versicherers gehemmt, wenn der VN seine Ansprüche aus dem Versicherungsvertrag beim Versicherer angemeldet hat.
Die so genannte Klagefrist (Ausschlussfrist) des § 12 Abs. 3 VVG a.F., wonach ein Anspruch entfällt, wenn er nach Ablehnung durch den Versicherer nicht innerhalb von sechs Monaten geltend gemacht wird, ist entfallen.

234

P. Gerichtsstand

Neu ist im VVG hinsichtlich des Gerichtsstands insbesondere die Möglichkeit des VN, Klagen aus dem Versicherungsvertrag bei dem Gericht zu erheben, in dessen Bezirk er zur Zeit der Klageerhebung seinen Wohnsitz hat (§ 215 Abs. 1 Satz 1 VVG). Der VN hat also das Wahlrecht zwischen dem Gericht am Sitz des Versicherers und dem Gericht seines Wohnsitzes. Für Klagen gegen den VN ist das Gericht des Wohnsitzes des VN ausschließlich zuständig (§ 215 Abs. 1 Satz 2 VVG).
In den AKB 2008 wurde diese Regelung wie folgt umgesetzt:

235

L.2 Gerichtsstände

Wenn Sie uns verklagen

L.2.1 Ansprüche aus Ihrem Versicherungsvertrag können Sie insbesondere bei folgenden Gerichten geltend machen:
– dem Gericht, das für Ihren Wohnsitz örtlich zuständig ist,
– dem Gericht, das für unseren Geschäftssitz oder für die Sie betreuende Niederlassung örtlich zuständig ist.

Wenn wir Sie verklagen

L.2.2 Wir können Ansprüche aus dem Versicherungsvertrag insbesondere bei folgenden Gerichten geltend machen:
– dem Gericht, das für Ihren Wohnsitz örtlich zuständig ist,
– dem Gericht des Ortes, an dem sich der Sitz oder die Niederlassung Ihres Betriebs befindet, wenn Sie den Versicherungsvertrag für Ihren Geschäfts- oder Gewerbebetrieb abgeschlossen haben.

Sie haben Ihren Wohnsitz oder Geschäftssitz ins Ausland verlegt

L.2.3 Für den Fall, dass Sie Ihren Wohnsitz, Ihren gewöhnlichen Aufenthalt oder Ihren Geschäftssitz außerhalb Deutschlands verlegt haben oder Ihr Wohnsitz oder gewöhnlicher Aufenthalt im Zeitpunkt der Klageerhebung nicht bekannt ist, gilt abweichend der Regelungen nach L.2.2 das Gericht als vereinbart, das für unseren Geschäftssitz zuständig ist.

Q. Beitragsteil

236 Auch in den AKB 2008 nehmen die Regelungen zur Beitragsberechnung in den Abschnitten I bis N und in den Anhängen einen großen Teil des Bedingungswerks ein. Grund hierfür ist, dass die Kfz-Versicherung ein sehr differenziertes Preisfindungssystem hat. Keine andere Versicherungssparte verfügt über eine vergleichbare Anzahl von Tarifvariablen (z.b. Typklasse, Regionalklasse, Schadenfreiheitsklasse, Alter, Beruf, Jahresfahrleistung, Abstellort, Fahrerkreis, Wohneigentum). Nicht selten führt allein die Veränderung eines dieser Merkmale zu einem erheblichen Beitragsunterschied.

Neu ist, dass die bisherige Aufteilung in AKB und Tarifbestimmungen im Interesse eines einheitlichen Bedingungswerks und verbesserter Transparenz aufgegeben wurde.

Materiell-rechtliche Änderungen finden sich auch in den Tarifbestimmungen nur sehr vereinzelt, auch hier lag das Schwergewicht auf einer sprachlich klareren und insgesamt stringenteren Bedingungsformulierung.

Der neue Beitragsteil der AKB 2008 setzt sich aus folgenden Elementen zusammen:

Inhaltsverzeichnis AZB 2008

A (...)
I Schadenfreiheitsrabatt-System
J Beitragsänderung aufgrund tariflicher Maßnahmen
K Beitragsänderung aufgrund eines bei Ihnen eingetretenen Umstands
L Meinungsverschiedenheiten und Gerichtsstände
M Zahlungsweise
N Bedingungsänderung

Anhang 1: Tabellen zum Schadenfreiheitsrabatt-System
Anhang 2: Merkmale zur Beitragsberechnung
Anhang 3: Tabellen zu den Typklassen
Anhang 4: Tabellen zu den Regionalklassen
Anhang 5: Berufsgruppen (Tarifgruppen)
Anhang 6: Art und Verwendung von Fahrzeugen

237 Weitgehend verzichtet wurde in den AKB 2008 auf Ersteinstufungsbestimmungen – die eigentliche Preisfindung ist und bleibt Sache des Versicherers. Die Art und Weise, wie ein Versicherer den Preis für die Kfz-Versicherung berechnet muss vertraglich weder vereinbart noch gegenüber dem VN offen gelegt werden.

Eine vertragliche Vereinbarung von Preisfindungsregeln ist lediglich dann erforderlich, wenn an die Veränderung von Tarifvariablen Folgen geknüpft werden sollen. Dies ist in der Kfz-Versicherung häufig der Fall. Veränderungen z.B. des Fahrerkreises, der Jahresfahrleistung, des Berufs, des Wohnortes oder des Abstellorts sollen auch während der Laufzeit des Vertrags zu Anpassungen des Beitrags führen. Eine Preisänderungen setzt jedoch voraus, dass deren Voraussetzungen vertraglich vereinbart wurden.

Eine Ausnahme vom Verzicht auf die Vereinbarung von Ersteinstufungsregeln machen die AKB 2008 hinsichtlich der Einstufung in die SF-Klassen

Q. Beitragsteil

(z.B. Führerscheinklausel, Zweitwagenregelung). Ohne die Beschreibung dieser Ersteinstufungsregeln wäre die Umstufungssystematik der AKB kaum darstellbar.

I. Das Schadenfreiheitsrabatt-System

238 Das Schadenfreiheitsrabatt-System ist trotz stetig steigender Anzahl von Tarifvariablen immer noch das wichtigste Tarifmerkmal der Kfz-Versicherung. Ein VN mit schlechter Schadenfreiheitsklasse zahlt häufig ein Vielfaches der Prämie eines VN mit gutem Schadenverlauf. Aufgrund der großen Bedeutung des Schadenverlaufs für die Prämienkalkulation gibt § 5 Abs. 7 PfVG dem VN deshalb sogar einen gesetzlichen Anspruch gegen den Versicherer auf Bestätigung der Schadenfreiheitsklasse.

In den AKB 2008 wird das Schadenfreiheitsrabatt-System im Abschnitt I geregelt.

I	**Schadenfreiheitsrabatt-System**
I.1	**Einstufung in Schadenfreiheitsklassen (SF-Klassen)**
I.2	**Ersteinstufung**
I.2.1	Ersteinstufung in SF-Klasse 0
I.2.2	Sonderersteinstufung eines Pkw in SF-Klasse ½ oder SF-Klasse 2
I.2.3	Anrechnung des Schadenverlaufs der Kfz-Haftpflichtversicherung in der Vollkaskoversicherung
I.2.4	Führerscheinsonderregelung
I.3	**Jährliche Neueinstufung**
I.3.1	Wirksamwerden der Neueinstufung
I.3.2	Besserstufung bei schadenfreiem Verlauf
I.3.3	Besserstufung bei Saisonkennzeichen
I.3.4	Besserstufung bei Verträgen mit SF-Klassen 2, ½, S, 0 oder M
I.3.5	Rückstufung bei schadenbelastetem Verlauf
I.4	**Was bedeutet schadenfreier oder schadenbelasteter Verlauf?**
I.4.1	Schadenfreier Verlauf
I.4.2	Schadenbelasteter Verlauf
I.5	**Wie Sie eine Rückstufung in der Kfz-Haftpflichtversicherung vermeiden können**
I.6	**Übernahme eines Schadenverlaufs**
I.6.1	In welchen Fällen wird ein Schadenverlauf übernommen?
I.6.2	Welche Voraussetzungen gelten für die Übernahme?
I.6.3	Wie wirkt sich eine Unterbrechung des Versicherungsschutzes auf den Schadenverlauf aus?
I.6.4	Übernahme des Schadenverlaufs nach Betriebsübergang
I.7	**Einstufung nach Abgabe des Schadenverlaufs**
I.8	**Auskünfte über den Schadenverlauf**

Anhang 1: Tabellen zum Schadenfreiheitsrabatt-System

Grundsätzlich hat sich am Schadenfreiheitsrabatt-System in den AKB 2008 materiell-rechtlich nichts gerändert. Neu ist in der GDV-Empfehlung lediglich die Regelung zur Ersteinstufung in die SF-Klasse 2 (für Zweitwagen). Allerdings ist der GDV in seiner Bedingungsempfehlung hier lediglich den Marktgegebenheiten gefolgt, da die meisten Versicherer heute ohnehin schon eine entsprechende Sondereinstufung praktizieren.

II. Tarifmerkmale

Eine kleine materiell-rechtliche Veränderung wurde bei der Führerscheinregelung (Ersteinstufung in die Klasse SF $^1/_2$) vorgenommen. Auch Führerscheine von Staaten außerhalb der EU werden unter bestimmten Voraussetzungen zukünftig denen aus EU-Staaten gleichgestellt.

II. Tarifmerkmale

Wie bereits erwähnt, verfügt keine andere Versicherungssparte über ein 239 ähnlich ausdifferenziertes Tarifierungssystem wie die Kfz-Versicherung. Einige der Tarifmerkmale (z.B. Art des Fahrzeugs, Typklasse, Regionalklassen) werden am Markt relativ einheitlich verwendet, andere wiederum sind sehr unternehmensindividuell (z.B. Rabatt für Bahncard-Inhaber oder Verkehrsclub-Mitglieder).

Auch bei der Darstellung in den AKB reicht die bei den Versicherern anzutreffende Spannbreite von der vollständigen Beschreibung sämtlicher Merkmale bis zum vollständigen Verzicht. Die AKB 2008 bilden insoweit die Marktgegebenheiten ab. Die Darstellung der Tarifmerkmale wurde deshalb in den Anhang verlegt.

Anhang 1: Tabellen zum Schadenfreiheitsrabatt-System
Anhang 2: Merkmale zur Beitragsberechnung
Anhang 3: Tabellen zu den Typklassen
Anhang 4: Tabellen zu den Regionalklassen
Anhang 5: Berufsgruppen (Tarifgruppen)
Anhang 6: Art und Verwendung von Fahrzeugen

Während Anhang 1 (Tabellen zum Schadenfreiheitsrabattsystem) von allen Versicherern verwendet wird, verzichten einige Versicherer auf die Verwendung der weiteren Anhänge.

Verzichtet ein Versicherer auf die Anhänge, müssen die Tarifmerkmale mit 240 dem VN in Antrag und Versicherungsschein konkret vereinbart werden. Verwendet ein Versicherer zum Beispiel den Anhang 4 zu den Berufsgruppen, genügt die Vereinbarung der Berufsgruppe B. Die Voraussetzungen, unter denen Berufsgruppe B gewährt wird (z.B. ob auch ein Teilzeitarbeitsverhältnis genügt), sind im Anhang 5 detailliert geregelt.

Beispiel Anhang 5 Nr. 2

2 Berufsgruppe B

Die Beiträge der Berufsgruppe B gelten in der Kfz-Haftpflicht-, Vollkasko- und in der Teilkaskoversicherung beschränkt auf Pkw, Campingfahrzeuge, Krafträder und Leichtkrafträder – für Versicherungsverträge von Kraftfahrzeugen, die zugelassen sind auf
a [...]
f Beamte, Richter, Angestellte und Arbeiter der unter 2.a bis 2.e genannten juristischen Personen und Einrichtungen, sofern ihre nicht selbstständige und der Lohnsteuer unterliegende Tätigkeit für diese mindestens 50% der normalen Arbeitszeit beansprucht und sofern sie von ihnen besoldet oder entlohnt werden, sowie die bei diesen juristischen Personen und Einrichtungen in einem anerkannten Ausbildungsverhältnis stehenden Personen, ferner Berufssoldaten und Soldaten auf Zeit der Bundeswehr (nicht Wehr- bzw. Zivildienstpflichtige und freiwillige Helfer);
g [...]

Q. Beitragsteil

h Pensionäre, Rentner und beurlaubte Angehörige des öffentlichen Dienstes, wenn sie die Voraussetzungen von 2.f oder 2.g unmittelbar vor ihrem Eintritt in den Ruhestand bzw. vor ihrer Beurlaubung erfüllt haben und nicht anderweitig berufstätig sind, sowie nicht berufstätige versorgungsberechtigte Witwen/Witwer von Beamten, Richtern, Angestellten, Arbeitern, Berufssoldaten und Soldaten auf Zeit der Bundeswehr, Pensionären und Rentnern, die jeweils bei ihrem Tode die Voraussetzungen von 2.f, 2.g oder 2.h erfüllt haben;

Verzichtet der Versicherer auf den entsprechenden Anhang, muss er im Versicherungsschein möglichst konkret vereinbaren, für welche berufliche Tätigkeit der VN seinen Nachlass erhält. Hat der Versicherer als Voraussetzung für den Berufsgruppen-Nachlass mit dem VN lediglich vereinbart „Beruf Lehrer", bleibt z. B. offen, ob der VN diesen Nachlass verliert, wenn er seine tägliche Arbeitszeit auf 40% reduziert.

Durch den oben wiedergegebenen Anhang ist klargestellt, dass die fragliche Tätigkeit mindestens 50% der täglichen Arbeitszeit betragen muss.

241 Fallbeispiel:

Der VN hat bei Antragstellung angegeben, er sei Lehrer. Später stellt der Versicherer anlässlich eines Schadenfalls fest, dass der VN lediglich 2 mal die Woche Töpferkurse an der Volkshochschule gibt. Der Versicherer beruft sich auf das Nichtvorliegen der Nachlassvoraussetzungen. Zu Recht?

Variante 1: Der Versicherer verwendet Anhang 5

Im Versicherungsschein wurde unter der Überschrift „Bei der Beitragsberechnung berücksichtigte Merkmale" angegeben: „Berufsgruppe B"

Variante 2: Der Versicherer verwendet den Anhang nicht

Im Versicherungsschein wurde unter der Überschrift „Bei der Beitragsberechnung berücksichtigte Merkmale" angegeben: „Beruf Lehrer"

Lösung Variante 1:

Mit dem VN wurde der Anhang 5 vereinbart. Nach Ziff. 2 des Anhangs setzt eine Einstufung in Berufsgruppe B voraus, dass der VN mindestens 50% seiner beruflichen Tätigkeit als Beamter oder Angestellter bei einer der konkret genannten Einrichtungen ausübt. Hier fehlt es bereits an der Voraussetzung der mindestens 50% täglichen Arbeitszeit, so dass es nicht mehr darauf ankommt, ob die Volkshochschule zu den nachlassberechtigten Einrichtungen gehört. Der Versicherer kann sich auf das Nichtvorliegen der Voraussetzungen berufen.

Lösung Variante 2:

Mit dem VN wurde im Versicherungsschein „Beruf Lehrer" vereinbart. Eine Konkretisierung der Voraussetzungen fehlt. Es ist deshalb nach allgemeinen Auslegungsregeln zu bestimmen, was ein durchschnittlicher VN unter „Lehrer" versteht. Hiernach spielt die Arbeitszeit grundsätzlich keine Rolle. Hat eine Grundschullehrerin z. B. ihre tägliche Arbeitszeit auf 40% reduziert, wird sie sich immer noch guten Gewissens als Lehrerin bezeichnen können. Sehr fraglich ist jedoch, ob die Leiterin eines Töpferkurses im allgemeinen Sprachgebrauch als Lehrerin bezeichnet wird, vermutlich wäre hier eher an die Bezeichnung „Kursleiter" zu denken. Der Versicherer kann sich also auch in Variante 2 auf das Nichtvorliegen der Voraussetzungen berufen, doch dürfte dies mit einem deutlich höheren Argumentationsaufwand verbunden sein.

Beachten Sie: Ein Versicherer, der auf die Anhänge verzichtet, muss mit dem VN die Nachlassvoraussetzungen möglichst konkret im Versicherungsschein vereinbaren, um eine Rechtsgrundlage für etwaige Beitragsänderun-

III. Vertragsstrafen bei Falschangaben zu Tarifmerkmalen

gen während der Laufzeit des Vertrags zu haben. Soll zum Beispiel der Beamten-Nachlass entfallen, wenn der VN seine Arbeitszeit unter 50% der täglichen Arbeitszeit reduziert, muss dies vertraglich vereinbart sein.

III. Vertragsstrafen bei Falschangaben zu Tarifmerkmalen

Vereinheitlicht wurde das System der Vertragsstrafen bei Falschangaben 242 oder Nichtangaben zu Tarifmerkmalen. In den bisherigen Tarifbestimmungen wurden Falschangaben zu verschiedenen Tarifmerkmalen unterschiedlich sanktioniert.

In den AKB 2008 wird der VN zunächst verpflichtet, Änderungen der Tarifmerkmale anzuzeigen. Der Versicherer behält sich zudem vor, nachzuprüfen, ob die jeweiligen Voraussetzungen tatsächlich noch vorliegen, z.B. ob der VN den angegebenen Beruf noch ausübt.

> **K.4 Ihre Mitteilungspflichten zu den Merkmalen zur Beitragsberechnung**
>
> *Anzeige von Änderungen*
>
> K.4.1 Die Änderung eines im Versicherungsschein unter der Überschrift „Merkmale zur Beitragsberechnung" aufgeführten Merkmals zur Beitragsberechnung müssen Sie uns unverzüglich anzeigen.
>
> *Überprüfung der Merkmale zur Beitragsberechnung*
>
> K.4.2 Wir sind berechtigt zu überprüfen, ob die bei Ihrem Vertrag berücksichtigten Merkmale zur Beitragsberechnung zutreffen. Auf Anforderung haben Sie uns entsprechende Bestätigungen oder Nachweise vorzulegen.

Verletzt der VN seine Mitteilungspflichten, droht ihm im eine Vertragsstrafe, die von Versicherer zu Versicherer unterschiedlich hoch ausfällt. Meist muss der VN maximal das Doppelte der regulären Prämie als Vertragsstrafe bezahlen.

> *Folgen von unzutreffenden Angaben*
>
> K.4.3 Haben Sie unzutreffende Angaben zu Merkmalen zur Beitragsberechnung gemacht oder Änderungen nicht angezeigt, gilt rückwirkend ab Beginn der laufenden Versicherungsperiode der Beitrag, der den tatsächlichen Merkmalen zur Beitragsberechnung entspricht.
>
> K.4.4 Haben Sie vorsätzlich unzutreffende Angaben gemacht oder Änderungen vorsätzlich nicht angezeigt und ist deshalb ein zu niedriger Beitrag berechnet worden, ist zusätzlich zur Beitragserhöhung eine Vertragsstrafe in Höhe von xx zu zahlen.
>
> *Folgen von Nichtangaben*
>
> K.4.5 Kommen Sie unserer Aufforderung, Bestätigungen oder Nachweise vorzulegen, schuldhaft nicht innerhalb von xx Wochen nach, wird der Beitrag rückwirkend ab Beginn der laufenden Versicherungsperiode für dieses Merkmal zur Beitragsberechnung nach den für Sie ungünstigsten Angaben berechnet.

Voraussetzung für die Vertragsstrafe ist, dass der VN vorsätzlich gehandelt 243 hat. Die Anforderungen gehen also noch über diejenigen hinaus, die der Gesetzgeber bei den vergleichbaren gesetzlichen Instituten der vorvertraglichen Anzeigepflicht (§§ 19ff. VVG) und der Gefahrerhöhung (§§ 23ff. VVG) vorgesehen hat. Die insoweit drohenden harten Sanktionen (Leistungsfreiheit) gingen im Falle der Falschangaben zu Tarifmerkmalen über das angemessene Maß weit hinaus. Pflichtverletzungen wie der Wechsel des Berufs (ohne dies anzuzeigen), die Überschreitung der ursprünglich geschätzten Fahrleistung oder das Erweitern des mit dem Versicherer vereinbarten Fahrerkreises sind mit den typischen Fällen der Gefahrerhöhung (z. B. unzulässiges Tuning, Fahren mit verkehrsunsicherem Fahrzeug) nicht vergleichbar und rechtfertigen deshalb ein eigenes Sanktionssystem. Eine Gesamtbetrachtung aller Vor- und Nachteile führt zu dem Ergebnis, dass die Vertragsstrafenregelung eine für den VN günstige Abweichung von den gesetzlichen Instituten darstellt, deren Verletzung im schlimmsten Fall mit vollständiger Leistungsfreiheit sanktioniert wird.

244 Die meisten Tarifmerkmale in der Kfz-Versicherung stellen zudem schon keine Gefahrenmerkmale im Sinne der gesetzlichen Institute der Gefahrerhöhung und vorvertraglichen Anzeigepflicht dar, da hierfür stets eine tatsächliche Erhöhung der versicherten Gefahr erforderlich ist. Viele der Tarifmerkmale in der Kfz-Versicherung beruhen auf rein statistischen Auswertungen, ohne dass ein direkter Zusammenhang mit dem versicherten Risiko nachgewiesen wäre. So ändert sich das versicherte Risiko in der Kfz-Versicherung in der Regel nicht, wenn der VN seine berufliche Tätigkeit wechselt oder seine bisher selbst genutzte Eigentumswohnung (Tarifmerkmal bei vielen Versicherern) gegen eine Mietwohnung eintauscht. Ändern sich solche Tarifmerkmale handelt es sich zudem weiterhin um zulässigen „Gebrauch des Fahrzeugs", der in der Kfz-Haftpflichtversicherung von der Versicherungspflicht nach § 1 PflVG und § 2 Abs. 1 KfzPflVV erfasst ist.

IV. Beitragsänderung während der Laufzeit des Vertrags

245 Umstände, die während der Laufzeit des Vertrags zu einer Veränderung des Beitrags führen, müssen mit dem VN ausdrücklich vereinbart werden. Hinsichtlich der Beitragsänderungen unterscheiden die AKB 2008 systematisch zwischen:
– Beitragsänderung aufgrund tariflicher Maßnahmen (Abschnitt J)
– Beitragsänderung aufgrund eines beim VN eingetretenen Umstands (Abschnitt K)

Zu den **Änderungen aufgrund tariflicher Maßnahmen** gehören Beitragsanpassungen aufgrund gestiegener Schadenaufwendungen oder aufgrund neuer Statistiken zu den Typ- oder Regionalklassen.

Zu den **Änderungen aufgrund eines beim VN eingetretenen Umstands** gehören z. B. Veränderungen des Berufs, der Jahresfahrleistung oder des Fahrerkreises.

Ob die Beitragserhöhung aus der einen oder der anderen Sphäre resultiert, wirkt sich insbesondere auf das Kündigungsrecht aus. Bei den im Abschnitt J geregelten Beitragsanpassungen aufgrund tariflicher Maßnahmen hat der VN ein außerordentliches Kündigungsrecht. Die Beitragsänderungen aus der Sphäre des Versicherers fallen unter die gesetzliche Kündigungsregelung bei Beitragserhöhungen nach § 40 VVG. Hiernach ist dem VN stets ein außerordentliches Kündigungsrecht zu gewähren, wenn der Versicherer auf Grund

IV. Beitragsänderung während der Laufzeit des Vertrags

einer Anpassungsklausel die Prämie erhöht, ohne dass sich der Umfang des Versicherungsschutzes entsprechend ändert. Der Versicherer hat den VN in der Mitteilung über die Prämienerhöhung auf das Kündigungsrecht hinzuweisen. Die Mitteilung muss dem VN spätestens einen Monat vor dem Wirksamwerden der Erhöhung der Prämie zugehen. Der VN kann dann innerhalb eines Monats nach Zugang der Mitteilung mit sofortiger Wirkung, frühestens jedoch zum Zeitpunkt des Wirksamwerdens der Erhöhung, kündigen.

Demgegenüber ziehen veränderte Umstände auf Seiten des VN grundsätzlich kein außerordentliches Kündigungsrecht nach sich. Die Änderung des Beitrags geht in diesen Fällen auf ein spezielles, regelmäßig gewillkürtes Verhalten des VN zurück (z. B. Erweiterung des Fahrerkreises auf unter 23-jährige Fahrer). Solche Veränderungen gehen in der Regel mit einer Risikoveränderung einher.

Anhang

I. Text-Synopse AKB 2008/AKB 2007

AKB 2008	AKB 2007
Allgemeine Bedingungen für die Kfz.-Versicherung (AKB 2008)[*] Die Kfz.-Versicherung umfasst je nach dem Inhalt des Versicherungsvertrags folgende Versicherungsarten: – Kfz-Haftpflichtversicherung (A.1) – Kaskoversicherung (A.2) – Autoschutzbrief (A.3) – Kfz-Unfallversicherung (A.4) Diese Versicherungen werden als jeweils rechtlich selbstständige Verträge abgeschlossen. Ihrem Versicherungsschein können Sie entnehmen, welche Versicherungen Sie für Ihr Fahrzeug abgeschlossen haben. Es gilt deutsches Recht. Die Vertragssprache ist deutsch.	**Allgemeine Bedingungen für die Kraftfahrtversicherung (AKB) – inkl. Autoschutzbrief –** Die Kraftfahrtversicherung umfasst je nach dem Inhalt des Versicherungsvertrages folgende Versicherungsarten: I. Die Kraftfahrzeug-Haftpflichtversicherung (B §§ 10 bis 11) II. Die Fahrzeugversicherung (C §§ 12 bis 15) III. Kraftfahrtunfallversicherung (D §§ 16 bis 23) IV. Den Autoschutzbrief (E §§ 24 bis 26) Sofern in der Kraftfahrversicherung mehrere Versicherungsarten abgeschlossen sind, gelten diese als rechtlich selbstständige Verträge.
A. **Welche Leistungen umfasst Ihre Kfz-Versicherung?**	
A.1 **Kfz-Haftpflichtversicherung –** **für Schäden, die Sie mit Ihrem Fahrzeug Anderen zufügen**	**§ 10 Umfang der Versicherung**
A.1.1 **Was ist versichert?** *Sie haben mit Ihrem Fahrzeug einen Anderen geschädigt*	(1) Die Versicherung umfasst die Befriedigung begründeter und die Abwehr unbegründeter Schadenersatzansprüche, die aufgrund gesetzlicher Haftpflichtbestimmungen privatrechtlichen Inhalts gegen

[*] Quelle: Unverbindliche Musterbedingungen des Gesamtverbandes der Deutschen Versicherungswirtschaft e. V. – GDV – Wilhelmstr. 43/43 G, 10117 Berlin; in der Fassung der Bekanntgabe vom 5. 7. 2007. (Abdruck mit freundlicher Genehmigung des GDV)

AKB 2008	AKB 2007
A.1.1.1 Wir stellen Sie von Schadenersatzansprüchen frei, wenn durch den Gebrauch des Fahrzeugs a Personen verletzt oder getötet werden, b Sachen beschädigt oder zerstört werden oder abhanden kommen, c Vermögensschäden verursacht werden, die weder mit einem Personen- noch mit einem Sachschaden mittelbar oder unmittelbar zusammenhängen (reine Vermögensschäden), und deswegen gegen Sie oder uns Schadenersatzansprüche aufgrund von Haftpflichtbestimmungen des Bürgerlichen Gesetzbuchs oder des Straßenverkehrsgesetzes oder aufgrund anderer gesetzlicher Haftpflichtbestimmungen des Privatrechts geltend gemacht werden. Zum Gebrauch des Fahrzeugs gehört neben dem Fahren z. B. das Ein- und Aussteigen sowie das Be- und Entladen. *Begründete und unbegründete Schadenersatzansprüche* A.1.1.2 Sind Schadenersatzansprüche begründet, leisten wir Schadenersatz in Geld. A.1.1.3 Sind Schadenersatzansprüche unbegründet, wehren wir diese auf unsere Kosten ab. Dies gilt auch, soweit Schadenersatzansprüche der Höhe nach unbegründet sind.	den Versicherungsnehmer oder mitversicherte Personen erhoben werden, wenn durch den Gebrauch des im Vertrag bezeichneten Fahrzeugs a) Personen verletzt oder getötet werden, b) Sachen beschädigt oder zerstört werden oder abhanden kommen, c) Vermögensschäden herbeigeführt werden, die weder mit einem Personen- noch mit einem Sachschaden mittelbar oder unmittelbar zusammenhängen.

Synopse AKB 2008/AKB 2007

AKB 2008	AKB 2007
Regulierungsvollmacht A.1.1.4 Wir sind bevollmächtigt, gegen Sie geltend gemachte Schadenersatzansprüche in Ihrem Namen zu erfüllen oder abzuwehren und alle dafür zweckmäßig erscheinenden Erklärungen im Rahmen pflichtgemäßen Ermessens abzugeben.	§ 10 Abs. 5 (5) Der Versicherer gilt als bevollmächtigt, im Namen der versicherten Personen Ansprüche nach Absatz 1 zu befriedigen und/oder abzuwehren und alle dafür zweckmäßig erscheinenden Erklärungen im Rahmen pflichtgemäßen Ermessens abzugeben.
Mitversicherung von Anhängern, Aufliegern und abgeschleppten Fahrzeugen A.1.1.5 Ist mit dem versicherten Kraftfahrzeug ein Anhänger oder Auflieger verbunden, erstreckt sich der Versicherungsschutz auch hierauf. Der Versicherungsschutz umfasst auch Fahrzeuge, die mit dem versicherten Kraftfahrzeug abgeschleppt oder geschleppt werden, wenn für diese kein eigener Haftpflichtversicherungsschutz besteht. Dies gilt auch, wenn sich der Anhänger oder Auflieger oder das abgeschleppte oder geschleppte Fahrzeug während des Gebrauchs von dem versicherten Kraftfahrzeug löst und sich noch in Bewegung befindet.	§ 10a Versicherungsumfang bei Anhängern (1) Die Versicherung des Kraftfahrzeuges umfasst auch Schäden, die durch einen Anhänger verursacht werden, der mit dem Kraftfahrzeug verbunden ist oder der sich während des Gebrauchs von diesem löst und sich noch in Bewegung befindet. Mitversichert sind auch der Halter, Eigentümer, Fahrer, Beifahrer und Omnibusschaffner des Anhängers. Schäden der Insassen des Anhängers sind bis zur Höhe der Grundversicherungssumme eingeschlossen. (2) Als Anhänger im Sinne dieser Vorschrift gelten auch Auflieger sowie Fahrzeuge, die abgeschleppt oder geschleppt werden, wenn für diese kein Haftpflichtversicherungsschutz besteht.
A.1.2 **Wer ist versichert?** Der Schutz der Kfz-Haftpflichtversicherung gilt für Sie und für folgende Personen (mitversicherte Personen): a den Halter des Fahrzeugs,	§ 10 **Umfang der Versicherung** (1) [...] (2) Mitversicherte Personen sind: a) der Halter,

AKB 2008	AKB 2007
b den Eigentümer des Fahrzeugs, c den Fahrer des Fahrzeugs, d den Beifahrer, der im Rahmen seines Arbeitsverhältnisses mit Ihnen oder mit dem Halter den berechtigten Fahrer zu seiner Ablösung oder zur Vornahme von Lade- und Hilfsarbeiten nicht nur gelegentlich begleitet, e Ihren Arbeitgeber oder öffentlichen Dienstherrn, wenn das Fahrzeug mit Ihrer Zustimmung für dienstliche Zwecke gebraucht wird, f den Omnibusschaffner, der im Rahmen seines Arbeitsverhältnisses mit Ihnen oder mit dem Halter des versicherten Fahrzeugs tätig ist, g den Halter, Eigentümer, Fahrer, Beifahrer und Omnibusschaffner eines nach A.1.1.5 mitversicherten Fahrzeugs. Diese Personen können Ansprüche aus dem Versicherungsvertrag selbstständig gegen uns erheben.	b) der Eigentümer, c) der Fahrer, d) Beifahrer, d. h. Personen, die im Rahmen ihres Arbeitsverhältnisses zum Versicherungsnehmer oder Halter den berechtigten Fahrer zu seiner Ablösung oder zur Vornahme von Lade- und Hilfsarbeiten nicht nur gelegentlich begleiten, e) Omnibusschaffner, soweit sie im Rahmen ihres Arbeitsverhältnisses zum Versicherungsnehmer oder Halter tätig werden, f) Arbeitgeber oder öffentlicher Dienstherr des Versicherungsnehmers, wenn das versicherte Fahrzeug mit Zustimmung des Versicherungsnehmers für dienstliche Zwecke gebraucht wird. *entfällt* (3) (4) Mitversicherte Personen können ihre Versicherungsansprüche selbstständig geltend machen.
A.1.3 Bis zu welcher Höhe leisten wir (Versicherungssummen)? *Höchstzahlung* A.1.3.1 Unsere Zahlungen für ein Schadenereignis sind jeweils beschränkt auf die Höhe der für Personen-, Sach- und Vermögensschäden vereinbarten Versicherungssummen. Mehrere zeitlich zusammenhängende Schäden, die dieselbe Ursache haben, gelten als ein einziges Schadenereignis. Die Höhe Ihrer Versicherungssummen können Sie Ihrem Versicherungsschein entnehmen.	**§ 10 Abs. 6 bis 8** (6) Für die Leistung des Versicherers bilden die vereinbarten Versicherungssummen die Höchstgrenze bei jedem Schadenereignis. Aufwendungen des Versicherers für Kosten werden unbeschadet Satz 4 nicht als Leistungen auf die Versicherungssumme angerechnet. Mehrere zeitlich zusammenhängende Schäden aus derselben Ursache gelten als ein Schadenereignis. Übersteigen die Haftpflichtansprüche der Versicherungssummen, so hat der Versicherer Kosten eines Rechtsstreites nur im Verhältnis der Versicherungssumme zur

Synopse AKB 2008/AKB 2007

AKB 2008	AKB 2007
A.1.3.2 Bei Schäden von Insassen in einem mitversicherten Anhänger gelten xx <die gesetzlichen Mindestversicherungssummen oder höhere individuell vereinbarte Versicherungssummen; ist keine Begrenzung gewünscht, entfällt Klausel A.1.3.2>. *Übersteigen der Versicherungssummen* A.1.3.3 Übersteigen die Ansprüche die Versicherungssummen, richten sich unsere Zahlungen nach den Bestimmungen des Versicherungsvertragsgesetzes und der Kfz-Pflichtversicherungsverordnung. In diesem Fall müssen Sie für einen nicht oder nicht vollständig befriedigten Schadenersatzanspruch selbst einstehen.	Gesamthöhe der Ansprüche zu tragen. Der Versicherer ist berechtigt, sich durch Hinterlegung der Versicherungssumme und des hierauf entfallenden Anteils an den entstandenen Kosten eines Rechtsstreites von weiteren Leistungen zu befreien. (7) Hat der Versicherte an den Geschädigten Rentenzahlungen zu leisten und übersteigt der Kapitalwert der Rente die Versicherungssumme oder den nach Abzug etwaiger sonstiger Leistungen aus dem Versicherungsfall noch verbleibenden Restbetrag der Versicherungssumme, so wird die zu leistende Rente nur im Verhältnis der Versicherungssumme bzw. ihres Restbetrages zum Kapitalwert der Rente vom Versicherer erstattet. Der Rentenwert wird aufgrund der Sterbetafel XXX und unter Zugrundelegung des Rechnungszinses, der die tatsächlichen Kapitalmarktzinsen in der Bundesrepublik Deutschland berücksichtigt, berechnet. Hierbei wird der arithmetische Mittelwert über die jeweils letzten 10 Jahre der Umlaufrenditen der öffentlichen Hand, wie sie von der Deutschen Bundesbank veröffentlicht werden, zugrunde gelegt. Nachträgliche Erhöhungen oder Ermäßigungen der Rente werden zum Zeitpunkt des ursprünglichen Rentenbeginns mit dem Barwert einer aufgeschobenen Rente nach der genannten Rechnungsgrundlage berechnet. Für die Berechnung von Waisenrenten wird das ... Lebensjahr als frühestes Endalter vereinbart. Für die Berechnung von Geschädigtenrenten wird bei unselbstständig Tätigen das vollendete ...3* Lebensjahr als Endalter vereinbart, sofern nicht durch Urteil, Vergleich oder eine andere Festlegung etwas anderes bestimmt ist oder sich die der Festlegung zugrunde gelegten Umstände ändern.

Anhang

AKB 2008	AKB 2007
	(8) Bei der Berechnung des Betrages, mit dem sich der Versicherungsnehmer an laufenden Rentenzahlungen beteiligen muss, wenn der Kapitalwert der Rente die Versicherungssumme oder die nach Abzug sonstiger Leistungen verbleibende Restversicherungssumme übersteigt, werden die sonstigen Leistungen mit ihrem vollen Betrag von der Versicherungssumme abgesetzt.
A.1.4 In welchen Ländern besteht Versicherungsschutz? *Versicherungsschutz in Europa und in der EU* A.1.4.1 Sie haben in der Kfz-Haftpflichtversicherung Versicherungsschutz in den geographischen Grenzen Europas sowie den außereuropäischen Gebieten, die zum Geltungsbereich der Europäischen Union gehören. Ihr Versicherungsschutz richtet sich nach dem im Besuchsland gesetzlich vorgeschriebenen Versicherungsumfang, mindestens jedoch nach dem Umfang Ihres Versicherungsvertrags. *Internationale Versicherungskarte (Grüne Karte)* A.1.4.2 Haben wir Ihnen eine internationale Versicherungskarte ausgehändigt, erstreckt sich Ihr Versicherungsschutz in der Kfz-Haftpflichtversicherung auch auf die dort genannten nichteuropäischen Länder, soweit Länderbezeichnungen nicht durchgestrichen sind. Hinsichtlich des Versicherungsumfangs gilt A.1.4.1 Satz 2.	**§ 2 a Geltungsbereich** (1) Die Kraftfahrtversicherung gilt für Europa und für die außereuropäischen Gebiete, die zum Geltungsbereich des Vertrages über die Europäische Wirtschaftsgemeinschaft gehören. In der Kraftfahrzeug-Haftpflichtversicherung gilt die Deckungssumme, die in dem jeweiligen Land gesetzlich vorgeschrieben ist, mindestens jedoch in Höhe der vertraglich vereinbarten Deckungssummen. (2) In der Kraftfahrzeug-Haftpflichtversicherung kann eine Erweiterung, in der Fahrzeug- und Kraftfahrtunfallversicherung können auch sonstige Änderungen des Geltungsbereichs vereinbart werden. Bei einer Erweiterung des Geltungsbereichs in der Kraftfahrzeug-Haftpflichtversicherung gilt Abs. 1 Satz 2 entsprechend.

Synopse AKB 2008/AKB 2007

AKB 2008	AKB 2007
A.1.5 Was ist nicht versichert? *Vorsatz* A.1.5.1 Kein Versicherungsschutz besteht für Schäden, die Sie vorsätzlich und widerrechtlich herbeiführen. *Kraftfahrt-sportliche Veranstaltungen* A.1.5.2 Kein Versicherungsschutz besteht für Schäden, die bei Beteiligung an behördlich genehmigten kraftfahrtsportlichen Veranstaltungen, bei denen es auf die Erzielung einer Höchstgeschwindigkeit ankommt, entstehen. Dies gilt auch für dazugehörige Übungsfahrten. Die Teilnahme an behördlich nicht genehmigten Fahrtveranstaltungen stellt eine Pflichtverletzung nach D.2.2 dar. *Beschädigung des versicherten Fahrzeugs* A.1.5.3 Kein Versicherungsschutz besteht für die Beschädigung, die Zerstörung oder das Abhandenkommen des versicherten Fahrzeugs. *Beschädigung von Anhängern oder abgeschleppten Fahrzeugen* A.1.5.4 Kein Versicherungsschutz besteht für die Beschädigung, die Zerstörung oder das Abhandenkommen eines mit dem versicherten Fahrzeug verbundenen Anhängers oder Aufliegers oder eines mit dem versicherten Fahrzeug geschleppten oder abgeschleppten Kraftfahrzeugs. Wenn mit dem versicherten Kraftfahrzeug	**§ 2 b Abs. 3** (3) Ausschlüsse: Versicherungsschutz wird nicht gewährt, a) in der Fahrzeug-, der Kraftfahrtunfallversicherung und beim Autoschutzbrief für Schäden, die durch Aufruhr, innere Unruhen, Kriegsereignisse, Verfügungen von hoher Hand oder Erdbeben unmittelbar oder mittelbar verursacht werden; b) für Schäden, die bei Beteiligung an Fahrtveranstaltungen, bei denen es auf Erzielung einer Höchstgeschwindigkeit ankommt, oder bei den dazugehörigen Übungsfahrten entstehen; in der Kraftfahrzeug-Haftpflichtversicherung gilt dies nur bei Beteiligung an behördlich genehmigten Fahrtveranstaltungen oder den dazugehörigen Übungsfahrten; c) für Schäden durch Kernenergie. **§ 11 Ausschlüsse** Ausgeschlossen von der Versicherung sind 1. Haftpflichtansprüche, soweit sie aufgrund Vertrags oder besonderer Zusage über den Umfang der gesetzlichen Haftpflicht hinausgehen; 2. Haftpflichtansprüche des Versicherungsnehmers, Halters oder Eigentümers gegen mitversicherte Personen wegen Sach- oder Vermögensschäden; 3. Haftpflichtansprüche wegen Beschädigung, Zerstörung oder Abhandenkommens des Fahrzeugs, auf das sich die Versicherung bezieht, mit Ausnahme der Beschädigung betriebsunfähiger Fahrzeuge

AKB 2008	AKB 2007
ohne gewerbliche Absicht ein betriebsunfähiges Fahrzeug im Rahmen üblicher Hilfeleistung abgeschleppt wird, besteht für dabei am abgeschleppten Fahrzeug verursachte Schäden Versicherungsschutz. *Beschädigung von beförderten Sachen* A.1.5.5 Kein Versicherungsschutz besteht bei Schadenersatzansprüchen wegen Beschädigung, Zerstörung oder Abhandenkommens von Sachen, die mit dem versicherten Fahrzeug befördert werden. Versicherungsschutz besteht jedoch für Sachen, die Insassen eines Kraftfahrzeugs üblicherweise mit sich führen (z. B. Kleidung, Brille, Brieftasche). Bei Fahrten, die überwiegend der Personenbeförderung dienen, besteht außerdem Versicherungsschutz für Sachen, die Insassen eines Kraftfahrzeugs zum Zwecke des persönlichen Gebrauchs üblicherweise mit sich führen (z. B. Reisegepäck, Reiseproviant). Kein Versicherungsschutz besteht für Sachen unberechtigter Insassen. *Ihr Schadenersatzanspruch gegen eine mitversicherte Person* A.1.5.6 Kein Versicherungsschutz besteht für Sach- oder Vermögensschäden, die eine mitversicherte Person Ihnen, dem Halter oder dem Eigentümer durch den Gebrauch des Fahrzeugs zufügt. Versicherungsschutz besteht jedoch für Personenschäden, wenn Sie z. B. als Beifahrer Ihres Fahrzeugs verletzt werden.	beim nicht gewerbsmäßigen Abschleppen im Rahmen üblicher Hilfeleistung; 4. Haftpflichtansprüche wegen Beschädigung, Zerstörung oder Abhandenkommen von mit dem versicherten Fahrzeug beförderten Sachen, mit Ausnahme jener Sachen, die die mit Willen des Halters beförderte Personen üblicherweise mit sich führen oder, sofern die Fahrt überwiegend der Personenbeförderung dient, als Gegenstände des persönlichen Bedarfs mit sich führen; 5. Haftpflichtansprüche aus solchen reinen Vermögensschäden, die auf Nichteinhaltung von Liefer- und Beförderungsfristen zurückzuführen sind.

AKB 2008	AKB 2007
Nichteinhaltung von Liefer- und Beförderungsfristen A.1.5.7 Kein Versicherungsschutz besteht für reine Vermögensschäden, die durch die Nichteinhaltung von Liefer- und Beförderungsfristen entstehen. *Vertragliche Ansprüche* A.1.5.8 Kein Versicherungsschutz besteht für Haftpflichtansprüche, soweit sie aufgrund Vertrags oder besonderer Zusage über den Umfang der gesetzlichen Haftpflicht hinausgehen. *Schäden durch Kernenergie* A.1.5.9 Kein Versicherungsschutz besteht für Schäden durch Kernenergie.	
A.2 Kaskoversicherung – für Schäden an Ihrem Fahrzeug	**C. Fahrzeugversicherung**
A.2.1 Was ist versichert? *Ihr Fahrzeug* A.2.1.1 Versichert ist Ihr Fahrzeug gegen Beschädigung, Zerstörung oder Verlust infolge eines Ereignisses nach A.2.2 (Teilkasko) oder A.2.3 (Vollkasko). Vom Versicherungsschutz umfasst sind auch dessen unter A.2.1.2 und A.2.1.3 als mitversichert aufgeführte Fahrzeugteile und als mitversichert aufgeführtes Fahrzeugzubehör, sofern sie straßenverkehrsrechtlich zulässig sind (mitversicherte Teile).	**§ 12 Umfang der Versicherung** (1) Die Fahrzeugversicherung umfasst die Beschädigung, die Zerstörung und den Verlust des Fahrzeugs und seiner unter Verschluss verwahrten oder an ihm befestigten Teile einschließlich der durch die beigefügte Liste als zusätzlich mitversichert ausgewiesenen Fahrzeug- und Zubehörteile.

AKB 2008	AKB 2007
Beitragsfrei mitversicherte Teile A.2.1.2 Soweit in A.2.1.3 nicht anders geregelt, sind folgende Fahrzeugteile und folgendes Fahrzeugzubehör des versicherten Fahrzeugs beitragsfrei mitversichert: a fest im Fahrzeug eingebaute oder fest am Fahrzeug angebaute Fahrzeugteile, b fest im Fahrzeug eingebautes oder am Fahrzeug angebautes oder im Fahrzeug unter Verschluss verwahrtes Fahrzeugzubehör, das ausschließlich dem Gebrauch des Fahrzeugs dient (z. B. Schonbezüge, Pannenwerkzeug) und nach allgemeiner Verkehrsanschauung nicht als Luxus angesehen wird, c im Fahrzeug unter Verschluss verwahrte Fahrzeugteile, die zur Behebung von Betriebsstörungen des Fahrzeugs üblicherweise mitgeführt werden (z. B. Sicherungen und Glühlampen), d Schutzhelme (auch mit Wechselsprechanlage), solange sie bestimmungsgemäß gebraucht werden oder mit dem abgestellten Fahrzeug so fest verbunden sind, dass ein unbefugtes Entfernen ohne Beschädigung nicht möglich ist, e Planen, Gestelle für Planen (Spriegel), f folgende außerhalb des Fahrzeugs unter Verschluss gehaltene Teile: – ein zusätzlicher Satz Räder mit Winter- oder Sommerbereifung,	

AKB 2008	AKB 2007
– Dach-/Heckständer, Hardtop, Schneeketten und Kindersitze, – nach a bis f mitversicherte Fahrzeugteile und Fahrzeugzubehör während einer Reparatur. *Abhängig vom Gesamtneuwert mitversicherte Teile* A.2.1.3 Die nachfolgend unter a bis e aufgeführten Teile sind ohne Beitragszuschlag mitversichert, wenn sie im Fahrzeug fest eingebaut oder am Fahrzeug fest angebaut sind: – bei Pkw, Krafträdern, xx <Alle gewünschten WKZ aufführen> bis zu einem Gesamtneuwert der Teile von xx EUR (brutto) und – bei sonstigen Fahrzeugarten (z.B. Lkw, xx <Als Beispiele gewünschte WKZ aufführen>) bis zu einem Gesamtneuwert der Teile von xx EUR (brutto) a Radio- und sonstige Audiosysteme, Video-, technische Kommunikations- und Leitsysteme (z.B. fest eingebaute Navigationssysteme), b zugelassene Veränderungen an Fahrwerk, Triebwerk, Auspuff, Innenraum oder Karosserie (Tuning), die der Steigerung der Motorleistung, des Motordrehmoments, der Veränderung des Fahrverhaltens dienen oder zu einer Wertsteigerung des Fahrzeugs führen, c individuell für das Fahrzeug angefertigte Sonderlackierungen und -beschriftungen sowie besondere Oberflächenbehandlungen,	

AKB 2008	AKB 2007
d Beiwagen und Verkleidungen bei Krafträdern, Leichtkrafträdern, Kleinkrafträdern, Trikes, Quads und Fahrzeugen mit Versicherungskennzeichen, e Spezialaufbauten (z. B. Kran-, Tank-, Silo-, Kühl- und Thermoaufbauten) und Spezialeinrichtungen (z. B. für Werkstattwagen, Messfahrzeuge, Krankenwagen). Ist der Gesamtneuwert der unter a bis e aufgeführten Teile höher als die genannte Wertgrenze, ist der übersteigende Wert nur mitversichert, wenn dies ausdrücklich vereinbart ist. Bis zur genannten Wertgrenze verzichten wir auf eine Kürzung der Entschädigung wegen Unterversicherung. *Nicht versicherbare Gegenstände* A.2.1.4 Nicht versicherbar sind alle sonstigen Gegenstände, insbesondere solche, deren Nutzung nicht ausschließlich dem Gebrauch des Fahrzeugs dient (z. B. Handys und mobile Navigationsgeräte, auch bei Verbindung mit dem Fahrzeug durch eine Halterung, Reisegepäck, persönliche Gegenstände der Insassen).	
A.2.2 Welche Ereignisse sind in der Teilkasko versichert? Versicherungsschutz besteht bei Beschädigung, Zerstörung oder Verlust des Fahrzeugs einschließlich seiner mitversicherten Teile durch die nachfolgenden Ereignisse:	**§ 12 Abs. 1 und 2** I. in der Teilversicherung a) durch Brand oder Explosion; b) durch Entwendung, insbesondere Diebstahl, unbefugten Gebrauch durch betriebsfremde Personen, Raub und Unterschlagung.

Synopse AKB 2008/AKB 2007

AKB 2008	AKB 2007
Brand und Explosion A.2.2.1 Versichert sind Brand und Explosion. Als Brand gilt ein Feuer mit Flammenbildung, das ohne einen bestimmungsgemäßen Herd entstanden ist oder ihn verlassen hat und sich aus eigener Kraft auszubreiten vermag. Nicht als Brand gelten Schmor- und Sengschäden. Explosion ist eine auf dem Ausdehnungsbestreben von Gasen oder Dämpfen beruhende, plötzlich verlaufende Kraftäußerung. *Entwendung* A.2.2.2 Versichert ist die Entwendung, insbesondere durch Diebstahl und Raub. Unterschlagung ist nur versichert, wenn dem Täter das Fahrzeug nicht zum Gebrauch im eigenen Interesse, zur Veräußerung oder unter Eigentumsvorbehalt überlassen wird. Unbefugter Gebrauch ist nur versichert, wenn der Täter in keiner Weise berechtigt ist, das Fahrzeug zu gebrauchen. Nicht als unbefugter Gebrauch gilt insbesondere, wenn der Täter vom Verfügungsberechtigten mit der Betreuung des Fahrzeugs beauftragt wird (z. B. Reparateur, Hotelangestellter). Außerdem besteht kein Versicherungsschutz, wenn der Täter in einem Näheverhältnis zu dem Verfügungsberechtigten steht (z. B. dessen Arbeitnehmer, Familien- oder Haushaltsangehörige).	c) Die Unterschlagung durch denjenigen, an den der Versicherungsnehmer das Fahrzeug unter Vorbehalt seines Eigentums veräußert hat, oder durch denjenigen, dem es zum Gebrauch oder zur Veräußerung überlassen wurde, ist von der Versicherung ausgeschlossen; durch unmittelbare Einwirkung von Sturm, Hagel, Blitzschlag oder Überschwemmung auf das Fahrzeug. Als Sturm gilt eine wetterbedingte Luftbewegung von mindestens Windstärke 8. Eingeschlossen sind Schäden, die dadurch verursacht werden, dass durch diese Naturgewalten Gegenstände auf oder gegen das Fahrzeug geworfen werden. d) Ausgeschlossen sind Schäden, die auf ein durch diese Naturgewalten veranlasstes Verhalten des Fahrers zurückzuführen sind; durch einen Zusammenstoß des in Bewegung befindlichen Fahrzeugs mit Haarwild im Sinne von § 2 Abs. 1 Nr. 1 des Bundesjagdgesetzes; (2) Der Versicherungsschutz erstreckt sich in der Voll- und Teilversicherung auch auf Bruchschäden an der Verglasung des Fahrzeugs und Schäden der Verkabelung durch Kurzschluss. (3) Eine Beschädigung oder Zerstörung der Bereifung wird nur ersetzt, wenn sie durch ein Ereignis erfolgt, das gleichzeitig auch andere versicherungsschutzpflichtige Schäden an dem Fahrzeug verursacht hat.

AKB 2008	AKB 2007
Sturm, Hagel, Blitzschlag, Überschwemmung A.2.2.3 Versichert ist die unmittelbare Einwirkung von Sturm, Hagel, Blitzschlag oder Überschwemmung auf das Fahrzeug. Als Sturm gilt eine wetterbedingte Luftbewegung von mindestens Windstärke 8. Eingeschlossen sind Schäden, die dadurch verursacht werden, dass durch diese Naturgewalten Gegenstände auf oder gegen das Fahrzeug geworfen werden. Ausgeschlossen sind Schäden, die auf ein durch diese Naturgewalten veranlasstes Verhalten des Fahrers zurückzuführen sind. *Zusammenstoß mit Haarwild* A.2.2.4 Versichert ist der Zusammenstoß des in Fahrt befindlichen Fahrzeugs mit Haarwild im Sinne von § 2 Abs. 1 Nr. 1 des Bundesjagdgesetzes (z. B. Reh, Wildschwein). *Glasbruch* A.2.2.5 Versichert sind Bruchschäden an der Verglasung des Fahrzeugs. Folgeschäden sind nicht versichert. *Kurzschlussschäden an der Verkabelung* A.2.2.6 Versichert sind Schäden an der Verkabelung des Fahrzeugs durch Kurzschluss. Folgeschäden sind nicht versichert.	

AKB 2008	AKB 2007
A.2.3 Welche Ereignisse sind in der Vollkasko versichert?	§ 12 Abs. 1 II
Versicherungsschutz besteht bei Beschädigung, Zerstörung oder Verlust des Fahrzeugs einschließlich seiner mitversicherten Teile durch die nachfolgenden Ereignisse:	II. in der Vollversicherung darüber hinaus
Ereignisse der Teilkasko	e) durch Unfall, d.h. durch ein unmittelbar von außen her plötzlich mit mechanischer Gewalt einwirkendes Ereignis; Brems-, Betriebs- und reine Bruchschäden sind keine Unfallschäden;
A.2.3.1 Versichert sind die Schadenereignisse der Teilkasko nach A.2.2.	f) durch mut- oder böswillige Handlungen betriebsfremder Personen.
Unfall	
A.2.3.2 Versichert sind Unfälle des Fahrzeugs. Als Unfall gilt ein unmittelbar von außen plötzlich mit mechanischer Gewalt auf das Fahrzeug einwirkendes Ereignis. Nicht als Unfallschäden gelten insbesondere Schäden aufgrund eines Brems- oder Betriebsvorgangs oder reine Bruchschäden. Dazu zählen z. B. Schäden am Fahrzeug durch rutschende Ladung oder durch Abnutzung, Verwindungsschäden, Schäden aufgrund Bedienungsfehler oder Überbeanspruchung des Fahrzeugs und Schäden zwischen ziehendem und gezogenem Fahrzeug ohne Einwirkung von außen.	
Mut- oder böswillige Handlungen	
A.2.3.3 Versichert sind mut- oder böswillige Handlungen von Personen, die in keiner Weise berechtigt sind, das Fahrzeug zu gebrauchen. Als berechtigt sind insbesondere Personen anzusehen, die vom Verfügungsbe-	

AKB 2008	AKB 2007
rechtigten mit der Betreuung des Fahrzeugs beauftragt wurden (z. B. Reparateur, Hotelangestellter) oder in einem Näheverhältnis zu dem Verfügungsberechtigten stehen (z. B. dessen Arbeitnehmer, Familien- oder Haushaltsangehörige).	
A.2.4 Wer ist versichert? Der Schutz der Kaskoversicherung gilt für Sie und, wenn der Vertrag auch im Interesse einer weiteren Person abgeschlossen ist, z. B. des Leasinggebers als Eigentümer des Fahrzeugs, auch für diese Person.	
A.2.5 In welchen Ländern besteht Versicherungsschutz? Sie haben in Kasko Versicherungsschutz in den geographischen Grenzen Europas sowie den außereuropäischen Gebieten, die zum Geltungsbereich der Europäischen Union gehören.	**§ 2 a Geltungsbereich** (1) Die Kraftfahrtversicherung gilt für Europa und für die außereuropäischen Gebiete, die zum Geltungsbereich des Vertrages über die Europäische Wirtschaftsgemeinschaft gehören. In der Kraftfahrzeug-Haftpflichtversicherung gilt die Deckungssumme, die in dem jeweiligen Land gesetzlich vorgeschrieben ist, mindestens jedoch in Höhe der vertraglich vereinbarten Deckungssummen.
A.2.6 Was zahlen wir bei Totalschaden, Zerstörung oder Verlust? *Wiederbeschaffungswert abzüglich Restwert* A.2.6.1 Bei Totalschaden, Zerstörung oder Verlust des Fahrzeugs zahlen wir den Wiederbeschaffungswert unter Abzug eines vorhandenen Restwerts des Fahrzeugs.	**§ 13 Ersatzleistung** (1) Der Versicherer ersetzt einen Schaden bis zur Höhe des Wiederbeschaffungswertes des Fahrzeugs oder seiner Teile am Tage des Schadens, soweit in den folgenden Absätzen nichts anderes bestimmt ist. Wiederbeschaffungswert ist der Kaufpreis, den der Ver-

Synopse AKB 2008/AKB 2007

AKB 2008	AKB 2007
Lassen Sie Ihr Fahrzeug trotz Totalschadens oder Zerstörung reparieren, gilt A.2.7.1.	sicherungsnehmer aufwenden muss, um ein gleichwertiges gebrauchtes Fahrzeug oder gleichwertige Teile zu erwerben.
<Achtung! Es folgen zwei Varianten der Neupreisentschädigung>	(2) Leistungsgrenze ist in allen Fällen der vom Hersteller unverbindlich empfohlene Preis am Tage des Schadens.
Neupreisentschädigung bei Totalschaden, Zerstörung oder Verlust	(3) Rest- und Altteile verbleiben dem Versicherungsnehmer. Sie werden zum Veräußerungswert auf die Ersatzleistung angerechnet.
A.2.6.2 Bei Pkw (ausgenommen Mietwagen, Taxen und Selbstfahrervermiet-Pkw) zahlen wir den Neupreis des Fahrzeugs gemäß A.2.11, wenn innerhalb von xx Monaten nach dessen Erstzulassung ein Totalschaden, eine Zerstörung oder ein Verlust eintritt. Voraussetzung ist, dass sich das Fahrzeug bei Eintritt des Schadenereignisses im Eigentum dessen befindet, der es als Neufahrzeug vom Kfz-Händler oder Kfz-Hersteller erworben hat. Ein vorhandener Restwert des Fahrzeugs wird abgezogen.	(4) Bei Zerstörung oder Verlust des Fahrzeugs gewährt der Versicherer die nach den Absätzen 1 bis 3 zu berechnende Höchstentschädigung. Bei Zerstörung oder Verlust des Fahrzeuges durch Diebstahl vermindert sich die Höchstentschädigung jedoch um einen vereinbarten prozentualen Abschlag. § 13 Abs. 9 bleibt hiervon unberührt.
[xx Neupreisentschädigung]	(5) Bei Beschädigung des Fahrzeugs ersetzt der Versicherer bis zu dem nach den Absätzen 1 bis 3 sich ergebenden Betrag die erforderlichen Kosten der Wiederherstellung und die hierfür notwendigen einfachen Fracht- und sonstigen Transportkosten. Entsprechendes gilt bei Zerstörung, Verlust oder Beschädigung von Teilen des Fahrzeugs. Von den Kosten der Ersatzteile und der Lackierung wird ein dem Alter und der Abnutzung entsprechender Abzug gemacht (neu für alt). Der Abzug beschränkt sich bei Krafträdern, Personenkraftwagen sowie Omnibussen bis zum Schluss des vierten, bei allen übrigen Fahrzeugen bis zum Schluss des dritten auf die Erstzulassung des Fahrzeugs folgenden Kalenderjahr auf Bereifung, Batterie und Lackierung.
A.2.6.2 Bei Pkw (ausgenommen Mietwagen, Taxen und Selbstfahrervermiet-Pkw) zahlen wir den Neupreis des Fahrzeugs, wenn innerhalb von xx Monaten nach dessen Erstzulassung eine Zerstörung oder ein Verlust eintritt. Wir erstatten den Neupreis auch, wenn bei einer Beschädigung innerhalb von xx Monaten die erforderlichen Kosten der Reparatur mindestens xx% des Neupreises betragen. Voraussetzung ist, dass sich	(6) Die Umsatzsteuer ersetzt der Versicherer nur, wenn und soweit sie tatsächlich angefallen ist.

AKB 2008	AKB 2007
das Fahrzeug bei Eintritt des Schadenereignisses im Eigentum dessen befindet, der es als Neufahrzeug vom Kfz-Händler oder Kfz-Hersteller erworben hat. Ein vorhandener Restwert des Fahrzeugs wird abgezogen.] A.2.6.3 Wir zahlen die über den Wiederbeschaffungswert hinausgehende Neupreisentschädigung nur in der Höhe, in der gesichert ist, dass die Entschädigung innerhalb von zwei Jahren nach ihrer Feststellung für die Reparatur des Fahrzeugs oder den Erwerb eines anderen Fahrzeugs verwendet wird. *Abzug bei fehlender Wegfahrsperre im Falle eines Diebstahls* A.2.6.4 Bei Totalschaden, Zerstörung oder Verlust eines Pkw, xx <gewünschte WKZ aufführen> infolge Diebstahls vermindert sich die Entschädigung um xx%. Dies gilt nicht, wenn das Fahrzeug zum Zeitpunkt des Diebstahls durch eine selbstschärfende elektronische Wegfahrsperre gesichert war. Die Regelung über die Selbstbeteiligung nach A.2.12 bleibt hiervon unberührt. *Was versteht man unter Totalschaden, Wiederbeschaffungswert und Restwert?* A.2.6.5 Ein Totalschaden liegt vor, wenn die erforderlichen Kosten der Reparatur des Fahrzeugs dessen Wiederbeschaffungswert übersteigen.	(7) Veränderungen, Verbesserungen, Verschleißreparaturen, Minderung an Wert, äußerem Ansehen oder Leistungsfähigkeit, Überführungs- und Zulassungskosten, Nutzungsausfall oder Kosten eines Ersatzwagens und Treibstoff ersetzt der Versicherer nicht. Die Kosten eines Sachverständigen ersetzt der Versicherer nur, wenn die Beauftragung des Sachverständigen von ihm veranlasst oder mit ihm abgestimmt war. (8) Werden entwendete Gegenstände innerhalb eines Monats nach Eingang der Schadenanzeige wieder zur Stelle gebracht, so ist der Versicherungsnehmer verpflichtet, sie zurückzunehmen. Nach Ablauf dieser Frist werden sie Eigentum des Versicherers. Wird das entwendete Fahrzeug in einer Entfernung von in der Luftlinie gerechnet mehr als 50 km von seinem Standort (Ortsmittelpunkt) aufgefunden, so zahlt der Versicherer die Kosten einer Eisenbahnfahrkarte zweiter Klasse für Hin- und Rückfahrt bis zu einer Höchstentfernung von 1500 km (Eisenbahnkilometer) vom Standort zu dem Fundort nächstgelegenen Bahnhof. (9) Eine Selbstbeteiligung gilt für jedes versicherte Fahrzeug und für jeden Schadenfall besonders. (10) In der Fahrzeugteil- und Vollversicherung wird der Schaden abzüglich einer vereinbarten Selbstbeteiligung ersetzt.

AKB 2008	AKB 2007
A.2.6.6 Wiederbeschaffungswert ist der Preis, den Sie für den Kauf eines gleichwertigen gebrauchten Fahrzeugs am Tag des Schadenereignisses bezahlen müssen.	
A.2.6.7 Restwert ist der Veräußerungswert des Fahrzeugs im beschädigten oder zerstörten Zustand.	
A.2.7 Was zahlen wir bei Beschädigung?	
Reparatur	
A.2.7.1 Wird das Fahrzeug beschädigt, zahlen wir die für die Reparatur erforderlichen Kosten bis zu folgenden Obergrenzen:	
a Wird das Fahrzeug vollständig und fachgerecht repariert, zahlen wir die hierfür erforderlichen Kosten bis zur Höhe des Wiederbeschaffungswerts nach A.2.6.6, wenn Sie uns dies durch eine Rechnung nachweisen. Fehlt dieser Nachweis, zahlen wir entsprechend A.2.7.1.b.	
b Wird das Fahrzeug nicht, nicht vollständig oder nicht fachgerecht repariert, zahlen wir die erforderlichen Kosten einer vollständigen Reparatur bis zur Höhe des um den Restwert verminderten Wiederbeschaffungswerts nach A.2.6.6.	
<xx Den folgenden Hinweis sollten Verwender der zweiten Variante von A.2.6.2 einfügen:>	
[Hinweis: Beachten Sie auch die Regelung zur Neupreisentschädigung in A.2.6.2]	

AKB 2008	AKB 2007
Abschleppen A.2.7.2 Bei Beschädigung des Fahrzeugs ersetzen wir die Kosten für das Abschleppen vom Schadenort bis zur nächstgelegenen für die Reparatur geeigneten Werkstatt, wenn nicht ein Dritter Ihnen gegenüber verpflichtet ist, die Kosten zu übernehmen. Die Kosten des Abschleppens werden auf die Obergrenzen nach A.2.7.1 angerechnet. *Abzug neu für alt* A.2.7.3 Werden bei der Reparatur alte Teile gegen Neuteile ausgetauscht oder das Fahrzeug ganz oder teilweise neu lackiert, ziehen wir von den Kosten der Ersatzteile und der Lackierung einen dem Alter und der Abnutzung der alten Teile entsprechenden Betrag ab (neu für alt). Bei Pkw, Krafträdern und Omnibussen ist der Abzug neu für alt auf die Bereifung, Batterie und Lackierung beschränkt, wenn das Schadenereignis in den ersten xx Jahren nach der Erstzulassung eintritt. Bei den übrigen Fahrzeugarten gilt dies in den ersten xx Jahren. **A.2.8 Sachverständigenkosten** Die Kosten eines Sachverständigen erstatten wir nur, wenn wir dessen Beauftragung veranlasst oder ihr zugestimmt haben.	

AKB 2008	AKB 2007
A.2.9 Mehrwertsteuer Mehrwertsteuer erstatten wir nur, wenn und soweit diese für Sie bei der von Ihnen gewählten Schadenbeseitigung tatsächlich angefallen ist. Die Mehrwertsteuer erstatten wir nicht, soweit Vorsteuerabzugsberechtigung besteht. **A.2.10 Zusätzliche Regelungen bei Entwendung** *Wiederauffinden des Fahrzeugs* A.2.10.1 Wird das Fahrzeug innerhalb eines Monats nach Eingang der schriftlichen Schadenanzeige wieder aufgefunden und können Sie innerhalb dieses Zeitraums mit objektiv zumutbaren Anstrengungen das Fahrzeug wieder in Besitz zu nehmen, sind Sie zur Rücknahme des Fahrzeugs verpflichtet. A.2.10.2 Wird das Fahrzeug in einer Entfernung von mehr als 50 km (Luftlinie) von seinem regelmäßigen Standort aufgefunden, zahlen wir für dessen Abholung die Kosten in Höhe einer Bahnfahrkarte 2. Klasse für Hin- und Rückfahrt bis zu einer Höchstentfernung von 1.500 km (Bahnkilometer) vom regelmäßigen Standort des Fahrzeugs zu dem Fundort. *Eigentumsübergang nach Entwendung* A.2.10.3 Sind Sie nicht nach A.2.10.1 zur Rücknahme des Fahrzeugs verpflichtet, werden wir dessen Eigentümer.	

AKB 2008	AKB 2007
A.2.11 Bis zu welcher Höhe leisten wir (Höchstentschädigung)? Unsere Höchstentschädigung ist beschränkt auf den Neupreis des Fahrzeugs. Neupreis ist der Betrag, der für den Kauf eines neuen Fahrzeugs in der Ausstattung des versicherten Fahrzeugs oder – wenn der Typ des versicherten Fahrzeugs nicht mehr hergestellt wird – eines vergleichbaren Nachfolgemodells am Tag des Schadenereignisses aufgewendet werden muss. Maßgeblich für den Kaufpreis ist die unverbindliche Empfehlung des Herstellers abzüglich orts- und markenüblicher Nachlässe. **A.2.12 Selbstbeteiligung** Ist eine Selbstbeteiligung vereinbart, wird diese bei jedem Schadenereignis von der Entschädigung abgezogen. Ihrem Versicherungsschein können Sie entnehmen, ob und in welcher Höhe Sie eine Selbstbeteiligung vereinbart haben. **A.2.13 Was wir nicht ersetzen und Rest- und Altteile** *Was wir nicht ersetzen* A.2.13.1 Wir zahlen nicht für Veränderungen, Verbesserungen und Verschleißreparaturen. Ebenfalls nicht ersetzt werden Folgeschäden wie Verlust von Treibstoff und Betriebsmittel (z. B. Öl, Kühlflüssigkeit), Wertminderung, Zulassungskosten, Überführungskosten, Verwaltungskosten, Nutzungsausfall oder Kosten eines Mietfahrzeugs.	

AKB 2008	AKB 2007
Rest- und Altteile A.2.13.2 Rest- und Altteile sowie das unreparierte Fahrzeug verbleiben bei Ihnen und werden zum Veräußerungswert auf die Entschädigung angerechnet. **A.2.14 Fälligkeit unserer Zahlung, Verzinsung, Abtretung** A.2.14.1 Sobald wir unsere Zahlungspflicht und die Höhe der Entschädigung festgestellt haben, zahlen wir diese spätestens innerhalb von zwei Wochen. A.2.14.2 Haben wir unsere Zahlungspflicht festgestellt, lässt sich jedoch die Höhe der Entschädigung nicht innerhalb eines Monats nach Schadenanzeige feststellen, können Sie einen angemessenen Vorschuss auf die Entschädigung verlangen. A.2.14.3 Ist das Fahrzeug entwendet worden, ist zunächst abzuwarten, ob es wieder aufgefunden wird. Aus diesem Grunde zahlen wir die Entschädigung frühestens nach Ablauf eines Monats nach Eingang der schriftlichen Schadenanzeige. A.2.14.4 Ihren Anspruch auf die Entschädigung können Sie vor der endgültigen Feststellung ohne unsere ausdrückliche Genehmigung weder abtreten noch verpfänden.	**§ 15 Zahlung der Entschädigung** (1) Die Entschädigung wird innerhalb zweier Wochen nach ihrer Feststellung gezahlt, im Falle der Entwendung jedoch nicht vor Ablauf der Frist von einem Monat (§ 13 Abs. 7). Ist die Höhe eines unter die Versicherung fallenden Schadens bis zum Ablauf eines Monats nicht festgestellt, werden auf Verlangen des Versicherungsnehmers angemessene Vorschüsse geleistet.

AKB 2008	AKB 2007
A.2.15 Können wir unsere Leistung zurückfordern, wenn Sie nicht selbst gefahren sind? Fährt eine andere Person berechtigterweise das Fahrzeug und kommt es zu einem Schadenereignis, fordern wir von dieser Person unsere Leistungen nicht zurück. Dies gilt nicht, wenn der Fahrer das Schadenereignis grob fahrlässig oder vorsätzlich herbeigeführt hat. Lebt der Fahrer bei Eintritt des Schadens mit Ihnen in häuslicher Gemeinschaft, fordern wir unsere Ersatzleistung selbst bei grob fahrlässiger Herbeiführung des Schadens nicht zurück, sondern nur bei vorsätzlicher Verursachung. Die Sätze 1 bis 3 gelten entsprechend, wenn eine in der Kfz-Haftpflichtversicherung gemäß A.1.2 mitversicherte Person, der Mieter oder der Entleiher einen Schaden herbeiführt.	**§ 15 Abs. 2** (2) Ersatzansprüche des Versicherungsnehmers, die nach § 67 VVG auf den Versicherer übergegangen sind, können gegen den berechtigten Fahrer und andere in der Haftpflichtversicherung mitversicherte Personen sowie gegen den Mieter oder Entleiher nur geltend gemacht werden, wenn von ihnen der Versicherungsfall vorsätzlich oder grobfahrlässig herbeigeführt worden ist.
A.2.16 Was ist nicht versichert? *Vorsatz und grobe Fahrlässigkeit* A.2.16.1 Kein Versicherungsschutz besteht für Schäden, die Sie vorsätzlich herbeiführen. Bei grob fahrlässiger Herbeiführung des Schadens, sind wir berechtigt, unsere Leistung in einem der Schwere Ihres Verschuldens entsprechenden Verhältnis zu kürzen. *Rennen* A.2.16.2 Kein Versicherungsschutz besteht für Schäden, die bei Beteiligung an Fahrtveranstaltungen entstehen, bei de-	**§ 2 b Abs. 3** (3) Ausschlüsse: Versicherungsschutz wird nicht gewährt, a) in der Fahrzeug-, der Kraftfahrtunfallversicherung und beim Autoschutzbrief für Schäden, die durch Aufruhr, innere Unruhen, Kriegsereignisse, Verfügungen von hoher Hand oder Erdbeben unmittelbar oder mittelbar verursacht werden; b) für Schäden, die bei Beteiligung an Fahrtveranstaltungen, bei denen es auf Erzielung einer Höchstgeschwindigkeit ankommt, oder bei den dazugehörigen Übungsfahrten entstehen; in der Kraftfahrzeug-Haftpflichtversicherung gilt dies nur bei Beteiligung an be-

Synopse AKB 2008/AKB 2007

AKB 2008	AKB 2007
nen es auf Erzielung einer Höchstgeschwindigkeit ankommt. Dies gilt auch für dazugehörige Übungsfahrten. *Reifenschäden* A.2.16.3 Kein Versicherungsschutz besteht für beschädigte oder zerstörte Reifen. Versicherungsschutz besteht jedoch, wenn die Reifen aufgrund eines Ereignisses beschädigt oder zerstört werden, das gleichzeitig andere unter den Schutz der Kaskoversicherung fallende Schäden bei dem versicherten Fahrzeug verursacht hat. *Erdbeben, Kriegsereignisse, innere Unruhen, Maßnahmen der Staatsgewalt* A.2.16.4 Kein Versicherungsschutz besteht für Schäden, die durch Erdbeben, Kriegsereignisse, innere Unruhen oder Maßnahmen der Staatsgewalt unmittelbar oder mittelbar verursacht werden. *Schäden durch Kernenergie* A.2.16.5 Kein Versicherungsschutz besteht für Schäden durch Kernenergie. **A.2.17 Meinungsverschiedenheit über die Schadenhöhe (Sachverständigenverfahren)** A.2.17.1 Bei Meinungsverschiedenheit über die Höhe des Schadens einschließlich der Feststellung des Wiederbeschaffungswerts oder über den Umfang der erforder-	hördlich genehmigten Fahrtveranstaltungen oder den dazugehörigen Übungsfahrten; c) für Schäden durch Kernenergie. **§ 12 Abs. 3 AKB** (3) Eine Beschädigung oder Zerstörung der Bereifung wird nur ersetzt, wenn sie durch ein Ereignis erfolgt, das gleichzeitig auch andere versicherungsschutzpflichtige Schäden an dem Fahrzeug verursacht hat. **§ 14 Sachverständigenverfahren** (1) Bei Meinungsverschiedenheit über die Höhe des Schadens einschließlich der Feststellung des Wiederbeschaffungswertes oder über den Umfang der erforderlichen Wiederherstellungsarbeiten entscheidet ein Sachverständigenausschuss.

Anhang

AKB 2008	AKB 2007
lichen Reparaturarbeiten können Sie einen Sachverständigenausschuss entscheiden lassen.	(2) Der Ausschuss besteht aus zwei Mitgliedern, von denen der Versicherer und der Versicherungsnehmer je eines benennt. Wenn der eine Vertragsteil innerhalb zweier Wochen nach schriftlicher Aufforderung sein Ausschussmitglied nicht benennt, so wird auch dieses von dem anderen Vertragsteil benannt.
A.2.17.2 Für den Ausschuss benennen Sie und wir je einen Kraftfahrzeugsachverständigen. Wenn Sie oder wir innerhalb von zwei Wochen nach Aufforderung keinen Sachverständigen benennen, wird dieser von dem jeweils Anderen bestimmt.	
A.2.17.3 Soweit sich der Ausschuss nicht einigt, entscheidet ein weiterer Kraftfahrzeugsachverständiger als Obmann, der vor Beginn des Verfahrens von dem Ausschuss gewählt werden soll. Einigt sich der Ausschuss nicht über die Person des Obmanns, wird er über das zuständige Amtsgericht benannt. Die Entscheidung des Obmanns muss zwischen den jeweils von den beiden Sachverständigen geschätzten Beträgen liegen.	(3) Soweit sich die Ausschussmitglieder nicht einigen, entscheidet innerhalb der durch ihre Abschätzung gegebenen Grenzen ein Obmann, der vor Beginn des Verfahrens von ihnen gewählt werden soll. Einigen sie sich über die Person des Obmanns nicht, so wird er durch das zuständige Amtsgericht ernannt.
	(4) Ausschussmitglieder und Obleute dürfen nur Sachverständige für Kraftfahrzeuge sein.
A.2.17.4 Die Kosten des Sachverständigenverfahrens sind im Verhältnis des Obsiegens zum Unterliegen von uns bzw. von Ihnen zu tragen.	(5) Bewilligt der Sachverständigenausschuss die Forderung des Versicherungsnehmers, so hat der Versicherer die Kosten voll zu tragen. Kommt der Ausschuss zu einer Entscheidung, die über das Angebot des Versicherers nicht hinausgeht, so sind die Kosten des Verfahrens vom Versicherungsnehmer voll zu tragen. Liegt die Entscheidung zwischen Angebot und Forderung, so tritt eine verhältnismäßige Verteilung der Kosten ein.
A.2.18 Fahrzeugteile und Fahrzeugzubehör Bei Beschädigung, Zerstörung oder Verlust von mitversicherten Teilen gelten A.2.6 bis A.2.17 entsprechend.	

Synopse AKB 2008/AKB 2007

AKB 2008	AKB 2007
A.3 Autoschutzbrief – Hilfe für unterwegs als Service oder Kostenerstattung	**E. Autoschutzbrief**
A.3.1 Was ist versichert? Wir erbringen nach Eintritt der in A.3.5 bis A.3.8 genannten Schadenereignisse die dazu im Einzelnen aufgeführten Leistungen als Service oder erstatten die von Ihnen aufgewendeten Kosten im Rahmen dieser Bedingungen.	**§ 24 Versicherte Gefahr** (1) Der Versicherer erbringt nach Eintritt eines Schadenfalles im Rahmen der nachstehenden Bedingungen die im einzelnen aufgeführten Leistungen als Service oder als Ersatz für vom Versicherungsnehmer aufgewandten Kosten.
A.3.2 Wer ist versichert? Versicherungsschutz besteht für Sie, den berechtigten Fahrer und die berechtigten Insassen, soweit nachfolgend nichts anderes geregelt ist.	**§ 24 Abs. 2 AKB** (2) Versicherungsschutz besteht für den Versicherungsnehmer und den berechtigten Fahrer und die berechtigten Insassen.
A.3.3 Versicherte Fahrzeuge Versichert ist das im Versicherungsschein bezeichnete Fahrzeug sowie ein mitgeführter Wohnwagen-, Gepäck- oder Bootsanhänger.	**§ 24 Abs. 3 AKB** (3) Versicherte Fahrzeuge sind – Krafträder mit mehr als 50 ccm Hubraum, – Personenkraftwagen im Sinne von Nr. 7 Absatz 5 der Tarifbestimmungen für die Kraftfahrtversicherung, – Wohnmobile bis 4 t zulässiges Gesamtgewicht, jeweils unter Einschluss mitgeführter Wohnwagen-, Gepäck- oder Bootsanhänger.

AKB 2008	AKB 2007
A.3.4 In welchen Ländern besteht Versicherungsschutz? Sie haben mit dem Schutzbrief Versicherungsschutz in den geographischen Grenzen Europas sowie den außereuropäischen Gebieten, die zum Geltungsbereich der Europäischen Union gehören, soweit nachfolgend nicht etwas anderes geregelt ist.	**§ 2 a Geltungsbereich** (1) Die Kraftfahrtversicherung gilt für Europa und für die außereuropäischen Gebiete, die zum Geltungsbereich des Vertrages über die Europäische Wirtschaftsgemeinschaft gehören. In der Kraftfahrzeug-Haftpflichtversicherung gilt die Deckungssumme, die in dem jeweiligen Land gesetzlich vorgeschrieben ist, mindestens jedoch in Höhe der vertraglich vereinbarten Deckungssummen. (2) In der Kraftfahrzeug-Haftpflichtversicherung kann eine Erweiterung, in der Fahrzeug- und Kraftfahrtunfallversicherung können auch sonstige Änderungen des Geltungsbereichs vereinbart werden. Bei einer Erweiterung des Geltungsbereichs in der Kraftfahrzeug-Haftpflichtversicherung gilt Abs. 1 Satz 2 entsprechend.
A.3.5 Hilfe bei Panne oder Unfall Kann das Fahrzeug nach einer Panne oder einem Unfall die Fahrt aus eigener Kraft nicht fortsetzen, erbringen wir folgende Leistungen: *Wiederherstellung der Fahrbereitschaft* A.3.5.1 Wir sorgen für die Wiederherstellung der Fahrbereitschaft an der Schadenstelle durch ein Pannenhilfsfahrzeug und übernehmen die hierdurch entstehenden Kosten. Der Höchstbetrag für diese Leistung beläuft sich einschließlich der vom Pannenhilfsfahrzeug mitgeführten und verwendeten Kleinteile auf xx Euro.	**§ 25 Leistungsumfang** 1.1 Pannen- und Unfallhilfe am Schadensort Kann das versicherte Fahrzeug nach Panne oder Unfall die Fahrt nicht fortsetzen, sorgt der Versicherer für die Wiederherstellung der Fahrbereitschaft an der Schadenstelle durch ein Pannenhilfsfahrzeug und trägt für diese Leistung die hierdurch entstehenden Kosten. Der Höchstbetrag für diese Leistung beläuft sich einschließlich der vom Pannenhilfsfahrzeug mitgeführten Kleinteile auf ... Euro. 1.2 Bergen des Fahrzeuges nach Panne oder Unfall Ist das versicherte Fahrzeug nach Panne oder Unfall von der Straße abgekommen, sorgt der Versicherer für seine Bergung einschließ-

AKB 2008	AKB 2007
Abschleppen des Fahrzeugs	lich Gepäck und nicht gewerblich beförderter Ladung und trägt die hierdurch entstehenden Kosten.
A.3.5.2 Kann das Fahrzeug an der Schadenstelle nicht wieder fahrbereit gemacht werden, sorgen wir für das Abschleppen des Fahrzeugs einschließlich Gepäck und nicht gewerblich beförderter Ladung und übernehmen die hierdurch entstehenden Kosten. Der Höchstbetrag für diese Leistung beläuft sich auf xx Euro; hierauf werden durch den Einsatz eines Pannenhilfsfahrzeugs entstandene Kosten angerechnet.	1.3 Abschleppen des Fahrzeuges nach Panne oder Unfall Kann das versicherte Fahrzeug nach Panne oder Unfall seine Fahrt nicht fortsetzen und ist eine Wiederherstellung der Fahrbereitschaft an der Schadenstelle nicht möglich, sorgt der Versicherer für das Abschleppen des Fahrzeuges einschließlich Gepäck und nicht gewerblich beförderter Ladung und trägt die hierdurch entstehenden Kosten. Der Höchstbetrag hierfür beläuft sich auf ... Euro; hierauf werden eventuell erbrachte Leistungen für den Einsatz eines Pannenhilfsfahrzeuges angerechnet.
Bergen des Fahrzeugs	1.4 Fahrzeugunterstellung nach Fahrzeugausfall
A.3.5.3 Ist das Fahrzeug von der Straße abgekommen, sorgen wir für die Bergung des Fahrzeugs einschließlich Gepäck und nicht gewerblich beförderter Ladung und übernehmen die hierdurch entstehenden Kosten.	Muss das versicherte Fahrzeug nach Panne oder Unfall bis zur Wiederherstellung der Fahrbereitschaft oder Durchführung des Transportes zu einer Werkstatt untergestellt werden, trägt der Versicherer die hierdurch entstehenden Kosten, jedoch höchstens für zwei Wochen.
Was versteht man unter Panne oder Unfall?	2.1 Weiter- oder Rückfahrt bei Fahrzeugausfall
A.3.5.4 Unter Panne ist jeder Betriebs-, Bruch- oder Bremsschaden zu verstehen. Unfall ist ein unmittelbar von außen plötzlich mit mechanischer Gewalt auf das Fahrzeug einwirkendes Ereignis.	Ist das versicherte Fahrzeug nach Panne oder Unfall nicht fahrbereit und kann es weder am Schadentag noch am darauffolgenden Tag wieder fahrbereit gemacht werden oder wurde es gestohlen, werden Kosten erstattet
A.3.6 Zusätzliche Hilfe bei Panne, Unfall oder Diebstahl ab 50 km Entfernung	a) für die Fahrt vom Schadensort zum ständigen Wohnsitz des Versicherungsnehmers oder
Bei Panne, Unfall oder Diebstahl des Fahrzeugs an einem Ort, der mindestens 50 km Luftlinie von Ihrem ständigen Wohnsitz in Deutschland entfernt ist, erbringen wir die nachfolgenden Leistungen, wenn das Fahrzeug weder am Schadentag noch am	für die Fahrt vom Schadensort zum Zielort, jedoch höchstens innerhalb des Geltungsbereiches gemäß § 2 a Abs. 1;

AKB 2008	AKB 2007
darauffolgenden Tag wieder fahrbereit gemacht werden kann oder es gestohlen worden ist:	b) für die Rückfahrt vom Zielort zum Wohnsitz des Versicherungsnehmers, wenn das Fahrzeug gestohlen ist oder nicht in der in Satz 1 angegebenen Zeit mehr fahrbereit gemacht werden kann;
Weiter- oder Rückfahrt	c) für die Rückfahrt zum Schadensort für eine Person, wenn das Fahrzeug dort wieder fahrbereit gemacht wurde.
A.3.6.1 Folgende Fahrtkosten werden erstattet:	Die Kostenerstattung erfolgt bei einer einfachen Entfernung unter 1.200 Bahnkilometern bis zur Höhe der Bahnkosten 2. Klasse, bei größerer Entfernung bis zur Höhe der Bahnkosten 1. Klasse oder der Liegewagenkosten jeweils einschließlich Zuschlägen sowie für nachgewiesene Taxifahrten bis zu … Euro.
a Eine Rückfahrt vom Schadenort zu Ihrem ständigen Wohnsitz in Deutschland oder	
b eine Weiterfahrt vom Schadenort zum Zielort, jedoch höchstens innerhalb des Geltungsbereichs nach A.3.4 und	2.2 Übernachtung bei Fahrzeugausfall
c eine Rückfahrt vom Zielort zu Ihrem ständigen Wohnsitz in Deutschland,	Ist das versicherte Fahrzeug nach Panne oder Unfall nicht fahrbereit oder wurde es gestohlen, werden bei Inanspruchnahme einer Leistung gemäß Ziffer 2.1 für höchstens eine, in allen anderen Fällen für höchstens drei Nächte Übernachtungskosten erstattet, jedoch nicht über den Tag hinaus, an dem das Fahrzeug wiederhergestellt werden konnte oder wieder aufgefunden wurde. Der Höchstbetrag beläuft sich auf … Euro je Übernachtung und Person.
d eine Fahrt einer Person von Ihrem ständigen Wohnsitz oder vom Zielort zum Schadenort, wenn das Fahrzeug dort fahrbereit gemacht worden ist.	
Die Kostenerstattung erfolgt bei einer einfachen Entfernung unter 1.200 Bahnkilometern bis zur Höhe der Bahnkosten 2. Klasse, bei größerer Entfernung bis zur Höhe der Bahnkosten 1. Klasse oder der Liegewagenkosten jeweils einschließlich Zuschlägen sowie für nachgewiesene Taxifahrten bis zu xx Euro.	2.3 Mietwagen bei Fahrzeugausfall
Übernachtung	Ist das versicherte Fahrzeug nach Panne oder Unfall nicht fahrbereit oder wurde es gestohlen, werden anstelle der Leistungen nach Ziffer 2.1 oder 2.2 die Kosten für die Anmietung eines gleichartigen Selbstfahrervermietfahrzeuges bis zur Wiederherstellung der Fahrbereitschaft, jedoch höchstens für sieben Tage zu maximal … Euro je Tag erstattet. Bei Schadenfällen im Ausland werden Mietwagenkosten für die Fahrt zum ständigen Wohnsitz des Versiche-
A.3.6.2 Wir helfen Ihnen auf Wunsch bei der Beschaffung einer Übernachtungsmöglichkeit und übernehmen die Kosten für höchstens drei Übernachtungen. Wenn Sie die Leistung Weiter- oder Rückfahrt nach A.3.6.1 in	

Synopse AKB 2008/AKB 2007

AKB 2008	AKB 2007
Anspruch nehmen, zahlen wir nur eine Übernachtung. Sobald das Fahrzeug Ihnen wieder fahrbereit zur Verfügung steht, besteht kein Anspruch auf weitere Übernachtungskosten. Wir übernehmen die Kosten bis höchstens xx Euro je Übernachtung und Person. *Mietwagen* A.3.6.3 Wir helfen Ihnen, ein gleichwertiges Fahrzeug anzumieten. Wir übernehmen anstelle der Leistung Weiteroder Rückfahrt nach A.3.6.1 oder Übernachtung nach A.3.6.2 die Kosten, des Mietwagens, bis Ihnen das Fahrzeug wieder fahrbereit zur Verfügung steht, jedoch höchstens für sieben Tage und höchstens xx Euro je Tag. *Fahrzeugunterstellung* A.3.6.4 Muss das Fahrzeug nach einer Panne oder einem Unfall bis zur Wiederherstellung der Fahrbereitschaft oder bis zur Durchführung des Transports in einer Werkstatt untergestellt werden, sind wir Ihnen hierbei behilflich und übernehmen die hierdurch entstehenden Kosten, jedoch höchstens für zwei Wochen. **A.3.7 Hilfe bei Krankheit, Verletzung oder Tod auf einer Reise** Erkranken Sie oder eine mitversicherte Person unvorhersehbar oder stirbt der Fahrer auf einer Reise mit dem versicherten Fahrzeug an einem Ort, der mindestens 50 km Luftlinie von Ihrem ständigen Wohnsitz in Deutschland entfernt ist, erbringen wir	rungsnehmers bis zu … Euro unabhängig von der Anzahl der Tage übernommen. 2.4 Ersatzteilversand Können Ersatzteile zur Wiederherstellung der Fahrbereitschaft des versicherten Fahrzeuges an einem ausländischen Schadensort oder in dessen Nähe nicht beschafft werden, sorgt der Versicherer dafür, dass der Versicherungsnehmer diese auf schnellstmöglichem Wege erhält und trägt alle entstehenden Versandkosten. 2.5 Fahrzeugtransport nach Fahrzeugausfall Kann das versicherte Fahrzeug nach Panne oder Unfall an einem ausländischen Schadenort oder in dessen Nähe nicht innerhalb von drei Werktagen fahrbereit gemacht werden und übersteigen die voraussichtlichen Reparaturkosten nicht den Betrag, der für ein gleichwertiges gebrauchtes Fahrzeug aufgewandt werden muss, sorgt der Versicherer für den Transport des Fahrzeuges zu einer Werkstatt und trägt die hierdurch entstehenden Kosten bis zur Höhe der Rücktransportkosten an den ständigen Wohnsitz des Versicherungsnehmers. 2.6 Fahrzeugunterstellung nach Fahrzeugdiebstahl Muss das versicherte Fahrzeug nach Diebstahl im Ausland und Wiederauffinden bis zur Durchführung des Rücktransportes oder der Verzollung bzw. Verschrottung untergestellt werden, trägt der Versicherer die hierdurch entstehenden Kosten, jedoch höchstens für zwei Wochen. 2.7 Fahrzeugverzollung und -verschrottung Muss das versicherte Fahrzeug nach einem Unfall oder Diebstahl im Ausland verzollt werden, hilft der Versicherer bei der Verzollung wir

Anhang

AKB 2008	AKB 2007
die nachfolgend genannten Leistungen. Als unvorhersehbar gilt eine Erkrankung, wenn diese nicht bereits innerhalb der letzten sechs Wochen vor Beginn der Reise (erstmalig oder zum wiederholten Male) aufgetreten ist. *Krankenrücktransport* A.3.7.1 Müssen Sie oder eine mitversicherte Person infolge Erkrankung an Ihren ständigen Wohnsitz zurücktransportiert werden, sorgen wir für die Durchführung des Rücktransports und übernehmen dessen Kosten. Art und Zeitpunkt des Rücktransports müssen medizinisch notwendig sein. Unsere Leistung erstreckt sich auch auf die Begleitung des Erkrankten durch einen Arzt oder Sanitäter, wenn diese behördlich vorgeschrieben ist. Außerdem übernehmen wir die bis zum Rücktransport bedingten Übernachtungskosten, jedoch höchstens für drei Übernachtungen bis zu je xx Euro pro Person. *Rückholung von Kindern* A.3.7.2 Können mitreisende Kinder unter 16 Jahren infolge einer Erkrankung oder des Todes des Fahrers weder von Ihnen noch von einem anderen berechtigten Insassen betreut werden, sorgen wir für deren Abholung und Rückfahrt mit einer Begleitperson zu ihrem Wohnsitz und übernehmen die hierdurch entstehenden Kosten. Wir erstatten dabei die Bahnkosten 2. Klasse	und trägt die hierbei anfallenden Verfahrensgebühren mit Ausnahme des Zollbetrages und sonstiger Steuern. Ist zur Vermeidung der Verzollung eine Verschrottung des Fahrzeuges erforderlich, werden die hierdurch entstehenden Kosten übernommen. 2.8 Fahrzeugabholung nach Fahrerausfall Kann auf einer Reise mit dem versicherten Fahrzeug dieses infolge Todes oder einer länger als drei Tage andauernden Erkrankung oder Verletzung des Fahrers weder von diesem noch von einem Insassen zurückgefahren werden, sorgt der Versicherer für die Abholung des Fahrzeuges zum ständigen Wohnsitz des Versicherungsnehmers und trägt die hierdurch entstehenden Kosten. Veranlasst der Versicherungsnehmer die Abholung selbst, erhält er als Kostenersatz bis … Euro je Kilometer zwischen seinem Wohnsitz und dem Schadensort. Außerdem werden in jedem Fall die bis zur Abholung der berechtigten Insassen entstehenden, durch den Fahrerausfall bedingten Übernachtungskosten erstattet, jedoch für höchstens drei Nächte bis zu je … Euro pro Person. 2.9 Krankenrücktransport Muss der Versicherungsnehmer oder die mitversicherte Person auf einer Reise mit dem versicherten Fahrzeug infolge Erkrankung an seinen ständigen Wohnsitz zurücktransportiert werden, sorgt der Versicherer für die Durchführung des Rücktransportes und trägt die hierdurch entstehenden Kosten. Art und Zeitpunkt des Rücktransportes müssen medizinisch notwendig sein. Die Leistung des Versicherers erstreckt sich auch auf die Begleitung des Erkrankten durch einen Arzt oder Sanitäter, wenn diese behördlich vorgeschrieben

AKB 2008	AKB 2007
einschließlich Zuschlägen sowie die Kosten für nachgewiesene Taxifahrten bis zu xx Euro. *Fahrzeugabholung* A.3.7.3 Kann das versicherte Fahrzeug infolge einer länger als drei Tage andauernden Erkrankung oder infolge des Todes des Fahrers weder von diesem noch von einem Insassen zurückgefahren werden, sorgen wir für die Verbringung des Fahrzeugs zu Ihrem ständigen Wohnsitz und übernehmen die hierdurch entstehenden Kosten. Veranlassen Sie die Verbringung selbst, erhalten Sie als Kostenersatz bis xx Euro je Kilometer zwischen Ihrem Wohnsitz und dem Schadenort. Außerdem erstatten wir in jedem Fall die bis zur Abholung der berechtigten Insassen entstehenden und durch den Fahrerausfall bedingten Übernachtungskosten, jedoch höchstens für drei Übernachtungen bis zu je xx Euro pro Person. *Was versteht man unter einer Reise?* A.3.7.4 Reise ist jede Abwesenheit von Ihrem ständigen Wohnsitz bis zu einer Höchstdauer von fortlaufend sechs Wochen. Als Ihr ständiger Wohnsitz gilt der Ort in Deutschland, an dem Sie behördlich gemeldet sind und sich überwiegend aufhalten. **A.3.8 Zusätzliche Leistungen bei einer Auslandsreise** Ereignet sich der Schaden an einem Ort im Ausland (Geltungsbereich nach A.3.4 ohne Deutschland), der mindestens 50 km	ist. Außerdem trägt der Versicherer die bis zum Rücktransport entstehenden, durch die Erkrankung bedingten Übernachtungskosten, jedoch für höchstens drei Nächte bis zu je … Euro pro Person. 2.10 Rückholung von Kindern Können mitreisende Kinder unter 16 Jahren auf einer Reise mit dem versicherten Fahrzeug infolge Todes oder Erkrankung des Fahrers weder vom Versicherungsnehmer noch von einem anderen berechtigten Insassen betreut werden, sorgt der Versicherer für deren Abholung und Rückfahrt mit einer Begleitperson zu ihrem ständigen Wohnsitz und trägt die hierdurch entstehenden Kosten. Es werden die Bahnkosten 2. Klasse einschließlich Zuschlägen sowie für nachgewiesene Taxifahrten bis zu … Euro erstattet. 2.11 Hilfe im Todesfall Stirbt der Versicherungsnehmer auf einer Reise mit dem versicherten Fahrzeug im Ausland, sorgt der Versicherer nach Abstimmung mit den Angehörigen für die Bestattung im Ausland oder für die Überführung in die Bundesrepublik Deutschland und trägt die hierdurch jeweils entstehenden Kosten.

AKB 2008	AKB 2007

Luftlinie von Ihrem ständigen Wohnsitz in Deutschland entfernt ist, erbringen wir zusätzlich folgende Leistungen:
 	
A.3.8.1 Bei Panne und Unfall:
 	
Ersatzteilversand
a Können Ersatzteile zur Wiederherstellung der Fahrbereitschaft des Fahrzeugs an einem ausländischen Schadenort oder in dessen Nähe nicht beschafft werden, sorgen wir dafür, dass Sie diese auf schnellstmöglichem Wege erhalten, und übernehmen alle entstehenden Versandkosten.
 	
Fahrzeugtransport
b Wir sorgen für den Transport des Fahrzeugs zu einer Werkstatt und übernehmen die hierdurch entstehenden Kosten bis zur Höhe der Rücktransportkosten an Ihren Wohnsitz, wenn
  – das Fahrzeug an einem ausländischen Schadenort oder in dessen Nähe nicht innerhalb von drei Werktagen fahrbereit gemacht werden kann und
  – die voraussichtlichen Reparaturkosten nicht höher sind als der Kaufpreis für ein gleichwertiges gebrauchtes Fahrzeug.
 	
Mietwagen
c Wir helfen Ihnen, ein gleichwertiges Fahrzeug anzumieten. Wir übernehmen anstelle der Leistung Weiter- und Rückfahrt nach A.3.6.1 oder Übernach-	

AKB 2008	AKB 2007
tung nach A.3.6.2 die Kosten, bis Ihnen das Fahrzeug wieder fahrbereit zur Verfügung steht, jedoch höchstens xx Euro. *Fahrzeugverzollung und -verschrottung* d Muss das Fahrzeug nach einem Unfall im Ausland verzollt werden, helfen wir bei der Verzollung und übernehmen die hierbei anfallenden Verfahrensgebühren mit Ausnahme des Zollbetrags und sonstiger Steuern. Lassen Sie Ihr Fahrzeug verschrotten, um die Verzollung zu vermeiden, übernehmen wir die Verschrottungskosten. A.3.8.2 Bei Fahrzeugdiebstahl: *Fahrzeugunterstellung* a Wird das gestohlene Fahrzeug nach dem Diebstahl im Ausland wieder aufgefunden und muss es bis zur Durchführung des Rücktransports oder der Verzollung bzw. Verschrottung untergestellt werden, übernehmen wir die hierdurch entstehenden Kosten, jedoch höchstens für zwei Wochen. *Mietwagen* b Wir helfen Ihnen, ein gleichwertiges Fahrzeug anzumieten. Wir übernehmen anstelle der Leistung Weiter- und Rückfahrt nach A.3.6.1 oder Übernachtung nach A.3.6.2 die Kosten, bis Ihnen das Fahrzeug wieder fahrbereit zur Verfügung steht, jedoch höchstens xx Euro.	

AKB 2008	AKB 2007
Fahrzeugverzollung und -verschrottung c Muss das Fahrzeug nach dem Diebstahl im Ausland verzollt werden, helfen wir bei der Verzollung und übernehmen die hierbei anfallenden Verfahrensgebühren mit Ausnahme des Zollbetrags und sonstiger Steuern. Lassen Sie Ihr Fahrzeug verschrotten, um die Verzollung zu vermeiden, übernehmen wir die Verschrottungskosten. A.3.8.3 Im Todesfall Im Fall Ihres Todes auf einer Reise mit dem versicherten Fahrzeug im Ausland sorgen wir nach Abstimmung mit den Angehörigen für die Bestattung im Ausland oder für die Überführung nach Deutschland und übernehmen die Kosten. Diese Leistung gilt nicht bei Tod einer mitversicherten Person.	
A.3.9 Was ist nicht versichert? *Vorsatz und grobe Fahrlässigkeit* A.3.9.1 Kein Versicherungsschutz besteht für Schäden, die Sie vorsätzlich herbeiführen. Bei grob fahrlässiger Herbeiführung des Schadens sind wir berechtigt, unsere Leistung in einem der Schwere Ihres Verschuldens entsprechenden Verhältnis zu kürzen.	**§ 2b Abs. 3** (3) Ausschlüsse: Versicherungsschutz wird nicht gewährt, a) in der Fahrzeug-, der Kraftfahrtunfallversicherung und beim Autoschutzbrief für Schäden, die durch Aufruhr, innere Unruhen, Kriegsereignisse, Verfügungen von hoher Hand oder Erdbeben unmittelbar oder mittelbar verursacht werden;

Synopse AKB 2008/AKB 2007

AKB 2008	AKB 2007
Rennen A.3.9.2 Kein Versicherungsschutz besteht für Schäden, die bei Beteiligung an Fahrtveranstaltungen entstehen, bei denen es auf Erzielung einer Höchstgeschwindigkeit ankommt. Dies gilt auch für dazugehörige Übungsfahrten. *Erdbeben, Kriegsereignisse, innere Unruhen und Staatsgewalt* A.3.9.3 Kein Versicherungsschutz besteht für Schäden, die durch Erdbeben, Kriegsereignisse, innere Unruhen oder der Maßnahmen der Staatsgewalt unmittelbar oder mittelbar verursacht werden. *Schäden durch Kernenergie* A.3.9.4 Kein Versicherungsschutz besteht für Schäden durch Kernenergie.	b) für Schäden, die bei Beteiligung an Fahrtveranstaltungen, bei denen es auf Erzielung einer Höchstgeschwindigkeit ankommt, oder bei den dazugehörigen Übungsfahrten entstehen; in der Kraftfahrzeug-Haftpflichtversicherung gilt dies nur bei Beteiligung an behördlich genehmigten Fahrtveranstaltungen oder den dazugehörigen Übungsfahrten; c) für Schäden durch Kernenergie.
A.3.10 Anrechnung ersparter Aufwendungen, Abtretung A.3.10.1 Haben Sie aufgrund unserer Leistungen Kosten erspart, die Sie ohne das Schadenereignis hätten aufwenden müssen, können wir diese von unserer Zahlung abziehen. A.3.10.2 Ihren Anspruch auf Leistung können Sie vor der endgültigen Feststellung ohne unsere ausdrückliche Genehmigung weder abtreten noch verpfänden.	**§ 24 Abs. 6 AKB** (6) Hat der Versicherungsnehmer aufgrund der Leistung des Versicherers Kosten erspart, die er ohne den Schadeneintritt hätte aufwenden müssen, kann der Versicherer seine Leistung um einen Betrag in Höhe dieser Kosten kürzen.

AKB 2008	AKB 2007
A.3.11 Verpflichtung Dritter A.3.11.1 Soweit im Schadenfall ein Dritter Ihnen gegenüber aufgrund eines Vertrags oder einer Mitgliedschaft in einem Verband oder Verein zur Leistung oder zur Hilfe verpflichtet ist, gehen diese Ansprüche unseren Leistungsverpflichtungen vor. A.3.11.2 Wenden Sie sich nach einem Schadenereignis allerdings zuerst an uns, sind wir Ihnen gegenüber abweichend von A.3.11.1 zur Leistung verpflichtet.	**§ 26 Verpflichtung Dritter** (1) Soweit im Schadenfall ein Dritter gegenüber dem Versicherungsnehmer aufgrund Vertrages leistungspflichtig ist oder eine Entschädigung aus anderen Versicherungsverträgen beansprucht werden kann, gehen diese Leistungsverpflichtungen vor. (2) Bei einer Meldung zu diesem Vertrag ist der Versicherer zur Vorleistung verpflichtet.
A.4 Kfz-Unfallversicherung – wenn Insassen verletzt oder getötet werden	**D. Kraftfahrtunfallversicherung**
A.4.1 Was ist versichert? A.4.1.1 Stößt Ihnen oder einer anderen in der Kfz-Unfallversicherung versicherten Person ein Unfall zu, der in unmittelbarem Zusammenhang mit dem Gebrauch Ihres Fahrzeugs oder eines damit verbunden Anhängers steht (z. B. Fahren, Ein- und Aussteigen, Be- und Entladen), erbringen wir unter den nachstehend genannten Voraussetzungen die vereinbarten Versicherungsleistungen. A.4.1.2 Ein Unfall liegt vor, wenn die versicherte Person durch ein plötzlich von außen auf ihren Körper wirkendes Ereignis (Unfallereignis) unfreiwillig eine Gesundheitsschädigung erleidet.	**§ 18 Umfang der Versicherung** **I. Gegenstand der Versicherung** (1) Die Versicherung bezieht sich auf Unfälle, die dem Versicherten während der Wirksamkeit des Vertrages zustoßen und in ursächlichem Zusammenhang mit dem Lenken, Benutzen, Behandeln, dem Be- und Entladen sowie Abstellen des Kraftfahrzeugs oder Anhängers stehen. Unfälle beim Ein- und Aussteigen sind mitversichert. (2) Die Leistungsarten, die versichert werden können, ergeben sich aus § 16 Abs. 2 und Abs. 3a; aus Antrag und Versicherungsschein ist ersichtlich, welche Leistungsarten jeweils versichert sind.

AKB 2008	AKB 2007
A.4.1.3 Als Unfall gilt auch, wenn durch eine erhöhte Kraftanstrengung an den Gliedmaßen oder der Wirbelsäule ein Gelenk verrenkt wird oder Muskeln, Sehnen, Bänder oder Kapseln gezerrt oder zerrissen werden.	**II. Unfallbegriff** (1) Ein Unfall liegt vor, wenn der Versicherte durch ein plötzlich von außen auf seinen Körper wirkendes Ereignis (Unfallereignis) unfreiwillig eine Gesundheitsschädigung erleidet. (2) Als Unfall gilt auch, wenn durch eine erhöhte Kraftanstrengung an Gliedmaßen oder Wirbelsäule a) Gelenk verrenkt wird oder b) Muskeln, Sehnen, Bänder oder Kapseln gezerrt oder zerrissen werden.
A.4.2 Wer ist versichert? A.4.2.1 Pauschalsystem Mit der Kfz-Unfallversicherung nach dem Pauschalsystem sind die jeweiligen berechtigten Insassen des Fahrzeugs versichert. Ausgenommen sind bei Ihnen angestellte Berufsfahrer und Beifahrer, wenn sie als solche das Fahrzeug gebrauchen. Bei zwei und mehr berechtigten Insassen erhöht sich die Versicherungssumme um xx Prozent und teilt sich durch die Gesamtzahl der Insassen, unabhängig davon, ob diese zu Schaden kommen. A.4.2.2 Kraftfahrtunfall-Plus-Versicherung Mit der Kraftfahrtunfall-Plus-Versicherung sind die jeweiligen berechtigten Insassen des Fahrzeugs mit der für Invalidität und Tod vereinbarten Versicherungs-	**§ 16 Versicherungsarten und Leistungen** (1) Die Kraftfahrtunfallversicherung kann abgeschlossen werden a) als Insassenunfallversicherung nach dem Pauschalsystem b) als Insassenunfallversicherung für eine bestimmte Zahl von Personen oder Plätzen c) als Berufsfahrerversicherung d) als namentliche Versicherung sonstiger Personen e) als Kraftfahrtunfall-Plus-Versicherung (2) (...) (3) Nach dem Pauschalsystem ist jede versicherte Person mit dem der Anzahl der Versicherten entsprechenden Teilbetrag der vereinbarten Summe versichert. Bei zwei und mehr Versicherten erhöhen sich die Versicherungssummen um xx Prozent. (3a) Nach der Kraftfahrtunfall-Plus-Versicherung ist jede versicherte Person für den Fall der Invalidität und den Fall des Todes mit den

AKB 2008	AKB 2007
summe versichert. Wird der jeweilige Fahrer verletzt und verbleibt eine unfallbedingte Invalidität von xx Prozent, erhöht sich die für Invalidität vereinbarte Versicherungssumme für ihn um xx Prozent.	vereinbarten Summen versichert. Zusätzlich ist der Fahrer mit der nach § 20a vereinbarten Leistung versichert.
A.4.2.3 Platzsystem	(4) Sind bei der Versicherung für eine bestimmte Zahl von Personen oder Plätzen zur Zeit des Unfalls mehr Personen versichert als Personen oder Plätze angegeben sind, so wird die Entschädigung für die einzelne Person entsprechend gekürzt. Dies gilt nicht für die Kraftfahrtunfall-Plus-Versicherung gem. Abs. 3 a.
Mit der Kfz-Unfallversicherung nach dem Platzsystem sind die im Versicherungsschein bezeichneten Plätze oder eine bestimmte Anzahl von berechtigten Insassen des Fahrzeugs versichert. Ausgenommen sind bei Ihnen angestellte Berufsfahrer und Beifahrer, wenn sie als solche das Fahrzeug gebrauchen. Befinden sich in dem Fahrzeug mehr berechtigte Insassen als Plätze oder Personen im Versicherungsschein angegeben, verringert sich die Versicherungssumme für den einzelnen Insassen entsprechend.	§ 17 Versicherte Personen
	(1) Versicherte Personen sind bei der Insassenunfallversicherung nach dem Pauschalsystem oder bei der Insassenunfallversicherung für eine bestimmte Anzahl von Personen und Plätzen oder bei der Kraftfahrtunfall-Plus Versicherung die berechtigten Insassen des im Vertrag bezeichneten Fahrzeugs unter Ausschluss von Kraftfahrern und Beifahrern, die beim Versicherungsnehmer als solche angestellt sind (Berufsfahrer). Berechtigte Insassen sind Personen, die sich mit Wissen und Willen der über die Verwendung des Fahrzeugs Verfügungsberechtigten in oder auf dem versicherten Fahrzeug befinden oder im ursächlichen Zusammenhang mit ihrer Beförderung beim Gebrauch des Fahrzeugs im Rahmen des § 18 I tätig werden.
A.4.2.4 Was versteht man unter berechtigten Insassen? Berechtigte Insassen sind Personen (Fahrer und alle weiteren Insassen), die sich mit Wissen und Willen des Verfügungsberechtigten in oder auf dem versicherten Fahrzeug befinden oder in ursächlichem Zusammenhang mit ihrer Beförderung beim Gebrauch des Fahrzeugs tätig werden.	§ 20a Umfang der zusätzlichen Leistungen für den Fahrer in der Kraftfahrtunfall-Plus-Versicherung
A.4.2.5 Berufsfahrerversicherung	Übersteigt der durch einen versicherten Unfall verursachte Invaliditätsgrad des berechtigten Fahrers nach § 16 Abs. 3 a Satz 2 einen Prozentsatz x, erhöht sich die Versicherungssumme um den
a die Berufsfahrer und Beifahrer des im Versicherungsschein bezeichneten Fahrzeugs,	

AKB 2008	AKB 2007
b die im Versicherungsschein namentlich bezeichneten Berufsfahrer und Beifahrer unabhängig von einem bestimmten Fahrzeug oder c alle bei Ihnen angestellten Berufsfahrer und Beifahrer unabhängig von einem bestimmten Fahrzeug. A.4.2.6 Namentliche Versicherung Mit der namentlichen Versicherung ist die im Versicherungsschein bezeichnete Person unabhängig von einem bestimmten Fahrzeug versichert. Diese Person kann ihre Ansprüche selbstständig gegen uns geltend machen.	Faktor *n*. Die Versicherungssumme beträgt jedoch maximal € x. § 20 I findet Anwendung.
A.4.3 In welchen Ländern besteht Versicherungsschutz? Sie haben in der Kfz-Unfallversicherung Versicherungsschutz in den geographischen Grenzen Europas sowie den außereuropäischen Gebieten, die zum Geltungsbereich der Europäischen Union gehören.	**§ 2 a Geltungbereich** (1) Die Kraftfahrtversicherung gilt für Europa und für die außereuropäischen Gebiete, die zum Geltungsbereich des Vertrages über die Europäische Wirtschaftsgemeinschaft gehören. In der Kraftfahrzeug-Haftpflichtversicherung gilt die Deckungssumme, die in dem jeweiligen Land gesetzlich vorgeschrieben ist, mindestens jedoch in Höhe der vertraglich vereinbarten Deckungssummen. (2) In der Kraftfahrzeug-Haftpflichtversicherung kann eine Erweiterung, in der Fahrzeug- und Kraftfahrtunfallversicherung können auch sonstige Änderungen des Geltungsbereichs vereinbart werden. Bei einer Erweiterung des Geltungsbereichs in der Kraftfahrzeug-Haftpflichtversicherung gilt Abs. 1 Satz 2 entsprechend.

Anhang

AKB 2008	AKB 2007
A.4.4 Welche Leistungen umfasst die Kfz.-Unfallversicherung? Ihrem Versicherungsschein können Sie entnehmen, welche der nachstehenden Leistungen mit welchen Versicherungssummen vereinbart sind.	**§ 16 Abs. 2 AKB** (2) Die Leistungen des Versicherers (§ 20) richten sich nach den Versicherungssummen, die im Vertrag für a) den Fall der dauernden Beeinträchtigung der körperlichen oder geistigen Leistungsfähigkeit (Invalidität) b) Tagegeld c) Krankenhaustagegeld mit Genesungsgeld d) den Fall des Todes vereinbart sind.
A.4.5 Leistung bei Invalidität *Voraussetzungen* A.4.5.1 Invalidität liegt vor, wenn – die versicherte Person durch den Unfall auf Dauer in ihrer körperlichen oder geistigen Leistungsfähigkeit beeinträchtigt ist, – die Invalidität innerhalb eines Jahres nach dem Unfall eingetreten ist und – die Invalidität innerhalb von 15 Monaten nach dem Unfall ärztlich festgestellt und von Ihnen bei uns geltend gemacht worden ist. Kein Anspruch auf Invaliditätsleistung besteht, wenn die versicherte Person unfallbedingt innerhalb eines Jahres nach dem Unfall stirbt.	**§ 20 Voraussetzungen und Umfang der Leistungen** Für die Entstehung des Anspruchs und die Bemessung der Leistungen gelten die nachfolgenden Bestimmungen. **I. Invaliditätsleistung** (1) Führt der Unfall zu einer dauernden Beeinträchtigung der körperlichen oder geistigen Leistungsfähigkeit (Invalidität) des Versicherten, so entsteht Anspruch auf Kapitalleistung aus der für den Invaliditätsfall versicherten Summe. Hat der Versicherte bei Eintritt des Unfalles das 65. Lebensjahr vollendet, so wird die Leistung als Rente gemäß § 23 erbracht. Die Invalidität muss innerhalb eines Jahres nach dem Unfall eingetreten sowie spätestens vor Ablauf einer Frist von weiteren drei Monaten ärztlich festgestellt und geltend gemacht sein. (2) Grundlage für die Berechnung der Leistung bilden die Versicherungssumme und der Grad der Invalidität.

Synopse AKB 2008/AKB 2007

AKB 2008	AKB 2007
Art der Leistung A.4.5.2 Die Invaliditätsleistung zahlen wir als Kapitalbetrag. *Berechnung der Leistung* A.4.5.3 Grundlage für die Berechnung der Leistung sind die Versicherungssumme und der Grad der unfallbedingten Invalidität. a Bei Verlust oder völliger Funktionsunfähigkeit eines der nachstehend genannten Körperteile und Sinnesorgane gelten ausschließlich die folgenden Invaliditätsgrade: Arm 70% Arm bis oberhalb des Ellenbogengelenks 65% Arm unterhalb des Ellenbogengelenks 60% Hand 55% Daumen 20% Zeigefinger 10% anderer Finger 5% Bein über der Mitte des Oberschenkels 70% Bein bis zur Mitte des Oberschenkels 60% Bein bis unterhalb des Knies 50% Bein bis zur Mitte des Unterschenkels 45% Fuß 40% große Zehe 5% andere Zehe 2% Auge 50% Gehör auf einem Ohr 30%	a) Bei Verlust oder völliger Funktionsunfähigkeit der nachstehenden Körperteile und Sinnesorgane gelten ausschließlich die folgenden Invaliditätsgrade: Arm xx Prozent Arm bis oberhalb des Ellenbogengelenks xx Prozent Arm unterhalb des Ellenbogengelenks xx Prozent Hand xx Prozent Daumen xx Prozent Zeigefinger xx Prozent anderer Finger xx Prozent Bein über der Mitte des Oberschenkels xx Prozent eines Beines bis zur Mitte des Oberschenkels xx Prozent eines Beines bis unterhalb des Knies xx Prozent eines Beines bis zur Mitte des Unterschenkels xx Prozent Fuß xx Prozent große Zehe xx Prozent andere Zehe xx Prozent Auge xx Prozent Gehör auf einem Ohr xx Prozent Geruchssinn xx Prozent Geschmackssinn xx Prozent b) Bei Teilverlust oder teilweiser Funktionsbeeinträchtigung gilt der entsprechende Teil des jeweiligen Prozentsatzes. Für andere Körperteile und Sinnesorgane bemisst sich der Invaliditätsgrad danach, inwieweit die normale körperliche oder geistige

Anhang

AKB 2008	AKB 2007
Geruchssinn 10% Geschmackssinn 5% Bei Teilverlust oder teilweiser Funktionsbeeinträchtigung gilt der entsprechende Teil des jeweiligen Prozentsatzes. b Für andere Körperteile und Sinnesorgane bemisst sich der Invaliditätsgrad danach, inwieweit die normale körperliche oder geistige Leistungsfähigkeit insgesamt beeinträchtigt ist. Dabei sind ausschließlich medizinische Gesichtspunkte zu berücksichtigen. c Waren betroffene Körperteile oder Sinnesorgane oder deren Funktionen bereits vor dem Unfall dauernd beeinträchtigt, wird der Invaliditätsgrad um die Vorinvalidität gemindert. Diese ist nach a und b zu bemessen. d Sind mehrere Körperteile oder Sinnesorgane durch den Unfall beeinträchtigt, werden die nach a bis c ermittelten Invaliditätsgrade zusammengerechnet. Mehr als 100% werden jedoch nicht berücksichtigt. e Stirbt die versicherte Person aus unfallfremder Ursache innerhalb eines Jahres nach dem Unfall oder, gleichgültig aus welcher Ursache, später als ein Jahr nach dem Unfall, und war ein Anspruch auf Invaliditätsleistung entstanden, leisten wir nach dem Invaliditätsgrad, mit dem auf Grund der ärztlichen Befunde zu rechnen wäre.	Leistungsfähigkeit insgesamt beeinträchtigt ist. Dabei sind ausschließlich medizinische Gesichtspunkte zu berücksichtigen. c) Sind durch den Unfall mehrere körperliche oder geistige Funktionen beeinträchtigt, so werden die Invaliditätsgrade, die sich nach Buchstabe a ergeben, zusammengerechnet. Mehr als 100 Prozent werden jedoch nicht angenommen. (3) Waren betroffene Körperteile oder Sinnesorgane oder deren Funktionen bereits vor dem Unfall dauernd beeinträchtigt, wird der Invaliditätsgrad um die Vorinvalidität gemindert. Diese ist nach Abs. 2 zu bemessen. (4) Tritt der Tod unfallbedingt innerhalb eines Jahres nach dem Unfall ein, so besteht kein Anspruch auf Invaliditätsleistung. (5) Stirbt der Versicherte aus unfallfremder Ursache innerhalb eines Jahres nach dem Unfall oder – gleichgültig aus welcher Ursache – später als ein Jahr nach dem Unfall und war ein Anspruch auf Invaliditätsleistung nach Abs. 1 entstanden, so ist nach dem Invaliditätsgrad zu leisten, mit dem aufgrund der zuletzt erhobenen ärztlichen Befunde zu rechnen gewesen wäre. **§ 23 Rentenzahlung bei Invalidität** (1) Soweit bei Invalidität Rentenzahlung vorgesehen ist (§ 20 I [1]), ergeben sich für eine Kapitalleistung von € x die folgenden Jahresrentenbeträge. Der Berechnung wird das am Unfalltag vollendete Lebensjahr zugrunde gelegt.

Synopse AKB 2008/AKB 2007

AKB 2008	AKB 2007
	Alter Betrag der Jahresrente für Männer Frauen (2) Die Rente wird vom Abschluss der ärztlichen Behandlung, spätestens vom Ablauf des auf den Unfall folgenden Jahres an, bis zum Ende des Vierteljahres entrichtet, in dem der Versicherte stirbt. Sie wird jeweils am Ersten eines Vierteljahres im Voraus gezahlt. (3) Versicherungsnehmer und Versicherer können innerhalb von drei Jahren nach erstmaliger Bemessung der Rente jährlich eine Neubemessung verlangen. **§ 20 IV. Todesfallleistung** (1) Führt der Unfall innerhalb eines Jahres zum Tode, so entsteht Anspruch auf Leistung nach der für den Todesfall versicherten Summe. Zur Geltendmachung wird auf § 7 IV (5) verwiesen. (2) Bei Versicherten unter 14 Jahren beträgt die Leistung für den Todesfall höchstens € x. Bei der Versicherung nach dem Pauschalsystem wird der auf andere Versicherte entfallende Teilbetrag aus der versicherten Todesfallsumme um den durch diese Summenbegrenzung frei werdenden Betrag verhältnismäßig erhöht, jedoch ist der Anteil des einzelnen Versicherten auf die im Vertrag vereinbarte Versicherungssumme beschränkt; § 16 Abs. 3 Satz 2 findet insoweit keine Anwendung.
A.4.6 Leistung bei Tod *Voraussetzung* A.4.6.1 Voraussetzung für die Todesfallleistung ist, dass die versicherte Person infolge des Unfalls innerhalb eines Jahres gestorben ist. *Höhe der Leistung* A.4.6.2 Wir zahlen die für den Todesfall versicherte Summe.	

Anhang

AKB 2008	AKB 2007
A.4.7 Krankenhaustagegeld, Genesungsgeld, Tagegeld *Krankenhaustagegeld* A.4.7.1 Voraussetzung für die Zahlung des Krankenhaustagegelds ist, dass sich die versicherte Person wegen des Unfalls in medizinisch notwendiger vollstationärer Heilbehandlung befindet. Rehabilitationsmaßnahmen (mit Ausnahme von Anschlussheilbehandlungen) sowie Aufenthalte in Sanatorien und Erholungsheimen gelten nicht als medizinisch notwendige Heilbehandlung. A.4.7.2 Wir zahlen das Krankenhaustagegeld in Höhe der versicherten Summe für jeden Kalendertag der vollstationären Behandlung, längstens jedoch für xx Jahre ab dem Tag des Unfalls an gerechnet. *Genesungsgeld* A.4.7.3 Voraussetzung für die Zahlung des Genesungsgelds ist, dass die versicherte Person aus der vollstationären Behandlung entlassen worden ist und Anspruch auf Krankenhaustagegeld nach A.4.7.1 hatte. A.4.7.4 Wir zahlen das Genesungsgeld in Höhe der vereinbarten Versicherungssumme für die selbe Anzahl von Kalendertagen, für die wir Krankenhaustagegeld gezahlt haben, längstens jedoch für xx Tage.	**§ 20 II. Tagegeld** (1) Führt der Unfall zu einer Beeinträchtigung der Arbeitsfähigkeit, so wird für die Dauer der ärztlichen Behandlung Tagegeld gezahlt. Das Tagegeld wird nach dem Grad der Beeinträchtigung abgestuft. Die Bemessung des Beeinträchtigungsgrades richtet sich nach der Berufstätigkeit oder Beschäftigung des Versicherten. (2) a) Bei Versicherten unter 16 Jahren wird das Tagegeld für jeden Kalendertag gezahlt, an dem sich der Versicherte wegen eines Unfalles (§ 18 II) aus medizinischen Gründen in stationärer Krankenhausbehandlung befindet. Aufnahme- und Entlassungstag werden je als ein Kalendertag gerechnet. Die Leistungen entfallen für einen Aufenthalt in Sanatorien, Erholungsheimen und Kuranstalten. b) Findet keine stationäre Behandlung statt, werden statt des Tagegeldes die notwendigen Kosten des Heilverfahrens bis zur Höhe des versicherten Tagegeldes ersetzt. (3) Das Tagegeld wird längstens für ein Jahr, vom Unfalltage an gerechnet, gezahlt. **§ 20 III. Krankenhaustagegeld mit Genesungsgeld** (1) Krankenhaustagegeld wird für jeden Kalendertag gezahlt, an dem sich der Versicherte wegen des Unfalles in medizinisch notwendiger vollstationärer Heilbehandlung befindet, längstens jedoch für zwei Jahre vom Unfalltage an gerechnet.

Synopse AKB 2008/AKB 2007

AKB 2008	AKB 2007

Tagegeld
A.4.7.5 Voraussetzung für die Zahlung des Tagegelds ist, dass die versicherte Person unfallbedingt in der Arbeitsfähigkeit beeinträchtigt und in ärztlicher Behandlung ist.
A.4.7.6 Das Tagegeld berechnen wir nach der versicherten Summe. Es wird nach dem festgestellten Grad der Beeinträchtigung der Berufstätigkeit oder Beschäftigung abgestuft.
A.4.7.7 Das Tagegeld zahlen wir für die Dauer der ärztlichen Behandlung, längstens jedoch für ein Jahr ab dem Tag des Unfalls.
	(2) Krankenhaustagegeld entfällt bei einem Aufenthalt in Sanatorien, Erholungsheimen und Kuranstalten.
	(3) Genesungsgeld wird für die gleiche Anzahl von Kalendertagen gezahlt, für die Krankenhaustagegeld geleistet wird, längstens jedoch für xx Tage, und zwar
	    für den 1. bis 10. Tag x Prozent
	    für den 10. bis 20. Tag x Prozent
	    für den 21. bis xx. Tag x Prozent
	des Krankenhaustagegeldes.
	Mehrere vollstationäre Krankenhausaufenthalte wegen desselben Unfalls gelten als ein ununterbrochener Krankenhausaufenthalt. Der Anspruch auf Genesungsgeld entsteht mit der Entlassung aus dem Krankenhaus.

A.4.8 Welche Auswirkungen haben vor dem Unfall bestehende Krankheiten oder Gebrechen? A.4.8.1 Wir leisten nur für Unfallfolgen. Haben Krankheiten oder Gebrechen bei der durch ein Unfallereignis verursachten Gesundheitsschädigung oder deren Folgen mitgewirkt, mindert sich entsprechend dem Anteil der Krankheit oder des Gebrechens – im Falle einer Invalidität der Prozentsatz des Invaliditätsgrads, – im Todesfall sowie in allen anderen Fällen die Leistung.	**§ 21 Einschränkung der Leistungen** Haben Krankheiten oder Gebrechen bei der durch ein Unfallereignis hervorgerufenen Gesundheitsschädigung oder deren Folgen mitgewirkt, so wird die Leistung entsprechend dem Anteil der Krankheit oder des Gebrechens gekürzt, wenn dieser Anteil mindestens 25 Prozent beträgt.

AKB 2008	AKB 2007
A.4.8.2 Beträgt der Mitwirkungsanteil weniger als 25%, unterbleibt die Minderung.	
A.4.9 Fälligkeit unserer Zahlung, Abtretung	**§ 22 Fälligkeit der Leistungen**
Prüfung Ihres Anspruchs	(1) Sobald dem Versicherer die Unterlagen zugegangen sind, die der Versicherungsnehmer zum Nachweis des Unfallhergangs und der Unfallfolgen sowie über den Abschluss des für die Bemessung der Invalidität notwendigen Heilverfahrens beizubringen hat, ist der Versicherer verpflichtet, innerhalb eines Monats – beim Invaliditätsanspruch innerhalb von drei Monaten – zu erklären, ob und in welcher Höhe er einen Anspruch anerkennt. Die ärztlichen Gebühren, die dem Versicherungsnehmer zur Begründung des Leistungsanspruches entstehen, übernimmt der Versicherer bei Invalidität bis zu x Promille der versicherten Summe, bei Tagegeld bis zu x Tagegeldsätzen, bei Krankenhaustagegeld bis zu x Krankenhaustagegeldsätzen.
A.4.9.1 Wir sind verpflichtet, innerhalb eines Monats – beim Invaliditätsanspruch innerhalb von drei Monaten – zu erklären, ob und in welcher Höhe wir einen Anspruch anerkennen. Die Fristen beginnen mit dem Zugang folgender Unterlagen: – Nachweis des Unfallhergangs und der Unfallfolgen, – beim Invaliditätsanspruch zusätzlich der Nachweis über den Abschluss des Heilverfahrens, soweit er für die Bemessung der Invalidität notwendig ist.	
A.4.9.2 Die ärztlichen Gebühren, die Ihnen zur Begründung des Leistungsanspruchs entstehen, übernehmen wir – bei Invalidität bis zu xx ‰ der versicherten Summe, – bei Tagegeld bis zu einem Tagegeldsatz, – bei Krankenhaustagegeld mit Genesungsgeld bis zu einem Krankenhaustagegeldsatz.	(2) Erkennt der Versicherer den Anspruch an oder haben sich Versicherungsnehmer und Versicherer über Grund und Höhe geeinigt, so erbringt der Versicherer die Leistung innerhalb von zwei Wochen. Vor Abschluss des Heilverfahrens kann eine Invaliditätsleistung innerhalb eines Jahres nach Eintritt des Unfalles nur beansprucht werden, wenn und soweit eine Todesfallsumme versichert ist.
Fälligkeit der Leistung	(3) Steht die Leistungspflicht zunächst nur dem Grunde nach fest, so zahlt der Versicherer auf Verlangen des Versicherungsnehmers angemessene Vorschüsse.
A.4.9.3 Erkennen wir den Anspruch an oder haben wir uns mit Ihnen über Grund und Höhe geeinigt, zahlen wir innerhalb von zwei Wochen.	

AKB 2008	AKB 2007

Vorschüsse
 	
A.4.9.4 Steht die Leistungspflicht zunächst nur dem Grunde nach fest, zahlen wir auf Ihren Wunsch angemessene Vorschüsse.
 	
A.4.9.5 Vor Abschluss des Heilverfahrens kann eine Invaliditätsleistung innerhalb eines Jahres nach dem Unfall nur bis zur Höhe einer vereinbarten Todesfallsumme beansprucht werden.
 	
Neubemessung des Grades der Invalidität
 	
A.4.9.6 Sie und wir sind berechtigt, den Grad der Invalidität jährlich, längstens bis zu drei Jahren nach dem Unfall, erneut ärztlich bemessen zu lassen. Bei Kindern bis zur Vollendung des xx. Lebensjahres verlängert sich diese Frist von drei auf xx Jahre. Dieses Recht muss
  – von uns zusammen mit unserer Erklärung über die Anerkennung unserer Leistungspflicht nach A.4.9.1,
  – von Ihnen vor Ablauf der Frist
ausgeübt werden.
 	
Leistung für eine mitversicherte Person
 	
A.4.9.7 Sie können die Auszahlung der auf eine mitversicherte Person entfallenden Versicherungssumme an sich nur mit deren Zustimmung verlangen.
	(4) Versicherungsnehmer und Versicherer sind berechtigt, den Grad der Invalidität jährlich, längstens bis zu drei Jahren nach Eintritt des Unfalles, erneut ärztlich bemessen zu lassen. Dieses Recht muss seitens des Versicherers mit Abgabe seiner Erklärung entsprechend (1), seitens des Versicherungsnehmers innerhalb eines Monats ab Zugang dieser Erklärung ausgeübt werden. Ergibt die endgültige Bemessung eine höhere Invaliditätsleistung, als sie der Versicherer bereits erbracht hat, so ist der Mehrbetrag mit x Prozent jährlich zu verzinsen.
	
	(5) Vom Versicherer nicht anerkannte Ansprüche sind ausgeschlossen, wenn der Versicherungsnehmer ab Zugang der schriftlichen Erklärung des Versicherers eine Frist von sechs Monaten verstreichen lässt, ohne die Ansprüche gerichtlich geltend zu machen. Die Frist beginnt mit dem Zugang der abschließenden Erklärung des Versicherers. Die Rechtsfolgen der Fristversäumnis treten nur ein, wenn der Versicherer in seiner Erklärung auf die Notwendigkeit der gerichtlichen Geltendmachung hingewiesen hatte.

AKB 2008	AKB 2007
Abtretung A.4.9.8 Ihren Anspruch auf die Leistung können Sie vor der endgültigen Feststellung ohne unsere ausdrückliche Genehmigung weder abtreten noch verpfänden. **A.4.10 Was ist nicht versichert?** *Straftat* A.4.10.1 Kein Versicherungsschutz besteht bei Unfällen, die der versicherten Person dadurch zustoßen, dass sie vorsätzlich eine Straftat begeht oder versucht. *Geistes- oder Bewusstseinsstörungen/Trunkenheit* A.4.10.2 Kein Versicherungsschutz besteht bei Unfällen der versicherten Person durch Geistes- oder Bewusstseinsstörungen, auch soweit diese auf Trunkenheit beruhen, sowie durch Schlaganfälle, epileptische Anfälle oder andere Krampfanfälle, die den ganzen Körper der versicherten Person ergreifen. *Rennen* A.4.10.3 Kein Versicherungsschutz besteht bei Unfällen, die sich bei Beteiligung an Fahrtveranstaltungen ereignen, bei denen es auf Erzielung einer Höchstgeschwindigkeit ankommt. Dies gilt auch für dazugehörige Übungsfahrten.	**§ 19 Ausschlüsse** Nicht unter den Versicherungsschutz fallen: (1) Unfälle durch Geistesstörungen oder schwere Nervenleiden, Schlaganfälle, epileptische Anfälle oder andere Krampfanfälle, die den ganzen Körper des Versicherten ergreifen sowie Unfälle des Fahrers infolge von Bewusstseinsstörungen, auch soweit diese durch Trunkenheit verursacht sind. Versicherungsschutz besteht jedoch, wenn diese Störungen oder Anfälle durch ein Unfallereignis verursacht waren, das unter diesen Vertrag oder unter eine für das Vorfahrzeug bestehende Insassen-Unfallversicherung fällt. (2) Unfälle, die dem Versicherten dadurch zustoßen, dass er vorsätzlich eine Straftat ausführt oder versucht. (3) Unfälle bei Fahrten, die ohne Wissen und Willen der über die Verwendung des Fahrzeugs Verfügungsberechtigten vorbereitet, ausgeführt oder ausgedehnt werden. (4) Infektionen. Versicherungsschutz besteht jedoch, wenn die Krankheitserreger durch eine Unfallverletzung im Sinne von § 18 II in den Körper gelangt sind.

Synopse AKB 2008/AKB 2007

AKB 2008	AKB 2007
Erdbeben, Kriegsereignisse, innere Unruhen, Maßnahmen der Staatsgewalt A.4.10.4 Kein Versicherungsschutz besteht bei Unfällen, die durch Erdbeben, Kriegsereignisse, innere Unruhen oder Maßnahmen der Staatsgewalt unmittelbar oder mittelbar verursacht werden. *Kernenergie* A.4.10.5 Kein Versicherungsschutz besteht bei Schäden durch Kernenergie. *Bandscheiben, innere Blutungen* A.4.10.6 Kein Versicherungsschutz besteht bei Schäden an Bandscheiben sowie bei Blutungen aus inneren Organen und Gehirnblutungen. Versicherungsschutz besteht jedoch, wenn ein überwiegende Ursache ein unter diesen Vertrag fallendes Unfallereignis ist. *Infektionen* A.4.10.7 Kein Versicherungsschutz besteht bei Infektionen. Bei Wundstarrkrampf und Tollwut besteht jedoch Versicherungsschutz, wenn die Krankheitserreger durch ein versichertes Unfallereignis sofort oder später in den Körper gelangen. Bei anderen Infektionen besteht Versicherungsschutz, wenn die Krankheitserreger durch ein versichertes Unfallereignis, das nicht nur geringfügige Haut- oder Schleimhautverletzungen verursacht, sofort oder später in den Körper gelangen. Bei	Nicht als Unfallverletzungen gelten dabei Haut- oder Schleimhautverletzungen, die als solche geringfügig sind und durch die Krankheitserreger sofort oder später in den Körper gelangen; für Tollwut und Wundstarrkrampf entfällt diese Einschränkung. Für Infektionen, die durch Heilmaßnahmen verursacht sind, besteht Versicherungsschutz, wenn die Heilmaßnahmen durch einen unter diesen Vertrag fallenden Unfall veranlasst waren. (5) Bauch- oder Unterleibsbrüche. Versicherungsschutz besteht jedoch, wenn sie durch eine unter diesen Vertrag fallende gewaltsame, von außen kommende Einwirkung entstanden sind. (6) Schädigungen an Bandscheiben sowie Blutungen aus inneren Organen und Gehirnblutungen. Versicherungsschutz besteht jedoch, wenn ein unter diesen Vertrag fallendes Unfallereignis im Sinne von § 18 II (1) die überwiegende Ursache ist. (7) Krankhafte Störungen infolge psychischer Reaktionen, gleichgültig, wodurch diese verursacht sind. **§ 2 b Abs. 3** (3) Ausschlüsse: Versicherungsschutz wird nicht gewährt, a) in der Fahrzeug-, der Kraftfahrtunfallversicherung und beim Autoschutzbrief für Schäden, die durch Aufruhr, innere Unruhen, Kriegsereignisse, Verfügungen von hoher Hand oder Erdbeben unmittelbar oder mittelbar verursacht werden;

AKB 2008	AKB 2007
Infektionen, die durch Heilmaßnahmen verursacht sind, besteht Versicherungsschutz, wenn die Heilmaßnahmen durch ein unter diesen Vertrag fallendes Unfallereignis veranlasst waren. *Psychische Reaktionen* A.4.10.8 Kein Versicherungsschutz besteht bei krankhaften Störungen infolge psychischer Reaktionen, auch wenn diese durch einen Unfall verursacht wurden. *Bauch- und Unterleibsbrüche* A.4.10.9 Kein Versicherungsschutz besteht bei Bauch- oder Unterleibsbrüchen. Versicherungsschutz besteht jedoch, wenn sie durch eine unter diesen Vertrag fallende gewaltsame, von außen kommende Einwirkung entstanden sind.	b) für Schäden, die bei Beteiligung an Fahrtveranstaltungen, bei denen es auf Erzielung einer Höchstgeschwindigkeit ankommt, oder bei den dazugehörigen Übungsfahrten entstehen; in der Kraftfahrzeug-Haftpflichtversicherung gilt dies nur bei Beteiligung an behördlich genehmigten Fahrtveranstaltungen oder den dazugehörigen Übungsfahrten; c) für Schäden durch Kernenergie.
B Beginn des Vertrags und vorläufiger Versicherungsschutz Der Versicherungsvertrag kommt dadurch zustande, dass wir Ihren Antrag annehmen. Regelmäßig geschieht dies durch Zugang des Versicherungsscheins. **B.1 Wann beginnt der Versicherungsschutz?** Der Versicherungsschutz beginnt erst, wenn Sie den in Ihrem Versicherungsschein genannten fälligen Beitrag gezahlt haben, jedoch nicht vor dem vereinbarten Zeitpunkt. Zahlen Sie den ersten oder einmaligen Beitrag nicht rechtzeitig, richten sich die Folgen nach C.1.2 und C.1.3.	**§ 1 Beginn des Versicherungsschutzes** (1) Der Versicherungsschutz beginnt mit Einlösung des Versicherungsscheines durch Zahlung des Beitrages und der Versicherungsteuer, jedoch nicht vor dem vereinbarten Zeitpunkt.

Synopse AKB 2008/AKB 2007

AKB 2008	AKB 2007
B.2 Vorläufiger Versicherungsschutz Bevor der Beitrag gezahlt ist, haben Sie nach folgenden Bestimmungen vorläufigen Versicherungsschutz: *Kfz-Haftpflichtversicherung und Autoschutzbrief* B.2.1 Händigen wir Ihnen die Versicherungsbestätigung aus oder nennen wir Ihnen bei elektronischer Versicherungsbestätigung die Versicherungsbestätigungs-Nummer, haben Sie in der Kfz-Haftpflichtversicherung und beim Autoschutzbrief vorläufigen Versicherungsschutz zu dem vereinbarten Zeitpunkt, spätestens ab dem Tag, an dem das Fahrzeug unter Verwendung der Versicherungsbestätigung zugelassen wird. Ist das Fahrzeug bereits auf Sie zugelassen, beginnt der vorläufige Versicherungsschutz ab dem vereinbarten Zeitpunkt. *Kasko- und Kfz-Unfallversicherung* B.2.2 In der Kasko- und der Kfz-Unfallversicherung haben Sie vorläufigen Versicherungsschutz nur, wenn wir dies ausdrücklich zugesagt haben. Der Versicherungsschutz beginnt zum vereinbarten Zeitpunkt. *Übergang des vorläufigen in den endgültigen Versicherungsschutz* B.2.3 Sobald Sie den ersten oder einmaligen Beitrag nach C.1 gezahlt haben, geht der vorläufige in den endgültigen Versicherungsschutz über.	**§ 1 Abs. 2** (2) Soll der Versicherungsschutz schon vor Einlösung des Versicherungsscheines beginnen, bedarf es einer besonderen Zusage des Versicherers oder der hierzu bevollmächtigten Personen (vorläufige Deckung). (3) Die Aushändigung der zur behördlichen Zulassung notwendigen Versicherungsbestätigung gilt nur für die Kraftfahrzeug-Haftpflichtversicherung und – soweit nicht abbedungen – beim Autoschutzbrief für die in § 24 genannten Fahrzeuge als Zusage einer vorläufigen Deckung. (3a) In der Kraftfahrzeug-Haftpflichtversicherung und beim Schutzbrief für die in § 24 genannten Fahrzeuge besteht Versicherungsschutz auch für Fahrten mit ungestempelten Kennzeichen, die im Zusammenhang mit dem Zulassungsverfahren innerhalb des Bezirks der für den Halter zuständigen Zulassungsbehörde und eines angrenzenden Zulassungsbezirks ausgeführt werden. Als derartige Fahrten gelten insbesondere Rückfahrten von der Zulassungsbehörde nach Entfernung der Stempelplakette sowie Fahrten zur Durchführung der Hauptuntersuchung, Sicherheitsprüfung oder Abgasuntersuchung. Voraussetzung ist stets, dass die Zulassungsbehörde dem Fahrzeug vorab ein ungestempeltes Kennzeichen zugeteilt hat (z. B. das Kennzeichen ist für eine Wiederzulassung bei der Zulassungsbehörde reserviert). Die Sätze 1 bis 3 gelten nicht für Fahrten, für die gem. § 16 FZV rote Kennzeichen oder Kurzzeitkennzeichen am Fahrzeug geführt werden müssen.

203

AKB 2008	AKB 2007
Rückwirkender Wegfall des vorläufigen Versicherungsschutzes B.2.4 Der vorläufige Versicherungsschutz entfällt rückwirkend, wenn wir Ihren Antrag unverändert angenommen haben und Sie den im Versicherungsschein genannten ersten oder einmaligen Beitrag nicht unverzüglich (d.h. spätestens innerhalb von 14 Tagen) nach Ablauf von zwei Wochen nach Zugang des Versicherungsscheins bezahlt haben. Sie haben dann von Anfang an keinen Versicherungsschutz; dies gilt nur, wenn Sie die nicht rechtzeitige Zahlung zu vertreten haben. *Kündigung des vorläufigen Versicherungsschutzes* B.2.5 Sie und wir sind berechtigt, den vorläufigen Versicherungsschutz jederzeit zu kündigen. Unsere Kündigung wird erst nach Ablauf von zwei Wochen ab Zugang der Kündigung bei Ihnen wirksam. *Beendigung des vorläufigen Versicherungsschutzes durch Widerruf* B.2.6 Widerrufen Sie den Versicherungsvertrag nach § 8 Versicherungsvertragsgesetz, endet der vorläufige Versicherungsschutz mit dem Zugang Ihrer Widerrufserklärung bei uns. *Beitrag für vorläufigen Versicherungsschutz* B.2.7 Für den Zeitraum des vorläufigen Versicherungsschutzes haben wir Anspruch auf einen der Laufzeit entsprechenden Teil des Beitrags.	(4) Die vorläufige Deckung endet mit der Einlösung des Versicherungsscheins. Die vorläufige Deckung tritt rückwirkend außer Kraft, wenn der Antrag unverändert angenommen, der Versicherungsschein aber nicht innerhalb von zwei Wochen nach Ablauf der Widerspruchsfrist bzw. der Widerrufsfrist eingelöst wird und der Versicherungsnehmer die Verspätung zu vertreten hat. Übt der Versicherungsnehmer sein Widerrufsrecht nach § 48c VVG aus, so endet die vorläufige Deckung gleichfalls. (5) Der Versicherer ist berechtigt, die vorläufige Deckung mit Frist von einer Woche schriftlich zu kündigen. Dem Versicherer gebührt in diesem Falle der auf die Zeit des Versicherungsschutzes entfallende anteilige Beitrag. (6) Widerspricht der Versicherungsnehmer gemäß § 5 a Versicherungsvertragsgesetz oder lehnt er das Angebot des Versicherers gemäß § 5 Abs. 3 des Pflichtversicherungsgesetzes ab, wird der Versicherer die vorläufige Deckung mit Frist von einer Woche schriftlich kündigen. (7) Übt der Versicherungsnehmer sein Widerrufsrecht nach § 48c VVG aus, so endet der Vertrag mit Zugang des Widerrufs beim Versicherer. Dem Versicherer gebührt der Beitrag für die Zeit ab Versicherungsbeginn bis zum Zugang des Widerrufs. Voraussetzung dafür ist, dass der Versicherer den Versicherungsnehmer auf sein Widerrufsrecht, die Rechtsfolgen des Widerrufs und den dann zu zahlenden Betrag hingewiesen hat und der Versicherungsnehmer zugestimmt hat, dass der Versicherungsschutz vor Ende der Widerrufsfrist beginnt.

Synopse AKB 2008/AKB 2007

AKB 2008	AKB 2007
C Beitragszahlung **C.1 Zahlung des ersten oder einmaligen Beitrags** *Rechtzeitige Zahlung* C.1.1 Der im Versicherungsschein genannte erste oder einmalige Beitrag wird zwei Wochen nach Zugang des Versicherungsscheins fällig. Sie haben diesen Beitrag dann unverzüglich (d.h. spätestens innerhalb von 14 Tagen) zu zahlen. *Nicht rechtzeitige Zahlung* C.1.2 Zahlen Sie den ersten oder einmaligen Beitrag nicht rechtzeitig, haben Sie von Anfang an keinen Versicherungsschutz, es sei denn, Sie haben die Nichtzahlung oder verspätete Zahlung nicht zu vertreten. Haben Sie die nicht rechtzeitige Zahlung jedoch zu vertreten, beginnt der Versicherungsschutz erst ab der Zahlung. C.1.3 Außerdem können wir vom Vertrag zurücktreten, solange der Beitrag nicht gezahlt ist. Der Rücktritt ist ausgeschlossen, wenn Sie die verspätete Zahlung nicht zu vertreten haben. Nach dem Rücktritt können wir von Ihnen eine Geschäftsgebühr verlangen. Diese beträgt xx% des Jahresbeitrags für jeden angefangenen Monat ab dem beantragten Beginn des Versicherungsschutzes bis zu unserem Rücktritt, jedoch höchstens xx% des Jahresbeitrags.	**TB 2 a. Fälligkeit des Beitrags und Folgen verspäteter Zahlung des Erstbeitrages** (1) Der Versicherungsnehmer hat den Beitrag und, wenn laufende Beiträge bedungen sind, den ersten Beitrag sofort nach dem Abschluss des Vertrags zu zahlen. Er ist zur Zahlung nur gegen Aushändigung des Versicherungsscheins verpflichtet, es sei denn, dass die Ausstellung eines Versicherungsscheins ausgeschlossen ist. (2) Wird der erste oder einmalige Beitrag nicht rechtzeitig gezahlt, so ist der Versicherer, solange die Zahlung nicht bewirkt ist, berechtigt, vom Vertrag zurückzutreten. Es gilt als Rücktritt, wenn der Anspruch auf den Beitrag nicht innerhalb von drei Monaten vom Fälligkeitstage an gerichtlich geltend gemacht wird. (3) Ist der Beitrag zur Zeit des Eintritts des Versicherungsfalls noch nicht gezahlt, so ist der Versicherer von der Verpflichtung zur Leistung frei. (4) Die Regelungen zur Vorläufigen Deckung (§ 1 AKB) bleiben unberührt. **§ 4a Abs. 4 AKB** (4) Bleibt in der Kraftfahrzeug-Haftpflichtversicherung die Verpflichtung des Versicherers gegenüber dem Dritten bestehen, obgleich der Versicherungsvertrag beendet ist, so gebührt dem Versicherer der Beitrag für die Zeit dieser Verpflichtung. Steht dem Versicherer eine Geschäftsgebühr gemäß § 40 Abs. 2 Satz 2 VVG zu, so gilt ein entsprechend der Dauer des Versicherungsverhältnisses nach Kurz-

AKB 2008	AKB 2007
	tarif berechneter Beitrag, jedoch nicht mehr als … v. H. des Jahresbeitrages als angemessen.
C.2 Zahlung des Folgebeitrags	**TB 2 b. Verspätete Zahlung des Folgebeitrags**
Rechtzeitige Zahlung	(1) Wird ein Folgebeitrag nicht rechtzeitig gezahlt, so kann der Versicherer dem Versicherungsnehmer auf dessen Kosten schriftlich eine Zahlungsfrist von mindestens zwei Wochen bestimmen; zur Unterzeichnung genügt eine Nachbildung der eigenhändigen Unterschrift. Dabei sind die Rechtsfolgen anzugeben, die nach Absatz 2 und 3 mit dem Ablauf der Frist verbunden sind. Eine Fristbestimmung, die ohne Beachtung dieser Vorschriften erfolgt, ist unwirksam.
C.2.1 Ein Folgebeitrag ist zu dem im Versicherungsschein oder in der Beitragsrechnung angegebenen Zeitpunkt fällig und zu zahlen.	
Nicht rechtzeitige Zahlung	(2) Tritt der Versicherungsfall nach dem Ablauf der Frist ein, und ist der Versicherungsnehmer zur Zeit des Eintritts mit der Zahlung des Beitrags oder der geschuldeten Zinsen oder Kosten in Verzug, so ist der Versicherer von der Verpflichtung zur Leistung frei.
C.2.2 Zahlen Sie einen Folgebeitrag nicht rechtzeitig, fordern wir Sie auf, den rückständigen Beitrag zuzüglich des Verzugsschadens (Kosten und Zinsen) innerhalb von zwei Wochen ab Zugang unserer Aufforderung zu zahlen.	
C.2.3 Tritt ein Schadenereignis nach Ablauf der zweiwöchigen Zahlungsfrist ein und sind bis zu diesem Zeitpunkt diese Beträge noch nicht bezahlt, haben Sie keinen Versicherungsschutz. Wir bleiben jedoch zur Leistung verpflichtet, wenn Sie die verspätete Zahlung nicht zu vertreten haben.	(3) Der Versicherer kann nach dem Ablauf der Frist, wenn der Versicherungsnehmer mit der Zahlung im Verzug ist, das Versicherungsverhältnis ohne Einhaltung einer Kündigungsfrist kündigen. Die Kündigung kann bereits bei der Bestimmung der Zahlungsfrist dergestalt erfolgen, dass sie mit Fristablauf wirksam wird, wenn der Versicherungsnehmer in diesem Zeitpunkt mit der Zahlung im Verzug ist; hierauf ist der Versicherungsnehmer bei der Kündigung ausdrücklich hinzuweisen. Die Wirkungen der Kündigung fallen fort, wenn der Versicherungsnehmer innerhalb eines Monats nach der Kündigung oder, falls die Kündigung mit der Fristbestimmung
C.2.4 Sind Sie mit der Zahlung dieser Beträge nach Ablauf der zweiwöchigen Zahlungsfrist noch in Verzug, können wir den Vertrag mit sofortiger Wirkung kündigen. Unsere Kündigung wird unwirksam, wenn Sie diese	

Synopse AKB 2008/AKB 2007

AKB 2008	AKB 2007
Beträge innerhalb eines Monats ab Zugang der Kündigung zahlen. Für Schadenereignisse, die in der Zeit nach Ablauf der zweiwöchigen Zahlungsfrist bis zu Ihrer Zahlung eintreten, haben Sie keinen Versicherungsschutz. Versicherungsschutz besteht erst wieder für Schadenereignisse nach Ihrer Zahlung.	verbunden worden ist, innerhalb eines Monats nach dem Ablauf der Zahlungsfrist die Zahlung nachholt, sofern nicht der Versicherungsfall bereits eingetreten ist. (4) Soweit die in Absatz 2 und 3 bezeichneten Rechtsfolgen davon abhängen, dass Zinsen oder Kosten nicht gezahlt worden sind, treten sie nur ein, wenn die Fristbestimmung die Höhe der Zinsen oder den Betrag der Kosten angibt.
C.3 Nicht rechtzeitige Zahlung bei Fahrzeugwechsel Versichern Sie anstelle Ihres bisher bei uns versicherten Fahrzeugs ein anderes Fahrzeug bei uns (Fahrzeugwechsel), wenden wir für den neuen Vertrag bei nicht rechtzeitiger Zahlung des ersten oder einmaligen Beitrags die für Sie günstigeren Regelungen zum Folgebeitrag nach C.2.2 bis C.2.4 an. Außerdem berufen wir uns nicht auf den rückwirkenden Wegfall der vorläufigen Deckung nach B.2.4. Dafür müssen folgende Voraussetzungen gegeben sein: – Zwischen dem Ende der Versicherung des bisherigen Fahrzeugs und dem Beginn der Versicherung des anderen Fahrzeugs sind nicht mehr als sechs Monate vergangen, – Fahrzeugart und Verwendungszweck der Fahrzeuge sind gleich. Kündigen wir das Versicherungsverhältnis wegen Nichtzahlung, können wir von Ihnen eine Geschäftsgebühr entsprechend C.1.3 verlangen.	**§ 6 Abs. 5 AKB** (5) Wird nach Veräußerung bei demselben Versicherer, bei dem das veräußerte Fahrzeug versichert war, innerhalb von sechs Monaten ein Fahrzeug der gleichen Art und des gleichen Verwendungszwecks (Ersatzfahrzeug im Sinne der Tarifbestimmungen) versichert und die hierfür geschuldete erste oder einmalige Prämie nicht rechtzeitig gezahlt, so gilt § 39 VVG, § 1 Abs. 4 Satz 2 sowie § 38 VVG finden keine Anwendung. Wird das Versicherungsverhältnis in den Fällen des Satzes 1 gemäß § 39 Abs. 3 VVG gekündigt, so kann der Versicherer eine Geschäftsgebühr verlangen, deren Höhe nach § 4a Abs. 4 Satz 2 zu bemessen ist.

AKB 2008	AKB 2007
C.4 Beitragspflicht bei Nachhaftung in der Kfz.-Haftpflichtversicherung Bleiben wir in der Kfz.-Haftpflichtversicherung aufgrund § 117 Abs. 2 Versicherungsvertragsgesetz gegenüber einem Dritten trotz Beendigung des Versicherungsvertrages zur Leistung verpflichtet, haben wir Anspruch auf den Beitrag für die Zeit dieser Verpflichtung. Unsere Rechte nach § 116 Abs. 1 Versicherungsvertragsgesetz bleiben unberührt.	**§ 4a Abs. 4 AKB** (4) Bleibt in der Kraftfahrzeug-Haftpflichtversicherung die Verpflichtung des Versicherers gegenüber dem Dritten bestehen, obgleich der Versicherungsvertrag beendet ist, so gebührt dem Versicherer der Beitrag für die Zeit dieser Verpflichtung. Steht dem Versicherer eine Geschäftsgebühr gemäß § 40 Abs. 2 Satz 2 VVG zu, so gilt ein entsprechend der Dauer des Versicherungsverhältnisses nach Kurztarif berechneter Beitrag, jedoch nicht mehr als … v. H. des Jahresbeitrages als angemessen.
D Welche Pflichten haben Sie beim Gebrauch des Fahrzeugs? **D.1 Bei allen Versicherungsarten** *Vereinbarter Verwendungszweck* D.1.1 Das Fahrzeug darf nur zu dem im Versicherungsschein angegebenen Zweck verwendet werden. <xx Alternativformulierung für die Versicherer, die den Anhang verwenden:> [siehe Tabelle zur Begriffsbestimmung für Art und Verwendung des Fahrzeug] *Berechtigter Fahrer* D.1.2 Das Fahrzeug darf nur von einem berechtigten Fahrer gebraucht werden. Berechtigter Fahrer ist, wer das	**§ 2b Einschränkung des Versicherungsschutzes** (1) Obliegenheiten vor Eintritt des Versicherungsfalles: Der Versicherer ist von der Verpflichtung zur Leistung frei, a) wenn das Fahrzeug zu einem anderen als dem im Antrag angegebenen Zweck verwendet wird; b) wenn ein unberechtigter Fahrer das Fahrzeug gebraucht; c) wenn der Fahrer des Fahrzeugs bei Eintritt des Versicherungsfalles auf öffentlichen Wegen oder Plätzen nicht die vorgeschriebene Fahrerlaubnis hat; d) in der Kraftfahrzeug-Haftpflichtversicherung, wenn das Fahrzeug zu behördlich nicht genehmigten Fahrtveranstaltungen, bei denen es auf Erzielung einer Höchstgeschwindigkeit ankommt, oder bei den dazugehörigen Übungsfahrten verwendet wird;

Synopse AKB 2008/AKB 2007

AKB 2008	AKB 2007
Fahrzeug mit Wissen und Willen des Verfügungsberechtigten gebraucht. Außerdem dürfen Sie, der Halter oder der Eigentümer des Fahrzeugs es nicht wissentlich ermöglichen, dass das Fahrzeug von einem unberechtigten Fahrer gebraucht wird. *Fahren mit Fahrerlaubnis* D.1.3 Der Fahrer des Fahrzeugs darf das Fahrzeug auf öffentlichen Wegen oder Plätzen nur mit der erforderlichen Fahrerlaubnis benutzen. Außerdem dürfen Sie, der Halter oder der Eigentümer das Fahrzeug nicht von einem Fahrer benutzen lassen, der nicht die erforderliche Fahrerlaubnis hat. **D.2 Zusätzlich in der Kfz-Haftpflichtversicherung** *Alkohol und andere berauschende Mittel* D.2.1 Das Fahrzeug darf nicht gefahren werden, wenn der Fahrer durch alkoholische Getränke oder andere berauschende Mittel nicht in der Lage ist, das Fahrzeug sicher zu führen. Außerdem dürfen Sie, der Halter oder der Eigentümer des Fahrzeugs dieses nicht von einem Fahrer fahren lassen, der durch alkoholische Getränke oder andere berauschende Mittel nicht in der Lage ist, das Fahrzeug sicher zu führen.	e) in der Kraftfahrzeug-Haftpflichtversicherung, wenn der Fahrer infolge Genusses alkoholischer Getränke oder anderer berauschender Mittel nicht in der Lage ist, das Fahrzeug sicher zu führen. Gegenüber dem Versicherungsnehmer, dem Halter oder dem Eigentümer befreit eine Obliegenheitsverletzung gemäß Buchstabe b), c) oder e) den Versicherer nur dann von der Leistungspflicht, wenn der Versicherungsnehmer, der Halter oder der Eigentümer die Obliegenheitsverletzung selbst begangen oder schuldhaft ermöglicht hat. (2) Bei Verletzung einer nach Abs. 1 vereinbarten Obliegenheit oder bei Gefahrerhöhung ist die Leistungsfreiheit des Versicherers in der Kraftfahrzeug-Haftpflichtversicherung gegenüber dem Versicherungsnehmer und den mitversicherten Personen auf den Betrag von höchstens je Euro …[1] beschränkt. In diesen Fällen beschränkt sich jedoch die Leistungspflicht auf die gesetzlichen Mindestversicherungssummen. Gegenüber dem Fahrer, der das Fahrzeug durch eine strafbare Handlung erlangt hat, ist der Versicherer in der Kraftfahrzeug-Haftpflichtversicherung darüber hinaus vollständig von der Verpflichtung zur Leistung frei.

---

[1] Zulässiger Höchstbetrag ist § 5 der KfzPflVV zu entnehmen.

AKB 2008	AKB 2007
Hinweis: Auch in der Kasko-, Autoschutzbrief- und Kfz-Unfallversicherung besteht für solche Fahrten nach A.2.16.1, A.3.9.1, A.4.10.2 kein oder eingeschränkter Versicherungsschutz.	

Kraftfahrt-sportliche Veranstaltungen und Rennen

D.2.2 Das Fahrzeug darf nicht zu Fahrtveranstaltungen und den dazugehörigen Übungsfahrten verwendet werden, bei denen es auf Erzielung einer Höchstgeschwindigkeit ankommt und die behördlich nicht genehmigt sind.

Hinweis: Behördlich genehmigte kraftfahrt-sportliche Veranstaltungen sind vom Versicherungsschutz gemäß A.1.5.2 ausgeschlossen. Auch in der Kasko-, Autoschutzbrief- und Kfz-Unfallversicherung besteht für Fahrten, bei denen es auf die Erzielung einer Höchstgeschwindigkeit ankommt, nach A.2.16.2, A.3.9.2, A.4.10.3 kein Versicherungsschutz.

D.3 Welche Folgen hat eine Verletzung dieser Pflichten?

Leistungsfreiheit bzw. Leistungskürzung

D.3.1 Verletzen Sie vorsätzlich eine Ihrer in D.1 und D.2 geregelten Pflichten, haben Sie keinen Versicherungsschutz. Verletzen Sie Ihre Pflichten grob fahrlässig, sind wir berechtigt, unsere Leistung in einem der Schwere Ihres Verschuldens entsprechenden Verhältnis zu kürzen. Weisen Sie nach, dass Sie die Pflicht nicht

AKB 2008	AKB 2007
grob fahrlässig verletzt haben, bleibt der Versicherungsschutz bestehen. Wir können Ihnen die Verletzung der Pflicht aus D.2.1 Satz 2 nicht entgegenhalten, soweit Sie durch den Versicherungsfall als Fahrzeuginsasse, der das Fahrzeug nicht geführt hat, einen Personenschaden erlitten haben.	
D.3.2 Abweichend von D.3.1 sind wir zur Leistung verpflichtet, soweit die Pflichtverletzung weder für den Eintritt des Versicherungsfalls noch für den Umfang unserer Leistungspflicht ursächlich ist. Dies gilt nicht, wenn Sie die Pflicht arglistig verletzen.	
Beschränkung der Leistungsfreiheit in der Kfz-Haftpflichtversicherung	
D.3.3 In der Kfz-Haftpflichtversicherung ist die sich aus D.3.1 ergebende Leistungsfreiheit bzw. Leistungskürzung Ihnen und den mitversicherten Personen gegenüber auf den Betrag von höchstens je xx Euro beschränkt.[2] Außerdem gelten anstelle der vereinbarten Versicherungssummen die in Deutschland geltenden Mindestversicherungssummen. Satz 1 und 2 gelten entsprechend, wenn wir wegen einer von Ihnen vorgenommenen Gefahrerhöhung (§§ 23, 26 Versicherungsvertragsgesetz) vollständig oder teilweise leistungsfrei sind.	

---

[2] Gem. § 5 Abs. 3 KfzPflVV darf die Leistungsfreiheit höchstens auf 5.000 Euro beschränkt werden.

AKB 2008	AKB 2007
D.3.4 Gegenüber einem Fahrer, der das Fahrzeug durch eine vorsätzlich begangene Straftat erlangt, sind wir vollständig von der Verpflichtung zur Leistung frei.	
E Welche Pflichten haben Sie im Schadenfall?	**§ 7 Obliegenheiten im Versicherungsfall**
E.1 Bei allen Versicherungsarten	I. (1) Versicherungsfall im Sinne dieses Vertrages ist das Ereignis, das einen unter die Versicherung fallenden Schaden verursacht oder – bei der Haftpflichtversicherung – Ansprüche gegen den Versicherungsnehmer zur Folge haben könnte.
Anzeigepflicht	
E.1.1 Sie sind verpflichtet, uns jedes Schadenereignis, das zu einer Leistung durch uns führen kann, innerhalb einer Woche anzuzeigen.	(2) Jeder Versicherungsfall ist dem Versicherer vom Versicherungsnehmer innerhalb einer Woche schriftlich anzuzeigen. Hat der Versicherungsnehmer den Versicherungsfall unverzüglich bei dessen Unfall- und Pannen-Notrufzentrale gemeldet, so gilt dies als Schadenanzeige sowohl für den Autoschutzbrief als auch für die für dasselbe Fahrzeug bestehende Kraftfahrtversicherung. Einer Anzeige bedarf es nicht, wenn der Versicherungsnehmer einen Schadenfall nach Maßgabe des Abschnittes VI. selbst regelt. Der Versicherungsnehmer ist verpflichtet, alles zu tun, was zur Aufklärung des Tatbestandes und zur Minderung des Schadens dienlich sein kann. Er hat hierbei die etwaigen Weisungen des Versicherers zu befolgen. Wird ein Ermittlungsverfahren eingeleitet oder wird ein Strafbefehl oder ein Bußgeldbescheid erlassen, so hat der Versicherungsnehmer dem Versicherer unverzüglich Anzeige zu erstatten, auch wenn er den Versicherungsfall selbst angezeigt hat.
E.1.2 Ermittelt die Polizei, die Staatsanwaltschaft oder eine andere Behörde im Zusammenhang mit dem Schadenereignis, sind Sie verpflichtet, uns dies und den Fortgang des Verfahrens (z. B. Strafbefehl, Bußgeldbescheid) unverzüglich anzuzeigen, auch wenn Sie uns das Schadenereignis bereits gemeldet haben.	
Aufklärungspflicht	
E.1.3 Sie sind verpflichtet, alles zu tun, was der Aufklärung des Schadenereignisses dienen kann. Dies bedeutet insbesondere, dass Sie unsere Fragen zu den Umständen des Schadenereignisses wahrheitsgemäß und vollständig beantworten müssen und den Unfallort nicht verlassen dürfen, ohne die erforderlichen Feststellungen zu ermöglichen.	II. (1) Bei Haftpflichtschäden ist der Versicherungsnehmer nicht berechtigt, ohne vorherige Zustimmung des Versicherers einen Anspruch

AKB 2008	AKB 2007
Sie haben unsere für die Aufklärung des Schadenereignisses erforderlichen Weisungen zu befolgen.	ganz oder zum Teil anzuerkennen oder zu befriedigen. Das gilt nicht, falls der Versicherungsnehmer nach den Umständen die Anerkennung oder die Befriedigung nicht ohne offenbare Unbilligkeit verweigern konnte.
Schadenminderungspflicht	
E.1.4 Sie sind verpflichtet, bei Eintritt des Schadenereignisses nach Möglichkeit für die Abwendung und Minderung des Schadens zu sorgen. Sie haben hierbei unsere Weisungen, soweit für Sie zumutbar, zu befolgen.	(2) Macht der Geschädigte seinen Anspruch gegenüber dem Versicherungsnehmer geltend, so ist dieser zur Anzeige innerhalb einer Woche nach der Erhebung des Anspruches verpflichtet.
E.2 **Zusätzlich in der Kfz-Haftpflichtversicherung**	(3) Wird gegen den Versicherungsnehmer ein Anspruch gerichtlich (Klage oder Mahnbescheid) geltend gemacht, Prozesskostenhilfe beantragt oder wird ihm gerichtlich der Streit verkündet, so hat er außerdem unverzüglich Anzeige zu erstatten. Das gleiche gilt im Falle eines obligatorischen Güteverfahrens, eines Arrestes, einer einstweiligen Verfügung oder eines selbstständigen Beweisverfahrens.
Bei außergerichtlich geltend gemachten Ansprüchen	
E.2.1 Werden gegen Sie Ansprüche geltend gemacht, sind Sie verpflichtet, uns dies innerhalb einer Woche nach der Erhebung des Anspruchs anzuzeigen.	
Anzeige von Kleinschäden	(4) Gegen Mahnbescheid, Arrest und einstweilige Verfügung hat der Versicherungsnehmer zur Wahrung der Fristen die erforderlichen Rechtsbehelfe zu ergreifen, wenn eine Weisung des Versicherers nicht bis spätestens zwei Tage vor Fristablauf vorliegt.
E.2.2 Wenn Sie einen Sachschaden, der voraussichtlich nicht mehr als xx Euro beträgt, selbst regulieren oder regulieren wollen, müssen Sie uns den Schadenfall erst anzeigen, wenn Ihnen die Selbstregulierung nicht gelingt.	(5) Wenn es zu einem Rechtsstreit kommt, hat der Versicherungsnehmer die Führung des Rechtsstreites dem Versicherer zu überlassen, auch dem vom Versicherer bestellten Anwalt Vollmacht und jede verlangte Aufklärung zu geben.
Bei gerichtlich geltend gemachten Ansprüchen	III. Bei einem unter die Fahrzeugversicherung fallenden Schaden hat der Versicherungsnehmer vor Beginn der Verwertung oder der Wiederinstandsetzung des Fahrzeuges die Weisung des Versicherers
E.2.3 Wird ein Anspruch gegen Sie gerichtlich geltend gemacht (z.B. Klage, Mahnbescheid), haben Sie uns dies unverzüglich anzuzeigen.	

AKB 2008	AKB 2007
E.2.4 Sie haben uns die Führung des Rechtsstreits zu überlassen. Wir sind berechtigt, auch in Ihrem Namen einen Rechtsanwalt zu beauftragen, dem Sie Vollmacht sowie alle erforderlichen Auskünfte erteilen und angeforderte Unterlagen zur Verfügung stellen müssen. *Bei drohendem Fristablauf* E.2.5 Wenn Ihnen bis spätestens zwei Tage vor Fristablauf keine Weisung von uns vorliegt, müssen Sie gegen einen Mahnbescheid oder einen Bescheid einer Behörde fristgerecht den erforderlichen Rechtsbehelf einlegen. **E.3 Zusätzlich in der Kaskoversicherung** *Anzeige des Versicherungsfalls bei Entwendung des Fahrzeugs* E.3.1 Bei Entwendung des Fahrzeugs sind Sie abweichend von E.1.1.1 verpflichtet, uns dies unverzüglich in Schriftform anzuzeigen. Ihre Schadenanzeige muss von Ihnen unterschrieben sein. *Einholen unserer Weisung* E.3.2 Vor Beginn der Verwertung oder der Reparatur des Fahrzeugs haben Sie unsere Weisungen einzuholen, soweit die Umstände dies gestatten, und diese zu befolgen, soweit Ihnen dies zumutbar ist.	einzuholen, soweit ihm dies billigerweise zugemutet werden kann. Übersteigt ein Entwendungs- oder Brandschaden sowie ein Wildschaden (§ 12 (1) I d) den Betrag von Euro …, so ist er auch der Polizeibehörde unverzüglich anzuzeigen. IV. (1) Nach einem Unfall, der voraussichtlich eine Leistungspflicht in der Kraftfahrtunfallversicherung herbeiführt, ist unverzüglich ein Arzt hinzuziehen und der Versicherer zu unterrichten. Der Versicherte hat den ärztlichen Anordnungen nachzukommen und auch im übrigen die Unfallfolgen möglichst zu mindern. (2) Der Versicherte hat darauf hinzuwirken, dass die vom Versicherer angeforderten Berichte und Gutachten alsbald erstattet werden. (3) Der Versicherte hat sich von den vom Versicherer beauftragten Ärzten untersuchen zu lassen. Die notwendigen Kosten einschließlich eines dadurch entstandenen Verdienstausfalles trägt der Versicherer. (4) Die Ärzte, die den Versicherten – auch aus anderen Anlässen – behandelt oder untersucht haben, andere Versicherer, Versicherungsträger und Behörden sind zu ermächtigen, alle erforderlichen Auskünfte zu erteilen. (5) Hat der Unfall den Tod zur Folge, so müssen die aus dem Versicherungsvertrag Begünstigten dies innerhalb von 48 Stunden nach Kenntnis melden, auch wenn der Unfall schon angezeigt ist. Die Meldung soll durch Telegramm, Telefax oder E-Mail erfolgen. Dem Versicherer ist das Recht zu verschaffen, eine Obduktion durch einen von ihm beauftragten Arzt vornehmen zu lassen.

Synopse AKB 2008/AKB 2007

AKB 2008	AKB 2007
Anzeige bei der Polizei E.3.3 Übersteigt ein Entwendungs-, Brand- oder Wildschaden den Betrag von xx Euro, sind Sie verpflichtet, das Schadenereignis der Polizei unverzüglich anzuzeigen. **E.4 Zusätzlich beim Autoschutzbrief** *Einholen unserer Weisung* E.4.1 Vor Inanspruchnahme einer unserer Leistungen haben Sie unsere Weisungen einzuholen, soweit die Umstände dies gestatten, und zu befolgen, soweit Ihnen dies zumutbar ist. *Untersuchung, Belege, ärztliche Schweigepflicht* E.4.2 Sie haben uns jede zumutbare Untersuchung über die Ursache und Höhe des Schadens und über den Umfang unserer Leistungspflicht zu gestatten, Originalbelege zum Nachweis der Schadenhöhe vorzulegen und die behandelnden Ärzte im Rahmen von § 213 Versicherungsvertragsgesetz von der Schweigepflicht zu entbinden. **E.5 Zusätzlich in der Kfz-Unfallversicherung** *Anzeige des Todesfalls innerhalb 48 Stunden* E.5.1 Hat der Unfall den Tod einer versicherten Person zur Folge, müssen die aus dem Versicherungsvertrag Be-	V. (1) Wird in der Kraftfahrzeug-Haftpflichtversicherung eine dieser Obliegenheiten vorsätzlich oder grobfahrlässig verletzt, so ist der Versicherer dem Versicherungsnehmer gegenüber von der Verpflichtung zur Leistung in den in den Abs. 2 und 3 genannten Grenzen frei. Bei grobfahrlässiger Verletzung bleibt der Versicherer zur Leistung insoweit verpflichtet, als die Verletzung weder Einfluss auf die Feststellung des Versicherungsfalles noch auf die Feststellung oder den Umfang der dem Versicherer obliegenden Leistung gehabt hat. (2) Die Leistungsfreiheit des Versicherers ist auf einen Betrag von maximal Euro ...[3] beschränkt. Bei vorsätzlich begangener Verletzung der Aufklärungs- oder Schadenminderungspflicht (z.B. bei unerlaubtem Entfernen vom Unfallort, unterlassener Hilfeleistung, Abgabe wahrheitswidriger Angaben gegenüber dem Versicherer), wenn diese besonders schwerwiegend ist, erweitert sich die Leistungsfreiheit des Versicherers auf einen Betrag von maximal Euro ...[3]. (3) Wird eine Obliegenheitsverletzung in der Absicht begangen, sich oder einem Dritten dadurch einen rechtswidrigen Vermögensvorteil zu verschaffen, ist die Leistungsfreiheit des Versicherers hinsichtlich des erlangten rechtswidrigen Vermögensvorteils abweichend von Absatz 2 unbeschränkt. Gleiches gilt hinsichtlich des erlangten Mehrbetrages, wenn eine der in II. Abs. 1–3 genannten Obliegenheiten vorsätzlich oder grobfahrlässig verletzt und dadurch eine gerichtliche Entscheidung rechtskräftig wurde, die offenbar

---

[3] Zulässiger Höchstbetrag ist § 6 der KfzPflVV zu entnehmen.

AKB 2008	AKB 2007
günstigten uns dies innerhalb von 48 Stunden melden, auch wenn der Unfall schon angezeigt ist. Uns ist das Recht zu verschaffen, eine Obduktion durch einen von uns beauftragten Arzt vornehmen zu lassen. *Ärztliche Untersuchung, Gutachten, Entbindung von der Schweigepflicht* E.5.2 Nach einem Unfall sind Sie verpflichtet, a) unverzüglich einen Arzt hinzuziehen, b) den ärztlichen Anordnungen nachzukommen, c) die Unfallfolgen möglichst zu mindern, d) darauf hinzuwirken, dass von uns angeforderte Berichte und Gutachten alsbald erstellt werden, e) sich von einem von uns beauftragten Arzt untersuchen zu lassen, wobei wir die notwendigen Kosten, einschließlich eines hieraus entstehenden Verdienstausfalls, tragen, f) Ärzte, die Sie – auch aus anderen Anlässen – behandelt oder untersucht haben, andere Versicherer, Versicherungsträger und Behörden von der Schweigepflicht im Rahmen von § 213 Versicherungsvertragsgesetz zu entbinden und zu ermächtigen, uns alle erforderlichen Auskünfte zu erteilen. *Frist zur Feststellung und Geltendmachung der Invalidität* E.5.3 Beachten Sie auch die 15-Monatsfrist für die Feststellung und Geltendmachung der Invalidität nach A.4.5.1.	über den Umfang der nach Sach- und Rechtslage geschuldeten Haftpflichtentschädigung erheblich hinausgeht. (4) Wird eine dieser Obliegenheiten in der Fahrzeug- oder Kraftfahrtunfallversicherung verletzt, so besteht Leistungsfreiheit nach Maßgabe des § 6 Abs. 3 VVG. VI. (1) Bei verspäteter Anzeige eines Versicherungsfalles, bei dem lediglich ein Sachschaden eingetreten ist, wird sich der Versicherer nicht auf die Leistungsfreiheit nach V. berufen, wenn der Versicherungsnehmer den Schaden geregelt hat oder regeln wollte, um dadurch eine Einstufung eines Vertrages in eine ungünstigere Schadenfreiheits- oder Schadenklasse zu vermeiden. Diese Vereinbarung gilt jedoch nur für solche Sachschäden, die Entschädigungsleistungen von voraussichtlich nicht mehr als Euro … erfordern. (2) Gelingt es dem Versicherungsnehmer nicht, den Schaden im Rahmen von Absatz 1 selbst zu regulieren, oder ist dem Versicherer hinsichtlich des versicherten Fahrzeugs bzw. Ersatzfahrzeugs (Nr. 23 der Tarifbestimmungen) im gleichen Kalenderjahr ein weiterer Schaden zur Regulierung gemeldet worden, so kann der Versicherungsnehmer bis zum Ende des Kalenderjahres den nach Abs. 1 nicht gemeldeten Schaden dem Versicherer nachträglich anzeigen. Schäden, die sich im Dezember ereignen, können bis zum 31. Januar des folgenden Jahres nachgemeldet werden. (3) Abweichend von Absatz 1 hat der Versicherungsnehmer jeden Sachschaden unverzüglich dem Versicherer anzuzeigen, wenn der Anspruch gerichtlich geltend gemacht, Prozesskostenhilfe bean-

Synopse AKB 2008/AKB 2007

AKB 2008	AKB 2007
E.6 Welche Folgen hat eine Verletzung dieser Pflichten? *Leistungsfreiheit bzw. Leistungskürzung* E.6.1 Verletzen Sie vorsätzlich eine Ihrer in E.1 bis E.5 geregelten Pflichten, haben Sie keinen Versicherungsschutz. Verletzen Sie Ihre Pflichten grob fahrlässig, sind wir berechtigt, unsere Leistung in einem der Schwere Ihres Verschuldens entsprechenden Verhältnis zu kürzen. Weisen Sie nach, dass Sie die Pflicht nicht grob fahrlässig verletzt haben, bleibt der Versicherungsschutz bestehen. E.6.2 Abweichend von E.6.1 sind wir zur Leistung verpflichtet, soweit Sie nachweisen, dass die Pflichtverletzung weder für die Feststellung des Versicherungsfalls noch für die Feststellung oder den Umfang unserer Leistungspflicht ursächlich war. Dies gilt nicht, wenn Sie die Pflicht arglistig verletzen. *Beschränkung der Leistungsfreiheit in der Kfz-Haftpflichtversicherung* E.6.3 In der Kfz-Haftpflichtversicherung ist die sich aus E.6.1 ergebende Leistungsfreiheit bzw. Leistungskürzung Ihnen und den mitversicherten Personen gegenüber auf den Betrag von höchstens je xx Euro[4] beschränkt.	trägt oder dem Versicherungsnehmer gerichtlich der Streit verkündet wird. Das gleiche gilt im Falle eines obligatorischen Güteverfahrens, eines Arrests, einer einstweiligen Verfügung oder eines selbstständigen Beweisverfahrens. VII. (1) Beim Autoschutzbrief hat der Versicherungsnehmer nach Eintritt des Versicherungsfalles dem Versicherer jede zumutbare Untersuchung über Ursache und Höhe des Schadens und über den Umfang seiner Entschädigungspflicht zu gestatten sowie Originalbelege zum Nachweis der Schadenhöhe vorzulegen und ggf. die behandelnden Ärzte von der Schweigepflicht zu entbinden. (2) Verletzt der Versicherungsnehmer eine der vorgenannten Pflichten vorsätzlich oder grob fahrlässig, ist der Versicherer von seiner Leistungsverpflichtung frei, es sei denn, dass die Pflichtverletzung des Versicherungsnehmers keinen Einfluss auf die Feststellung des Schadenfalles oder auf den Umfang der dem Versicherer obliegenden Leistung hatte.

---

[4] Gem. § 6 Abs. 1 KfzPflVV darf die Leistungsfreiheit höchstens auf 2.500 Euro beschränkt werden.

Anhang

AKB 2008	AKB 2007
E.6.4 Haben Sie die Aufklärungs- oder Schadenminderungspflicht nach E.1.3 und E.1.4 vorsätzlich und in besonders schwerwiegender Weise verletzt (insbesondere bei unerlaubtem Entfernen vom Unfallort, unterlassener Hilfeleistung, bewusst wahrheitswidrigen Angaben uns gegenüber), erweitert sich die Leistungsfreiheit auf einen Betrag von höchstens je … Euro[5].	
Vollständige Leistungsfreiheit in der Kfz-Haftpflichtversicherung	
E.6.5 Verletzen Sie Ihre Pflichten in der Absicht, sich oder einem anderen dadurch einen rechtswidrigen Vermögensvorteil zu verschaffen, sind wir von unserer Leistungspflicht hinsichtlich des erlangten Vermögensvorteils vollständig frei.	
Besonderheiten in der Kfz-Haftpflichtversicherung bei Rechtsstreitigkeiten	
E.6.6 Verletzen Sie vorsätzlich Ihre Anzeigepflicht nach E.2.1 oder E.2.3 oder Ihre Pflicht nach E.2.4 und führt dies zu einer rechtskräftigen Entscheidung, die über den Umfang der nach Sach- und Rechtslage geschuldeten Entschädigung erheblich hinausgeht, sind wir außerdem von unserer Leistungspflicht hinsichtlich des von uns zu zahlenden Mehrbetrags vollständig	

[5] Gem. § 6 Abs. 3 KfzPflVV darf die Leistungsfreiheit höchstens auf 5.000 Euro beschränkt werden.

AKB 2008	AKB 2007
frei. Bei grob fahrlässiger Verletzung dieser Pflichten sind wir berechtigt, unsere Leistung hinsichtlich dieses Mehrbetrags in einem der Schwere Ihres Verschuldens entsprechenden Verhältnis zu kürzen. *Mindestversicherungssummen* E.6.7 Verletzen Sie in der Kfz-Haftpflichtversicherung Ihre Pflichten nach E.1 und E.2 gelten anstelle der vereinbarten Versicherungssummen die in Deutschland geltenden Mindestversicherungssummen. **F Rechte und Pflichten der mitversicherten Personen** *Pflichten mitversicherter Personen* F.1 Für mitversicherte Personen finden die Regelungen zu Ihren Pflichten sinngemäße Anwendung. *Ausübung der Rechte* F.2 Die Ausübung der Rechte aus dem Versicherungsvertrag steht nur Ihnen als Versicherungsnehmer zu, soweit nichts anderes geregelt ist. Andere Regelungen sind z. B.: – Geltendmachen von Ansprüchen in der Kfz-Haftpflichtversicherung nach A.1.2, – Geltendmachen von Ansprüchen durch namentlich Versicherte in der Kfz-Unfallversicherung nach A.4.2.7.	**§ 3 Rechtsverhältnisse am Vertrage beteiligter Personen** (1) Die in § 2b Abs. 1, §§ 5, 5a, 7, 8, 9, 10 Abs. 5 und 9, § 13 Abs. 3 und 7, § 14 Abs. 2 und 5, §§ 15 und 22 für den Versicherungsnehmer getroffenen Bestimmungen gelten sinngemäß für mitversicherte und sonstige Personen, die Ansprüche aus dem Versicherungsvertrag geltend machen. (2) Die Ausübung der Rechte aus dem Versicherungsvertrag steht, wenn nichts anderes vereinbart ist (siehe insbesondere § 10 Abs. 4 und § 17 Abs. 3 Satz 2), ausschließlich dem Versicherungsnehmer zu; dieser ist neben dem Versicherten für die Erfüllung der Obliegenheiten verantwortlich. In der Kraftfahrtunfallversicherung darf die Auszahlung der auf einen Versicherten entfallenden Versicherungssumme an den Versicherungsnehmer nur mit Zustimmung des Versicherten erfolgen.

AKB 2008	AKB 2007
Auswirkungen einer Pflichtverletzung auf mitversicherte Personen	(3) Ist der Versicherer dem Versicherungsnehmer gegenüber von der Verpflichtung zur Leistung frei, so gilt dies auch gegenüber allen mitversicherten und sonstigen Personen, die Ansprüche aus dem Versicherungsvertrag geltend machen. Beruht die Leistungsfreiheit auf der Verletzung einer Obliegenheit, so kann der Versicherer wegen einer dem Dritten gewährten Leistung Rückgriff nur gegen diejenigen mitversicherten Personen nehmen, in deren Person die der Leistungsfreiheit zugrundeliegenden Umstände vorliegen.
F.3 Sind wir Ihnen gegenüber von der Verpflichtung zur Leistung frei, so gilt dies auch gegenüber allen mitversicherten Personen. Eine Ausnahme hiervon gilt in der Kfz-Haftpflichtversicherung: Mitversicherten Personen gegenüber können wir uns auf die Leistungsfreiheit nur berufen, wenn die der Leistungsfreiheit zugrunde liegenden Umstände in der Person des Mitversicherten vorliegen oder wenn diese Umstände der mitversicherten Person bekannt waren oder infolge grober Fahrlässigkeit nicht bekannt waren. Sind wir zur Leistung verpflichtet, gelten anstelle der vereinbarten Versicherungssummen die in Deutschland geltenden gesetzlichen Mindestversicherungssummen.	(4) Die Versicherungsansprüche können vor ihrer endgültigen Feststellung ohne ausdrückliche Genehmigung des Versicherers weder abgetreten noch verpfändet werden.
G Laufzeit und Kündigung des Vertrags, Veräußerung des Fahrzeugs	**§ 4 a Vertragsdauer, Kündigung zum Ablauf**
G.1 Wie lange läuft der Versicherungsvertrag? *Vertragsdauer* G.1.1 Die Laufzeit Ihres Vertrags ergibt sich aus Ihrem Versicherungsschein. *Automatische Verlängerung* G.1.2 Ist der Vertrag mit einer Laufzeit von einem Jahr abgeschlossen, verlängert er sich zum Ablauf um jeweils	(1) Der Versicherungsvertrag kann für die Dauer eines Jahres oder für einen kürzeren Zeitraum abgeschlossen werden. Beträgt die vereinbarte Vertragsdauer ein Jahr, so verlängert sich der Vertrag jeweils um ein Jahr, wenn er nicht spätestens einen Monat vor Ablauf schriftlich gekündigt wird. Dies gilt auch, wenn die Vertragsdauer nur deshalb weniger als ein Jahr beträgt, weil als Beginn der nächsten Versicherungsperiode ein vom Vertragsbeginn abweichender Termin vereinbart worden ist. Bei anderen Verträgen mit einer Ver-

AKB 2008	AKB 2007
ein weiteres Jahr, wenn nicht Sie oder wir den Vertrag kündigen. Dies gilt auch, wenn für die erste Laufzeit nach Abschluss des Vertrags deshalb weniger als ein Jahr vereinbart ist, um die folgenden Versicherungsjahre zu einem bestimmten Kalendertag, z.B. dem 1. Januar eines jeden Jahres, beginnen zu lassen. *Versicherungskennzeichen* G.1.3 Der Versicherungsvertrag für ein Fahrzeug, das ein Versicherungskennzeichen führen muss (z. B. Mofa), endet mit dem Ablauf des Verkehrsjahres, ohne dass es einer Kündigung bedarf. Das Verkehrsjahr läuft vom 1. März bis Ende Februar des Folgejahres. *Verträge mit einer Laufzeit unter einem Jahr* G.1.4 Ist die Laufzeit ausdrücklich mit weniger als einem Jahr vereinbart, endet der Vertrag zu dem vereinbarten Zeitpunkt, ohne dass es einer Kündigung bedarf.	tragsdauer von weniger als einem Jahr endet der Vertrag, ohne dass es einer Kündigung bedarf. (2) Auf Verträge, die sich auf ein Fahrzeug beziehen, welches ein Versicherungskennzeichen führen muss, findet Absatz 1 Satz 2 keine Anwendung.
G.2 Wann und aus welchem Anlass können Sie den Versicherungsvertrag kündigen? *Kündigung zum Ablauf des Versicherungsjahres* G.2.1 Sie können den Vertrag zum Ablauf des Versicherungsjahres kündigen. Die Kündigung ist nur wirksam, wenn sie uns spätestens einen Monat vor Ablauf zugeht.	**§ 4a Vertragsdauer, Kündigung zum Ablauf** (1) Der Versicherungsvertrag kann für die Dauer eines Jahres oder für einen kürzeren Zeitraum abgeschlossen werden. Beträgt die vereinbarte Vertragsdauer ein Jahr, so verlängert sich der Vertrag jeweils um ein Jahr, wenn er nicht spätestens einen Monat vor Ablauf schriftlich gekündigt wird. Dies gilt auch, wenn die Vertragsdauer nur deshalb weniger als ein Jahr beträgt, weil als Beginn der nächsten Versicherungsperiode ein vom Vertragsbeginn abweichender

AKB 2008	AKB 2007
Kündigung des vorläufigen Versicherungsschutzes G.2.2 Sie sind berechtigt, einen vorläufigen Versicherungsschutz zu kündigen. Die Kündigung wird sofort mit ihrem Zugang bei uns wirksam. *Kündigung nach einem Schadenereignis* G.2.3 Nach dem Eintritt eines Schadenereignisses können Sie den Vertrag kündigen. Die Kündigung muss uns innerhalb eines Monats nach Beendigung der Verhandlungen über die Entschädigung zugehen oder innerhalb eines Monats zugehen, nachdem wir in der Kfz-Haftpflichtversicherung unsere Leistungspflicht anerkannt oder zu Unrecht abgelehnt haben. Das gleiche gilt, wenn wir Ihnen in der Kfz-Haftpflichtversicherung die Weisung erteilen, es über den Anspruch des Dritten zu einem Rechtsstreit kommen zu lassen. Außerdem können Sie in der Kfz-Haftpflichtversicherung den Vertrag bis zum Ablauf eines Monats seit der Rechtskraft des im Rechtsstreit mit dem Dritten ergangenen Urteils kündigen. G.2.4 Sie können bestimmen, ob die Kündigung sofort oder zu einem späteren Zeitpunkt, spätestens jedoch zum Ablauf des Vertrags, wirksam werden soll. *Kündigung bei Veräußerung oder Zwangsversteigerung des Fahrzeugs* G.2.5 Veräußern Sie das Fahrzeug oder wird es zwangsversteigert, geht der Vertrag nach G.7.1 oder G.7.6 auf	Termin vereinbart worden ist. Bei anderen Verträgen mit einer Vertragsdauer von weniger als einem Jahr endet der Vertrag, ohne dass es einer Kündigung bedarf. **§ 1 Abs. 5** (5) Der Versicherer ist berechtigt, die vorläufige Deckung mit Frist von einer Woche schriftlich zu kündigen. Dem Versicherer gebührt in diesem Falle der auf die Zeit des Versicherungsschutzes entfallende anteilige Beitrag. **§ 4b Kündigung im Schadenfall** (1) Hat nach dem Eintritt eines Versicherungsfalles der Versicherer die Verpflichtung zur Leistung der Entschädigung anerkannt oder die Leistung der fälligen Entschädigung verweigert, so ist jede Vertragspartei berechtigt, den Versicherungsvertrag zu kündigen. Das gleiche gilt, wenn der Versicherer dem Versicherungsnehmer die Weisung erteilt, es über den Anspruch des Dritten zum Rechtsstreite kommen zu lassen, oder wenn der Ausschuss (§ 14) angerufen wird. (2) Die Kündigung im Versicherungsfall ist nur innerhalb eines Monats seit der Anerkennung der Entschädigungspflicht oder der Verweigerung der Entschädigung, seit der Rechtskraft des im Rechtsstreite mit dem Dritten ergangenen Urteils oder seit der Zustellung des Spruchs des Ausschusses zulässig. Für den Versicherungsnehmer beginnt die Kündigungsfrist erst von dem Zeitpunkt an zu laufen, in welchem er von dem Kündigungsgrund Kenntnis erlangt. Der

Synopse AKB 2008/AKB 2007

AKB 2008	AKB 2007
den Erwerber über. Der Erwerber ist berechtigt, den Vertrag innerhalb eines Monats nach dem Erwerb, bei fehlender Kenntnis vom Bestehen der Versicherung innerhalb eines Monats ab Kenntnis, zu kündigen. Der Erwerber kann bestimmen, ob der Vertrag mit sofortiger Wirkung oder zum Ablauf des Vertrags endet. G.2.6 Schließt der Erwerber für das Fahrzeug eine neue Versicherung ab und legt er bei der Zulassungsstelle eine Versicherungsbestätigung vor, gilt dies automatisch als Kündigung des übergegangenen Vertrages. Die Kündigung wird zum Beginn der neuen Versicherung wirksam. *Kündigung bei Beitragserhöhung* G.2.7 Erhöhen wir aufgrund unseres Beitragsanpassungsrechts nach J.1 bis J.3 den Beitrag, können Sie den Vertrag innerhalb eines Monats nach Zugang unserer Mitteilung der Beitragserhöhung kündigen. Die Kündigung ist sofort wirksam, frühestens jedoch zu dem Zeitpunkt, zu dem die Beitragserhöhung wirksam geworden wäre. Wir teilen ihnen die Beitragserhöhung spätestens einen Monat vor dem Wirksamwerden mit und weisen Sie auf Ihr Kündigungsrecht hin. Zusätzlich machen wir bei einer Beitragserhöhung nach J.3 den Unterschied zwischen bisherigem und neuem Beitrag kenntlich.	Versicherer hat eine Kündigungsfrist von einem Monat einzuhalten. Der Versicherungsnehmer kann nicht für einen späteren Zeitpunkt als den Schluss des laufenden Versicherungsjahres (bzw. der vereinbarten kürzeren Vertragsdauer) kündigen. (3) Kündigt der Versicherungsnehmer im Versicherungsfall, so gebührt dem Versicherer gleichwohl der Beitrag für das laufende Versicherungsjahr bzw. die vereinbarte kürzere Vertragsdauer. Kündigt der Versicherer, so gebührt ihm derjenige Teil des Beitrages, welcher der abgelaufenen Versicherungszeit entspricht. (4) § 4a Abs. 3 und 4 gelten entsprechend; Absatz 3 jedoch mit der Maßgabe, dass der Versicherungsfall beim Autoschutzbrief nicht zur Kündigung der übrigen für dasselbe Fahrzeug bestehenden Versicherungsverträge berechtigt. **§ 6 Abs. 2 bis 4 AKB** (2) Im Falle der Veräußerung sind Versicherer und Erwerber berechtigt, den Versicherungsvertrag zu kündigen. Das Kündigungsrecht des Versicherers erlischt, wenn es nicht innerhalb eines Monats, nachdem er von der Veräußerung Kenntnis erlangt, dasjenige des Erwerbers, wenn es nicht innerhalb eines Monats nach dem Erwerb bzw. nachdem er Kenntnis von dem Bestehen der Versicherung erlangt, ausgeübt wird. Der Erwerber kann nur mit sofortiger Wirkung, zum Ende des laufenden Versicherungsjahres oder der vereinbarten kürzeren Vertragsdauer, der Versicherer mit einer Frist von einem Monat kündigen. Legt der Erwerber bei der Zulassungs-

AKB 2008	AKB 2007
Kündigungsrecht bei geänderter Verwendung des Fahrzeugs G.2.8 Ändert sich die Art und Verwendung des Fahrzeugs nach K.5 und erhöht sich der Beitrag dadurch um mehr als 10%, können Sie den Vertrag innerhalb eines Monats nach Zugang unserer Mitteilung ohne Einhaltung einer Frist kündigen. <*Achtung! Es folgen zwei Varianten. Variante 1 für Versicherer, die nur das SF-System nach J.6 ändern wollen. Variante 2 für Versicherer, die auch die Tarifstruktur nach J.6 ändern wollen.* *Kündigungsrecht bei Veränderung des Schadenfreiheitsrabatt-Systems* G.2.9 Ändern wir das Schadenfreiheitsrabatt-System nach J.6 können Sie den Vertrag innerhalb eines Monats nach Zugang unserer Mitteilung der Änderung kündigen. Die Kündigung ist sofort wirksam, frühestens jedoch zum Zeitpunkt des Wirksamwerdens der Änderung. Wir teilen Ihnen die Änderung spätestens einen Monat vor Wirksamwerden mit uns weisen Sie auf Ihr Kündigungsrecht hin. [xx *Kündigungsrecht bei Veränderung der Tarifstruktur* G.2.9 Ändern wir unsere Tarifstruktur nach J.6, können Sie den Vertrag innerhalb eines Monats nach Zugang unserer Mitteilung der Änderung kündigen. Die Kündigung ist sofort wirksam, frühestens jedoch zum Zeitpunkt des Wirksamwerdens der Änderung. Wir teilen	behörde eine Versicherungsbestätigung vor, so gilt dies als Kündigung des übergegangenen Vertrags zum Beginn der neuen Versicherung. § 4 a Abs. 3 und 4 sowie § 4 d finden Anwendung. (3) Kündigt der Versicherer oder der Erwerber, gebührt dem Versicherer nur der auf die Zeit des Versicherungsschutzes entfallende anteilige Beitrag. Hat das Versicherungsverhältnis weniger als ein Jahr bestanden, so wird für die Zeit vom Beginn bis zur Veräußerung der Beitrag nach Kurztarif oder, wenn innerhalb eines Jahres eine neue Kraftfahrtversicherung bei demselben Versicherer abgeschlossen wird, der Beitrag anteilig nach der Zeit des gewährten Versicherungsschutzes berechnet. (4) Für Fahrzeuge, die ein Versicherungskennzeichen führen müssen, gilt abweichend von den Bestimmungen des Absatzes 3: Dem Versicherer gebührt der Beitrag für das laufende Verkehrsjahr, wenn der Vertrag für das veräußerte Fahrzeug vom Versicherer oder dem Erwerber gekündigt wird. Dem Versicherer gebührt jedoch nur der Beitrag für die Zeit des Versicherungsschutzes nach Kurztarif, wenn der Versicherungsnehmer ihm den Versicherungsschein sowie das Versicherungskennzeichen des veräußerten Fahrzeugs aushändigt und die Kündigung des Erwerbers vorliegt. Schließt der Versicherungsnehmer gleichzeitig bei demselben Versicherer für ein Fahrzeug mit Versicherungskennzeichen eine neue Kraftfahrtversicherung ab, so gilt der nicht verbrauchte Beitrag als Beitrag für die neue Kraftfahrtversicherung.

Synopse AKB 2008/AKB 2007

AKB 2008	AKB 2007
Ihnen die Änderung spätestens einen Monat vor Wirksamwerden mit und weisen Sie auf Ihr Kündigungsrecht hin.] [xx *Kündigungsrecht bei Bedingungsänderung* *<Achtung! Nur, wenn Bedingungsänderung gem. N vereinbart>* G.2.10 Machen wir von unserem Recht zur Bedingungsanpassung nach N Gebrauch, können Sie den Vertrag innerhalb eines Monats nach Zugang unserer Mitteilung kündigen. Die Kündigung ist sofort wirksam, frühestens jedoch zum Zeitpunkt des Wirksamwerdens der Bedingungsänderung. Wir teilen Ihnen die Änderung spätestens einen Monat vor dem Wirksamwerden mit und weisen Sie auf Ihr Kündigungsrecht hin.]	**§ 9b Außerordentliches Kündigungsrecht** (1) Bei Änderungen gemäß § 9a kann der Versicherungsnehmer den Versicherungsvertrag innerhalb eines Monats nach Zugang der Mitteilung des Versicherers zu dem Zeitpunkt kündigen, an dem die Beitragserhöhung wirksam werden würde. Die Kündigung kann sich auf die betroffene Versicherungsart beschränken oder sich gleichzeitig auf die übrigen für dasselbe Fahrzeug bestehenden Kraftfahrtversicherungen erstrecken. (2) Änderungen aufgrund von Nr. 6 Abs. 3 der Tarifbestimmungen für die Kraftfahrtversicherung berechtigen den Versicherungsnehmer auch dann zur Kündigung des Versicherungsverhältnisses, wenn sie keine Beitragserhöhung bewirken. Absatz 1 gilt entsprechend.
G.3 Wann und aus welchem Anlass können wir den Versicherungsvertrag kündigen? *Kündigung zum Ablauf* G.3.1 Wir können den Vertrag zum Ablauf des Versicherungsjahres kündigen. Die Kündigung ist nur wirksam, wenn sie Ihnen spätestens einen Monat vor Ablauf zugeht. *Kündigung des vorläufigen Versicherungsschutzes* G.3.2 Wir sind berechtigt, einen vorläufigen Versicherungsschutz zu kündigen. Die Kündigung wird nach Ablauf	**Nr. 6 Abs. 4 TB** (4) Änderungen nach Absatz 3 finden vom Beginn der nächsten Versicherungsperiode an Anwendung, wenn der Versicherer dem Versicherungsnehmer die Änderung einen Monat vor dem Zeitpunkt des Wirksamwerdens mitteilt und ihn schriftlich über sein Kündigungsrecht nach § 9b AKB belehrt. **§ 9c Abs. 2 AKB** (2) Bei einer Erhöhung des Beitrags nach Absatz 1 hat der Versicherungsnehmer das Recht, den Vertrag zu kündigen. § 9b Abs. 1 Satz 1 gilt entsprechend. Fällt dabei ein Teil der Versicherungszeit in die Zeit nach Wirksamwerden der Änderung des Leistungsum-

AKB 2008	AKB 2007
von zwei Wochen nach ihrem Zugang bei Ihnen wirksam.	fanges oder der Erhöhung der Deckungssummen, so hat der Versicherungsnehmer für diese Zeit den erhöhten Beitrag zu entrichten.

Kündigung nach einem Schadenereignis

G.3.3 Nach dem Eintritt eines Schadenereignisses können wir den Vertrag kündigen. Die Kündigung muss Ihnen innerhalb eines Monats nach Beendigung der Verhandlungen über die Entschädigung oder innerhalb eines Monats zugehen, nachdem wir in der Kfz-Haftpflichtversicherung unsere Leistungspflicht anerkannt oder zu Unrecht abgelehnt haben. Das gleiche gilt, wenn wir Ihnen in der Kfz-Haftpflichtversicherung die Weisung erteilen, es über den Anspruch des Dritten zu einem Rechtsstreit kommen zu lassen. Außerdem können wir in der Kfz-Haftpflichtversicherung den Vertrag bis zum Ablauf eines Monats seit der Rechtskraft des im Rechtsstreit mit dem Dritten ergangenen Urteils kündigen.

Kündigung bei Nichtzahlung des Folgebeitrags

G.3.4 Haben Sie einen ausstehenden Folgebeitrag zuzüglich Kosten und Zinsen trotz unserer Zahlungsaufforderung nach C.2.2 nicht innerhalb der zweiwöchigen Frist gezahlt, können wir den Vertrag mit sofortiger Wirkung kündigen. Unsere Kündigung wird unwirksam, wenn Sie diese Beträge innerhalb eines Monats ab Zugang der Kündigung zahlen (siehe auch C.2.4).

AKB 2008	AKB 2007
Kündigung bei Verletzung Ihrer Pflichten bei Gebrauch des Fahrzeugs	
G.3.5 Haben Sie eine Ihrer Pflichten bei Gebrauch des Fahrzeugs nach D verletzt, können wir innerhalb eines Monats, nachdem wir von der Verletzung Kenntnis erlangt haben, den Vertrag mit sofortiger Wirkung kündigen. Dies gilt nicht, wenn Sie nachweisen, dass Sie die Pflicht weder vorsätzlich noch grob fahrlässig verletzt haben.	
Kündigungsrecht bei geänderter Verwendung des Fahrzeugs	
G.3.6 Ändert sich die Art und Verwendung des Fahrzeugs nach K.5, können wir den Vertrag mit sofortiger Wirkung kündigen. Beruht die Veränderung auf leichter Fahrlässigkeit, wird die Kündigung nach Ablauf von einem Monat nach ihrem Zugang bei Ihnen wirksam.	
Kündigung bei Veräußerung oder Zwangsversteigerung des Fahrzeugs	
G.3.7 Bei Veräußerung oder Zwangsversteigerung des Fahrzeugs nach G.7 können wir dem Erwerber gegenüber kündigen. Wir haben die Kündigung innerhalb eines Monats ab dem Zeitpunkt auszusprechen, zu dem wir von der Veräußerung oder Zwangsversteigerung Kenntnis erlangt haben. Unsere Kündigung wird einen Monat nach ihrem Zugang beim Erwerber wirksam.	

AKB 2008	AKB 2007
G.4 Kündigung einzelner Versicherungsarten G.4.1 Die Kfz-Haftpflicht-, Kasko-, Autoschutzbrief- und Kfz-Unfallversicherung sind jeweils rechtlich selbstständige Verträge. Die Kündigung eines dieser Verträge berührt das Fortbestehen anderer nicht. G.4.2 Sie und wir sind berechtigt, bei Vorliegen eines Kündigungsanlasses zu einem dieser Verträge die gesamte Kfz-Versicherung für das Fahrzeug zu kündigen. G.4.3 Kündigen wir von mehreren für das Fahrzeug abgeschlossenen Verträgen nur einen und teilen Sie uns innerhalb von zwei Wochen nach Zugang unserer Kündigung mit, dass Sie mit einer Fortsetzung der anderen ungekündigten Verträge nicht einverstanden sind, gilt die gesamte Kfz-Versicherung für das Fahrzeug als gekündigt. Dies gilt entsprechend für uns, wenn Sie von mehreren nur einen Vertrag kündigen. G.4.4 Kündigen Sie oder wir nur den Autoschutzbrief, gelten G.4.2 und G.4.3 nicht. G.4.5 G.4.1 und G.4.2 finden entsprechende Anwendung, wenn in einem Vertrag mehrere Fahrzeuge versichert sind.	**§ 4 Abs. 3** (3) Eine Kündigung kann sich sowohl auf alle für dasselbe Fahrzeug bestehenden Versicherungsverträge als auch auf einzelne Versicherungsarten beziehen; sie kann ferner, wenn sich ein Vertrag auf mehrere Fahrzeuge bezieht, sowohl für alle als auch für einzelne Fahrzeuge erklärt werden. Ist der Versicherungsnehmer mit der Kündigung von Teilen des Vertrages nicht einverstanden, was er dem Versicherer innerhalb von zwei Wochen nach Empfang der Teilkündigung mitzuteilen hat, so gilt der gesamte Vertrag als gekündigt.
G.5 Form und Zugang der Kündigung Jede Kündigung muss schriftlich erfolgen und ist nur wirksam, wenn sie innerhalb der jeweiligen Frist zugehen. Die von Ihnen erklärte Kündigung muss unterschrieben sein.	**§ 4 d Form und Zugang der Kündigung** Alle Kündigungen müssen schriftlich erfolgen und sind nur wirksam, wenn sie innerhalb der Kündigungsfrist zugehen.

Synopse AKB 2008/AKB 2007

AKB 2008	AKB 2007
G.6 Beitragsabrechnung nach Kündigung Bei einer Kündigung vor Ablauf des Versicherungsjahres steht uns der auf die Zeit des Versicherungsschutzes entfallende Beitrag anteilig zu.	
G.7 Was ist bei Veräußerung des Fahrzeugs zu beachten? *Übergang der Versicherung auf den Erwerber* G.7.1 Veräußern Sie Ihr Fahrzeug, geht die Versicherung auf den Erwerber über. Dies gilt nicht für die Kfz-Unfallversicherung. G.7.2 Wir sind berechtigt und verpflichtet, den Beitrag entsprechend den Angaben des Erwerbers, wie wir sie bei einem Neuabschluss des Vertrags verlangen würden, anzupassen. Das gilt auch für die SF-Klasse des Erwerbers, die entsprechend seines bisherigen Schadenverlaufs ermittelt wird. Der neue Beitrag gilt ab dem Tag, der auf den Übergang der Versicherung folgt. G.7.3. Den Beitrag für das laufende Versicherungsjahr können wir entweder von Ihnen oder vom Erwerber verlangen. *Anzeige der Veräußerung* G.7.4 Sie und der Erwerber sind verpflichtet, uns die Veräußerung des Fahrzeugs unverzüglich anzuzeigen. Unterbleibt die Anzeige, droht unter den Voraussetzungen	**§ 6 Veräußerung** (1) Wird das Fahrzeug veräußert, so tritt der Erwerber in die Rechte und Pflichten des Versicherungsnehmers aus dem Versicherungsvertrag ein. Dies gilt nicht für Kraftfahrtunfallversicherungen. Für den Beitrag, welcher auf das zur Zeit der Veräußerung laufende Versicherungsjahr entfällt, haften Veräußerer und Erwerber als Gesamtschuldner. Die Veräußerung ist dem Versicherer unverzüglich anzuzeigen. (2) Im Falle der Veräußerung sind Versicherer und Erwerber berechtigt, den Versicherungsvertrag zu kündigen. Das Kündigungsrecht des Versicherers erlischt, wenn es nicht innerhalb eines Monats, nachdem er von der Veräußerung Kenntnis erlangt, dasjenige des Erwerbers, wenn es nicht innerhalb eines Monats nach dem Erwerb bzw. nachdem er Kenntnis von dem Bestehen der Versicherung erlangt, ausgeübt wird. Der Erwerber kann nur mit sofortiger Wirkung, zum Ende des laufenden Versicherungsjahres oder der vereinbarten kürzeren Vertragsdauer, der Versicherer mit einer Frist von einem Monat kündigen. Legt der Erwerber bei der Zulassungsbehörde eine Versicherungsbestätigung vor, so gilt dies als Kündigung des übergegangenen Vertrags zum Beginn der neuen Versicherung. § 4 a Abs. 3 und 4 sowie § 4 d finden Anwendung.

AKB 2008	AKB 2007
des § 97 Versicherungsvertragsgesetz der Verlust des Versicherungsschutzes. *Kündigung des Vertrags* G.7.5 Im Falle der Veräußerung können der Erwerber nach G.2.5 und G.2.6 oder wir nach G.3.7 den Vertrag kündigen. Dann können wir den Beitrag nur von Ihnen verlangen. *Zwangsversteigerung* G.7.6 Die Regelungen G.7.1 bis G.7.5 sind entsprechend anzuwenden, wenn Ihr Fahrzeug zwangsversteigert wird.	(3) Kündigt der Versicherer oder der Erwerber, gebührt dem Versicherer nur der auf die Zeit des Versicherungsschutzes entfallende anteilige Beitrag. Hat das Versicherungsverhältnis weniger als ein Jahr bestanden, so wird für die Zeit vom Beginn bis zur Veräußerung der Beitrag nach Kurztarif oder, wenn innerhalb eines Jahres eine neue Kraftfahrtversicherung bei demselben Versicherer abgeschlossen wird, der Beitrag anteilig nach der Zeit des gewährten Versicherungsschutzes berechnet. (4) Für Fahrzeuge, die ein Versicherungskennzeichen führen müssen, gilt abweichend von den Bestimmungen des Absatzes 3: Dem Versicherer gebührt der Beitrag für das laufende Verkehrsjahr, wenn der Vertrag für das veräußerte Fahrzeug vom Versicherer oder dem Erwerber gekündigt wird. Dem Versicherer gebührt jedoch nur der Beitrag für die Zeit des Versicherungsschutzes nach Kurztarif, wenn der Versicherungsnehmer ihm den Versicherungsschein sowie das Versicherungskennzeichen des veräußerten Fahrzeugs aushändigt und die Kündigung des Erwerbers vorliegt. Schließt der Versicherungsnehmer gleichzeitig bei demselben Versicherer für ein Fahrzeug mit Versicherungskennzeichen eine neue Kraftfahrtversicherung ab, so gilt der nicht verbrauchte Beitrag als Beitrag für die neue Kraftfahrtversicherung. (5) Wird nach Veräußerung bei demselben Versicherer, bei dem das veräußerte Fahrzeug versichert war, innerhalb von sechs Monaten ein Fahrzeug der gleichen Art und des gleichen Verwendungszwecks (Ersatzfahrzeug im Sinne der Tarifbestimmungen) versichert und die hierfür geschuldete erste oder einmalige Prämie nicht rechtzeitig gezahlt, so gilt § 39 VVG, § 1 Abs. 4 Satz 2 sowie § 38 VVG § 39 VVG finden keine Anwendung. Wird das Versicherungsverhältnis in den Fällen des Satzes 1 gemäß § 39

Synopse AKB 2008/AKB 2007

AKB 2008	AKB 2007
	Abs. 3 VVG gekündigt, so kann der Versicherer eine Geschäftsgebühr verlangen, deren Höhe nach § 4a Abs. 4 Satz 2 zu bemessen ist.
G.8 Wagniswegfall (z.B. durch Fahrzeugverschrottung) Fällt das versicherte Wagnis endgültig weg, steht uns der Beitrag bis zu dem Zeitpunkt zu, zu dem wir vom Wagniswegfall Kenntnis erlangen.	**§ 6a Wagniswegfall** (1) Fällt in der Fahrzeugversicherung das Wagnis infolge eines ersetzenden Schadens weg, so gebührt dem Versicherer der Beitrag für das laufende Versicherungsjahr oder die vereinbarte kürzere Vertragsdauer. (2) In allen sonstigen Fällen eines dauernden Wegfalls des versicherten Wagnisses wird der Beitrag gemäß § 6 Absatz 3 berechnet. (3) Für Fahrzeuge, die ein Versicherungskennzeichen führen müssen, gilt abweichend von den Bestimmungen des Absatzes 2: Dem Versicherer gebührt der Beitrag für das laufende Verkehrsjahr oder die vereinbarte kürzere Dauer, wenn das Wagnis dauernd weggefallen ist. Dem Versicherer gebührt jedoch nur der Beitrag für die Zeit des Versicherungsschutzes nach Kurztarif, wenn der Versicherungsnehmer ihm gegenüber das Versicherungskennzeichen des versicherten Fahrzeugs aushändigt. Schließt der Versicherungsnehmer gleichzeitig bei demselben Versicherer für ein Fahrzeug mit Versicherungskennzeichen eine neue Kraftfahrtversicherung ab, so gilt der nicht verbrauchte Beitrag als Beitrag für die neue Kraftfahrtversicherung. (4) § 6 Abs. 5 findet entsprechende Anwendung.

AKB 2008	AKB 2007
H Außerbetriebsetzung, Saisonkennzeichen, Fahrten mit ungestempelten Kennzeichen **H.1 Was ist bei Außerbetriebsetzung zu beachten?** *Ruheversicherung* H.1.1 Wird das versicherte Fahrzeug außer Betrieb gesetzt und soll es zu einem späteren Zeitpunkt wieder zugelassen werden, wird dadurch der Vertrag nicht beendet. H.1.2 Der Vertrag geht in eine beitragsfreie Ruheversicherung über, wenn die Zulassungsbehörde uns die Außerbetriebsetzung mitteilt, es sei denn, die Außerbetriebsetzung beträgt weniger als zwei Wochen oder Sie verlangen die uneingeschränkte Fortführung des bisherigen Versicherungsschutzes. H.1.3 Die Regelungen nach H.1.1 und H.1.2 gelten nicht für Fahrzeuge mit Versicherungskennzeichen (z.B. Mofas), Wohnwagenanhänger sowie bei Verträgen mit ausdrücklich kürzerer Vertragsdauer als ein Jahr. *Umfang der Ruheversicherung* H.1.4 Mit der beitragsfreien Ruheversicherung gewähren wir Ihnen während der Dauer der Außerbetriebsetzung eingeschränkten Versicherungsschutz. Der Ruheversicherungsschutz umfasst – die Kfz-Haftpflichtversicherung,	**§ 5 Außerbetriebsetzung** (1) Wird das Fahrzeug außer Betrieb gesetzt, ohne dass das Wagnis gemäß § 6a wegfällt, so bleibt der Versicherungsvertrag bestehen. Der Vertrag wird in der Kraftfahrzeug-Haftpflicht- und Fahrzeugversicherung nach Maßgabe der Absätze 2 bis 7 als Ruheversicherung fortgesetzt, wenn die Zulassungsbehörde dem Versicherer mitteilt, dass das Fahrzeug außer Betrieb gesetzt ist, und die Außerbetriebsetzung mindestens 14 Tage beträgt. Anstelle der Ruheversicherung kann der Versicherungsnehmer die uneingeschränkte Fortführung des Versicherungsschutzes verlangen. (2) In der Kraftfahrzeug-Haftpflichtversicherung wird Versicherungsschutz nach den §§ 10 und 11, in der Fahrzeugversicherung nach § 12 Abs. 1 I, Abs. 2 und 3 gewährt. Das Fahrzeug darf jedoch außerhalb des Einstellraumes oder des umfriedeten Abstellplatzes nicht gebraucht oder nicht nur vorübergehend abgestellt werden (Ruheversicherung). Wird diese Obliegenheit verletzt, so ist der Versicherer von der Verpflichtung zur Leistung frei, es sei denn, dass die Verletzung ohne Wissen und Willen des Versicherungsnehmers erfolgt und von ihm nicht grob fahrlässig ermöglicht worden ist. (3) In der Kraftfahrtunfallversicherung, die sich auf ein bestimmtes Fahrzeug bezieht, und beim Autoschutzbrief wird kein Versicherungsschutz gewährt. (4) Wird das Fahrzeug zum Verkehr wieder angemeldet, lebt der Versicherungsschutz uneingeschränkt wieder auf. Das Ende der Außerbetriebsetzung ist dem Versicherer unverzüglich anzuzeigen.

Synopse AKB 2008/AKB 2007

AKB 2008	AKB 2007
– die Teilkaskoversicherung, wenn für das Fahrzeug im Zeitpunkt der Außerbetriebsetzung eine Vollkaskoversicherung bestand. *Ihre Pflichten bei der Ruheversicherung* H.1.5 Während der Dauer der Ruheversicherung sind Sie verpflichtet, das Fahrzeug in einem Einstellraum (z. B. einer Einzel- oder Sammelgarage) oder auf einem umfriedeten Abstellplatz (z. B. einem abgeschlossenen Hofraum) nicht nur vorübergehend abzustellen und das Fahrzeug außerhalb dieser Räumlichkeiten nicht zu gebrauchen. Verletzen Sie diese Pflicht, sind wir unter den Voraussetzungen nach D.3 leistungsfrei. *Wiederanmeldung* H.1.6 Wird das Fahrzeug wieder zum Verkehr zugelassen (Ende der Außerbetriebsetzung), lebt der ursprüngliche Versicherungsschutz wieder auf. Das Ende der Außerbetriebsetzung haben Sie uns unverzüglich anzuzeigen. *Ende des Vertrags und der Ruheversicherung* H.1.7 Der Vertrag und damit auch die Ruheversicherung enden xx Monate nach der Außerbetriebsetzung, ohne dass es einer Kündigung bedarf. H.1.8 Melden Sie das Fahrzeug während des Bestehens der Ruheversicherung mit einer Versicherungsbestätigung	(5) Der Versicherungsvertrag verlängert sich um die Dauer der Außerbetriebsetzung. (6) Wird das Fahrzeug nicht innerhalb von xx Monaten seit der Außerbetriebsetzung wieder zum Verkehr zugelassen, endet der Vertrag mit Ablauf dieser Frist, ohne dass es einer Kündigung bedarf. Das Gleiche gilt, wenn das Fahrzeug zwar innerhalb der Frist unter Verwendung der Versicherungsbestätigung eines anderen Versicherers wieder zugelassen wird, der Versicherer sich innerhalb der Frist dem Versicherungsnehmer oder dem anderen Versicherer gegenüber nicht auf das Fortbestehen seines Vertrages beruft. Für die Beitragsabrechnung gilt § 6 Abs. 3 mit der Maßgabe, dass an die Stelle der Wirksamkeit der Kündigung der Tag der Außerbetriebsetzung tritt. (7) Die Bestimmungen von Absatz 1 Sätze 2 und 3 sowie der Absätze 2 bis 6 finden keine Anwendung auf Verträge für Fahrzeuge, die kein amtliches Kennzeichen oder die ein Versicherungskennzeichen führen müssen oder auf Verträge für Wohnwagenanhänger sowie auf Verträge mit kürzerer Vertragsdauer als ein Jahr mit Ausnahme von Verträgen im Sinne des § 4a Abs. 1 Satz 3.

AKB 2008	AKB 2007
eines anderen Versicherers wieder an, haben wir das Recht, den Vertrag fortzusetzen und den anderen Versicherer zur Aufhebung des Vertrags aufzufordern.	
H.2 Welche Besonderheiten gelten bei Saisonkennzeichen?	**§ 5 a Saisonkennzeichen**
H.2.1 Für Fahrzeuge, die mit einem Saisonkennzeichen zugelassen sind, gewähren wir den vereinbarten Versicherungsschutz während des auf dem amtlichen Kennzeichen dokumentierten Zeitraums (Saison).	(1) Für Fahrzeuge, die mit einem Saisonkennzeichen zugelassen sind, wird Versicherungsschutz während des – in der zur behördlichen Zulassung notwendigen Versicherungsbestätigung und auf dem amtlichen Kennzeichen – dokumentierten Zeitraumes (Saison) gewährt.
H.2.2 Außerhalb der Saison haben Sie Ruheversicherungsschutz nach H.1.4 und H.1.5.	(2) Außerhalb dieses Zeitraumes wird Versicherungsschutz in der Kraftfahrzeug-Haftpflichtversicherung nach §§ 10 und 11 sowie in der Fahrzeugversicherung § 12 Abs. 1 I, Abs. 2 und 3 (Ruheversicherung) gewährt. Das Fahrzeug darf jedoch außerhalb des Einstellraumes oder des umfriedeten Abstellplatzes nicht gebraucht oder nicht nur vorübergehend abgestellt werden, es sei denn für Fahrten i.S. § 1 Abs. 3a. Wird diese Obliegenheit verletzt, so ist der Versicherer von der Verpflichtung zur Leistung frei, es sei denn, dass die Verletzung ohne Wissen und Willen des Versicherungsnehmers erfolgt und von ihm nicht grob fahrlässig ermöglicht worden ist.
H.2.3 Für Fahrten außerhalb der Saison haben Sie innerhalb des für den Halter zuständigen Zulassungsbezirks und eines angrenzenden Bezirks in der Kfz-Haftpflichtversicherung Versicherungsschutz, wenn diese Fahrten im Zusammenhang mit dem Zulassungsverfahren oder wegen der Hauptuntersuchung, Sicherheitsprüfung oder Abgasuntersuchung durchgeführt werden.	(3) In der Kraftfahrtunfallversicherung, die sich auf ein bestimmtes Fahrzeug bezieht, und beim Autoschutzbrief wird außerhalb des in Absatz 1 genannten Zeitraumes kein Versicherungsschutz gewährt.

Synopse AKB 2008/AKB 2007

AKB 2008	AKB 2007
H.3 Fahrten mit ungestempelten Kennzeichen *Versicherungsschutz in der Kfz-Haftpflichtversicherung und beim Autoschutzbrief* H.3.1 In der Kfz-Haftpflichtversicherung und beim Autoschutzbrief besteht Versicherungsschutz auch für Zulassungsfahrten mit ungestempelten Kennzeichen. Dies gilt nicht für Fahrten, für die ein rotes Kennzeichen oder ein Kurzzeitkennzeichen geführt werden muss. *Was sind Zulassungsfahrten?* H.3.2 Zulassungsfahrten sind Fahrten, die im Zusammenhang mit dem Zulassungsverfahren innerhalb des für den Halter zuständigen Zulassungsbezirks und eines angrenzenden Zulassungsbezirks ausgeführt werden. Das sind Rückfahrten von der Zulassungsbehörde nach Entfernung der Stempelplakette. Außerdem sind Fahrten zur Durchführung der Hauptuntersuchung, Sicherheitsprüfung oder Abgasuntersuchung oder Zulassung versichert, wenn die Zulassungsbehörde vorab ein ungestempeltes Kennzeichen zugeteilt hat.	**§ 1 Abs. 3 a** (3 a) ¹In der Kraftfahrzeug-Haftpflichtversicherung und beim Schutzbrief für die in § 24 genannten Fahrzeuge besteht Versicherungsschutz auch für Fahrten mit ungestempelten Kennzeichen, die im Zusammenhang mit dem Zulassungsverfahren innerhalb des Bezirks der für den Halter zuständigen Zulassungsbehörde und eines angrenzenden Zulassungsbezirks ausgeführt werden. ²Als derartige Fahrten gelten insbesondere Rückfahrten von der Zulassungsbehörde nach Entfernung der Stempelplakette sowie Fahrten zur Durchführung der Hauptuntersuchung, Sicherheitsprüfung oder Abgasuntersuchung. ³Voraussetzung ist stets, dass die Zulassungsbehörde dem Fahrzeug vorab ein ungestempeltes Kennzeichen zugeteilt hat (z. B. das Kennzeichen ist für die Wiederzulassung bei der Zulassungsbehörde reserviert). ⁴Die Sätze 1 bis 3 gelten nicht für Fahrten, für die gem. § 16 FZV rote Kennzeichen oder Kurzzeitkennzeichen am Fahrzeug geführt werden müssen.
I Schadenfreiheitsrabatt-System **I.1 Einstufung in Schadenfreiheitsklassen (SF-Klassen)** In der Kfz-Haftpflicht- und der Vollkaskoversicherung richtet sich die Einstufung Ihres Vertrags in eine SF-Klasse und der sich	**14. Einstufung in die Schadenfreiheits- und Schadenklassen (S/SF)** (1) Die Beiträge für Versicherungsverträge der unter Abs. 2 genannten Fahrzeuge richten sich in der Kraftfahrzeug-Haftpflicht- und in der

Anhang

AKB 2008	AKB 2007
daraus ergebende Beitragssatz nach Ihrem Schadenverlauf. Siehe dazu die Tabellen in Anhang 1. Dies gilt nicht für Fahrzeuge mit Versicherungskennzeichen, ... <xx alle gewünschten WKZ und Kennzeichenarten aufführen>	Fahrzeugvollversicherung nach Schadenfreiheits- und Schadenklassen. (2) Hat der Versicherungsschutz von Anfang bis Ende eines Kalenderjahres ununterbrochen bestanden, ohne dass in dieser Zeit ein Schaden gemeldet worden ist, für den das Versicherungsunternehmen Entschädigungsleistungen erbracht oder Rückstellungen gebildet hat, so wird der Versicherungsvertrag im folgenden Kalenderjahr in nachstehende, jeweils getrennt für die Kraftfahrzeug-Haftpflicht- und die Fahrzeugvollversicherung, Schadenfreiheitsklassen eingestuft:
I.2.2 **Sondererststeinstufung eines Pkw in SF-Klasse ½ oder SF-Klasse 2**	TB 14 Abs. 7 und 9
I.2.2.1 **Sondererststeinstufung in SF-Klasse ½** Beginnt Ihr Vertrag für einen Pkw ohne Übernahme eines Schadenverlaufs nach I.6., wird er in die SF-Klasse ½ eingestuft, wenn a auf Sie bereits ein Pkw zugelassen ist, der zu diesem Zeitpunkt in der Kfz-Haftpflichtversicherung mindestens in die SF-Klasse ½ eingestuft ist, oder b auf Ihren Ehepartner, Ihren eingetragenen Lebenspartner oder Ihnen mit Ihnen in häuslicher Gemeinschaft lebenden Lebenspartner bereits ein Pkw zu-	(7) Der Versicherungsnehmer kann bei Abschluss eines Versicherungsvertrages für einen Pkw verlangen, dass der Vertrag in die Schadenfreiheitsklasse SF 1/2 eingestuft wird, wenn 1. auf denselben Versicherungsnehmer bereits ein Pkw zugelassen ist, der zu diesem Zeitpunkt in eine Schadenfreiheitsklasse eingestuft ist, oder 2. auf seinen Ehegatten, eingetragenen Lebenspartner oder seinen mit ihm in häuslicher, ehäulicher Gemeinschaft lebender Lebenspartner bereits ein Pkw zugelassen ist, der zu diesem Zeitpunkt in eine Schadenfreiheitsklasse eingestuft ist, und der Versicherungsnehmer nachweist, dass er aufgrund einer gültigen Fahrerlaubnis, die von einem Mitgliedstaat der EG oder von einem Anrainerstaat

AKB 2008	AKB 2007
gelassen ist, der zu diesem Zeitpunkt in der Kfz-Haftpflichtversicherung mindestens in die SF-Klasse ½ eingestuft ist, und Sie seit mindestens einem Jahr eine gültige Fahrerlaubnis zum Führen von Pkw oder Krafträdern besitzen, die von einem Mitgliedstaat der EU oder von Island, Liechtenstein, Norwegen oder der Schweiz erteilt wurde, oder c Sie nachweisen, dass Sie aufgrund einer gültigen Fahrerlaubnis, die von einem Mitgliedstaat der EU oder von Island, Liechtenstein, Norwegen oder der Schweiz erteilt wurde, seit mindestens drei Jahren zum Führen von Pkw oder von Krafträdern, die ein amtliches Kennzeichen führen müssen, berechtigt sind. Die Sondereinstufung in die SF-Klasse ½ gilt nicht für Pkw, die ein Ausfuhrkennzeichen, ein Kurzzeitkennzeichen oder ein rotes Kennzeichen führen. **I.2.2.2 Sondererstseinstufung in SF-Klasse 2** Beginnt Ihr Vertrag für einen Pkw ohne Übernahme eines Schadenverlaufs nach I.6, wird er in die SF-Klasse 2 eingestuft, wenn – auf Ihren Ehepartner, Ihren eingetragenen Lebenspartner oder Ihren mit Ihnen in häuslicher Gemeinschaft lebenden Lebenspartner bereits ein Pkw zugelassen und bei uns versichert ist, der zu diesem	Deutschlands erteilt wurde, seit mindestens drei Jahren zum Führen von Pkw oder von Krafträdern, die ein amtliches Kennzeichen führen müssen, berechtigt ist; der Nachweis ist durch Vorlage des Originals und Einreichung einer Fotokopie des Führerscheins zu führen. (8) [...] (9) Diese Bestimmungen finden keine Anwendung auf Versicherungsverträge 1. von Kraftfahrzeugen, die ein Ausfuhrkennzeichen führen, 2. von Kraftfahrzeugen, die ein Kurzzeitkennzeichen führen und 3. für amtlich abgestempelte rote Kennzeichen.

AKB 2008	AKB 2007
Zeitpunkt in der Kfz-Haftpflichtversicherung mindestens in die SF-Klasse 2 eingestuft ist, und – Sie seit mindestens einem Jahr eine gültige Fahrerlaubnis zum Führen von Pkw oder von Krafträdern besitzen, die von einem Mitgliedstaat der EU oder von Island, Liechtenstein, Norwegen oder der Schweiz erteilt wurde, und – Sie und der jeweilige Fahrer mindestens das xx. Lebensjahr vollendet haben. Die Sondereinstufung in die SF-Klasse 2 gilt nicht für Pkw, die ein Ausfuhrkennzeichen, ein Kurzzeitkennzeichen oder ein rotes Kennzeichen führen.	
I.2.3 Anrechnung des Schadenverlaufs der Kfz-Haftpflichtversicherung in der Vollkaskoversicherung Ist das versicherte Fahrzeug ein Pkw, ein Kraftrad oder ein Campingfahrzeug und schließen Sie neben der Kfz-Haftpflichtversicherung eine Vollkaskoversicherung mit einer Laufzeit von einem Jahr ab (siehe G.1.2), richtet sich deren Einstufung nach dem Schadenverlauf der Kfz-Haftpflichtversicherung. Dies gilt nicht, wenn für das versicherte Fahrzeug innerhalb des letzten Jahres bereits eine Vollkaskoversicherung bestanden hat; in diesem Fall übernehmen wir den Schadenverlauf der Vollkaskoversicherung nach I.6.	**TB 15 Anrechnung von schadenfreien Zeiten** (1) Bei Abschluss eines Versicherungsvertrages in der Fahrzeugvollversicherung für einen Pkw, ein Kraftrad oder ein Campingfahrzeug für die Dauer eines Jahres, hat der Versicherungsnehmer einen Anspruch darauf, dass die Einstufung nach der Dauer der Schadenfreiheit erfolgt, die sich zu diesem Zeitpunkt aus dem Rabattgrundjahr (Nr. 23 Abs. 1 Satz 2) der Kraftfahrzeug-Haftpflichtversicherung für dieses Fahrzeug ergibt. (2) Hat für das gleiche oder für das gemäß Nr. 23 ersetzte Fahrzeug innerhalb des letzten Jahres eine Fahrzeugvollversicherung bestanden, erfolgt die Einstufung nach Nr. 22 a.

Synopse AKB 2008/AKB 2007

	AKB 2008		AKB 2007
I.2.4	**Führerscheinsonderregelung** Hat Ihr Vertrag für einen Pkw oder ein Kraftrad in der Klasse SF 0 begonnen, stufen wir ihn auf Ihren Antrag besser ein, sobald Sie drei Jahre im Besitz einer Fahrerlaubnis für Pkw oder Krafträder sind und folgende Voraussetzungen gegeben sind: – Der Vertrag ist schadenfrei verlaufen und – Ihre Fahrerlaubnis ist von einem Mitgliedsstaat der EU oder von Island, Liechtenstein, Norwegen oder der Schweiz ausgestellt worden.	**TB 14 Abs. 8** (8)	Ist der Versicherungsvertrag in die Klasse 0 eingestuft und erreicht der Versicherungsnehmer die in Abs. 7 Ziff. 2 geforderte Dauer der Fahrerlaubnis erst nach Abschluss des Versicherungsvertrages, wird auf Antrag und bei schadenfreiem Verlauf der Versicherungsnehmer so gestellt, als ob er den Versicherungsvertrag in diesem Zeitpunkt abgeschlossen hätte, wenn er nachweist, dass er aufgrund einer gültigen Fahrerlaubnis, die von einem Mitgliedsstaat der EG oder von einem Anrainerstaat Deutschlands erteilt wurde, seit drei Jahren zum Führen von Pkw oder von Krafträdern, die ein amtliches Kennzeichen führen müssen, berechtigt ist; der Nachweis ist durch Vorlage des Originals und Einreichung einer Fotokopie des Führerscheins zu führen.
I.3	**Jährliche Neueinstufung** Wir stufen Ihren Vertrag zum 1. Januar eines jeden Jahres nach seinem Schadenverlauf im vergangenen Kalenderjahr neu ein. Bei einem Schadenereignis ist der Tag der Schadenmeldung maßgeblich.	**TB 14 Einstufung in die Schadenfreiheits- und Schadenklassen (S/SF)** (1)	Die Beiträge für Versicherungsverträge der unter Abs. 2 genannten Fahrzeuge richten sich in der Kraftfahrzeug-Haftpflicht- und in der Fahrzeugvollversicherung nach Schadenfreiheits- und Schadenklassen.
I.3.1	**Wirksamwerden der Neueinstufung** Die Neueinstufung gilt ab der ersten Beitragsfälligkeit im neuen Kalenderjahr.	(2)	Hat der Versicherungsschutz von Anfang bis Ende eines Kalenderjahres ununterbrochen bestanden, ohne dass in dieser Zeit ein Schaden gemeldet worden ist, für den das Versicherungsunternehmen Entschädigungsleistungen erbracht oder Rückstellungen gebildet hat, so wird der Versicherungsvertrag im folgenden Kalender-
I.3.2	**Besserstufung bei schadenfreiem Verlauf** Ist Ihr Vertrag während eines Kalenderjahres schadenfrei verlaufen und hat der Versicherungsschutz während dieser Zeit ununn-		

AKB 2008	AKB 2007
terbrochen bestanden, wird Ihr Vertrag in die nächst bessere SF-Klasse nach der jeweiligen Tabelle im Anhang 1 eingestuft.	jahr in nachstehende, jeweils getrennt für die Kraftfahrzeug-Haftpflicht- und die Fahrzeugvollversicherung, Schadenfreiheitsklassen eingestuft:

I.3.3 **Besserstufung bei Saisonkennzeichen**

Ist das versicherte Fahrzeug mit einem Saisonkennzeichen zugelassen (siehe H.2), nehmen wir bei schadenfreiem Verlauf des Vertrags eine Besserstufung nach I.3.2 nur vor, wenn die Saison mindestens sechs Monate beträgt.

I.3.4 **Besserstufung bei Verträgen mit SF-Klassen [2], ½, S, 0 oder M**

Hat der Versicherungsschutz während des gesamten Kalenderjahres ununterbrochen bestanden, stufen wir Ihren Vertrag aus der SF-Klasse [2], ½, S, 0 oder M bei schadenfreiem Verlauf in die SF-Klasse 1 ein.

Hat Ihr Vertrag in der Zeit vom 2. Januar bis 1. Juli eines Kalenderjahres mit einer Einstufung in SF-Klasse [2], ½ oder 0 begonnen und bestand bis zum 31. Dezember mindestens sechs Monate Versicherungsschutz, wird er bei schadenfreiem Verlauf zum 1. Januar des folgenden Kalenderjahres wie folgt eingestuft:

[xx von SF-Klasse 2 nach   SF-Klasse xx]
von SF-Klasse ½ nach   SF-Klasse xx,
von SF-Klasse 0 nach   SF-Klasse xx.

I.3.5 **Rückstufung bei schadenbelastetem Verlauf**

Ist Ihr Vertrag während eines Kalenderjahres schadenbelastet verlaufen, wird er nach der jeweiligen Tabelle in Anhang 1 zu-

---

(3) [...]

(4) Gilt ein Versicherungsvertrag im Kalenderjahr der Schadenmeldung als schadenfrei und werden in einem folgenden Kalenderjahr für diesen Schadenaufwendungen erbracht, so wird der Versicherungsvertrag in dem Kalenderjahr, in dem die erste Entschädigungsleistung erbracht oder Rückstellung gebildet worden ist, als nicht schadenfrei behandelt.

(5) [...]

(6) Hat der Versicherungsvertrag in der Zeit vom 2. 1. bis zum 1. 7. begonnen und hat während des Kalenderjahres für mindestens 6 Monate Versicherungsschutz bestanden, so wird bei Schadenfreiheit ein bei Abschluss in die Klasse 0 eingestufter Versicherungsvertrag im folgenden Kalenderjahr in die Schadenfreiheitsklasse SF 1/2, ein bei Abschluss gemäß Absatz 7 in die Schadenfreiheitsklasse SF 1/2 eingestufter Versicherungsvertrag im folgenden Kalenderjahr in die Schadenfreiheitsklasse SF 1 eingestuft.

TB 20 Wirksamwerden der Einstufung in die Schadenfreiheits- und Schadenklassen

(1) Der sich aufgrund des Schadenverlaufs ergebende Beitragssatz wird bei allen im folgenden Kalenderjahr zu leistenden Beiträgen (Teilbeiträgen) ab Fälligkeit wirksam. Soweit bereits niedrigere oder

Synopse AKB 2008/AKB 2007

AKB 2008	AKB 2007
rückgestuft. Maßgeblich ist der Tag der Schadenmeldung bei uns.	höhere Beiträge gezahlt wurden, ist der Unterschiedsbetrag nachzuzahlen oder zu erstatten.

	AKB 2008	AKB 2007
I.4	**Was bedeutet schadenfreier oder schadenbelasteter Verlauf?**	**TB 14 Abs. 2 bis 4**
I.4.1	**Schadenfreier Verlauf**	
I.4.1.1	Ein schadenfreier Verlauf des Vertrags liegt vor, wenn der Versicherungsschutz von Anfang bis Ende eines Kalenderjahres ununterbrochen bestanden hat und uns in dieser Zeit kein Schadenereignis gemeldet worden ist, für das wir Entschädigungen leisten oder Rückstellungen bilden mussten. Dazu zählen nicht Kosten für Gutachter, Rechtsberatung und Prozesse.	(2) Hat der Versicherungsschutz von Anfang bis Ende eines Kalenderjahres ununterbrochen bestanden, ohne dass in dieser Zeit ein Schaden gemeldet worden ist, für den das Versicherungsunternehmen Entschädigungsleistungen erbracht oder Rückstellungen gebildet hat, so wird der Versicherungsvertrag im folgenden Kalenderjahr in nachstehende, jeweils getrennt für die Kraftfahrzeug-Haftpflicht- und die Fahrzeugvollversicherung, Schadenfreiheitsklassen eingestuft: [...]
I.4.1.2	Trotz Meldung eines Schadenereignisses gilt der Vertrag jeweils als schadenfrei, wenn	(3) Entschädigungsleistungen oder Rückstellungen sind Aufwendungen zum Ausgleich von Personen-, Sach- oder Vermögensschäden mit Ausnahme von Kosten für Gutachten, Rechtsberatung und Prozesse. Hat das Versicherungsunternehmen Entschädigungsleistungen erbracht oder Rückstellungen gebildet, die lediglich auf allgemeinen Vereinbarungen der beteiligten Versicherungsunternehmen untereinander oder mit Sozialversicherungsträgern oder auf der Ausgleichspflicht nach § 59 Abs. 2 VVG beruhen, wird der Versicherungsvertrag so behandelt, als wenn der Schaden nicht gemeldet worden wäre. Das gleiche gilt, wenn Rückstellungen in den drei auf die Schadenmeldung folgenden Kalenderjahren aufgelöst werden, ohne dass das Versicherungsunternehmen Entschädigungsleistungen erbracht hat.
	a wir nur aufgrund von Abkommen der Versicherungsunternehmen untereinander oder mit Sozialversicherungsträgern oder wegen der Ausgleichspflicht aufgrund einer Mehrfachversicherung Entschädigungen leisten oder Rückstellungen bilden oder	
	b wir Rückstellungen für das Schadenereignis in den drei auf die Schadenmeldung folgenden Kalenderjahren auflösen, ohne eine Entschädigung geleistet zu haben oder;	
	c der Schädiger oder dessen Haftpflichtversicherung uns unsere Entschädigung in vollem Umfang erstattet oder	In der Fahrzeugvollversicherung wird schadenfreier Verlauf auch dann zugrunde gelegt, wenn das Versicherungsunternehmen ledig-

AKB 2008	AKB 2007
d wir in der Vollkaskoversicherung für ein Schadenereignis, das unter die Teilkaskoversicherung fällt, Entschädigungen leisten oder Rückstellungen bilden oder e Sie Ihre Vollkaskoversicherung nur deswegen in Anspruch nehmen, weil eine Person mit einer gesetzlich vorgeschriebenen Haftpflichtversicherung für das Schadenereignis zwar in vollem Umfang haftet, Sie aber gegenüber dem Haftpflichtversicherer keinen Anspruch haben, weil dieser den Versicherungsschutz ganz oder teilweise versagt hat.	lich solche Entschädigungsleistungen erbracht oder Rückstellungen gebildet hat, die auch dann erforderlich gewesen wären, wenn für das Fahrzeug nur eine Fahrzeugteilversicherung bestanden hätte oder wenn der Versicherungsnehmer das Versicherungsunternehmen wegen der Vorschrift des § 158c Abs. 4 VVG in Anspruch nimmt. Bei einer Versicherung ohne Selbstbeteiligung gilt dies auch für den Teil des Schadens, der nach § 13 Abs. 9 AKB in der Fahrzeugteilversicherung nicht ersetzt wird. (4) Gilt ein Versicherungsvertrag im Kalenderjahr der Schadenmeldung als schadenfrei und werden in einem folgenden Kalenderjahr für diesen Schadenaufwendungen erbracht, so wird der Versicherungsvertrag in dem Kalenderjahr, in dem die erste Entschädigungsleistung erbracht oder Rückstellung gebildet worden ist, als nicht schadenfrei behandelt.
I.4.2 Schadenbelasteter Verlauf I.4.2.1 Ein schadenbelasteter Verlauf des Vertrags liegt vor, wenn Sie uns während eines Kalenderjahres ein oder mehrere Schadenereignisse melden, für die wir Entschädigungen leisten oder Rückstellungen bilden müssen. Hiervon ausgenommen sind die Fälle nach I.4.1.2. I.4.2.2 Gilt der Vertrag trotz einer Schadenmeldung zunächst als schadenfrei, leisten wir jedoch in einem folgenden Kalenderjahr Entschädigungen oder bilden Rückstellungen für diesen Schaden, stufen wir Ihren Vertrag zum 1. Januar des dann folgenden Kalenderjahres zurück.	

AKB 2008	AKB 2007
I.5 Wie Sie eine Rückstufung in der Kfz-Haftpflichtversicherung vermeiden können	**TB 14 Abs. 5**
Sie können eine Rückstufung in der Kfz-Haftpflichtversicherung vermeiden, wenn Sie uns unsere Entschädigung freiwillig, also ohne vertragliche oder gesetzliche Verpflichtung erstatten. Um Ihnen hierzu Gelegenheit zu geben, unterrichten wir Sie nach Abschluss der Schadenregulierung über die Höhe unserer Entschädigung, wenn diese nicht mehr als 500 € beträgt. Erstatten Sie uns die Entschädigung innerhalb von sechs Monaten nach unserer Mitteilung, wird Ihr Kfz-Haftpflichtversicherungsvertrag als schadenfrei behandelt. Haben wir Sie über den Abschluss der Schadenregulierung und über die Höhe des Erstattungsbetrags unterrichtet und müssen wir danach im Zuge einer Wiederaufnahme der Schadenregulierung leisten, führt dies nicht zu einer Erhöhung des Erstattungsbetrags.	(5) Hat in der Kraftfahrzeug-Haftpflichtversicherung der Versicherungsnehmer dem Versicherungsunternehmen die Entschädigungsleistungen für einen Schaden freiwillig, also nicht aufgrund einer gesetzlichen oder vertraglichen Verpflichtung, erstattet, so wird der Versicherungsvertrag insoweit als schadenfrei behandelt. Sind die Entschädigungsleistungen geringer als Euro 500,–, ist das Versicherungsunternehmen verpflichtet, den Versicherungsnehmer über den Abschluss der Regulierung und die Höhe des Erstattungsbetrages zu unterrichten sowie ihn auf die Berechtigung zur Erstattung hinzuweisen. Danach kann der Erstattungsbetrag nicht mehr um Beträge erhöht werden, die das Versicherungsunternehmen aufgrund einer Wiederaufnahme der Regulierung geleistet hat. Der Antrag des Versicherungsnehmers auf Freistellung des Versicherungsvertrages von dem gemeldeten Schaden ist binnen 6 Monaten nach Zugang der Mitteilung zu stellen. Ist ein Leasingfahrzeug versichert, gelten die Sätze 1, 3 und 4 entsprechend auch für den Leasingnehmer.
I.6 Übernahme eines Schadenverlaufs	**23. Fahrzeugwechsel**
I.6.1 In welchen Fällen wird ein Schadenverlauf übernommen? Der Schadenverlauf eines anderen Vertrags – auch wenn dieser bei einem anderen Versicherer bestanden hat – wird auf den Vertrag des versicherten Fahrzeugs unter den Voraussetzungen nach I.6.2 und I.6.3 in folgenden Fällen übernommen:	(1) Versichert der Versicherungsnehmer in der Kraftfahrzeug-Haftpflicht- oder in der Fahrzeugvollversicherung nach Veräußerung des Fahrzeugs oder Wegfall des Wagnisses (§§ 6, 6a AKB) anstelle des ausgeschiedenen Fahrzeugs ein anderes Fahrzeug (Ersatzfahrzeug), so richtet sich die Einstufung des Versicherungsvertrags für

Anhang

AKB 2008	AKB 2007
Fahrzeugwechsel I.6.1.1 Sie haben das versicherte Fahrzeug anstelle eines anderen Fahrzeugs angeschafft. *Rabattausch* I.6.1.2 Sie besitzen außer dem versicherten Fahrzeug noch ein anderes Fahrzeug und veräußern dieses oder setzen es ohne Ruheversicherung außer Betrieb und beantragen die Übernahme des Schadenverlaufs. *Schadenverlauf einer anderen Person* I.6.1.3 Das Fahrzeug einer anderen Person wurde überwiegend von Ihnen gefahren und Sie beantragen die Übernahme des Schadenverlaufs. **I.6.2 Welche Voraussetzungen gelten für die Übernahme?** Für die Übernahme eines Schadenverlaufs gelten folgende Voraussetzungen: *Fahrzeuggruppe* I.6.2.1 Die Fahrzeuge, zwischen denen der Schadenverlauf übertragen wird, gehören derselben Fahrzeuggruppe an, oder das Fahrzeug, von dem der Schadenverlauf übernommen wird, gehört einer höheren Fahrzeuggruppe an als das Fahrzeug, auf das übertragen wird.	das Ersatzfahrzeug nach der Anzahl der schadenfreien Jahre, die sich zum Zeitpunkt des Fahrzeugwechsels aus dem Rabattgrundjahr ergeben, ggf. nach der Klasse 0 oder der Schadenklasse des für das ausgeschiedene Fahrzeug bestehenden Vertrages. Rabattgrundjahr ist das erste nach Maßgabe der Nrn. 14, 18, 22a und 22b als schadenfrei geltende Kalenderjahr. Diese Grundsätze gelten nur, wenn das ausgeschiedene Fahrzeug den nachfolgend genannten Fahrzeuggruppen und entweder derselben oder einer höheren Fahrzeuggruppe angehörte wie das Ersatzfahrzeug. Die Sätze 1 und 3 gelten entsprechend, wenn derselbe Versicherungsnehmer für zwei Fahrzeuge Versicherungsverträge abgeschlossen hat, von denen jeweils einer nach § 5 AKB ruht. Die untere Fahrzeuggruppe umfasst Pkw, Kleinkrafträder, Leichtkrafträder, Krafträder, Campingfahrzeuge, Lieferwagen, Gabelstapler, Kranken- und Leichenwagen. Die mittlere Fahrzeuggruppe umfasst Taxen, Mietwagen, Lkw und Zugmaschinen im Werkverkehr. Die obere Fahrzeuggruppe umfasst Lkw und Zugmaschinen im Güterverkehr, Kraftomnibusse sowie Abschleppwagen. Ist das ausgeschiedene Fahrzeug ein Lieferwagen und das Ersatzfahrzeug ein Lkw oder eine Zugmaschine bis … t zulässiger Gesamtmasse (bzw. Gesamtgewicht) im Werkverkehr, erfolgt die Einstufung nach Satz 1. Das gleiche gilt, wenn das ausgeschiedene Fahrzeug ein Pkw mit 7 bis 9 Plätzen einschließlich Mietwagen, Taxen, das Ersatzfahrzeug ein Kraftomnibus mit nicht mehr als … Plätzen (ohne Fahrersitz) ist.

AKB 2008	AKB 2007
a Untere Fahrzeuggruppe: Pkw, Kleinkrafträder, Leichtkrafträder, Krafträder, Campingfahrzeuge, Lieferwagen, Gabelstapler, Kranken- und Leichenwagen. b Mittlere Fahrzeuggruppe: Taxen, Mietwagen, Lkw und Zugmaschinen im Werkverkehr. c Obere Fahrzeuggruppe: Lkw und Zugmaschinen im gewerblichen Güterverkehr, Kraftomnibusse sowie Abschleppwagen. Eine Übertragung ist zudem möglich – von einem Lieferwagen auf einen Lkw oder eine Zugmaschine im Werkverkehr bis xx kW, – von einem Pkw mit 7 bis 9 Plätzen einschließlich Mietwagen und Taxen auf einen Kraftomnibus mit nicht mehr als xx Plätzen (ohne Fahrersitz). *Gemeinsame Übernahme des Schadenverlaufs in der Kfz-Haftpflicht- und der Vollkaskoversicherung* 1.6.2.2 Wir übernehmen die Schadenverläufe in der Kfz-Haftpflicht- und in der Vollkaskoversicherung nur zusammen. *Zusätzliche Regelung für die Übernahme des Schadenverlaufs von einer anderen Person nach I.6.1.3* 1.6.2.3 Wir übernehmen den Schadenverlauf von einer anderen Person nur für den Zeitraum, in dem das Fahrzeug	(2) Ist in den Fällen des Absatz 1 für das ausgeschiedene Fahrzeug die Berücksichtigung der Dauer der Schadenfreiheit und der Anzahl der Schäden nicht vorgesehen, so wird das Ersatzfahrzeug in die Schadenfreiheitsklasse oder Schadenklasse eingestuft, die das ausgeschiedene Fahrzeug bei Anwendung der Nrn. 14, 18, 22 a und 22 b erreicht hätte, wenn diese Bestimmungen für das Ersatzfahrzeug anzuwenden sind. (3) Gelten für das ausgeschiedene Fahrzeug und das Ersatzfahrzeug unterschiedliche Staffeln der Beitragssätze (Nr. 17), so wird der Versicherungsvertrag aufgrund der sich zum Zeitpunkt des Fahrzeugwechsels aus dem Rabattgrundjahr des Vertrages für das ausgeschiedene Fahrzeug ergebenden Anzahl der schadenfreien Jahre in die für das Ersatzfahrzeug geltende Staffel eingestuft. Schäden und Unterbrechungen, die sich zum Zeitpunkt des Fahrzeugwechsels noch nicht auf die Einstufung des ausgeschiedenen Fahrzeugs ausgewirkt haben, werden in der für das Ersatzfahrzeug geltenden Staffel berücksichtigt. (4) Wird das ausgeschiedene Fahrzeug nicht ersetzt, kann der Versicherungsnehmer beanspruchen, dass ein anderer auf seinen Namen lautender Versicherungsvertrag nach Maßgabe der Absätze 1 und 3 eingestuft wird, wenn er glaubhaft macht, dass die Anrechnung des Schadenverlaufs des beendeten Vertrages auf den fortbestehenden Versicherungsvertrag gerechtfertigt ist. Zur Glaubhaftmachung gehört insbesondere eine schriftliche Erklärung des Versicherungsnehmers, dass das ausgeschiedene und das verbleibende Fahrzeug überwiegend von demselben Personenkreis geführt wurden. Eine

AKB 2008	AKB 2007
der anderen Person überwiegend von Ihnen gefahren wurde, und unter folgenden Voraussetzungen: a Es handelt sich bei der anderen Person um Ihren Ehepartner, Ihren eingetragenen Lebenspartner, Ihren mit Ihnen in häuslicher Gemeinschaft lebenden Lebenspartner, ein Elternteil, Ihr Kind oder Ihren Arbeitgeber; b Sie machen den Zeitraum, in dem das Fahrzeug der anderen Person überwiegend von Ihnen gefahren wurde glaubhaft; hierzu gehört insbesondere – eine schriftliche Erklärung von Ihnen und der anderen Person; ist die andere Person verstorben, ist die Erklärung durch Sie ausreichend; – die Vorlage einer Kopie Ihres Führerscheins zum Nachweis dafür, dass Sie für den entsprechenden Zeitraum im Besitz einer gültigen Fahrerlaubnis waren; c die andere Person ist mit der Übertragung ihres Schadenverlaufs an Sie einverstanden und gibt damit ihren Schadenfreiheitsrabatt in vollem Umfang auf; d die Nutzung des Fahrzeugs der anderen Person durch Sie liegt bei der Übernahme nicht mehr als xx Monate zurück.	Einstufung nach Satz 1 ist ausgeschlossen, wenn der beendete Vertrag sich in einer um mehr als ...-Punkte besseren Schadenfreiheitsklasse oder Schadenklasse befindet als der fortbestehende Versicherungsvertrag, es sei denn, der fortbestehende Versicherungsvertrag war seit Beginn oder – bei mehr als zweijährigem Bestehen – mindestens in den letzten beiden Jahren schadenfrei. (5) Versichert der Versicherungsnehmer ohne Veräußerung des Fahrzeugs oder Wegfall des Wagnisses (§§ 6, 6a AKB) ein weiteres Fahrzeug, so gelten die Absätze 1 und 3 für die Einstufung des Versicherungsvertrages des weiteren Fahrzeugs entsprechend, sofern der Versicherungsnehmer glaubhaft macht, dass die Anrechnung des Schadenverlaufs des Vertrags des zuerst versicherten Fahrzeugs auf den Versicherungsvertrag des weiteren Fahrzeugs gerechtfertigt ist. Zur Glaubhaftmachung gehört insbesondere eine schriftliche Erklärung des Versicherungsnehmers, dass das weitere Fahrzeug überwiegend von demselben Personenkreis geführt wird, der das zuerst versicherte Fahrzeug geführt hat. Der Versicherungsvertrag für das zuerst versicherte Fahrzeug wird wie ein erstmalig abgeschlossener behandelt. Nr. 14 Abs. 7 bleibt unberührt. (6) Ändert sich der Verwendungszweck des versicherten Fahrzeugs, gelten die Absätze 1 bis 3 entsprechend. Der Versicherungsvertrag für ein Fahrzeug, das durch eine Änderung des Verwendungszwecks vorübergehend einer niedrigeren Fahrzeuggruppe nach Absatz 1 angehörte, wird in die Schadenfreiheitsklasse oder Schadenklasse eingestuft, die er während der Zugehörigkeit zu der niedrigeren Fahrzeuggruppe erreicht hatte; Absatz 3 gilt entsprechend.

Synopse AKB 2008/AKB 2007

AKB 2008	AKB 2007
	(7) In der Fahrzeugversicherung steht es der Veräußerung oder dem Wagniswegfall gleich, wenn der Versicherungsnehmer die Versicherung für ein Fahrzeug aufgibt.
I.6.3 Wie wirkt sich eine Unterbrechung des Versicherungsschutzes auf den Schadenverlauf aus?	**TB 22 a Einstufung des Versicherungsvertrages im Kalenderjahr der Beendigung einer Unterbrechung des Versicherungsschutzes**
Im Jahr der Übernahme	(1) War der Versicherungsschutz in der Kraftfahrzeug-Haftpflicht- und in der Fahrzeugvollversicherung nicht länger als 6 Monate unterbrochen, so wird der Versicherungsvertrag in die Schadenfreiheitsklasse oder Schadenklasse eingestuft, in die er bei Fortdauer des Versicherungsschutzes eingestuft worden wäre. Nr. 14 Abs. 6 bleibt unberührt.
I.6.3.1 Nach einer Unterbrechung des Versicherungsschutzes (Außerbetriebsetzung, Saisonkennzeichen außerhalb der Saison, Vertragsbeendigung, Veräußerung, Risikowegfall) gilt:	
a Beträgt die Unterbrechung höchstens sechs Monate, übernehmen wir den Schadenverlauf, als wäre der Versicherungsschutz nicht unterbrochen worden.	(2) Dauerte die Unterbrechung länger
b Beträgt die Unterbrechung mehr als sechs und höchstens zwölf Monate, übernehmen wir den Schadenverlauf, wie er vor der Unterbrechung bestand.	a) als 6 Monate, aber nicht mehr als ein Jahr, bleibt der Versicherungsvertrag in der Schadenfreiheitsklasse oder Schadenklasse, die vor der Unterbrechung galt;
	b) als ein Jahr, wird der Versicherungsvertrag für jedes weitere angefangene Jahr der Unterbrechung um eine Schadenfreiheitsklasse zurückgestuft;
c Beträgt die Unterbrechung mehr als zwölf Monate, ziehen wir beim Schadenverlauf für jedes weitere angefangene Kalenderjahr seit der Unterbrechung ein schadenfreies Jahr ab.	c) als 7 Jahre, wird der Versicherungsvertrag nach Nr. 14 Abs. 7 eingestuft.
d Beträgt die Unterbrechung mehr als sieben Jahre, übernehmen wir den schadenfreien Verlauf nicht.	(3) Nr. 18 bleibt unberührt. Sofern neben einer Rückstufung aufgrund einer Unterbrechung von mehr als einem Jahr gleichzeitig eine Rückstufung aufgrund einer Schadenmeldung zu erfolgen hat, so

AKB 2008	AKB 2007
Sofern neben einer Rückstufung aufgrund einer Unterbrechung von mehr als einem Jahr gleichzeitig eine Rückstufung aufgrund einer Schadenmeldung zu erfolgen hat, ist zunächst die Rückstufung aufgrund des Schadens, danach die Rückstufung aufgrund der Unterbrechung vorzunehmen. *Im Folgejahr nach der Übernahme* I.6.3.2 In dem auf die Übernahme folgenden Kalenderjahr richtet sich die Einstufung des Vertrags nach dessen Schadenverlauf und danach, wie lange der Versicherungsschutz in dem Kalenderjahr der Übernahme bestand: a Bestand der Versicherungsschutz im Kalenderjahr der Übernahme mindestens sechs Monate, wird der Vertrag entsprechend seines Verlaufs so eingestuft, als hätte er ein volles Kalenderjahr bestanden. b Bestand der Versicherungsschutz im Kalenderjahr der Übernahme weniger als sechs Monate, unterbleibt eine Besserstufung trotz schadenfreien Verlaufs.	ist zunächst die Rückstufung aufgrund des Schadens, danach die Rückstufung aufgrund der Unterbrechung vorzunehmen. **TB 22b Einstufung des Versicherungsvertrages in dem der Beendigung der Unterbrechung des Versicherungsschutzes folgenden Kalenderjahr** (1) War der Versicherungsschutz nicht länger als 6 Monate unterbrochen, so wird der Versicherungsvertrag in die Schadenfreiheitsklasse oder Schadenklasse eingestuft, in die er bei Fortdauer des Versicherungsschutzes eingestuft worden wäre. Nr. 14 Abs. 6 bleibt unberührt. (2) Dauerte die Unterbrechung länger als 6 Monate, so wird der Versicherungsvertrag in die nächsthöhere Schadenfreiheitsklasse eingestuft, wenn im Kalenderjahr der Beendigung der Unterbrechung des Versicherungsschutzes für mindestens 6 Monate schadenfrei Versicherungsschutz bestanden hat. (3) Nr. 18 bleibt unberührt.

I.6.4 Übernahme des Schadenverlaufs nach Betriebsübergang

Haben Sie einen Betrieb und dessen zugehörige Fahrzeuge übernommen, übernehmen wir den Schadenverlauf dieser Fahrzeuge unter folgenden Voraussetzungen:

Synopse AKB 2008/AKB 2007

AKB 2008	AKB 2007
– Der bisherige Betriebsinhaber ist mit der Übernahme des Schadenverlaufs durch Sie einverstanden und gibt damit den Schadenfreiheitsrabatt in vollem Umfang auf, – Sie machen glaubhaft, dass sich durch die Übernahme des Betriebs die bisherige Risikosituation nicht verändert hat.	
I.8 Auskünfte über den Schadenverlauf I.8.1 Wir sind berechtigt, uns bei Übernahme eines Schadenverlaufs folgende Auskünfte vom Vorversicherer geben zu lassen: – Art und Verwendung des Fahrzeugs, – Beginn und Ende des Vertrags für das Fahrzeug, – Schadenverlauf des Fahrzeugs in der Kfz-Haftpflicht- und der Vollkaskoversicherung, – Unterbrechungen des Versicherungsschutzes des Fahrzeugs, die sich noch nicht auf dessen letzte Neueinstufung ausgewirkt haben, – ob für ein Schadenereignis Rückstellungen innerhalb von drei Jahren nach deren Bildung aufgelöst worden sind, ohne dass Zahlungen geleistet worden sind und – ob Ihnen oder einem anderen Versicherer bereits entsprechende Auskünfte erteilt worden sind. I.8.2 Versichern Sie nach Beendigung Ihres Vertrags in der Kfz-Haftpflicht- und der Vollkaskoversicherung Ihr Fahrzeug bei einem anderen Versicherer, sind wir be-	**TB 24 Versichererwechselbescheinigung** Das Versicherungsunternehmen ist berechtigt, bei Beendigung eines Versicherungsvertrages in der Kraftfahrzeug-Haftpflicht- oder in der Fahrzeugvollversicherung jeweils eine Bescheinigung über folgende Daten auszustellen und diese dem Nachversicherer auf dessen Anfrage zu übermitteln: 1. die Fahrzeugklasse (bzw. Fahrzeugart) und den Verwendungszweck, 2. den Beginn und das Ende des Vertrages, 3. den erreichten Schadenfreiheitsrabattstatus, ausgedrückt durch die Rabattgrundjahre, 4. die Anzahl der Schäden und Unterbrechungen, die sich noch nicht auf den Schadenfreiheitsrabattstatus ausgewirkt haben, 5. in der Kraftfahrzeug-Haftpflichtversicherung, falls vom Nachversicherer gefordert, auch die übrigen in § 5 Abs. 7 PflVersG genannten Daten, 6. ob dem Versicherungsnehmer und gegebenenfalls welchem Nachversicherer bereits eine Bescheinigung nach Nummern 1 bis 5 erteilt wurde. Mit der Übermittlung der in Nummern 1 bis 5 genannten Daten gilt die Verpflichtung des Versicherers nach § 5 Abs. 7 PflVersG als erfüllt; es sei

Anhang

AKB 2008	AKB 2007
rechtigt und verpflichtet, diesem auf Anfrage Auskünfte zu Ihrem Vertrag und dem versicherten Fahrzeug nach I. 8.1 zu geben. Unsere Auskunft bezieht sich nur auf den tatsächlichen Schadenverlauf. Sondereinstufungen – mit Ausnahme der Regelung nach I.2.2.1 – werden nicht berücksichtigt.	denn, der Versicherungsnehmer verlangt die in § 5 Abs. 7 PflVersG genannte Bescheinigung. Der Versicherer ist berechtigt, bei Beginn des Vertrages die unter Nummern 1 bis 6 genannten Daten beim Vorversicherer abzufragen.
J Beitragsänderung aufgrund tariflicher Maßnahmen **J.1 Typklasse** Richtet sich der Versicherungsbeitrag nach dem Typ Ihres Fahrzeugs, können Sie Ihrem Versicherungsschein entnehmen, welcher Typklasse Ihr Fahrzeug zu Beginn des Vertrags zugeordnet worden ist. Ein unabhängiger Treuhänder ermittelt jährlich, ob und in welchem Umfang sich der Schadenbedarf Ihres Fahrzeugtyps im Verhältnis zu dem aller Fahrzeugtypen erhöht oder verringert. Ändert sich der Schadenbedarf Ihres Fahrzeugtyps im Verhältnis zu dem aller Fahrzeugtypen, kann dies zu einer Zuordnung in eine andere Typklasse führen. Die damit verbundene Beitragsänderung wird mit Beginn des nächsten Versicherungsjahres wirksam. [xx Die Klassengrenzen können Sie der Tabelle im Anhang 3 entnehmen.] **J.2 Regionalklasse** Richtet sich der Versicherungsbeitrag nach dem Wohnsitz des Halters, wird Ihr Fahrzeug einer Regionalklasse zugeordnet. Maß-	**§ 9 a Tarifänderung in der Kraftfahrzeug-Haftpflicht- und Fahrzeugversicherung** (1) Bei Erhöhung des sich aus dem Tarif ergebenden Beitrags ist der Versicherer berechtigt, für die zu diesem Zeitpunkt bestehenden Versicherungsverträge den Beitrag mit Wirkung vom Beginn der nächsten Versicherungsperiode an bis zur Höhe des neuen Tarifbeitrages anzuheben. (2) Eine Beitragserhöhung nach Absatz 1 wird nur wirksam, wenn der Versicherer dem Versicherungsnehmer die Änderung unter Kenntlichmachung des Unterschieds zwischen altem und neuem Beitrag spätestens einen Monat vor dem Zeitpunkt des Wirksamwerdens mitteilt und ihn schriftlich über sein Recht nach § 9b belehrt. (3) In die Berechnung des Beitragsunterschiedes werden Änderungen nach § 9c sowie Änderungen gemäß Nr. 6 Abs. 3 der Tarifbestimmungen für die Kraftfahrtversicherung (TB) sowie Änderungen in der Zuordnung des Vertrages zu den Regionalklassen (TB Nr. 11) und den Typklassen (TB Nr. 12) einbezogen, wenn sie gleichzeitig wirksam werden. Das gilt nicht für Beitragsänderungen, die sich

AKB 2008	AKB 2007
J.3 geblich ist der Wohnsitz, den uns die Zulassungsbehörde zu Ihrem Fahrzeug mitteilt. Ihrem Versicherungsschein können Sie entnehmen, welcher Regionalklasse Ihr Fahrzeug zu Beginn des Vertrags zugeordnet worden ist. Ein unabhängiger Treuhänder ermittelt jährlich, ob und in welchem Umfang sich der Schadenbedarf der Region, in welcher der Wohnsitz des Halters liegt, im Verhältnis zu allen Regionen erhöht oder verringert. Ändert sich der Schadenbedarf Ihrer Region im Verhältnis zu dem aller Regionen, kann dies zu einer Zuordnung in eine andere Regionalklasse führen. Die damit verbundene Beitragsänderung wird mit Beginn des nächsten Versicherungsjahres wirksam. [xx Die Klassengrenzen können Sie der Tabelle im Anhang 4 entnehmen.]	aufgrund von TB Nr. 6 Abs. 2, der Zuordnung des Vertrages zu den Tarifgruppen und Regionalklassen gemäß TB Nr. 10, aufgrund des Schadenverlaufs des konkreten Versicherungsvertrages, aufgrund des Abstellortes (TB Nr. 12 a) oder der jährlichen Fahrleistung (TB Nr. 12 b) ergeben.
Tarifänderung <xx Redaktioneller Hinweis: Ein Mustertext wie zu § 9a AKB a.F. wird nicht bekannt gemacht.>	(4) Vermindert sich der Tarifbeitrag, ist der Versicherer verpflichtet, den Beitrag vom Beginn der nächsten Versicherungsperiode an auf die Höhe des neuen Tarifbeitrages zu senken.
	§ 9b Außerordentliches Kündigungsrecht
	(1) Bei Änderungen gemäß § 9a kann der Versicherungsnehmer den Versicherungsvertrag innerhalb eines Monats nach Zugang der Mitteilung des Versicherers zu dem Zeitpunkt kündigen, an dem die Beitragserhöhung wirksam werden würde. Die Kündigung kann sich auf die betroffene Versicherungsart beschränken oder sich gleichzeitig auf die übrigen für dasselbe Fahrzeug bestehenden Kraftfahrtversicherungen erstrecken.
J.4 Kündigungsrecht Führt eine Änderung nach J.1 bis J.3 in der Kfz-Haftpflichtversicherung zu einer Beitragserhöhung, so haben Sie nach G.2.7 ein Kündigungsrecht. Werden mehrere Änderungen gleichzeitig wirksam, so besteht Ihr Kündigungsrecht nur, wenn die Änderungen in Summe zu einer Beitragserhöhung führen. Dies gilt für die Kaskoversicherung entsprechend.	(2) Änderungen aufgrund von Nr. 6 Abs. 3 der Tarifbestimmungen für die Kraftfahrtversicherung berechtigen den Versicherungsnehmer auch dann zur Kündigung des Versicherungsverhältnisses, wenn sie keine Beitragserhöhung bewirken. Absatz 1 gilt entsprechend.
	§ 9c Gesetzliche Änderungen des Leistungsumfanges in der KH-Versicherung
	(1) Ist der Versicherer aufgrund eines Gesetzes oder einer Verordnung verpflichtet, den Leistungsumfang zu ändern oder die Deckungs-

AKB 2008	AKB 2007
J.5 Gesetzliche Änderung des Leistungsumfangs in der Kfz-Haftpflichtversicherung In der Kfz.-Haftpflichtversicherung sind wir berechtigt, den Beitrag zu erhöhen, wenn wir aufgrund eines Gesetzes, einer Verordnung oder einer EU-Richtlinie dazu verpflichtet werden, den Leistungsumfang oder die Versicherungssummen zu erhöhen. <xx Achtung! Es folgen zwei Varianten. Variante 1 für Versicherer, die nur das SF-System nach Anlage 1 verwenden wollen. Variante 2 für Versicherer, die auch die Tarifmerkmale nach Anhang 2 verwenden wollen.>	summen zu erhöhen, so ist er berechtigt, den Beitrag ab dem Zeitpunkt zu erhöhen, von dem an der geänderte Leistungsumfang oder die erhöhten Deckungssummen gelten. (2) Bei einer Erhöhung des Beitrags nach Absatz 1 hat der Versicherungsnehmer das Recht, den Vertrag zu kündigen. § 9b Abs. 1 Satz 1 gilt entsprechend. Fällt dabei ein Teil der Versicherungszeit in die Zeit nach Wirksamwerden der Änderung des Leistungsumfanges oder der Erhöhung der Deckungssummen, so hat der Versicherungsnehmer für diese Zeit den erhöhten Beitrag zu entrichten.
J.6 Änderung des SF-Klassen-Systems Wir sind berechtigt, die Bestimmungen für die SF-Klassen nach Abschnitt I und Anhang 1 zu ändern, wenn ein unabhängiger Treuhänder bestätigt, dass die geänderten Bestimmungen den anerkannten Grundsätzen der Versicherungsmathematik und Versicherungstechnik entsprechen. Die geänderten Bestimmungen werden mit Beginn des nächsten Versicherungsjahres wirksam. In diesem Fall haben Sie nach G.2.9 ein Kündigungsrecht.	**§ 9 d Bedingungsanpassung** – von der Bekanntgabe einer Musterklausel wird abgesehen –
J.6 Änderung der Tarifstruktur Wir sind berechtigt, die Bestimmungen für SF-Klassen, Regionalklassen, Typklassen, Abstellort, jährliche Fahrleistung, xx <ggf. zu ergänzen> zu ändern, wenn ein unabhängiger Treuhänder bestätigt, dass die geänderten Bestimmungen den anerkannten Grundsätzen der Versicherungsmathematik und Versiche-	

Synopse AKB 2008/AKB 2007

AKB 2008	AKB 2007
rungstechnik entsprechen. Die geänderten Bestimmungen werden mit Beginn des nächsten Versicherungsjahres wirksam. In diesem Fall haben Sie nach G.2.9 ein Kündigungsrecht.	
K Beitragsänderung aufgrund eines bei Ihnen eingetretenen Umstands	
K.1 Änderung des Schadenfreiheitsrabatts	
Ihr Beitrag kann sich aufgrund der Regelungen zum Schadenfreiheitsrabatt-System nach Abschnitt I ändern.	
K.2 Änderung von Merkmalen zur Beitragsberechnung	**TB 10 Abs. 3**
Welche Änderungen werden berücksichtigt?	(3) Die Zuordnung zu den Tarifgruppen A oder B erfolgt, sobald die Voraussetzungen nach Nr. 9 a oder Nr. 9 b schriftlich nachgewiesen sind.
K.2.1 Ändert sich während der Laufzeit des Vertrags ein im Versicherungsschein unter der Überschrift xx aufgeführtes Merkmal zur Beitragsberechnung, berechnen wir den Beitrag neu. Dies kann zu einer Beitragssenkung oder zu einer Beitragserhöhung führen.	Der Versicherungsnehmer ist verpflichtet, dem Versicherungsunternehmen den Fortbestand der Voraussetzungen auf Verlangen nachzuweisen. Den Wegfall der Voraussetzungen hat er unverzüglich anzuzeigen.
<xx *Alternativformulierung für Versicherer, die den Anhang 2 verwenden:*	Verstößt der Versicherungsnehmer schuldhaft gegen die Verpflichtung nach Satz 3, so ist der Versicherer berechtigt, einen Zuschlag von …% auf den Beitrag für das Versicherungsjahr zu erheben, in welchem das Versicherungsunternehmen vom Wegfall der Voraussetzungen Kenntnis erlangt. Insoweit werden die Rechte des Versicherers nach den §§ 23 bis 25 VVG ausgeschlossen.
K.2.1 Verändert der Versicherungsnehmer oder der Versicherte Merkmale zur Beitragsberechnung gemäß Anhang 2 <fakultativer Abschnitt>, die die Beitragsberechnung bestimmen, berechnen wir den Beitrag neu. Dies kann zu einer Beitragssenkung oder zu einer Beitragserhöhung führen.>	**TB 12a Abs. 4**
	(4) Hat der Versicherungsnehmer bei Antragstellung oder während der Laufzeit des Vertrages unrichtige Angaben zu den Voraussetzungen nach Absatz 1 gemacht oder während der Laufzeit des Versicherungsvertrages den Wegfall der Voraussetzungen nach Absatz 1 nicht unverzüglich angezeigt bzw. verschwiegen, hat der Versicherungsnehmer eine Vertragsstrafe in Höhe von XXX Euro zu zahlen.

AKB 2008	AKB 2007
Auswirkung auf den Beitrag K.2.2 Der neue Beitrag gilt ab dem Tag der Änderung. K.2.3 Ändert sich die im Versicherungsschein aufgeführte Jahresfahrleistung, gilt abweichend von K.2.2 der neue Beitrag rückwirkend ab Beginn des laufenden Versicherungsjahres.	Die Vertragsstrafe wird nur dann fällig, wenn der Versicherungsnehmer schuldhaft gegen seine Verpflichtungen verstoßen hat. Insoweit werden die Rechte des Versicherers nach §§ 16–30 VVG ausgeschlossen. Darüber hinaus schuldet er dem Versicherer ab … den entsprechenden Differenzbetrag gem. Absatz 2 bzw. 3.
K.3 Änderung der Regionalklasse wegen Wohnsitzwechsels Wechselt der Halter seinen Wohnsitz und wird dadurch Ihr Fahrzeug einer anderen Regionalklasse zugeordnet, richtet sich der Beitrag ab der Ummeldung bei der Zulassungsbehörde nach der neuen Regionalklasse.	**12b Jährliche Fahrleistung** (1) […] Macht der Versicherungsnehmer keine Angaben zur jährlichen Fahrleistung, richten sich die Beiträge nach der Fahrleistungsklasse … . (2) […]
K.4 Ihre Mitteilungspflichten zu den Merkmalen zur Beitragsberechnung *Anzeige von Änderungen* K.4.1 Die Änderung eines im Versicherungsschein unter der Überschrift <xx konkrete Bezeichnung eintragen> aufgeführten Merkmals zur Beitragsberechnung müssen Sie uns unverzüglich anzeigen. *Überprüfung der Merkmale zur Beitragsberechnung* K.4.2 Wir sind berechtigt zu überprüfen, ob die bei Ihrem Vertrag berücksichtigten Merkmale zur Beitragsberechnung zutreffen. Auf Anforderung haben Sie uns entsprechende Bestätigungen oder Nachweise vorzulegen.	(3) Der Versicherungsnehmer hat dem Versicherer unter Nennung des aktuellen km-Standes unverzüglich anzuzeigen, wenn sich die jährliche Fahrleistung ändert und die Änderung die Zuordnung zu einer anderen Fahrleistungsklasse bewirkt. Die Beiträge werden dann ab Beginn der laufenden Versicherungsperiode nach der Fahrleistungsklasse berechnet, die der geänderten jährlichen Fahrleistung entspricht. (4) Der Versicherer ist berechtigt, die Zuordnung des Vertrages zu einer Fahrleistungsklasse zu überprüfen und hierfür vom Versicherungsnehmer entsprechende Bestätigungen oder Nachweise zu verlangen. Kommt der Versicherungsnehmer der Aufforderung des Versicherers innerhalb … nicht nach, richten sich die Beiträge nach der Fahrleistungsklasse … .

AKB 2008	AKB 2007
Folgen von unzutreffenden Angaben K.4.3 Haben Sie unzutreffende Angaben zu Merkmalen zur Beitragsberechnung gemacht oder Änderungen nicht angezeigt, gilt rückwirkend ab Beginn der laufenden Versicherungsperiode der Beitrag, der den tatsächlichen Merkmalen zur Beitragsberechnung entspricht. K.4.4 Haben Sie vorsätzlich unzutreffende Angaben gemacht oder Änderungen vorsätzlich nicht angezeigt und ist deshalb ein zu niedriger Beitrag berechnet worden, ist zusätzlich zur Beitragserhöhung eine Vertragsstrafe in Höhe von xx zu zahlen. *Folgen von Nichtangaben* K.4.5 Kommen Sie unserer Aufforderung, Bestätigungen oder Nachweise vorzulegen, schuldhaft nicht innerhalb von xx Wochen nach, wird der Beitrag rückwirkend ab Beginn der laufenden Versicherungsperiode für dieses Merkmal zur Beitragsberechnung nach den für Sie ungünstigsten Angaben berechnet. **K.5 Änderung der Art und Verwendung des Fahrzeugs** Ändert sich die im Versicherungsschein ausgewiesene Art und Verwendung des Fahrzeugs <xx bei Verwendung des Anhangs: „gemäß der Tabelle in Anhang 6">, müssen Sie uns dies anzuzeigen. Bei der Zuordnung nach der Verwendung des Fahrzeugs gelten ziehendes Fahrzeug und Anhänger als Einheit, wobei das höhere Wagnis maßgeblich ist.	(5) Wurde der Vertrag aufgrund unrichtiger Angaben des Versicherungsnehmers bei Antragstellung einer zu niedrigen Fahrleistungsklasse zugeordnet oder eine solche Zuordnung aufgrund unrichtiger Angaben während der Vertragslaufzeit aufrechterhalten, wird der Versicherungsbeitrag ab Beginn der laufenden Versicherungsperiode nach der Fahrleistungsklasse berechnet, die der tatsächlichen jährlichen Fahrleistung entspricht. Zusätzlich hat der Versicherungsnehmer an den Versicherer eine Vertragsstrafe in Höhe von …Euro zu zahlen. Die Vertragsstrafe wird nur dann fällig, wenn der Versicherungsnehmer schuldhaft gegen seine Verpflichtungen verstoßen hat. Insoweit werden die Rechte des Versicherers nach §§ 16 bis 30 VVG ausgeschlossen. **TB 17 Abs. 2** (2) Verschweigt der Versicherungsnehmer in der Kraftfahrzeug-Haftpflicht- und/oder Fahrzeugvollversicherung das Bestehen einer Vorversicherung und muss der Versicherungsvertrag nach Auskunft des Vorversicherers in die Schadenklassen S oder M eingestuft werden, so ist der Versicherer berechtigt, einen Zuschlag von …% auf den Beitrag zu erheben, der bei richtiger Einstufung hätte erhoben werden müssen. Insoweit werden die Rechte des Versicherers nach den §§ 16 bis 22 VVG ausgeschlossen. Entsprechendes gilt bei unrichtigen Angaben in den Fällen von Nr. 14 Abs. 7 und Nr. 23.

AKB 2008	AKB 2007
Wir können in diesem Fall den Versicherungsvertrag kündigen oder den Beitrag anpassen. Erhöhen wir den Beitrag um mehr als 10%, haben Sie ein Kündigungsrecht nach G.2.8.	
L Meinungsverschiedenheiten und Gerichtsstände	**§ 8 Klagefrist, Gerichtsstand**
L.1 Wenn Sie mit uns einmal nicht zufrieden sind *Versicherungsombudsmann* L.1.1 Wenn Sie als Verbraucher mit unserer Entscheidung nicht zufrieden sind oder eine Verhandlung mit uns einmal nicht zu dem von Ihnen gewünschten Ergebnis geführt hat, können Sie sich an den Ombudsmann für Versicherungen wenden (Ombudsmann e. V., Postfach 080632, 10006 Berlin, E-Mail: beschwerde@versicherungsombudsmann.de; Tel.: 01804224424 (0,24 EUR je Anruf); Fax 01804224425). Der Ombudsmann für Versicherungen ist eine unabhängige und für Verbraucher kostenfrei arbeitende Schlichtungsstelle. Voraussetzung für das Schlichtungsverfahren vor dem Ombudsmann ist aber, dass Sie uns zunächst die Möglichkeit gegeben haben, unsere Entscheidung zu überprüfen. *Versicherungsaufsicht* L.1.2 Sind Sie mit unserer Betreuung nicht zufrieden oder treten Meinungsverschiedenheiten bei der Vertragsab-	(2) Für Klagen, die aus dem Versicherungsverhältnis gegen den Versicherer erhoben werden, bestimmt sich die gerichtliche Zuständigkeit nach dem Sitz des Versicherers oder seiner für das jeweilige Versicherungsverhältnis zuständigen Niederlassung. Hat ein Versicherungsagent den Vertrag vermittelt oder abgeschlossen, ist auch das Gericht des Ortes zuständig, an dem der Agent zur Zeit der Vermittlung oder des Abschlusses seine gewerbliche Niederlassung oder – bei Fehlen einer gewerblichen Niederlassung – seinen Wohnsitz hatte. (3) Klagen des Versicherers gegen den Versicherungsnehmer können bei dem für den Wohnsitz des Versicherungsnehmers zuständigen Gericht erhoben werden. Weitere gesetzliche Gerichtsstände können sich aus dem Sitz oder die Niederlassung des Geschäfts- oder Gewerbebetriebs des Versicherungsnehmers örtlich zuständigen Gericht ergeben.

AKB 2008	AKB 2007
wicklung auf, können Sie sich auch an die für uns zuständige Aufsicht wenden. Als Versicherungsunternehmen unterliegen wir der Aufsicht der Bundesanstalt für Finanzdienstleistungsaufsicht (BAFin), Sektor Versicherungsaufsicht, Graurheindorfer Straße 108, 53117 Bonn; E-Mail: poststelle@bafin.de; Tel.: 02 28 41 08-0; Fax 02 28 41 08-15 50. Bitte beachten Sie, dass die BAFin keine Schiedsstelle ist und einzelne Streitfälle nicht verbindlich entscheiden kann.	

Sachverständigenverfahren in der Kaskoversicherung

L.1.3 Bei Meinungsverschiedenheiten über die Höhe des Schadens in der Kaskoversicherung können Sie nach A.2.17 einen Sachverständigenausschuss entscheiden lassen.

L.2 Gerichtsstände

Wenn Sie uns verklagen

L.2.1 Ansprüche aus Ihrem Versicherungsvertrag können Sie insbesondere bei folgenden Gerichten geltend machen:
- dem Gericht, das für Ihren Wohnsitz örtlich zuständig ist,
- dem Gericht, das für unseren Geschäftssitz oder für die Sie betreuende Niederlassung örtlich zuständig ist.

AKB 2008	AKB 2007
Wenn wir Sie verklagen L.2.2 Wir können Ansprüche aus dem Versicherungsvertrag insbesondere bei folgenden Gerichten geltend machen: – dem Gericht, das für Ihren Wohnsitz örtlich zuständig ist, – dem Gericht des Ortes, an dem sich der Sitz oder die Niederlassung Ihres Betriebs befindet, wenn Sie den Versicherungsvertrag für Ihren Geschäfts- oder Gewerbebetrieb abgeschlossen haben. *Sie haben Ihren Wohnsitz oder Geschäftssitz ins Ausland verlegt* L.2.3 Für den Fall, dass Sie Ihren Wohnsitz, Ihren gewöhnlichen Aufenthalt oder Ihren Geschäftssitz außerhalb Deutschlands verlegt haben oder Ihr Wohnsitz oder gewöhnlicher Aufenthalt im Zeitpunkt der Klageerhebung nicht bekannt ist, gilt abweichend der Regelungen nach L.2.2 das Gericht als vereinbart, das für unseren Geschäftssitz zuständig ist.	
M **Zahlungsweise** Die Beiträge sind, soweit nichts anderes vereinbart ist, Jahresbeiträge, die jährlich im Voraus zu entrichten sind. Bei halb-, vierteljährlicher oder monatlicher Teilzahlung werden, soweit nichts anderes vereinbart ist, Zuschläge erhoben. Der Mindestbeitrag der halb-, vierteljährlichen oder monatlichen Teilzahlung beträgt xx Euro.	**2 c. Zahlungsweise** *Alternative 1 (für TB Nr. 3 a Alternative 1)* (1) Die Beiträge sind, soweit im Tarif nichts anderes bestimmt ist, Jahresbeiträge, die jährlich im voraus zu entrichten sind. Bei halb-, vierteljährlicher oder monatlicher Teilzahlung werden, soweit nicht etwas anderes vereinbart ist, Zuschläge erhoben. Der Mindestbetrag

AKB 2008	AKB 2007
	der halb- oder vierteljährlichen oder monatlichen Teilzahlung beträgt Euro .... Für Saisonkennzeichen werden Teilzahlungen nicht vereinbart. (2) Bei Fahrzeugen, die mit einem Saisonkennzeichen zugelassen sind, beginnt der Vertrag mit der Saison (§ 5a AKB). Der erste Beitrag ist mit Saisonbeginn, oder wenn der Vertrag innerhalb der Saison beginnt, mit diesem Zeitpunkt fällig. (3) Soweit der Versicherungsnehmer dies beantragt hat, wird der Beitrag für den Autoschutzbrief mit dem Beitrag für die Kraftfahrzeug-Haftpflichtversicherung erhoben. *Alternative 2 (für TB Nr. 3 a Alternative 2)* Die Beiträge sind, soweit im Tarif nichts anderes bestimmt ist, Jahresbeiträge, die jährlich im voraus zu entrichten sind. Bei halb-, vierteljährlicher oder monatlicher Teilzahlung werden, soweit nicht etwas anderes vereinbart ist, Zuschläge erhoben. Der Mindestbetrag der halb- oder vierteljährlichen oder monatlichen Teilzahlung ist Euro ....
	§ 9 d Bedingungsanpassung – von der Bekanntgabe einer Musterklausel wird abgesehen –
N **Bedingungsänderung** <xx Redaktioneller Hinweis: Ein Mustertext wird nicht bekannt gemacht.>	

II. Paragraphen- bzw. Nummern-Synopse AKB 2007/AKB 2008

AKB 2007	AKB 2008	
A. Allgemeine Bestimmungen		
§ 1 Beginn des Versicherungsschutzes	B.1	Wann beginnt der Versicherungsschutz?
	B.2	Vorläufiger Versicherungsschutz
	H.3	Fahrten mit ungestempeltem Kennzeichen
§ 2a Geltungsbereich	A.1.4	In welchen Ländern besteht Versicherungsschutz? (KH)
	A.2.5	In welchen Ländern besteht Versicherungsschutz? (KF)
	A.3.4	In welchen Ländern besteht Versicherungsschutz? (AS)
	A.4.3	In welchen Ländern besteht Versicherungsschutz? (KU)
§ 2b Einschränkungen des Versicherungsschutzes	A.1.5	Was ist nicht versichert? (KH)
	A.2.16	Was ist nicht versichert? (KF)
	A.3.9	Was ist nicht versichert? (AS)
	A.4.10	Was ist nicht versichert? (KU)
	D.	Welche Pflichten haben Sie bei Gebrauch des Fahrzeugs?
§ 3 Rechtsverhältnisse am Vertrag beteiligter Personen	F.	Rechte und Pflichten der mitversicherten Personen
§ 4a Vertragsdauer, Kündigung zum Ablauf	G.1	Wie lange läuft der Versicherungsvertrag
	G.2.1	Kündigung zum Ablauf des Versicherungsjahres
	C.4	Beitragspflicht bei Nachhaftung in der Kfz-Haftpflichtversicherung
§ 4b Kündigung im Schadenfall	G.2	Wann und aus welchem Anlass können Sie den Vertrag kündigen
	G.3	Wann und aus welchem Anlass können wir den Vertrag kündigen
§ 4c Kündigung bei Eröffnung des Insolvenzverfahrens	–	

261

Anhang

AKB 2007	AKB 2008	
§ 5 Außerbetriebsetzung	H.1	Was ist bei Außerbetriebsetzung zu beachten?
§ 5 Saisonkennzeichen	H.2	Welche Besonderheiten gelten bei Saisonkennzeichen?
§ 6 Veräußerung	G.7	Was ist bei Veräußerung des Fahrzeugs zu beachten?
§ 6a Wagniswegfall	G.8	Wagniswegfall (z. B. durch Fahrzeugverschrottung)
§ 7 Obliegenheiten im Versicherungsfall	E.	Welche Pflichten haben Sie im Schadenfall?
§ 8 Klagefristen	L.2	Gerichtsstände
§ 9 Anzeigen und Willenserklärungen	E.3.1 E.5.1 G.5.	Anzeige des Versicherungsfalls bei Entwendung Anzeige des Todesfalls Form und Zugang der Kündigung
§ 9a Tarifänderung	J.3	Tarifänderung
§ 9b Außerordentliches Kündigungsrecht	G.2 G.3	Wann und aus welchem Anlass können Sie den Vertrag kündigen Wann und aus welchem Anlass können wir den Vertrag kündigen
§ 9c Gesetzliche Änderungen des Leistungsumfanges	J.5	Gesetzliche Änderungen des Leistungsumfanges
§ 9d Bedingungsanpassung	N.	Bedingungsänderung
B. Kraftfahrzeug-Haftpflichtversicherung		
§ 10 Umfang der Versicherung	A.1	Kfz-Haftpflichtversicherung – für Schäden, die Sie mit Ihrem Fahrzeug Anderen zufügen
§ 10a Versicherungsumfang bei Anhängern	A.1.1.5	Mitversicherung von Anhängern, Aufliegern und abgeschleppten Fahrzeugen
C. Fahrzeugversicherung		
§ 12 Umfang der Versicherung	A.2	Kaskoversicherung – für Schäden an Ihrem Fahrzeug
§ 13 Ersatzleistung	A.2.6 A.2.12	Was zahlen wir bei ... bis Selbstbeteiligung
§ 14 Sachverständigenverfahren	A.2.17	Meinungsverschiedenheiten über die Schadenhöhe (Sachverständigenverfahren)

Synopse AKB 2007/AKB 2008

AKB 2007	AKB 2008
§ 15 Zahlung der Entschädigung	A.2.14 Fälligkeit unserer Zahlung A.2.15 Können wir unserer Leistung zurückfordern, wenn Sie nicht selbst gefahren sind?
D. Kraftfahrtunfallversicherung	
Nicht abgedruckt	
E. Autoschutzbrief	
Nicht abgedruckt	

Anhang

TB 2007	AKB 2008
1. Geltungsbereich	–
2a. Fälligkeit des Beitrags und Folgen verspäteter Zahlung des Erstbeitrages	C.1 Zahlung des ersten oder einmaligen Beitrags
2b. Verspätete Zahlung des Folgebeitrags	C.2 Zahlung des Folgebeitrags
2c. Zahlungsweise	M. Zahlungsweise
3. Unterjährige Verträge	–
3a. Saisonkennzeichen	H.2 Welche Besonderheiten gelten bei Saisonkennzeichen? I.3.3 Besserstufung bei Saisonkennzeichen
4. Grundsätze für die Zuordnung der Wagnisse nach objektiven Gefahrenmerkmalen	Anhang 2: Merkmale zur Beitragsberechnung
5. Grundsätze der Zuordnung der Wagnisse nach subjektiven Gefahrenmerkmalen	–
6. Anwendung und Änderung von Gefahrenmerkmalen	J.6 Änderung der Tarifstruktur
7. Begriffsbestimmung für Art und Verwendung von Fahrzeugen im Sinne des Tarifes	Anhang 6: Art und Verwendung von Fahrzeugen
8a. Regionalklassen für Pkw	J.2 Regionalklasse K.3 Änderung der Regionalklasse wegen Wohnsitzwechsels Anhang 4: Tabellen zu den Regionalklassen
8b. Regionalklassen für Lieferwagen	J.2 Regionalklasse K.3 Änderung der Regionalklasse wegen Wohnsitzwechsels Anhang 4: Tabellen zu den Regionalklassen
8c. Regionalklassen für Landwirtschaftliche Zugmaschinen	J.2 Regionalklasse K.3 Änderung der Regionalklasse wegen Wohnsitzwechsels Anhang 4: Tabellen zu den Regionalklassen
8d. Regionalklassen für Krafträder	J.2 Regionalklasse K.3 Änderung der Regionalklasse wegen Wohnsitzwechsels Anhang 4: Tabellen zu den Regionalklassen

Synopse AKB 2007/AKB 2008

TB 2007	AKB 2008
9 a. Tarifgruppe A	Anhang 5: Berufsgruppen (Tarifgruppen)
9 b. Tarifgruppe B	Anhang 5: Berufsgruppen (Tarifgruppen)
9 c. Tarifgruppe R und N	–
10. Zuordnung zu den Regionalklassen und Tarifgruppen	K.2 Änderung von Merkmalen zur Beitragsberechnung
11. Änderung der Zuordnung einer Region	K.3 Änderung der Regionalklasse wegen Wohnsitzwechsels
12. Typklassen	Anhang 3: Tabellen zu den Typklassen
12 a. Abstellort	K.2 Änderung von Merkmalen zur Beitragsberechnung Anhang 2: Merkmale zur Beitragsberechnung 1.1 Abstellort
12 b. Jährliche Fahrleistung	K.2 Änderung von Merkmalen zur Beitragsberechnung Anhang 2: Merkmale zur Beitragsberechnung 1.2 Jährliche Fahrleistung
13. Ruheversicherung	H.1 Was ist bei Außerbetriebsetzung zu beachten?
14. Einstufung in die Schadenfreiheits- und Schadenklassen (S/SF)	I.2 Ersteinstufung I.3 Jährliche Neueinstufung I.4 Was bedeutet schadenfreier oder schadenbelasteter Verlauf? I.5 Wie Sie eine Rückstufung in der Kfz-Haftpflichtversicherung vermeiden können?
15. Anrechnung von schadenfreien Zeiten	I.2.3 Anrechnung des Schadenverlaufs der Kfz-Haftpflichtversicherung in der Vollkaskoversicherung
16. entfällt	
17. Beitragssätze	Anhang 1: Tabellen zum Schadenfreiheitsrabatt-System
18. Rückstufung im Schadenfall	I.3.5 Rückstufung bei schadenbelastetem Verlauf I.4 Was bedeutet schadenfreier oder schadenbelasteter Verlauf?
19. entfällt	
20. Wirksamwerden der Einstufung in die Schadenfreiheits- und Schadenklassen	I.3.1 Wirksamwerden der Neueinstufung

Anhang

TB 2007	AKB 2008
21. Unterbrechung des Versicherungsschutzes	I.6.3 Wie wirkt sich eine Unterbrechung des Versicherungsschutzes auf den Schadenverlauf aus?
22 a. Einstufung des Versicherungsvertrages im Kalenderjahr der Beendigung einer Unterbrechung des Versicherungsschutzes	I.6.3 Wie wirkt sich eine Unterbrechung des Versicherungsschutzes auf den Schadenverlauf aus?
22 b. Einstufung des Versicherungsvertrages in dem der Beendigung der Unterbrechung des Versicherungsschutzes folgenden Kalenderjahr	I.6.3 Wie wirkt sich eine Unterbrechung des Versicherungsschutzes auf den Schadenverlauf aus?
23. Fahrzeugwechsel	I.6 Übernahme eines Schadenverlaufs
24. Versichererwechselbescheinigung	I.8 Auskünfte über den Schadenverlauf

Sachregister

(Die Zahlen verweisen auf Randnummern)

Abschaffung des Grundsatzes der Unteilbarkeit der Prämie 76 ff.
– des Policenmodells 16
Abschluss des Kfz-Versicherungsvertrags 15 ff.
– Aushändigung in Textform 23
– Einbeziehung der AKB 28
– Informationspflicht 25
– Produktinformationsblatt 20
– Rechtzeitigkeit 24
– Verzicht 26
Abtretungsverbot 233
AKB, neue 5 ff.
– Einbeziehung 28
Alkoholfahrt 133
Alkoholklausel 140
Alles-oder-nichts-Prinzip 121 ff.
Anerkenntnisverbot 232
Anhänger 86
Anzeigeobliegenheit 184 ff.
Aufklärungsobliegenheit 190 f.
Ausmaß der Pflichtverletzung 122 f.
Ausschlüsse in der Kfz-Haftpflichtversicherung 87 ff.
– in der Kaskoversicherung 120 ff.
Ausschlussfrist 234

Beendigung der vorläufigen Deckung 37
Beförderte Sachen 91
Befriedigungsverbot 232
Beitragsänderung 245
Beitragsberechnung 236 ff.
Belehrung 182
Beratungsfehler 69 ff.
Beratungspflicht 62 ff.
– Anlass 65
– Bisherige Rechtsprechung 69
– Fernabsatzverträge 67
– Großrisiken 67
– Verzicht 66
– vorläufige Deckung 31, 68
Berechnung der Beiträge 236 ff.
Betriebsvorgänge 112
Beweislast 156
Billigungsklausel 59

Bremsschäden 112
Bruchschäden, reine 112

Deckung, vorläufige 29 ff.
Dokumentationspflicht 62 ff.
– bei vorläufiger Deckung 31 ff.
Dritthaftung 200

Einbeziehung der AKB 28
– bei vorläufiger Deckung 33 ff.
Einlösungsbetrag siehe Erstprämie
Erheblichkeit der Gefahrerhöhung 210
Ersatzleistung 117 ff.
Erstprämie 71 ff.
Ewiges Widerrufsrecht 51

Fahrlässigkeit, Quotelung 132
Fahrzeuggebrauch 83
Fahrzeugmängel 205
Fahrzeugteile 94
Fahrzeugzubehör 95
Fälligkeit der Erstprämie 71 ff.
Falschangaben im Schadenfall 192
– zu Tarifmerkmalen 242
Fehlerhafte Beratung 69 ff.
Fernabsatzverträge 67
Forderungsübergang 224 ff.
Führerscheinklausel 141, 168 f.

Gebrauch des Fahrzeugs 83
Gefährdung anderer 126
Gefahrerhöhung 203 ff.
Gerichtsstand 235
Geschwindigkeitsüberschreitung 138
Gesonderte schriftliche Erklärung 27
Gespannschäden 116
Grobfahrlässige Herbeiführung des Versicherungsfalls 132 ff.
Großrisiken 25, 28
Grundsatz der Prämien-Unteilbarkeit 76 ff.

Haushaltsangehörige 228
Heruntergefallene Gegenstände 137

Sachregister

Informationspflichten bei Vertragsschluss 17 ff.
- Informationsblatt 20
- Produktinformationsblatt 20
- Textform 23
- Versicherungsinformationen 19
- Verzicht 26
- vorläufige Deckung 33 ff.

Inkrafttreten Bestandsverträge 11
- Neuverträge 10

Kausalität 154, 164, 181, 212
Kfz-Haftpflichtversicherung 82 ff.
Kfz-Versicherungsvertrag, Abschluss 15 ff.
Kleinschäden 186
Krankheit 74
Kündigung 163, 180, 213
- der vorläufigen Deckung 41

Kurztarif 80

Mängel am Fahrzeug 205
Mitversicherte Fahrzeugteile 94
- Personen 159, 176
- Fahrzeugzubehörteile 95

Mitwirkungspflicht 227

Neue AKB 2008 5 ff.
Neues VVG 2 ff.

Objektive Gefahrerhöhung 204
Objektives Gewicht der verletzten Sorgfaltspflicht 122 f.
Obliegenheitsverletzung (Grundsatz) 150 ff.
- Beweislast 156
- grobe Fahrlässigkeit 153
- Hinweispflicht 155
- Kausalität 154
- Vereinheitlichung 152

Obliegenheitsverletzungen nach Eintritt des Versicherungsfalls 174 ff.
- Anzeigenobliegenheit 184
- Aufklärungsobliegenheit 190
- falsche Angaben 192
- Kleinschäden 186
- Quotelung 142
- Unfallflucht 190

Obliegenheitsverletzungen vor Eintritt des Versicherungsfalles 157 ff.
- Führerscheinklausel 168
- Quotelung 140 f.
- Schwarzfahrerklausel 172
- Trunkenheitsklausel 166
- Verwendungsklausel 170

Personen, mitversicherte 159, 176
Pflicht zur Mitwirkung 227
Pflichten bei Gebrauch des Fahrzeugs 158
- im Versicherungsfall 174 ff.

Policenmodell 16
Prämie 70 ff.
- Erstprämie 71
- Unteilbarkeit 76 ff.
- Verschuldenserfordernis 73
- vorläufige Deckung 46
- Wegfall der Rücktrittsfiktion 75

Produktioninformationsblatt 20 ff.
Promille siehe Alkoholfahrt

Quotelung 121 ff.
- Ablenkung 136
- Alkohol 133
- begrenzte Leistungsfreiheit 148
- Geschwindigkeitsüberschreitung 138
- Grobe Fahrlässigkeit 132
- Kriterien 123
- Obliegenheitsverletzung 139
- Rotlichtverstoß 130, 134
- Schlüssel 135
- Verletzung mehrerer Pflichten 143

Rechtzeitige Aushändigung der Informationsunterlagen 24
Regulierungsvollmacht 85
Reine Bruchschäden 112
Relevanztheorie 181
Rennen 90
Reparaturfall 118
Rettungskosten 216 ff.
Rotlichtverstoß 130, 134
Rücktrittsfiktion 75
Rückwirkender Wegfall der vorläufigen Deckung 37, 42

Sachen, Beförderung 91
Schadenersatz in Geld 84
Schadenfall, Falschangaben 192
Schadenfreiheitsrabatt-System 238
Schadenminderungspflicht 216 ff.
Schwarzfahrerklausel 172 f.
Subjektive Gefahrerhöhung 204

Tarifbestimmungen 236
Tarifmerkmale 239
Teileliste 93 f.
Textform, Vertragsaushändigung 23
Totalschaden 119

Zahlen = Rdn.

Transparenzgebot 5
Trunkenheitsklausel 166 f.

Übergangszeitraum 11
Überschreitung der zulässigen Geschwindigkeit 138
Umfang Kasko 92 ff.
– Betriebsvorgänge 112
– Brand 99
– Bremsvorgänge 112
– Diebstahl 102
– Ersatzleistung 117
– reine Bruchschäden 112
– Teileliste 93
– unbefugter Gebrauch 108
– Unfall 111
– Unterschlagung 106
Umfang Kfz-Haftpflicht 82 ff.
Umstellungsverfahren 12
Unbeaufsichtigter Kfz-Schlüssel 135
Unbefugter Gebrauch 108
Unfall 111
Unfallflucht 142, 190 f.
Unteilbarkeit der Prämie 76 ff.
Unterschlagung 106
Urlaub 74

Veräußerung 220 ff.
Verbraucher 25
Verbraucherinformationen 19
Verjährung 234
Verschulden 162, 179, 211
Versicherungsinformationen 19
Vertragliche Obliegenheiten 150 ff.
Vertragsabschluss 15 ff.
Vertragsaushändigung 23

Verwendungsklausel 170 f.
Verzicht
– auf Beratung 66
– auf Information 27
Verzinsung der Entschädigung 230
Vollkaskoversicherung 110
Vollmacht zur Regulierung 85
Vorläufige Deckung 29 ff.
– Abschluss bei anderem VR 39
– Beendigung 37
– Beratungspflicht 30
– Dokumentationspflicht 30
– Informationspflicht 33
– Kündigung 41
– Prämie 46
– Rückwirkender Wegfall 42
– Widerruf des Hauptvertrags 40
Vorsatz 88
Vorziehen der Anwendung des neuen VVG 11
VVG-Informationspflichtenverordnung 18

Wegfall der vorläufigen Deckung 42
– der Rücktrittsfiktion 75
Widerruf 47 ff.
– Ausübung 48
– Ewiges Widerrufsrecht 51
– fehlende Belehrung 55
– fehlende Unterlagen 57
– Rechtsfolgen 52
– Vorläufige Deckung 40

Zeitraum der Pflichtverletzung 127
Zubehör 95